国家出版基金项目
NATIONAL PUBLICATION FOUNDATION

［俄］沙發諾夫◎著
李俚人　劉隱◎譯

中國社會發展史（上）

山西出版傳媒集團
山西人民出版社

圖書在版編目(CIP)數據

中國社會發展史 / [俄] 沙發諾夫著；李俚人，劉隱譯. —太原：山西人民出版社，2015.12
(近代海外漢學名著叢刊 / 鄭培凱主編)
ISBN 978-7-203-09374-9

Ⅰ. ①中… Ⅱ. ①沙… ②李…③劉… Ⅲ. ①社會發展史-研究-中國 Ⅳ. ①K207

中國版本圖書館 CIP 數據核字(2015)第 276306 號

中國社會發展史

叢刊主編 鄭培凱
著　　者 [俄]沙發諾夫
譯　　者 李俚人　劉　隱
責任編輯 張　潔

出 版 者 山西出版傳媒集團·山西人民出版社
地　　址 太原市建設南路21號
郵　　編 030012
發行營銷 0351-4922220　4955996　4956039
　　　　 0351-4922127(傳真)
天猫官網 http://sxrmcbs.tmall.com　0351-4922159(電話)
E-mail sxskcb@163.com（發行部
　　　 sxskcb@126.com　總編室
網　　址 www.sxskcb.com

經 銷 者 山西出版傳媒集團·山西人民出版社
承 印 廠 山西出版傳媒集團·山西人民印刷有限責任公司

開　　本 700mm×970mm　1/16
印　　張 37
字　　數 323千字
印　　數 1—2000冊
版　　次 2015年12月　第1版
印　　次 2015年12月　第1次印刷
書　　號 ISBN 978-7-203-09374-9
定　　價 111.00圓(上、下)

近代海外漢學名著叢刊編委會名單

出版説明

近代海外漢學名著叢刊選取一九四九年以後未再刊行之近代海外漢學作品，編例如次：

一、本叢書遴選之作品在相關學術領域具有一定的代表性，在學術研究方嚮、方法上獨具特色。

二、爲避免重新排印時出錯，本叢書原本原貌影印出版。影印之底本皆經專家組審定，原書字體大小、排版格式均未做大的改變。

三、爲使叢書體例一致，本叢書前言後記均采用繁體字排版。

四、個別頁碼較少的版本，爲方便裝幀和閱讀，進行了合訂。

五、少數作品有個別破損之處，編者以不改變版本内容爲前提，部分進行修補，難以修復之處保留缺損原狀。

六、原版書中個别錯訛之處，皆照原樣影印，未做修改。

由於叢書規模較大，不足之處，在所難免，殷切期待方家指正。

總序／温故而知新

晚清以來，西力東漸，西方文化思想的著作也大量譯成中文，最著名的如嚴復與林紓的譯著，影響了整個二十世紀中國的知識界與文學界，使得中國文化的思維脈絡爲之丕變。除了西方思想經典、文學與實證科學著作的翻譯，以實證方法系統化探討中國文史的域外漢學，也對中國學術思想界產生了莫大衝擊，改變了中國學術的著述方法與取嚮。

中國傳統的知識結構，是按經史子集四庫分類的，以儒家意識形態的經學爲文化知識的砥柱，以史學爲貫串歷史經驗的殷鑒，至於子部與集部，則是作爲保存文獻、擴大知識面的附帶知識，可以耽情冥想，可以悠遊玩賞，却都是邊緣化的知識，無關聖教的弘揚，無關文化精髓的宏旨。西方文藝復興之後的現代學術體系，在知識分類上，與中國傳統大相徑庭，講究系統分科，不同知識領域各有其客觀存在的價值，有其相對獨立的目的與標準。日本知識界在明治維新以來，鑒於東方文明落後於西方的船堅炮利，率先效法西方，在追求「文明開化」、「脱亞入歐」的過程中，爲日本學術發展循着現代西方的體例，建立了哲學、文學、歷史學、經濟學、法學、商學、物理學、化學、地質學、醫學、農學、工程學、植物學、動物學等等新型學科，企圖與西方學術齊頭並進，從而影響了中國近代學術體系的發展。

本叢刊選印二十世紀上半葉出版的漢學譯著近百冊，分爲三大類：「歷史文化與社會經濟」、「古典文獻與語言文字」、「中外交通與邊疆史」，反映民國時期學術界重視西方及日本漢學研究的成果，藉助他山之石，重新審視中國傳統歷史文化的意義，特別是開拓了傳統學術忽略的領域。五四新文化運動以來，中國學者如蔡元培、胡適都提倡「整理國故」，以理性實證的方法，對中國文化傳統做出系統化的研究，是與這些漢學譯著相輔相成的。這些譯著除了介紹域外漢學的成果，還引進了嶄新的學術研究方法與視角，有助於梳理中國文化傳統的脈絡，重新整合知識結構與學術體系。雖然這些學術著作不是中國學者的成就，無法納入二十世紀中國文史學術的主脈，但是從中文譯本的影響而言，起碼也應當視爲中國近代學術發展的支脈或潛流，不容忽視。可惜的是，到了二十世紀下半葉，因爲兩岸政治形勢的變化，這些漢學譯著，除了部分因王雲五重新入主臺灣商務印書館，而得以在臺灣做了少量的重印，在大陸的出版界，則完全受到遺忘，甚至在許多新成立的大學圖書館中也不見踪影。我們搜集了近百冊塵封的漢學譯著，呈現給二十一世紀的中國學術界，一方面是爲了銘記前人爲推展學術而做出的努力，另一方面也是爲了提醒新常態時期的學人，學術發展有其歷史累積的脈絡，可以從中汲取歷史經驗，温故而知新。

說到「温故知新」與這批早期漢學譯著的關係，可以從兩個方面來思考，以見翻譯域外漢學如何反映了時代精神，爲融匯東西方學術思維，重新闡釋中國文化傳承，做出不可磨滅的貢獻。一是域外漢學的研究對象，以中國歷史文化典籍爲主，屬於中西文化碰撞期間興起的「國學」範疇，與五四新文化人物提倡的「整理國故」運動若合符節。研究中國歷史文化，並賦予新的學術意義，是清末民初知識精英念茲在茲的心結。歷史發展走到一個環節，時代的狂風揚起了批判傳統的大旗，風中的英雄幫着推波助瀾，却又無時或忘自己民族文化主體的未來，糾纏於「傳統」能否「現代」的困境。域外漢學的出現，以西方實證方法研究中國歷史文化傳統，綜合東西方各種語言文字材料，擴大了研究國學的眼界，即使無法打開中國文化傳統是否走到盡頭的心結，至少是提供了一個解惑的方嚮，在大霧彌漫的夜晚，看到了依稀渺茫的星光。

二是翻譯域外漢學，有一種以子之矛攻子之盾的吊詭作用，逐漸化解了中國文化思維中的自大心理與封閉心態，讓唯我獨尊的國粹基本教義派解除武裝到牙齒的盔甲，轉而吸收並接受西方實證研究的學風。民國期間新式教育制度的推行、學術體系的變化、大學學術專業的創建，具體到北京大學國學門的成立，中央研究院規劃歷史、語言、考古的研究領域，都與翻譯域外漢學背後的旨意是息息相關的。因此，重新閱覽這批民國期間的漢學譯著，對二十一世紀的現代學人來説，温故而知新，不但可以窺知民國學人追求新知的心理狀態，也會刺激吾人反思，認真思考學術研究方法與中國學術發展的前景，更進一步，探索文化傳統的重新闡釋與新知介入的關係。知識體系的變化當然與傳統的重新闡釋有關，是外爍的影響大呢，還是內因變化的成分居多？

論語·爲政記載孔子説：「温故而知新，可以爲師矣。」歷代解經，對這個「爲師」的道理，有兩種相近似但又取嚮不同的解釋。朱熹四書集注説：「故者，舊所聞。新者，今所得。言學能時習舊聞而每有新得，則所學在我而其應不窮，故可以爲人師。若夫記問之學，則無得於心而所知有限，故學記譏其不足以爲人師，正與此意互相發也。」雖然朱熹把知識分爲「舊所聞」與「新所得」，强調的却是「學而時習之」，從中生發新的心得，也就是從詮釋舊典中得到新知。這個説法與朱熹在鵝湖之會以後，作詩唱和，寫給陸九淵的詩句，「舊學商量加邃密，新知涵養轉深沉」，异曲同工，是一個意思，萬變不離其宗，舊學與新知是同一個脈絡的知識學理。

然而，有些朱熹之前的經學家，解釋「温故知新」，却有不同的取嚮。皇侃論語義疏就説：「故，謂所學已得之事也。所學已得者則温尋之不使忘失，此是月無忘其所能也。新，謂即時所學新得者也。知新，謂日知其所亡也。若學能日知所亡，月無忘所能，此乃可爲人師也。」皇侃明確説到，「故」指的是過去所學的知識，而「新」則指的是新近學到的知識，新舊結合，相互發明，就可以「爲人師」了。邢昺論語注疏循着皇侃的思路，也説：「言舊所學得者，温尋使不忘，是温故也。素所未知，學使知之，是知新也。既温尋故者，又知新者，則可以爲人師也。」這裏講的「素所未知」，就不衹是研讀舊學，有了新的體會，從過去的傳統中發展出的「新知」，而是從來没聽過、没想過的新學問了。這種「素所未知」的新學問，結合「舊所聞」，對習以爲常的知識框架，就會産生巨大的衝擊，而出現飛躍性的結構變化。知識内容或許大體沿襲傳統，知識結構却得以重新整合，出現嶄新的認知系統，重新審視自己文化傳統的意義，打開文化傳承的新局面。二十世紀上半葉的漢學譯作，就發揮了這樣的作用，促使中國學者放棄自我中心的文化態度，從各種不同側面，探知中國歷史文化的光譜，以域外（或是全球）的角度觀測中國傳統，摇動了文化的萬花筒，看到七彩繽紛的中國。

嚴復在甲午戰爭之後，改良變法思想風起雲涌之時，開始大量翻譯西方思想經典著作，是有感於國人（特别是傳統文化孕育的知識精英）思維系統封閉，企圖介紹實證新知，引進邏輯思維的方法，以破除儒學之道「一以貫之」與「放之四海而皆準」的虚妄。他翻譯天演論，在序文中提到，有人歸納東西方學術思想，認爲中國文化重精神，是形而上之學，立意高超，而西方文化重物質，是形而下之學，祇追求功利的回報。他認爲，這種自以爲是的蒙昧態度，陷入傳統舊學的框囿而不自知，没有自我反思的能力，無法吸收「素所未知」的新知識，也就無法開展並弘揚自己的文化傳統。嚴復非常清楚他翻譯西方經典的目的，是爲了介紹新知，打破中國傳統思維的封閉性，但是，作爲披荆斬棘的拓荒人，他深知思想封閉者的頑固心理，必須因勢利導，以免遭到盲目衛道之士的攻訐。嚴復有其防身的策略，不會像許褚戰馬超那樣赤膊上陣，而是以桐城文章譯述赫胥黎、斯賓塞、穆勒、亞當·斯密、孟德斯鳩，博得晚清知識精英的贊許，文章深閎而傳入了新知義理。從文化變遷的角度而言，通過翻譯，以迂迴戰術來介紹西方思想，得到巨大的成功，產生了改變傳統思維體系的實效，是中國近代思想史上影響深遠的大事。以此類推，民國時期大量翻譯域外漢學的影響，也是不容忽視的思想史課題。

關於清末民初西方學術思維衝擊中國知識精英，顛覆傳統文化的知識結構，錢穆在現代中國學術論衡的序言中，從中國文化本位的立場，發出深刻的感慨，做了籠統的批評：「文化异，斯學術亦异。中國重和合，西方重分別。民國以來，中國學術界分門別類，務爲專家，與中國傳統通人通儒之學大相違异。循至返讀古籍，格不相入。此其影響將來學術之發展實大，不可不加以討論。」錢穆所指出的問題，是傳統知識體系强調「通」，文史哲不分家，最崇尚通儒，而現代學術講究專業分科，各司其職，以至於讀不通古籍呈現的整體性知識思維。姚名達在撰寫中國目録學史的時候，對西力東漸，西潮帶來的翻譯著作及新知新學，也有類似的感慨：「四部分類法，不合時代也，不僅現代爲然。自道光、咸豐允許西人入國通商傳教以來，繼以派生留學外國，於是東西洋洋籍逐年增多。學問翻新，迥出舊學之外。目録學界之思想不免爲之震蕩。」這種對學術體系發生重大變化的觀察，反映了中國學人從晚清一直到民國，夾在東西方兩種不同思維體系的衝突中，身歷其境的切身感受，因此感觸良多。

二十世紀上半葉最能代表中國學術的通儒是王國維與陳寅恪，他們浸潤了經史子集的四部知識傳統，承繼乾嘉篤實的考據學風，却都經過西洋邏輯思維與實證科學的洗禮，參與中國知識結構的轉型。對西方現代知識結構如何在中國生根發芽，不但再三致意，并且以自己的學術實踐來努力促成。王國維早在一九〇二年就寫信給張之洞，反對把經學列爲大學分科之首，而主張效法西方與日本的大學，設立哲學科，明確指出知識結構的分類不可因循傳統，而必須另起爐竈。陳寅恪在一九二五年就清華大學建制的問題，寫了吾國學術之現狀及清華之職責，指出大學的職責在於學術之獨立，而中國學術界的情況令人十分不滿，必須認真效法西方學術的體制及實踐。他說：「蓋今世治學以世界爲範圍，重在知彼，絕非閉門造車者比。」這兩位國學大師，對西方與日本的漢學研究十分注意，都是以開放態度對待域外漢學研究，集思廣益，以成其大家。

再回到「温故知新」的歷代經解，説説文化傳承的闡釋學意義。劉寶楠在論語正義中指出，上古之時，文化知識是上層統治精英的家學，不再治理實際政事的長者可以傳遞德行的知識，可以爲人師。「温故而知新」，就顯示長者不忘舊時所學，且能吸收新知，繼承并發揚這種學術與政治合一的傳統。到了孔子之時，時代出現了變化，士大夫不見得能够謹守家法，弘揚德行，也不一定能够「爲師」了。孔子之後，世變日亟，「道術爲天下裂」，文化知識不再爲少數統治精英所壟斷，也不必然與治理政事有關，學術在民間百花齊放，百家争鳴。但是，學術知識發展的脈絡基本未變，仍然是要温故知新，進德修業。從劉寶楠不經意的闡釋中，可以看到時代變遷影響了學術文化的內容，改變了知識結構的體系，但其內在發展的理路仍舊，還是需要舊學與新知的融合，才能有所發展。

劉寶楠還引述了劉逢禄的解釋：「故，古也。六經皆述古昔、稱先王者也。知新，謂通其大義，以斟酌後世之製作，漢初經師皆是也。」劉寶楠贊成這個説法，並指出，漢唐人解釋「知新」，大多數都沿用此意。也就是説，舊學是傳統的知識結構體系，新知是時代變化出現的新知識，必須相互斟酌，才能發揮得宜。至於如何對舊學「通其大義」，就見仁見智，各有説法了。從這個通達的詮釋來討論近代西學東漸的情況，我們可以看到，「温故而知新」在民國學人的心底，是産生「傳統」與「現代」糾葛的心理陷阱，不易跨越。若依照朱熹的説法，「學能時習舊聞而每有新得，則所學在我而其應不窮」，雖然在哲理上可以模模糊糊説通，但在清末民初的具體歷史環節，西學的新知屬於完全不同的知識體系，在原有的舊學脈絡中，根本無從立足，如何「其應不窮」？所以，真要放之四海而皆準，提升「温故而知新」的普世意義，以理解域外漢學譯著與近代學術知識體系變遷的文化史意義，我們認爲，皇侃、邢昺，一直到劉寶楠的闡釋，是比較合適，並與現代文化闡釋學的説法相近。

伽達默爾（Hans-Georg Gadamer）在他的名著真理與方法中，説到認知理性與文化傳統的關係，特別指出，人們通過理性，來判斷歷史文化中事實的真相，但是人的理性與生存環境息息相關，與傳統所衍生的豐富文化底蘊有關，不可能完全超越文化傳統的思維脈絡。他認爲，人生活在文化傳統之中，就不可能「遺世獨立」，以全能超越的抽象思辨來認識傳統，甚至是批判或顛覆傳統。傳統是歷史文化延續與傳承的表徵，不會一成不變，而我們的認知理性也會因時代變遷，而不斷重新詮釋傳統。伽達默爾的闡釋學以西方文化傳統爲例，説明新知如何納入傳統，而使文化傳統生機不斷，生生不息，與中國歷代經學家的説法（朱熹除外），有异曲同工之效。以此觀照民國時期的漢學譯著，我們認爲，這批學術新知傳入中國，對中國文化傳統的繁衍與發展，實有承先啓後之功。

近代海外漢學名著叢刊的出版，最值得感謝的是南兆旭先生二十多年來搜羅的執着與努力。雖然這套叢刊不能窮盡民國時期的漢學譯著，但是，能滙集上百冊自一九四九年以來在國内不曾重印的學術著作，再度公之於世，總是功不唐捐的大功德。忝爲本叢刊的主編，我面對這批民國學術材料，先是感到紛雜無章，有些原作者的學術素養也難副當前的學術標準，甚爲猶豫。後轉念一想，這是上個世紀中國最紛亂時期的學術記録，也是民生凋敝，國勢隤危，内亂外患交加之際，仍有許多學者孜孜矻矻，戮力翻譯域外漢學，爲中國學術的傳承拓展新知的坦途，不禁肅然起敬，開始用心整理分類。掛一漏萬，在所難免，好在有學殖豐贍的諍友擔任分卷主編，並撰寫各分卷前言，實在是衷心銘感。有傅杰教授負責「歷史文化與社會經濟」、戴燕教授負責「古典文獻與語言文字」、霍巍教授負責「中外交通與邊疆史」，吾道不孤矣。在整理編輯過程中，周威先生費心最多，也是我要衷心感謝的。

道術之存亡，全在人心之嚮背。這批民國漢學譯著重新問世，對我們生長在承平之世的學人，應當有激勵的作用，爲學術研究多盡份力，讓中國學術發展更上一層樓。

鄭培凱

二〇一五年七月

前言

一九四九年，身在美國的鄧嗣禹在遠東季刊發表近五十年中國歷史編纂學，總結半個世紀以來中國歷史編纂學從保守走嚮開放，「先是受日本，然後是英國、美國、法國，最後是蘇聯等影響」，既擴大了史料的範圍，又應用了科學的方法，把重點從帝國的政治事件轉移到社會經濟方面，終於「取得了巨大的進步」。鄭培凱教授主編的近代海外漢學名著叢刊，正是鄧氏提及的各國影響中的一部分——甚至堪稱是主要的部分。

本分卷主要包括兩大類：一是歷史文化，包括渡邊秀方中國哲學史概論、三浦藤作中國倫理學史、津田左右吉儒道兩家關係論、服部宇之吉儒教與現代思潮、五來欣造儒教政治哲學、濱田耕作東亞文化之黎明、梅原末治中國青銅器時代考、新城新藏中國上古天文、卡特中國印刷術源流史等；二是社會經濟，包括沙發諾夫中國社會發展史、駒井和愛等中國歷代社會研究、柯金中國古代社會、森谷克己中國社會經濟史、田崎仁義中國古代經濟思想及制度、卜凱中國農家經濟、馬札亞爾中國農村經濟研究、克拉米息夫中國西北部之經濟狀況、高林士中國礦業論、長野朗中國資本主義發達史等（以上作者譯名一仍所收各譯本）。這些著作引入中國的背景與影響，培凱教授的總序已經作了高屋建瓴、提綱挈領的論述。這裏衹就著作、作者、譯者三端分別舉例，略作一些補充説明。

先説著作。包括本輯在内，本叢書所選入的日本學者論著佔據了多數。曾有西方的東方學家概括日本學術實爲三餘：文學竊中國之緒餘、佛學竊印度之緒餘、各科學竊歐洲之緒餘。其言雖刻薄，却一針見血。但也正因善於嫁接，所以在用西方研究模式梳理中國歷史傳統方面，日本學者往往最具搶佔先機的便利，他們的著作也成爲當時的中國最多引進與借鑒的對象。例如梅原末治藉助於西方科學方法來分析中國青銅器的器形、成分，進而推論其時代的中國青銅器時代考在半個世紀中産生了廣泛的影響，如歷史學家吕思勉在先秦史中就引用過他對殷商時代青銅器的分析，考古學家黄展岳在關於中國開始冶鐵和使用鐵器的問題中則對他殷代已知用鐵的觀點提出駁正。卡特的名著出版至今九十年，仍然是時常被引用的經典，除早期的節譯本，一九五七年北京出版了吴澤炎譯的中國印刷術的發明和它的西傳，一九六八年臺北出版了胡克希譯的經傅路德修訂的卡德著作新版中國印刷術的發明及其西傳。其書既出，哲學大師杜威也給以好評，桑原騭藏、鄧嗣禹發表了長篇書評。直至本世紀芮哲非的新著谷騰堡在上海：中國印刷資本業的發展（一八七六—一九三七），還指出正是卡特著作的出版，因其表彰中國印刷術的悠久歷史和對世界印刷史的巨大貢獻，迅速影響了一批中國學者，進而影響了近代以來的中國印刷史書寫。其實，受影響的還不止是印刷術與中西交流史的學者。以夢溪筆談校證而蜚聲中外的當代夢溪筆談研究第一人胡道静回憶，正是從卡德的書中，他才知道夢溪筆談：

> 卡特的書説明了史料的來源，還特别夸譽了夢溪筆談這部著作，説它這好那好。於是我這個當時對古籍祇讀先秦、兩漢之書的小伙子就迫不及待地去找這本沈括的名著來閲讀了。（夢溪筆談校證五十年）

至於沙發諾夫、柯金、馬札亞爾等用唯物史觀來研究中國社會經濟史的論著，在蘇聯和中國都引發過爭議，而在當時就有學者指出，陶希聖等人對魏晉時期中國社會性質的看法，即深受沙發諾夫中國社會發展史的影響。

次說作者。各書作者背景各异，身份不一，研究中國的目的也頗有差距。其中既有津田左右吉這樣的學術大師，更不乏各學科中的權威名家，而且不少跟中國還有密切的聯繫。如濱田耕作與梅原末治師徒都在中國從事考古多年，不僅以自己寫下的著作、也以自己參與的活動，影響了中國考古學的發展，甚至用自己的工作給中國考古學家樹立了榜樣。早在一九二六年，北京大學國學門的考古協會與日本東亞考古協會成立東方考古協會，被譽爲日本考古學之父的濱田耕作就參與其事，一九二九年他又與高足梅原末治再赴北京演講，爲正起步的中國現代考古學注入了新的信息。其後梅原又在上海、天津、河南等地調查文物古迹。

撰中國上古天文的天文學家新城新藏在二十世紀三十年代出任過上海自然科學研究所所長。撰中國農家經濟的美國學者卜凱從康奈爾大學農學院畢業後，次年即來安徽宿州，以傳教士的身份從事農村的改良試驗與推廣，在中國致力農業經濟學的教學與調查幾三十年。同樣是以傳教士身份在安徽宿州從事教育與宗教活動長達十二年的還有美國學者卡德——而他一生衹活了四十三歲。在離開中國後他一直從事中國學術的研究，在伯希和指導下研究中國印刷術的發明與西傳，傾注了滿腔的熱情，用盡了全部的心力，終以勤勞過度，在該書出版的當年與世長辭。

末說譯者。當年就有學者感慨，外國的漢學著作可資參證者甚夥，但譯著的數量與質量總體而言殊不令人樂觀，通西文者多鄙棄漢學，治國學者又忽視西文。從事者的學養並不都足以勝任這類專門著作的翻譯，因此有的譯文比較粗糙，但就已有的成績來看，仍有可稱道者。一是有的著作不止出版了一個譯本，如濱田耕作東亞文化之黎明、馬札亞爾中國農村經濟研究等時隔不久就出版了不同的譯本；有的甚至同一年中就出版了兩個譯本，如森谷克己中國社會經濟史在一九三六年既由中華書局出版了孫懷仁的譯本，又由商務印書館出版了陳昌蔚的譯本。二是譯者之中不乏後來的著名學者。如高林士中國礦業論的譯者是曾擔任北京水利水電學院院長多年、爲中國水利事業做出了卓越貢獻的中國科學院院士汪胡楨。在年過九旬之後寫的自述中，他還憶及當年由丁文江介紹認識了中國礦業論的作者、並受作者之托翻譯該書的經過。而梅原末治中國青銅器時代考的譯者則是舉世公認的甲骨學與殷商史權威胡厚宣，身爲中央研究院歷史語言研究所的研究人員，他正是在參與殷墟發掘之際譯出梅原末治的著作的。

世事沉浮，風雲變幻，這些昔日的譯著有的還在被學者屢屢提及，有的則塵封甚久，不再被人記得。如今輯而再印，使之重見天日，是既富於現實意義，也富於歷史意義的。現實意義在於這些譯著中的若干材料仍可供今天的讀者取資，若干見解仍可給今天的讀者啓示；歷史意義在於這些譯著中的部分雖然陳舊過時，無論材料還是觀點都被證明千瘡百孔，但它們在中國現代學術史的建立與發展進程中都曾經多多少少起過作用——因此它們不再僅僅是外國漢學史的組成部分，實際上也已經成爲中國學術史的組成部分，是我們不能輕忽，更不能遺忘的。

傅　杰

二〇一五年七月

作者簡介

著　者

沙發諾夫，資料不詳。

譯　者

李俚人、劉隱，資料不詳。

譯者序

正在中國社會史論戰短兵相接的時候，沙發諾夫這部中國社會發展史也迻譯出來了。今後戰場上又添了一支『外來的』生力軍！

我們應該歡迎這支『外來的』生力軍！

有些人或許以爲中國社會之史的解剖，只有我們中國的『國醫』才極手術之能事，這祇是『愚而好自用』的中國人底不可救藥的成見。

沙發諾夫雖然是一個不懂中文的俄國人，可是他對於中國社會之史的發展却有深刻的研究，他曾以半生的精力耗費在浩如煙海的中國古籍裏，（間接由英、俄、德、法各國所迻譯的中國古籍）他以 Marx 主義的觀點、唯物的辯證法，來探討中國社會的發展，他找出中國各時代社會生產力發展的程度、經濟結構的性質、政治文化等上層建築的形式，從神話的盤古起一直講到他親眼看見的一九二五年的大革命止。這種有系統的著作 比之現在書肆中所發現的所謂以『Marx主義的觀點』、『唯物的辯證法』所寫成的一些殘缺不全而又禁不起眞正 Marx 主義批評的『中國社會史研究』，的確要高明得多了。（可惜沙發諾夫現在惰落了，變成了斯太林底理論的驕子。）

在目前中國社會史中所爭論的一些最重要的問題，如『封建制度的發生與崩潰』、『商業資本主義的發展和作用』、『中國爲何不能自動地發展到工業資本主義』、『士夫夫階級的產生和作用』諸問題，他都有發人未發的意見。

我本來想寫一篇長的序言，一方面把書的內容作一番介紹和批評，另方面把我對中國社會史上所爭論的諸問題的意見寫出，可是現在又在忙於譯着他種書籍，所以這筆欲償不能償的債，只好待諸第二版時或者在他種雜誌上再來償還。

不過這裏我仍然要說幾句話：

中國社會之歷史的發展，固然與一般歷史發展的規律相符合，可是它也有由於某種特殊條件所決定的歷史發展的特點。我們如果忘記了這些特點，我們勢必會作出不正確的甚至錯誤的結論。譬如就『封建制度』這個問題來說吧，中國的封建制度不是像郭沫若、朱新繁先生所說的發生於『周末』，而『開始』崩潰於十九世紀中葉，直到現在還是這種制度的『殘餘』『佔優勢』；也不是陶希聖先生所說的在春秋戰國時代便『結束』了中國的封建制度，春秋戰國以後總沒有這種制度抬頭的時代（祇有封建勢力）；更不是像王宜昌先生所說的中國的封建制度祇是發生於五胡十六國，而五胡十六國以前都是奴隸制度，如果像郭朱先生等所說的中國封建制度發生於周末而崩潰於十九世紀中葉，那末從周末到十九世紀中葉，其間秦、隋、元等代的商業資本主義統治的事實將作何解釋？（商業資本的性質和作用此處姑且不論。）如果像陶先生所說的中國封建制度在春秋戰國時代就告了結束，那末春秋戰國以後的漢、五胡十六國等代的封建制度的抬頭却也是事實。如果像王先生所說的中國封建制度祇是發生於五胡十六國，而五胡十六國以前都是奴隸制度，那末王先生知道蓄婢是奴隸制度，中國現在還有蓄婢的制度，王先生爲什麼又要說中國現在是資本主義社會呢？

我想，這些錯誤之所以發生，都是由於忘記了中國歷史發展的特徵，都是機械地去搬運西歐封建制度發展的公式。或者看見周朝以後還有漢、五胡十六國等代封建制度的抬頭，便否認其間有商業資本主義之統治，或者看見秦、隋、元等代都是商業資本主義的統治，便否認其間有封建制度的抬頭。大家口口聲聲都說自己衣袋裏裝着『辯證法』的法寶，可惜大家都不會應用！

中國歷史發展的過程，有一些不是直線的，而是迴旋曲折的，也卽是拉狄克所謂『循環』的，我們要了解這個『循環』，然後才能正確地解決中國封建制度的發生與崩潰問題。

陳邦國先生雖然把握着了這個『循環』，可惜他誤認了史實，錯把封建制度的『循環』，加在商業資本主義佔統治的元朝身上！

沙發諾夫就是深懂得這個『循環』的道理的，可是也有許多值得討論的地方。不過在這個Marx主義落後的中國，尤其是在中國社會史論戰打得勝負未分的時候，他這部書的出版，還是值得我們的歡迎。

最後，關於迻譯上還有幾句話。書中引證中國古籍之處甚多，而大半又是間接的間接引來，沒有註明原文的出處，所以在檢查古書時譯者既多費許多勞働，而未檢查出來的依然還有數處，這是第一個原因，再則，譯者『胸』既不能藏萬卷古書，卽『手』上一卷古書也沒有，所以爲着迻譯這部中國社會發展史起見，特地遷居到暨大去，可是暨大的圖書館有時連最普通的藏書如王荊公全集之類都沒有，以致無書可查，這是第二個原因。沒有查出來的地方，只好待諸二版時補上。我以爲只要作者不是杜撰事實，則引用原文或者譯其大意，這都沒有好大的關係。

俚人一九三一，一二，三一，於上海。

中國社會發展史目錄

第二編　漢朝的封建奴隸私有制

第三編　封建制度矛盾的發展

目錄

第二十五章 二十餘種食用的蔬菜 .... 三二

第二十四章 香木生殖之驚人工作 .... 四六

第二十三章 幾種消化最費力的菓 .... 四八

第二十二章 .... 四○

第二十一章 .... 四六

第二十章 .... 六八

四

第一編　中國史的遠古期

第一章　中國人種起源

據中國史乘記載，中國的歷史是起於神話的盤古鑿磐石而闢天地。隨後伏羲便敎人畜牧，神農敎人耒耜，黃帝則建立其餘一切，到夏禹才直接開始有正式的統計。(註一) 雖然這事情是發生在紀元前兩千年以前，可是沒有絲毫物蹟來證明這些朝代（四〇〇〇年——二〇〇〇年）歷史的「巴比倫」。中國歷代的史册，又是帶着三綱五常的準則而編成，爲着使後人懂得統治階級發生是如何攸遠，而且是如何尊貴。祇可惜這些講故的大部，都是直接從紀元開始的時候才編纂起來，因爲有十分純正歷史人格的秦始皇，在紀元前二百一十一年便把一切古書都燒掉了，只除却可以爲他利用的那些——如醫書、農學之類，才幸免於難。所以版本的研究已說明只有從周朝起的

(紀元前一〇五〇——二五〇年)那些事件或者有幾分可作徵信。

(註一)——人口等於一三、五五三、九二三，無論如何，爲封主的喜好所編成的宗法的稗史，不能據爲中國人種發生解釋的源流。

另一方面，中國史之研究，一般的還是在完全原始狀態中。在中國經書方面，語言學就是在現在也幾乎成了「科學的專制王妃」。並且這種語言學還想解決過去、現在、將來一切中國問題，而不假手於「外人」的幫助。它企圖取考古學、人類學、人種誌、經濟生活史以及其它許多門類的科學而自代。這個就會走到像德國某哲學家所指出的例子上面去。不久以前，這哲學家著了一本小冊子，以最決斷的神氣來證明中國人從來就不是游牧民族，也從來沒有擴張這樣大的歷史幅員，從土耳其斯坦而跑到黃河流域來。小冊子的篇末，他又像知道安特生(Anderson)的發掘，是確定中國人的現成祖宗在石器時代，而且是在中國北部這一回事情。從那時起，他便在他主張的周圍，用德國哲學家的機巧來變更自己的傾向，又把中國人歸復到游牧民族……『如果解釋中國人的祖先在石器時代就已住在中國北部，那末便應承認在這一時代或下一時代的開始，他們也出現在南中國和印度。因爲在南中國和印度，他們發明了書契和形成了自己後代文化的基礎，後

來他們又囘到（！）北中國來。」（註一）

（註一）——Alfred Forke: "Der Ursprung der Chinesen." Hamburg. 1925. p. 29.

——這種信口開河，搖動不定是對麼？

安特生的發掘，可說給了中國人種起源這問題的科學研究以發端。與多量石器（適應於半漁獵半畜牧生活的）並存的，他還發現別種製造品的殘跡，這製造品是用陶器輪盤的幫助而做成，並且還塗抹一些花彩。爲製造杯盤而使用陶器輪盤，這已表現夠高的物質文化的水平。原始的陶業，在經濟生活上本來是女人的職守。在這個階段上，杯盤是特別用手來製造，沒有什麼輪盤的應用。陶器輪盤之發現於埃及、希臘、印度，都與過渡到農業有關，同時這時候農業已不是女人的職務，而是强有力的男子來擔任了。（註一）

（註一）——"The begining of porcelain in China" by Berthold Laufer. Chicago. 1917.

講到這種元澤杯盤的裝飾（用許多花朵和幾何規則的圖畫）便表明這種物品在東方、西方，都有許多親近的血緣。像這一種杯盤，繪着這一種圖畫，曾經在安南（Anau）的阿斯哈巴特（Aschabad）附近，在蘇彝士——波斯的西南部，在特立波（Tripole）（註一）的基輔附近都發掘過。

這種類似的杯盤在印度也能找到。（註二）所以，很明顯的，這不是偶然的契合。用陶器輪盤的幫助所製造的和用一定幾何的花彩所裝飾的那種杯盤之出現，是正當一部分在準備，一部分已完成從石器時代轉變到銅器時代的時期，——即約在紀元前三千年。恰恰在這個時期，因自然條件變遷影響的緣故，發生大批的移民，從中亞細亞遷徙到各方面去。蘇彝士在古耶南（Elan）是往來孔道之一，經過了這些孔道，移民的浪潮才澎湃起來。『蘇彝士橫亘於克爾喀（Kerk）河旁，它在聯合伊蘭高原與迪格爾（Tiger），耶佛拉底（Efrat）平原，及波斯灣海岸底旅行道上，佔有重要的策略上的位置。（註三）粟麥利人（Sumerian，與從阿拉伯半島遷徙過來的塞米Semit部落互相雜糅着）經過蘇彝士而創造了米索不達米亞的古巴比倫的文化。游牧民也經過蘇彝士而完成了對粟麥利人和巴比倫人的侵略結果。

（註一）——"An Early Chinese Culture" by J. Y. Anderson. Peking, 1923.

（註二）——"Prehistoric India" by Panchalan. Mitra. Calcutta. 1923.

（註三）——"A History of Sumer and Akkad" by Leonhard W. King. London. 1923. p. 335.

中亞細亞從自己的噴火口中散播了一切新而又新的部落與民族的結晶。『現在可以說是定則了』——勒阿拉爾特•孔（Leonhard King）說——『天旱與極無收成的時期，會逼着居民散佈到廣闊的幅員上去，並且他們不得不時時來找尋比較適宜的地方。像游牧部落在尋找新牧場的時候，只有穿過茫茫的荒原，才能從土耳其斯坦到西北去，而務農的民族，又不得不從裏海回到南方來。』(註一)

(註一)——"A History of Sumer and Akkad" by Leonhard W. King. London. 1923. P. 357—358.

的確，游牧浪花的一朵，後來波及到黃河兩岸來了，並且隨身帶來了自己在中亞細亞固有的一點文化。

不要忘記，那時在裏海與現代中國之間地域底氣候條件，比之現在要好得多了。

在安特生的發掘以前，大家都認為「周鼎」是中國獨立的創作，絕不是從別處假借而來。可是現在已證明這種祭皿遠在周朝以前的中國之外就存在着。這樣看來，中國史已從「最孤立」的狀況中走出，並且包含在國際流通中。同時，它的研究也轉變到客觀的史實基礎上來了。

人類學的結論，在這個關係上，是與考古學的結論相諧和的。『不大相信，中國在古石器時代(paleslithic) 就有了。雖然發現的石頭工具有許多，可是到現在還沒有找到一個是新石器時代

(neolithic) 以前的。

我們用不着好大的懷疑，中國只有夠遲的新石器文化。無論如何，你細察在發掘中所得到的骨骼與現代那個地方居民的骨骼並沒有什麼差別。瞭如指掌的事實會逼住你想，說我們把中國人的名詞與一定的生理狀態聯繫起來，這是錯了，這祇是變遷較快的語言和文化狀態。』（註一）並且那位作者又補充說，『的確，不但西方文化，而且西歐人的生理性質，都積着自己的烙印在古代中國人民身上。』（註二）

（註一）——"The Peoples of Asia" by L. H. D. Buxton. London. 1925, p. 158—159.

（註二）——前書p. 166.

事實，眞是不屈不撓的東西，如果牛津大學的教授出而承認亞利人與黃種人的生理差別，那末，『講到終極 還是歸結於地域的特徵！』（註一）

（註一）——前書 p. 247

究竟馬，鷄宗族那個『黃禍』與『拔萃超羣的』白種底理論，留下什麼來呢？除却口袋裏那種墮落的階級打算外，什麼也沒有！

所以，伯克斯通（Buxton）在最後的發掘上，便作出這樣的結論，說中國北部很遲才定居外來的民族，這民族是從西方來的；按他一切的性情，幾乎與現代的歐洲人沒有絲毫差別。

關於這點，在滿洲、河南的發掘中所找到的許多器具是可以作佐證的。玉髓的箭頭、石塊的刀斧、骨髏的針錐——所有這些，都是一部分從事漁獵，一部分從事畜牧，而剛開始轉變到農業的那些部落底一般的發明。畜牧、農業與漁獵混合在一塊兒的時間很長久，這不容有什麼懷疑。『畜牧與農業，不是發生在漁獵完結之後，而是漁獵漸漸變爲生存之不需，因此便變爲次一等的工作。新石器時代的人民，是以野獸和家畜當生存手段。』（註一）

（註一）——"Prehistoric Man" by Jacques de Morgan. London. 1924. p. 162

在滿洲那些穴洞開掘的時候，發現許多家畜的猪骨。可見猪肉在那時候是中國主要的肉食品。

安特生推度，這時期，在滿洲，在河南，人民已經開始耕種田地，雖然用的是最原始的方法。

在開掘的時候，沒有找到任何金屬使用的痕跡。陶器輪盤的適應，通常都與轉變到金屬工具相符合。講到這點，有人企圖否認，說開掘只是給我們發現了中國的後石器時代。可是安特生却完全正確地指出，『人民容易得到金屬，但總不能區別這些工具是最壞的金屬所製造。』（註一）不論怎樣，滿洲、河南的新石器時代的居民，總還沒有越過石器與金屬間的雷池一步。

（註一）——"An Early Chinese Culture" p. 29.

講到金屬問題，這對於中國史是有很重要意義的。它可以解釋所謂歷史的距離，和中國史冊——過去宮廷的產物——上那種虛幻的誇張。

『鐵器時代的開始，或許已進到以前的「春秋」時代（紀元前722——481年）。但是用鐵器來代替銅器，却進行得很慢，而且這轉變時期，可以延長到五百多年。』（註一）

（註一）——"The Iron Ores and Iron Industry of China" part II by F. R. Tegengren, Peking. 1923—1924. P. 297—298.

這裏最好把中國來與印度比較。『鐵在印度是出現於耶基(Egei)（註一）影響在東方傳播的時候，即是紀元前 2000——600 年。因此，這與吠陀(Veda)（註二）時期適相符合。』按吠陀時期，正是紀元前 1500——1000 年。

（註一）——耶基（Egei）爲地中海文化。

（註二）——Mitra. p. 195

印度古時，有極豐富的五金，貴至於黃金，賤至於生鐵，都應有盡有。這種物質的富庶，是古亞利文明在此發展的基礎。沒有這種富庶，印度的白的掠奪者便不能這麼快就教化了和征服了它深山絕谷中的原始的土人。

同時，印度的鐵器時代，正式開端，祇是約在一千年的時候。

那末，有人要問，北中國怎樣，它的礦山並不比印度貧乏，它自然能在「太古的時候」便「跳出」在較高的文明梯階之上？

很明顯，中國的鐵器時代，是遲而又遲的。

然而必須知道，從石器時代轉變到鐵器時代那種由礦源比較稀少所引起來的緩慢性，却反映到經濟發展上。所以無論如何，都不能同意那種觀點，說中國人從來就不知道鋤耕農業，而且一下就跳過爲那時農業國所「選用」的一種犂頭上來。（註一）

（註1）——"Jade" by Berthald Laufer.

如果你攷察一下事實，那末你就知道這是以解釋的奇特來變更農業文化之形成與發展的歷史過程，也卽是信奉那讚揚「古代皇帝」的朝代歷史的講故。

外來民從黃河向揚子江，甚至向南方移徙，而漸漸接觸到住在現時中國中南各省的部落。他們的成功並不是一朝一夕。而是經過許許多多的鬥爭，這鬥爭幾乎在整個的中國歷史幅員上進行着。這些過去的鄰人，或者更正確點說，這些中國史「以前的歷史」時代的參加者（完全與中國人一樣平等的參加），到今日還保持着自己與鋤耕農業的聯繫。

住在現時安南山側的卡冷（Karen）就是這些部落的例子之一。

『以天然的灌漑來替代人工耕種，可以獲得三次收穫，所以摩一（moi）便等着年終的雨潤。那時候，他們把森林一部分淸洗，好使全村人民的收穫長成。四月裡，他們又焚燒一切爲風所拔、爲日所曛的乾燥樹木。有幾天之內，整個的山腰都爲大堆木柴熊熊的火光所照遍，樹木的斫拔，聯成了若干里遠。最後，地面便爲細微的灰燼所遮蓋，在第一次雨潤的時候，這灰屑卽和泥土混合起來。於是那時乃開始播種。女人們一個個用尖銳的木棍武裝起來，把地掘鬆，又散下種子。雨和土地自身便完成了這個工作。提籃很快盈溢了，社會的穀倉也爲貴重的穀子所充塞。無論怎樣，收穫不能不算好，但是它總使人民有青黃不接之嘆。糧食的缺乏日見日近地逼到臨頭，有幾星期，這部落只能飽啖竹葉與樹根。』(註一)

(註一)——"Indo-China and its primitive people" by Herry Baudesson, London, p. 18—19.

鋤耕農業，是漁獵或畜牧或其他同等生存泉源中所必需的。

黃土地質，在北中國的半游牧部落過渡到農業時期上起了重要作用。我們將還要詳細地來說明它。現在儘可以說，據地質學家一般的公認，黃土地質是一種膏腴土地，它不需要花費多量的肥料。及到周朝，即紀元前二世紀，中國的事件還祗是在黃土地質區域之內起作用——如黃河的上游陝西、山西，黃河的下游河南、山東。黃土地質的優點，不但在它的膏腴，而且它還給人民以便利的居室，幾乎不費什麼勞働去建築房屋。現時我們在黃土地質區域內還可以遇到整個鄉村都盤據在土洞裡的情形。(註二)在剛定居於北中國的第一次外來民之後，又掀起了許多其他游牧移民的浪潮。中國史冊上，稱他們爲「蠻夷」。可是，「文明」人與蠻夷間的相互關係，却難得把他們彼此分劃開來，就是這些刪改了的、修正了的史冊自身，也擺不脫這其中的聯繫。紀元前三世紀爲秦始皇所建築起來的萬里長城，在一定的階段上，便把第一時期的游牧與半游牧部落的定居做了一個總結。

（註１）——"Comptes-Rendu de dix années (1914—1923) de sejour et d'exploration dans le bassin du fleuve Jaune", par Emile Licent, 1924, Tientsin.

祇僅僅從這時起才開始中國固有的歷史。在這個交點以前，一方面，發生了那極難打破游牧漁獵狀態生活的各種部落互相同化的過程；另一方面，在必需鞏固農業文化性質的選汰基礎上完成了他們之間的分化。游牧的浪潮，經過北中國居民的頭，便一個一個地波蕩到南方去。每一個浪潮都總有些變形，每一個浪潮，在一定的分量上，都總「積聚」些農業文化基礎建立的過程。只有在這個澈頭澈尾的基礎上，才形成了中國的文明。

所有這些在文化發展的階段上所形成的日新月異的差別，於是便把那個種族一部分，有時那個部落一部分，劃成各種各樣的民族。

『河南東北，是中國文明的發源地。中夏地理與社會就在這裏。它四周的居民都是蠻夷，不但因他們不屬於中國種，而且還因他們不肯(?)接受當時的文明。』註１）

（註１）——"The Origin of the Chinese people" by John Ross. London 1916. P. F.

「神父」的約翰洛斯（John Ross）在這裏未免又有幾分跑得太快了，他在中國剛纔發展的階段上便把中國人與他們的鄰人對立起來。他想，領導的作用，不論在經濟上，在政治上，一開場便應屬於農業部落。「神父」完全「沒有想到」去了解經濟生活史。但却奇特，他又不能不把那半原始的紊亂情況中的經濟表徵，作爲部落分化的因子。祇有經濟的表徵（再沒有別的），才能解釋千餘年間游牧與半游牧部落過渡到農業文化的連續性。

這樣看來，中國人種起源的問題，又要歸結到原始的外來民和接踵他們而到黃河上游及黃土地質區域來的那些游牧民如何過渡到農業的問題。原始的移民從中亞細亞帶來了爲過渡到農業所必需的一點文化的萌芽。這些萌芽，祇有在黃土區域的條件之下，才能發展成爲獨立的經濟力量。但是這些萌芽却在與游牧生活逐漸影響的環境中長成了和鞏固了。從這裏便發生定居農業經濟和游牧與半游牧生活間之特種的分工形式。

第二章　游牧民與定居民底『分工』

「阿拉伯人認爲堅忍耐勞的工作是女人所不能做的，女人祇會做奴隸。——「如果在家裏帶着鋤頭，這是非常丟臉的事。」阿耳錫爾(Alger)的吐勒格(Tuareg)人或游牧民族的柏柏人(Berber)對農業的槪念也便是如此。這些話是葛特(Gote)在1921年正月號的地理雜誌上(Geographical Review)告訴我們的。他們「看見城市吐嘔」，可是游牧民的大部漸次脫離游浪的生活而變爲農民了。爲自己的駱駝喪失（駱駝是他們全部的財產）而分崩離析的游牧部落，却很熱心地轉變到定居生活。這是社會狀況最不幸的、不能補償的損失。』（葛特）偉大的歷史家伊朋•哥爾敦(Ibn Holdum)在論及古游牧部落發生時，他說，『游牧民不要交納賦稅』……天演淘汰，在這個過程上，强有力地影響到游牧民與農民的分離。有些游牧民能跑到很好的灌漑區域內去，嫣然成爲主人，他們之中那些最先陷入生存競爭漩渦的，或(?)表現對農業有特別傾向的，便變成了農民。』(註一)

(註一)——"The Character of Races" by E. Huntington, 1925, p. 723.

在這個描畫中，自然貫透了英國薩克遜民族對游牧民的輕蔑態度，這是因爲那些游牧民還遠不能成爲資本家工廠裏的傭傭奴隸。所以他們便責駡他們有游手好閒的偏癖。

可是，毫無疑義的，原始的耕作却是下級社會階層的遺產，這些下級社會階層是處於附屬的地位，開始是女人，隨後是定居的種族、公社、或部落。封建的原則也便在這個意義上而實現了。在中亞細亞，已廣泛地實行對奴隸的貪逐，驅使奴隸去耕種土地。

在獨立的嘍囉（Lolo）中，——現時住在中國南部邊境，古時是中國固有疆域中的居民——我們可以看到它現時的制度是這樣：『獨立的嘍囉，在封建制度下生活着。一切土地都屬於貴族。貴族最重視軍事藝術，人人以學習軍事爲先務之急；誠然，他們也不輕視文化。但他們總不尊重農務。據他們的意見，農業是農奴和奴隸的事情，這意思就是說他們應該有農奴和奴隸來替他們耕作，可是這地方的中國人捕獲他們，捉住他們，隨後又把他們趕到山上去。』(註一)

(註一)——"In Forbiden China" The d' Ollone Mission 1906—1909 by Vicomte d'Ollone. London 1912, p. 62.

在游牧民族方面，——與時間最久的農民比較——有一種最大的長處，即是他們確實是一種很好的軍隊，很好的戰鬥員。

還在漢朝的時候，——即紀元前二世紀——我們就聽見一種對匈奴軍事優越的怨言。

『今匈奴地形技藝，與中國異。上下山阪，出入溪澗，中國之馬弗與也；險道傾仄，且馳且

射，中國之騎弗與也；風雨罷勞，飢渴不困，中國之人弗與也。此匈奴之長技也。』(註一)

(註一)——"Gems of the Chinese Literature" by H. A. Giles, Shanghai, 1912, p. 69. (見漢書爰盎鼂錯傳)

那些比較稍早即轉變到農業的部落與種族，在那時軍事技術與策略的狀況之下，它在軍事關係上一定表現軟弱些。因爲一轉變到較高的生產方法之後，生存手段的獲得，是依靠在貢賦上。

中國封建諸侯之較古的名稱，就是射手（archers）。箭爲那時主要的武器，射箭的藝術，把人從衆羣中提拔出來了，而且使他生生世世都成爲軍事職業家。——這是那時很普遍的職業。

戰爭與游獵，就是這些出類拔萃的人們底生活。中國的經書描寫這種情形是如此：

『天子與諸侯無事，（戰爭，旅行(！)，服喪之類）則歲三田，——夏，秋，冬。一爲乾豆；二爲賓客；三爲充君之庖。』(註一)

(註一)——"Li-Ki", Iraduit par S. Couvreur, 2 Edition. Tome premier 1913. p. 282 (見禮記五制篇)

從這點看來，便明白了，游獵之於封建諸侯，是一種極大的經濟的輔助。

一直到紀元開始，每個諸侯的大小與强弱，都是按照他所有的戰車多寡來決定。

通常的戰車（戰車是中國軍隊主要的原素），是繫之以四馬的。御車的人坐在中央；一個戰士，用戈、矛武裝起來，站在他的右邊；其他一個，用弓、矢武裝起來，站在他的左邊。每一個車上還加上許多軍隊。這樣看來，「戰車」的稱號是一種集合的名字，（與英國的槍騎隊有些類似。）戰車有七十個人和四匹馬的力量……。雖然天子有一〇、〇〇〇戰車的力量，陪臣有一、〇〇〇戰車的力量，有時記得有三、〇〇〇戰車的力量（約計三〇〇、〇〇〇人），可是實際上，他們的數目還要少些。」（註一）

（註一）——"China of the Chinese" by E. T. C, Werner, London, 1920, p. 167—168.

當戰車還未成爲嚴格的正式的軍事組織單位以前，這種車子所起的作用有些不同——較獨立的和較普遍的作用。牠是宗法氏族游牧生活的需用品。宗法氏族，坐着這些「車子」，帶着整批的自己的家具和武裝，由一個游牧區跑走到另一個游牧區。他們的一切財富就是牲畜，並且這些「車子」和行屋，幾乎是當時「人工」文明的唯一產物。

在中國很有名的經書「春秋」上，有一個犯罪的諸侯，曾經請求「以五乘亡」。（註一）

（註一）——"Tch'ouen Ts'iou et Tso Tchauan", trad. par. S. Couvreur. Tome III, 1914. p. 390.（見左傳昭公廿五年）

在別一個地方又說，『賜車三百乘，囑之以保國。』（註二）

（註二）——Tome II. p. 173.（見春秋）

游牧氏族，漸漸從宗法的、半共產主義的組織，轉變爲以諸侯爲首領的軍事集團來了。諸侯或者用强力來鎭服較弱的農民和半游牧民，或者「保護」他們，而保證自己有相當的貢賦收入。這樣一來，他就變爲某個疆域之內的封建維持人，和獨佔至高無上的統治。

恩格斯(Engles)在他那時候說，『農奴的關係，不是特別的中世紀的封建形式，我們到處都可以遇着它，而且到處看見掠奪者强迫舊的居民去耕種土地。』（註一）

（註一）——『恩格斯給馬克斯的信』，一八八二年，十二月，二十二。

掠奪者加於被征服的民族、公社和部落身上那種宗法氏族組織的（負擔），可以說明爲什麼中國那種偉大的宗法氏族的原則，成了封建上層的特權。所以中國古代史上，很精細地指出百姓與「黨首」之間的差別來。

通常所謂中國的諸侯和皇帝，極像成吉斯汗時代一般的蒙古人。

在中國，像孔子所修的「禮記」上說：『故射者進退周旋必中禮，內志正，外體直，然後持弓

矢審固，持弓矢審固，然後可以言中。此可以觀德行矣。』（註一）

（註一）——"Liki" Tome second, Couvreur. 1913, p. 678—679.（見禮記射義篇）

後來成吉斯汗一類的人，恰恰也有這種觀點，以為美德總是倚賴百發百中的眼睛：『青年劾命疆場，馬革裹屍，這難道不是榮幸的事？』（註一）

（註一）——『舊蒙古的故事——成吉斯汗』。『俄國宗教團團員著作集』，第四卷，北京出版，1019, p. 49.

在中國，是把被征服的疆域四分五裂地來分割，照上官的處置，分配於擁有相當數量戰車的主人之間。

在成吉斯汗也有過這樣的制度：成吉斯汗對哈爾齊（Harchi）說：『在我幼年的時代，你說出關於我的寓言，替我分擔困難，成為我的朋友。那時你說：如果我的寓言靈了。那末我給你三十個女人。現在果然靈了。我給你在被征服的民族中，隨你的志願去挑選三十個漂亮的女人。此外，將巴利（Baali）三千族與阿達克（Adark）及為塔加（Taga）、亞西克（Ashic）所管轄的各族聯合起來，把他們之中每一〇、〇〇〇人組合在一塊，用獄吏來教育他們、管理他們。你可以按照你的選擇在山林的民族裏面（註一）來建立你的駐紮地，你可以在愛爾弟奚（Erdish）河的沿

岸維持你那裏的國家；那裏民族的一切事情，都任你來調度；違抗者則加之以刑罰。』(註二)

(註一)——烏粱海邊境。

(註二)——『俄國宗教團員著作集』第四卷，p. 56.

這種上層的宗法氏族的軍事游牧生活與下層的農業操作的聯合，便形成了從原始職業到農業的整個轉變時期。就拿古代巴比倫來看吧：——『土地的耕作，(造成巴比倫財富的主要泉源)，大部分是靠奴隸的勞働，奴隸在兩個上層階級(自由民和貴族)的監督之下工作。土地本身，大部分是在王侯、教士、大貴族和商人手上，這些人都是土地私有者；土地大部分是出租的。這裏也包含有公社或部落的私有土地，王侯自身是很大的畜牧主，因為他強令自己擁有牲畜的進貢人交納一定的貢賦。王侯和教會的畜羣，可以說是極大無匹，並且是一種極大的收入，牠比從私有主那兒收來的貢賦和租稅還大。牧人是指定來關照牲畜的，而且還把牧人分成許多隊伍，而隸屬於隊長管轄之下，隊長指定某區應該牧羊，某區不宜牧羊。王侯接着自己隊長的經常報告，就是巴比倫大城市和大區域的長官都必需看守王侯的畜羣，他要跟着畜羣跑，為的要細心的來照顧牠們。』(註一)

（註一）——"A History of Babylon" by L. W. King, London, 1910, p. 167—168.

古代巴比倫國內發展的水平，比之紀元前一〇〇〇——五〇〇年的中國，無條件的要高得多了，過去的游牧殘餘與農業文化之標本式的「分工」，還是完全保存着。甚至封建「主人的主人」也認爲自己多牛是牲畜主，少牛才是國家農業的主人。

在中國又怎樣呢，中國在這個整個的準備時期中，有沒有游牧民的侵入呢？我們在詩經上可以找到這樣一種對國家昇平的歌頌：

『誰謂爾無羊？三百維羣。誰謂爾無牛？九十其犉。爾羊來思，其角濈濈；爾牛來思，其耳濕濕。（農奴的徵象）

或降於阿，或飲於池，或寢或訛；爾牧來思，何蓑何笠，或負其餱，三十維物，爾牲則具。

爾牧來思，以薪以蒸，以雌以雄；爾羊來思，矜矜兢兢，不騫不崩，麾之以肱，畢來既升。

牧人乃夢，衆維魚矣（因爲魚比人的繁殖大），旐維旟矣；大人占之：衆維魚矣，實維豐年；旐維旟矣，室家溱溱！（因爲烏龜是繁殖於人煙稀少的地方，猫頭鷹是繁殖於人煙稠密的地方。）』註二）

（註一）——"Cheu-King" par Cauvreur. 2. Edition 1916. p. 199—200—201（見詩經無羊篇）

在這幾首田園詩裏，使我們看到封建的畜牧主，有自己的牧人替他工作，而且牧人做了一個黃金夢，心裏非常高興。

我們把這種景象與較遲時代的封建農業生活景象比擬一下吧。有一段故事，是以封建主的名義說出來的，它完全是描寫較複雜的徭役經濟。

『倬彼甫田、歲取十千。我取其陳，食我農人。自古有年，今適南畝，或耘或耔，黍稷薿薿！攸介攸止，烝我髦士。』（註一）

『以我齊明，與我犧羊，以社以方。我田既臧，農夫之慶，琴瑟擊鼓，以御田祖，以祈甘雨，以介我稷黍，以穀我士女。』

『曾孫來止，以其婦子。饁彼南畝，田畯至喜。攘其左右，嘗其旨否。禾易長畝，終善且有，曾孫不怒，農夫克敏。』

『曾孫之稼，如茨如梁；曾孫之庾，如坻如京；乃求千斯倉，乃求萬斯箱。黍稷稻粱，農夫之慶。報以介福，萬壽無疆！』（註二）

（註一）——這是監督人、長官、家臣之流。

（註二）——"Cheu-King" par Cauvreur. 2. Edition, 1916, p. 249—250—251.（見詩經甫田篇）

這個剝削者的抒情詩，描繪出極紅世界的一切事情。以下我們還要看到實際上事情到底是怎樣。徭役經濟發展所表現的景象，是與封建宗法畜牧生活的「單調」顯然不同。這是經濟發展的各種階段。各個階段之間，還有許多中間的鏈環、結子、與過渡。

封建畜牧的景象，與封建農業的景象，都一樣地反映出那個時期來，即封建的剝削者已從直接的工作者生產人蛻化出來，他只僅僅執行『看守、保護和領導等類的上層職務』。這些關係，在那種具體的場合之下，是否是在掠奪的結果上形成的，抑或是由內部分化的結果和宗法關係破產的結果所形成，——這都沒有什麼差別。這種現成的事實，已赤裸裸地暴露了那個講故，即是中國的歷史，從古時起，便已成爲宗法的天堂，和整個的歸結到「美德」的提拔——提拔善射的人與有聖賢學問的人。「百姓」的戰鬥氏族的貴族之轉變到較高的生活水平，是全靠牧人和農民的剩餘生產品來供給。黃土地質，不獨適合於農業耕作，而且適合對農民的剝削，因爲條件拟造了適當的剩餘生產品的生產。

因此，封建的上層階級，不斷地燃燒着詩的熱情，牠可以更有力的把農民羣衆驅逐到飢寒中去。

第三章　周朝的封建制度

按照周（註一）初的制度，地方百里應出戰車一輛，人二十口。天子的畿地是一萬里，并且天子的力量能出戰車萬輛，這萬輛戰車分配在六支軍隊中間，每支是一萬二千五百人。每個封主可以按等級指揮三支、兩支或一支軍隊。不擔負軍事服役的人，應代之以人丁稅。軍事服役與土地私有是緊相聯繫着。這可以用下面一個簡單的事實來解釋：就是遊牧部落的組織在農業制度領域內還是保留着。』（註二）

（註一）——這種名稱是始於紀元前一〇五〇——二五六年。

（註二）——"The Civilisation of Ancient China" by A. Rosthorn.—"The Chinese Social and Political Science Review". October. 1926. p. 833—834.

羅斯特恩（A. Rosthorn）一般的前題都是很正確的，他的錯誤只有一點：就是他把軍事的封建組織看爲是有組織的宗法部落發展之一種有機產物。他信任以後宮廷歷史家所堅執的那種中國封建制度發生之『攸遠與高貴』的說法，但是忘記了軍事封建組織之出現是掠奪者奴役農業部落和種族的結果，并且也是這些掠奪者本身內部分化的結果，——即强弱部落和種族之間的分化。在那麼攸久的歷史時間上，許多部落都是這個過程的參加者。從實際環境影響之下所爆發出來的事變的波濤，總是一個未平而另一個又起。這個同那個的分化、瓦解、混合，不論上下都在發生着。

無論怎樣，我們在周朝是碰到了軍事的封建制度，並且在相當的程度上說，它是形成了而且鞏固了。封建諸侯與軍事人員都是由封建諸侯境內農民的勞動來供養，——這就是當時社會機體的基本細胞。我們知道，這裏與舊有的傳統生活發生破裂了，在舊有傳統生活中，部落或種族是由狩獵和由被征服人民那兒進貢來的牲畜來補充他們的收入。可是現在軍事和行政成了等級的特權，他們是不參與勞動的。農奴必須爲他的保護者工作。因此，軍事封建組織，要直接依賴農業生產品的總額，和農業生產的條件爲轉移。這種情形便反映到軍事的結構上：凡有熟練射手和戰士的戰車，都是屬於封建諸侯及其臣僚和武士的。至於在戰車之下所組織起來的步兵，則是充當軍役的農奴來擔任。他們充當軍役好像充當一般的徭役一樣，是替封建諸侯盡勞動的義務。他們在逼迫他們繳出剩餘生產品的基礎上，來擔負這個血汗的貢賦。

按封建諸侯所佔併的土地的面積來規定封建諸侯的大小。小封建諸侯應隸屬於大封建諸侯，大封建諸侯應隸屬於天子，幷且每年應該向天子納貢繳稅。

天子要最嚴格地監視國內軍事勢力的均衡。左傳，夏五月，鄭伯克段于鄢，有這樣的一段話：『都城過百雉，國之害也！先王之制：大都不過參國之一，中五之一，小九之一。』

軍事的力量是有相當的規劃的，所以左傳上又說。『天子六軍，諸侯大國三軍，次國兩軍，小國一軍。』（註一）

（註一）——見左傳

至於說到當時的行政，那是十分簡單的。——『天子賜諸侯樂，則以柷將之，賜伯子男樂，則以鼗將之；諸侯賜弓矢然後征；賜鈇鉞然後殺；賜圭瓚然後鬯；未賜圭瓚則資鬯於天子。』

（註一）這是「古先王之制」。

（註二）——"Textes Historiques" par Leen Wieger. 1622. 第一卷，第五七頁。（見禮記王制篇）

後來孔子學派的編年史家，努力證明在周朝是存在過「最公平」的土地使用制度（卽井田或九田制）。『方里而井，井九百畝，其中爲「公田」，八家皆私百畝。同養公田，公事畢，然後敢治私事。所以制野人也。』公田的收穫繳給「國家」，卽是繳給主要的封建諸侯。

沒有任何實際的這樣的東西可以證明這種制度的存在，而且根本就沒有這種東西。這樣一種詳細的『公田』制度，那時能不能建立起來，還是大有疑問。封建諸侯絕對不傾向在社會保險中討生活，他們的傾向甚至完全相反！

所謂中國的封建制度，絕對不是從宗法的氏族土地私有中生長出來。這種制度是火與劍所接合。孔子學派的封建官僚所說的「理想的」井田制度是很晚的，就是當他需要用宗法傳統和古代習慣的觀點來建立他自己對土地的要求的時候。他用國家利益的思想來掩蓋自己的貪婪。他努力「不指出」使用農奴勞動的封建徭役經濟，爲的是想證明這樣一種國家的職司有霸佔農民羣衆剩餘生產品的權利。它很鮮明地浸透了封建的觀點與傲慢，所以它在這裏——一種例外的形式——要轉乞於原始共產主義的幫助。我們知道，中國南方有一個部落，到現在還沒有為中國所同化，那裡現在還有這種類似的公田。『益加（Y-Kéa 譯音）部落的鄉村，有不收稅的公地；公地的收入，是預定作為官吏派來收稅的那些人們的費用，此外，鄉村節日的費用或(!)為妨害公社而起的那些訴訟的費用，也包括在這個項目之下。這些土地由一家、兩家、或三家輪流來耕種，不管他們於自己有利或無利，他們每年都必需擔任這種義務，鄉村中其他各戶也是一樣。所謂好處（對公社而言），就是每年可以得到幾石穀子，壞處，就是這些開墾了的土地，隔了些時，便為村長私人利用了，有時候這種土地長期地落在一家之手，他們也就是因為這個才一躍而為村長——世襲的村長。』（註一）

（註一）——"La Mission Lyonnaise". 1895—1897, p. 371—372.

或者，在周朝，由於這種公社權利的獨佔，「世襲的村長」，便提拔到正式的封建官僚的行伍來了。無論如何，周朝封建制度的本身，就沒有一點井田制度的氣味。封建諸侯剝削農民，一方面，逼迫農民把自己的生產品一定部分繳給封建諸侯，另一方面，強迫他們擔負儘可能的徭役的義務。

在上面我們已經把大的貴族經濟的敘述講過一些了。

這兒還有一段補充。禮記上說：當戰事遭了失敗，諸侯便要穿上白衣，涕泣號啕於官庭門前，呪罵自己，說自己是戰敗的原因。(註一)

(註一)："Couvreur, Li-Ki" p. 243 (參看禮記)

諸侯在門前所發的這種神經病，是一個非常好的證據。如果諸侯沒有獨立的大經濟，他怎樣能維持他的兵力？中國的軍事開始軟弱，恰恰是從戰國諸侯改變爲封建官僚的時候起，——這官僚是一個發明者，他不是從維持軍事封建組織的觀點來觀察經濟，而是從個人致富上來觀察經濟。在周朝農民按土地的肥沃，要向自己的封建諸侯繳納一定的年貢。『後來設立了一種特殊的官吏，他們是爲着這個目的而指派的；教育農民分別各種種子與植物，看這些種子與植物，那一些是於農業最有利益的，幫助農民定出耕耘、播種、灌漑、收穫的期間。叫農民按照他們的指示來進行灌漑制度，這種灌漑制度要最能適應地方的條件。一切與絲的生產有聯繫的工作，都要根據這些官吏的指導。』(註二)中國封建制度第一步，便是在自己的利益上來利用農民家庭男女之間的分工。如果男子是耕田，那末，婦女便要注意栽桑、養蠶。她們並且要把絲麻織成布帛。他們也要擔負封建的義務。農民養育了封建諸侯，農婦還要供給封建諸侯的衣服，而且供給封建諸侯的都是些絲綢，自己家裏，只留下一點麻布。

（註一）——"The Ancient History of China" by Friedrich Hirth. 1908. p. 10.

有組織的官吏對農民自然生產循環的監督，證明了這時候的農民經濟祇是封建諸侯經濟之附庸，封建諸侯的經濟是在農民肩上提高起來的，并且吸盡了農民的血汗。這種地方的封建搾取的組織，是與整個的封建制度密切聯繫着。這種制度是這樣：在秋季第二月時，即在收穫之後，『台諸侯，制百縣，爲來歲受朔日與諸侯，所稅於民，輕重之法，貢職之數，以遠近土地所宜爲度，以給郊廟之事，無有所私。』（註一）

（註一）——Couvreur. "Li-ki" p. 387.（見禮記月令篇）

官吏之指導農民，是官吏們首先要使用農民的勞動力去耕種貴族的土地，并且農民祇有耕種貴族土地之後才有耕作自己土地的權利。農民生產的一部分是要落到貴族的荷包中去。那末剝削便有兩重：直接剝削農民的勞動力和間接剝削農民自己經濟上所收穫的生產品。因此，封建諸侯極其注意使農民經濟按照他的需要和利益來進行。這便容許後來的封建官僚思想家來蒙蔽這個兩重剝削，並且還表現這好像是社會保險的一種「克己」的關懷。

除却「經常的」力役應盡之外，農民還要根據特殊的理由，來擔負徭役：十天之中有三天是爲開掘運河，修理道路，建築堤防或封建諸侯都府——所謂城市——周圍的砲台、要塞等。(註一)

(註一)——"Textes Historiques"，第一卷 p. 77.

此外，在充當徭役的制度上，還可以任憑諸侯們的欲望來處理！

等級的梯子是嚴格的運用着。上層是世襲的封建貴族及其各種形形色色的臣僚。而社會塔的基礎則爲農奴。『農民以下還有培植森林的樵夫和在荒土上飼養牲畜的牧人，他們也要把自己的木材和牲畜向國家(！)支付什一(？)稅。』鞏固的封建制度，與過去的遊牧民族已經完全分裂了，并且他不久以前的血族都變爲農奴不如的可憐蟲了。

『再下層爲商人，他們的數量又少而且又不爲人所敬重，最後，社會階梯的最下一層便是因窮而處於依賴狀況和因罪犯而判爲奴隸的那些人了。奴隸是等於牲畜，可以隨便買賣的。』(註一)

(註一)——"Textes historiques" 第一卷 p. 78.

很顯然的，在此種條件之下，城市，不是別的，祇是封建社會關係之集合點。這裏祇是諸侯的「都城」，或隸屬於他的較小的諸侯的寓所。這裏駐紮著名的諸侯的軍隊，軍隊的武裝設備、堆棧、貯藏，都在這裏。從農民那裏徵收來的一切貢賦都匯集在這裏，一切行政也是集中在此地。而且此地又是社會階層的最高峯。『顯貴之家、——格拉勒說——這就是封建城市中的居民，他們是在封建統治者和他的臣僚保護之下而組織起來的，他們應當敬重這種統治者，替他們服務，幷服從他們；他們在統治者的指導之下形成一種屈服於一定等級——宮廷——的組織。』(註一)

(註一)——Marcel Granet. "La polygynie sororate et le sororate dans la Chine féodale" p. 46—47.

中國的城市不是由於商業而發生，而是由於封建而發生。商人和手工業者聚合於城市，乞求諸侯們的保護，他們常常準備着絲毫不吝嗇自己的財產。城市是統治農民自然經濟的封建上層組織，是一種寄生的贅瘤。

城市是鞏固的軍事點，所以天子很嫉妬地來審察監視着附庸臣侯的城垣，不得超過規定的範圍。

雖然周朝在我們心目中已經有了正式的和鞏固的封建制度，可是游牧與定居生活之間的相互影響，仍然沒有停止。牠還是繼續着，並且封建的上層，首先就是這種關係的領導人。

馬克斯有一次提到這樣的情形，特別在這個時期是可適應於中國的，他說『在一切東方的部落內，可以建立一部分的定居生活和另一部分的繼續的游牧生活之間底一般的共同關係。』(註一)

(註一)——馬克斯給恩格斯的信，一、六、一八五三。俄文本，p. 50.

羣固的封建制度，與自己已往的游牧生活破裂了，並且使自己的乃兄乃弟陷於半奴隸的狀況。但是封建制度絕沒有，也不能與那些有游牧「勇氣」和有游牧習慣的代表發生破裂——他們完全固守着不受拘束的樵夫和牧人的生活。在這些人方面，仍然有他的不甚强的軍事力量。此外，他們還常常戰勝「帶有穩定性的」封建制度，（這封建制度是定居在土地上，或者正確點說，定居在農民的頸幹上。）所以封建制度不僅僅與他們發生關係，而且還把他們包括在自己的嫡親周遭。

這樣看來，游牧民——「野蠻人」經過封建的階梯，而聯合到「文明化的」封建方面來了。另一方面，在那時候，定居的封建制度之各個代表，便藉這些野蠻人的幫助，按着封建的階梯而爬到最上層去。

現在試舉幾個例子來看。

『溥彼韓城，燕師所完。以先祖受命，因時百蠻。王錫韓侯，以追其貊。奄受百國，因以其伯。實墉實壑，實畝實籍。獻其貔皮，赤豹黃熊。』

這是詩經上講出的故事。（註一）

（註一）——Couvreur. "Cheu-King". p. 335.（見詩經韓奕篇）

另一個例子，是「春秋」上所描寫的一個臣子的策劃：

『公曰：「然則莫如和戎乎？」對曰：「和戎有五利焉：戎狄薦居，貴貨易土，土可賈焉，一也。邊鄙不聳，民狎其野，穡人成功，二也。戎狄事晉，四鄰振動，諸侯威懷，三也。以德綏戎，師徒不勤，甲兵不頓，四也。監於后羿，而用德度，遠至邇安，五也。君其圖之。」公曰：「使魏絳盟諸戎，修民事，田以時。」』（註一）

（註一）——Couvreur, Tome II, p. 207.（見左傳襄公四年，廣益書局版，卷三，二十五頁）。

這裏與游牧民的合作，已直接翻成商業策劃的言語了。

在某種意義上說，游牧民清洗了封建「文明」的道路，並且成爲封建文明反對別種較「野蠻的」獨立部落底屏障。

這是我們從紀元前五百五十七年晉侯與戎狄的談話中而知道的。戎狄反悔同他們聯合，爲他們單方面的利用：——

『昔秦人負恃其衆，貪於土地，逐我諸戎。惠公蠲其大德，謂我諸戎是四嶽之裔胄也，毋是翦棄。賜我南鄙之田，狐狸所居，豺狼所嗥；我諸戎翦其荊棘，驅其狐狸豺狼，以爲先君不侵不叛之臣，至於今而不貳。』(註一)

(註一)——Couvreur. Tome II, p. 292. 最後的一句，是老百姓的一種最誠實的解釋。(見春秋襄公十四年)

游牧諸侯與定居諸侯之生活的和友誼的聯繫，下降得如此其遠，我們可以從那個事實看到，紀元前六百四十年，『夏，宋公使邾文公，用鄫子于次睢之社，欲以屬東夷。司馬子魚曰，古者六畜不相爲用，小事不用大牲，而況敢用人乎？祭祀以爲人也，民神之主也。用人其誰饗之？齊桓公存三亡國，以屬諸侯，義士猶曰德薄，今一會而弱二國之君，又用諸淫昏之鬼，將以求霸，不亦難乎？……』(註一)

(註一)——Couvreur Tome I, p. 230. (見春秋僖公十五年)

能不能對野蠻人的習尙關係表現如許仁愛，以致於把人來作祭品呢!?

這種原始組織的封建制度，到自己壽終正寢的時候，還帶着自己發生的痕跡。

第四章　封建的無政府時期

周朝的發生夠曖昧、夠奇特。左傳上有過這樣的說話，天（註一）是最神明的；它很莊嚴地監察着下界的事情。它注視四方，尋找定居我們百姓的位置。天常攷察各個諸侯，並且細心尋找那適合於它的願望的諸侯。它一找到了他，就願加大他的權力。（註二）

（註一）——狂熱的卡特立敎徒，總到處把「天皇」來代替「天」。

（註二）——Couvreur, Tome I, p. 294—295. 參看春秋）

從企圖加大封建的權力時候起，於是乎不但開始了封建的制度，而且開始了封建的無政府。

封建的無政府在中國史上起了一個顯著的作用。我們在這一章所講的封建的無政府，是從「春秋」時代起。（註二）一直到紀元前三世紀的上半期止。周朝即位消息之可疑，給了我們一些根據來假定從最「太平」的時代起，封建制度就已很密切地與封建的無政府交錯混合起來了。「春秋」時代一開始，各國的糾紛，已經成爲日常生活的現象，甚至那種有組織的制度底任何幻想都消滅了。不單只一個大國諸侯底政權動搖了和顛覆了，就是小諸侯、小封建官吏都發生同樣的現象。紀元前五百三十六年：『舍中軍，卑公室也。毀中軍於施氏，成諸臧氏，初作中軍，三分公室而各有其一，季氏盡征之，叔孫氏臣其子弟，孟氏取其半焉。及其舍之也，四分公室：季氏擇二，二子各一。皆盡征之而貢於公。』(註二)

(註一)——這個時期是從紀元前七百二十一年起到紀元前四百八十一年止。至少這個時期是包括在中國的歷史之內的。其所以叫做作春秋者，取春秋循環不已之義，春秋本爲農人最重要的兩季，然而戰爭總是繼續不止。

(註二)——Couvreur, Tome III, (in French) p. 96—97. (見春秋昭公五年)

土地與農奴的壓搾交合起來，便成爲財富的基本形式，封建的無政府，便是由你反對我、我反對你的戰爭以自利的過程之表現。在幾百年的那樣長久的時間當中，無時無刻不在進行着大小諸侯之間的不斷的戰爭，這戰爭裏面有一定的『野蠻人』參加，而且常常成爲主要的力量。這裏已經不是限於一種特權諸侯的軍隊，而還需要由農奴組成的步兵了。所有的男子都要擔任軍事服役。祇有鄉村裏的女人、老者、和殘廢，才不習軍事工作。鄉村應該供給軍隊的衣食，替軍隊設備戰車，（按着一定的人口數量來分配）而且大家還要很好地來對付貴族的戰事，在周朝（註一），軍事的領袖是「大元帥」（marshal）——『大元帥統率宮廷裏的步隊。他是一切軍官的軍官。在戰爭的時候，他就是總司令。大諸侯統領三六、〇〇〇人，中諸侯統領二四、〇〇〇人。小諸侯統領一二、〇〇〇人。他們可以提取兩三个人來看護家眷。在軍事制度上，凡不服從命令者立卽處以死刑。不幸的農民，喪失了他們的土地，於是不得不用盔甲點綴起來，用戈矛武裝起來，去參加那人山人海的鬥爭，因爲戰事各方面都擁擠不堪，所以要開小差都沒有可能。每次戰爭的失敗，他們都帶了一種形容不出來的傷痕。』（註二）

（註一）——這裏再重複說一說，我們所以要用這個名詞，也不過是仍舊慣吧了。

（註二）——Textes, p. 81.

這樣一種封建的軍隊，就是封建制度一幅直接的妙畫。很淸楚的，這種服役的義務，自然難得期望戰爭的鼓舞。所以這個時代的歌詠，便是那些顚沛流離的人們的哭聲：

『肅肅鴇羽，集於苞栩。王事靡盬，不能蓺稷黍！父母何怙？悠悠蒼天，曷其有所！

『肅肅鴇翼，集於苞棘。王事靡盬，不能蓺黍稷！父母何食？悠悠蒼天，曷其有極！

『肅肅鴇行，集於苞桑。王事靡盬，不能蓺稻粱！父母何嘗？悠悠蒼天，曷其有常！』（註一）

這是一個被強迫的兵士在訴苦！

（註一）——"Cheu-King" p. 114—115。（見詩經鴇羽章）

軍事職業，祇是社會上層的一種尊貴的職業。而徭役的義務，卻是等於對罪犯的一種處罰。——在五百一十八年的時候，『吳子以罪人三千，先犯胡沈與陳。』（註一）牽入到軍事上的損失愈大，而對不顧及農時的怨言也愈多。春季和秋季，正是需要耕種的時候，然而農民卻都趕到戰場上去了。

『芃芃黍苗，陰雨膏之。四國有王，郇伯勞之。』（註二）

（註一）——Couvreur, Tome III, p. 363.（見春秋昭公二十三年）

（註二）——"Cheu-King", p. 143.（見詩經下泉章）

這是農民回想以前的太平景象。但是現在又怎樣呢？

『中谷有蓷，暵其乾矣。有女仳離，嘅其嘆矣。嘅其嘆矣，遇人之艱難矣。

『中谷有蓷，暵其脩矣。有女仳離，條其歗矣。條其歗矣，遇人之不淑矣。

『中谷有蓷　暵其濕矣。有女仳離，啜其泣矣。啜其泣矣，何嗟及矣。』(註一)

(註一)——"Cheu-King," p. 72 (見詩經中谷有蓷章)

現在是戰爭、凶年，弄得人人顛沛流離，失其安身之所了。

我們再看：以前是，『鷄鳴狗吠相聞，而達乎四境，而齊有其民矣。地不改辟矣，民不改聚矣。』(註一)

(註一)—— "The Life and Works of Mencius" by James Legge. London, 1875. p. 167. (見孟子公孫丑章)

現在，戰爭不幸破壞了經濟。一切地方都可以看到工人的盈溢和拋棄。我們這裏可以引用孔子最有名的弟子孟子與梁襄王的一段特別的對話來看。「梁襄王問孟子說：「天下惡乎定？」孟子對曰：「定於一。」「孰能一之？」對曰：「不嗜殺人者能一之。」「孰能與之？」對曰：「天下莫不與也。王知禾苗乎？七八月之間，旱，則苗槁矣。天油然作雲，沛然下雨，則苗浡然興之矣。其如是，孰能禦之！今夫天下之人牧，未有不嗜殺人者也，如有不嗜殺人者，則天下之民，皆引領而望之矣。誠如是也，民歸之，由水之就下，沛然孰能禦之？」(註一)

(註一)——"The Four Books or the Chinese Classics". Shanghai, 1914. p. 276—277. (見孟子梁惠王章)

看吧，最好不過的，就是哲學家墨翟（Moh Ti）所說的封建制度是使生產力變爲窮困的工具。他做過很長久時間的官，他同樣也替諸侯們當參議：

「今天下好戰之國，——齊晉楚越——若使此四國者得意於天下，此皆十倍其國之衆，而未能食其地也。是人不足，而地有餘也。」（註一）

（註一）——"Me-Ti des Sozialethikers und seiner Schler philosophishe Werke" von prs. Alfred Forke. Berlid. 1922, p. 281.（見墨子非攻下第十九）

這樣看來，爲爭奪土地的封建戰爭，又辯證地轉到自己固有的矛盾上來了：它不使封建制度擴大與鞏固，反來愈加不重視封建的基礎——農業的財富。

就是因爲他們，絕對不從封建財富上着想——所以墨翟總是不遺餘力地來反對封建制度的「暴行」與「醜惡」。

「今又以爭地之故，而反相賊也。然則是虧不足而動於餘也。」（註一）

（註一）——"Me-Ti", p. 281.（見墨子非攻下第十九）

戰爭不僅直接地破壞了經濟。它同樣也很厲害地使一切賦稅瀕於破壞。雖然在封建時代是像俗話所說的「戰爭養育戰爭」，實際上，這個滋養料是取之於農奴的農民羣衆的。用盡力量來反對農民經濟的種種束縛，也隨着封建諸侯軍事拓展的加大而發展起來了。

居於黃河下游的齊國情形，可以有聲有色地描繪出這個環境。這種描繪是關於五百二十一年的。

『山林之木，衡鹿守之。澤之萑蒲，舟鮫守之。藪之薪蒸，虞侯守之。海之圤蜃，祈望守之。縣鄙之人，入從其政。偪介之關，暴征其私。布常無藝，徵斂無度。民人苦病，夫婦皆詛。』(註一)

——這幾乎是西歐中世紀制度的變形！

在這個意義上，我們不單是以歐洲中世紀復興的形式來研究古代中國，而且要以歐洲中世紀復興的實質來研究古代中國。早在這一個古代就已經發生了顯著的"enclosures"，『財產的圈圍』了。封建制度，到處只信任自己！

爲了解釋起見，現在又要來引用孟子與齊宣王的一段談話。齊宣王問曰：『文王之囿，方七十里，有諸？』孟子對曰：『於傳有之。』曰：『若是其大乎？』曰：『民猶以爲小也。』曰：『寡人之囿，方四十里。民猶以爲大，何也？』曰：『文王之囿，方七十里，芻蕘者往焉，雉兔者往焉，與民同之，民以爲小，不亦宜乎!?臣始至於境，問國之大禁，然後敢入。臣聞郊關之內，有囿方四十里。殺其麋鹿者，如殺人之罪。則是方四十里，爲阱於國中。民以爲大，不亦宜乎!?』(註二)

(註一)——Cauvreur. Tome III, (in French) p. 323—324. (見春秋昭公二十年)

(註二)——Legge. p. 141—142。(見孟子梁惠王章下)

封建的漁獵權利，是從經濟上的助手農民那裏强奪來的，另一方面，這些游獵的娛樂，攫去了農民許多土地，然而按着封建壓搾發展的程度，這些土地還是大大的不敷。農民的土地，大半都是拿來供奉貴族娛樂之用。

『堯舜既沒，聖人之道衰，暴君代作。壞宮室以爲汙池，民無所安息。棄田以爲園囿，使民不得衣食。邪說暴行又作。園囿汙池沛澤多，而禽獸至。(註一)及紂之身，天下又大亂』。(註二)

(註一)——國家落到原始狀態來了。

(註二)——Legge. p. 227, (見孟子滕文公章上)

孔子學派(註一)的封建官僚，在一切行動上，都要帶着「理智」說敎來講話，這是因爲封建制度，在牠的原始形態上，實在就已經逾越一切準繩，而變爲不成樣子的東西了。所以我們在這裏不要作出那樣快的結論，說孔子學派的封建官僚，想在人間凡世來建設農民的天堂。他不過爲着自己的特權打算吧了。

（註一）——孔子生於紀元前五五一年，死於四七九年。孟子生於紀元前三七二年，死於二八九年。

可是，戰爭拚命地加速了這個遠古封建制度各方面崩潰的過程。「土地的圈圍」，參和封建苛捐與壓搾的制度，加銳了封建制度的軍事力量。軍事徭役，使人愈加不堪忍耐，因爲牠不使任何經濟的利益、任何經濟的比重來妨害它。封建貴族的加强，引起農民的破產也加强了。

墨子（註二）——已往的孔子學派的合作人，人家過分的稱他做「兼愛哲學家」——在軍事「利益」的觀點上着眼，認爲封建諸侯那種妻妾盈庭的現象是最有害的：

『今簡子之家，飾車數百乘，馬食菽粟者數百匹，婦人衣文繡者數百人。吾取飾車食馬之費與繡衣之財以畜士，則千人有餘。若有患難，則使百人處於前，數百於後，與婦人數百人處前後，孰安？吾以爲不若畜士之安也。』（註二）

（註一）——墨子大約生於紀元前五〇〇年，歿於紀元前四二〇年。

（註二）——"Me-Ti", p. 358.（見墨子貴義節四十七）

問題無條件的是一種反斥。

還在紀元前八世紀的時候，我們就找到許多確切的消息，說要堅決地消滅貴族與平民間一切宗法的關係。中國的經書上說，『春，——魯國編纂了最著名的「春秋」，——齊師伐我。公將戰，曹劌請見。其鄉人曰：「肉食者謀之，又何間焉？」』（註一）

（註一）——春秋莊公十年。

這時期的階級分化，已達到廣大的範圍，如果它已波及於主要的力量，甚至波及於軍事藝術上來的話。

我們在這裏不吝嗇篇幅，把吳子（Ou-tse）作品中論軍事藝術的一段最特別、最有趣的話引用出來，這是關於紀元前五世紀的。這些話給了我們以當時各國諸侯互相仇視狀況的一種概念。吳子說：

『夫安國家之道，先戒爲寶。今君已戒，禍其遠矣。臣請論六國之俗：夫齊陳重而不堅，秦陳散而自鬥，楚陳整而不久，燕陳守而不走，三晉陳治而不用。

『夫齊性剛。其國富。君臣驕奢，而簡於細民。其政寬，而祿不均。一陳兩心，前重後輕，故重而不堅。擊此之道：必三分之，獵其左右，脅而從之，其陳可壞。

『秦性強。其地險。其政嚴。其賞罰信，其人不讓，皆有鬥心。故散而自戰。擊此之道：必先示之以利而引去之，士貪於得而離其將，乘乖獵散，設伏投機，其將可取。

『楚性弱。其地廣。其政騷。其民疲。故整而不久。擊此之道：襲亂其屯，先奪其氣，輕進速退，弊而勞之，勿與戰爭，其軍可敗。

『燕性愨。其民慎，好勇義，寡詐謀，故守而不走。擊此之道：觸而迫之，陵而遠之，馳而後之，則上疑而下懼。謹我車騎必避之路，其將可虜。

『三晉者，中國也。其性和，其政平，其民疲於戰。習於兵。輕其將，薄其祿，士無死志。故治而不用。擊此之道：阻陳而壓之，衆來則拒之，去則追之，以倦其師，此其勢也。然則一軍之中，必有虎賁之士，力輕扛鼎，足輕戎馬，搴旗斬將，必有能者，若此之等，選而別之，勞而貴之，是謂軍命，其有工用五兵材力健疾志在吞敵者，必加其爵列，可以決勝。厚其父母妻子，勸賞畏罰，此堅陳之士，可與持久。能審料此，可以擊倍。……』（註一）

(註一)——見吳子敵料篇節二。"Memoires concernant des chioais" Tome VIII, paris 1782. p. 185—186—187.

(原文見吳起全集)

不容有什麼懷疑，吳子是當時一個最聰明的人。在他的說話中我們沒有碰到像孔子學派那種令人嘔吐的道德化的東西。在紀元前九世紀，他就描繪出由封建諸侯的戰爭轉變到階級的內戰那種藝術。但是很清楚，他只不過是在封建諸侯的利益上來利用這個階級戰爭吧了。可是這裏並沒有把階級差別用什麼「仁義道德」程度的差別那種虛僞的思想來加以塗抹粉飾。

封建制度——我們所描寫的遠古的結構——在內部的矛盾壓迫之下而解體了，它必不可免地要發生和燃起階級鬥爭。羣衆是以自己不能忍受的地位在這條路上廝殺。我們看各地方的事情便已達到這樣的田地，即是這一個地方受壓迫的農民，與壓迫者所自出的那一個地方的農民商議，要他們那個地方的農民在後面暴動，這樣才可以把掠奪者整個的隊伍打散(註一)。可是，我們知道，這些農奴的農民，並不是站在這個糾纏不清的矛盾的結子的中心。他們參加這些事變，只不過是許許多多的插畫吧了。農民所起的基本作用，是在發展着鬥爭。但是農民本身祇是在尋求純粹生理生存的可能。我們了解這個要比較好些，如果我們解釋了在那一種階級力量的共同關係之下才成熟封建制度的危機。(封建制度的危機，許多點都像他自己的西歐的「前輩」兄弟一樣)。

(註一)——參看春秋。

第五章　危機的成熟

紀元前二世紀以前的一切中國歷史事件，幾乎都在黃土地質區域之內發展起來的，如像直隸、山西、甘肅、山東、陝西與夫河南的北部等等。同時黃土地質的特性按着農業發展的程度，也日益暴露出來。『黃土地質(註二)的實際意義，是根據於它的幾種最顯著的特徵的。首先就是生產的土地。如果在北中國有較好的氣候，那末從黃土地質分劃上看來，黃土地質是世界最肥沃的國家。我們儘可以相信，黃土地質在古昔，是高居於一切之上的，即是當着山岳還被森林所遮蓋，並且山岳把氣候造成潮濕的時候。但是因為黃土地質自身的能力容易吸收水分，所以黃土地質比之別種土地需要水分也自然多些，如果在播種的時候雨潤不足，那時候風便吹乾了犂好的土地，種子也要受日光的曛蒸，並且完全不會使種子發芽，……黃土地質的另一種主要的性質、就是便於建築廉賤的居室，中國的大多數人民都要利用它。(註二)黃土地質比較任何土地都容易接收雨潤些。

（註一）——有時候叫它作黃土。

（註二）——"Richthofen's Letters", 1870—1872. Second Edition, Shanghai, 1923 p. 36.

在我們所要分析的這個時代，說氣候在森林破壞影響之下而降落到怎樣壞，這是很難說的。我們手上所有的只是些間接的證據。腦佛爾(Laufer)曾經研究過北中國森林破壞與犀牛消滅聯繫的問題。漢朝以前，犀牛的皮，是製造盔甲的主要材料。犀牛的角，在周朝的時候，是拿來做裝飾的杯子。腦佛爾於是便作出結論，說周代末年（註一），獨角獸(犀牛爲獨角獸)在北中國是完全消滅了；兩角獸，也漸漸驅除了，牠們都避難到西南的高山上去。（註二）這個事情，可以容許我們想像到紀元前三世紀時，森林的破壞已達到最廣大的範圍。但是森林的屏障剛一去掉，那時從蒙古沙漠吹來的冷風便開始了，雨水的泛濫，便極其不能調劑，於是天旱、洪水都因此而引起。

（註一）——腦佛爾此處是認爲紀元前三世紀上半期以前的時代。

（註二）——"Chinese Clay Figures",-part I, prolegomena on the history of defensive armor" by B.Laufer. Chicago. 1914. p. 161.

祇有這個才可以解釋我們所以聽見周朝那種破壞農民的天旱底怨言。同時，因爲這些怨言，又引起對封建諸侯那種「不惜農時」的怨言。那時中國的農民很清楚地了解那種把他們拋棄到自發災難中的社會條件。在這個關係上，出現了許多比現代馬爾薩斯派的「學者」更聰明的人，不以人口過剩來解釋中國的貧困——『現在，無論何時，永遠。』(註一)在掠奪經濟的影響之下而使自然條件加壞，這可以說明那極早轉變到人工灌溉，和建築特別運河來灌溉田地的原因。常發的水災同樣也需要那保護耕地的堤防之建築。

(註一)——參看 Mallory 的 "China: Land of Famine" 紐約一九二六年出版。這是美國賑濟委員會的一種最有價值的具體的材料。

人工灌溉，首先就在防備自發的意外事件的保險。有一種模糊的記憶，說原始的土地，是用井泉來灌溉。把這個說話與井田制的稗史聯繫起來，值不值得，那還是一個問題。

運河原來是爲著軍事目的而開鑿的。這種深邃的運河之開鑿，是使吳國更便利來進攻齊國。(它利用橫亙國境的湖沼，使之與海聯合起來。)(註二)他方面，運河工作之必需，是由森林中的河道時常變動而產生的。黃河——是已往中國水的動脈——打破了這一部分的記載。它應該是學習過運河的工作！

（註一）——Variétés Sinologiques. "Histoire du Royaume de Ou", (1122—473 av. J. C.) par Albert Tschepe Shanghai. 1896.

我們知道一點古代灌溉的結構。亞摩（Amio）他想像古代中國是爲灌溉管子的密網籠罩遍了，但是他自己不完全相信自己判斷的憑據。（註一）

（註一）——"Mémoires Concernant des Chinois". Tome XIII, p. 314–315.

我們現時在陝西所發現的灌溉結構的殘跡，完全是周代末年人工灌溉制度存在無可爭論的鐵證。紀元前二世紀，原始的制度已經表現改變和停止了，但是在停止的狀態中，它還灌溉了四、五〇〇、〇〇〇畝地。（註一）

（註一）——"Report on the Wei-peh irrigation Work, Shensi" by Li Hsieh. Sianfu. Shensi. 1923.

不論怎樣，如果封建制度的危機引起了農業經濟的危機，並且逼住它轉用人工灌溉的幫助，那末，原始灌溉與運河構造，實在太不夠來解決天旱的實際任務了。祇有使新的、未使用的土地民殖地化，這才是那把鈍刀的出路。

「到周朝第三代的時候，那時國家已經是獨立的了，只有一半，好像又是三分之一的現時的中國，才有人居住，並且這一部分的人口還不平均。人民都集聚在河流的附近，農業，在一切不易履行的條件之下，是沒有多大的成效，這是我們從孟子中可以看到的。但這些有人口的地方，就成了小小的村落，這一些小的村落彼此都隔離得很遠。據管子的記載，牧人是散居着，在十里長的距離上，四周都找不着什麼居民，而且每一個村落，按其分配，只包含着八家人口。（註一）那一個國家，照孟子的證明，是沒有多寬的：商朝，——他替換了夏朝——國土不過十方里，而周朝——牠消滅了商朝——則僅僅七方里。（註二）我們根據這一切，很清楚地看到，鄉村與城市從周朝起才漸漸繁榮起來，並且還祇是從周朝的宮室遷移到東方，即現時河南省的洛陽去的時候。（註三）至於整個的南部中國，那時還是野蠻的獨立的部落在那兒盤據着。」（註四）秦朝的興起，與其對其餘各國兼併，——發生於紀元前三世紀——是由於各種條件而促成，一方面，它吸收移民到它的國境——山西和甘肅——來，另一方面，它打開了南面的牕戶，而指出經過揚子江到南方去的一條大路。這便是它打下統一中國和開艰中國帝國（註五）在改革式的封建基礎上的基礎。

（註一）——此係指八家爲井。

（註二）——這個關於有史以前的事件的「正確性」，是很可以懷疑的。

（註三）——紀元前三世紀。

（註四）——I. Zaharav,『中國人口之歷史的觀察』。『宗教團團員著作集』Tome I, Peking. 1909, p. 151—152.

（註五）——在那時以前，它的存在是有條件的。

農業上總仍然還統治着一種轉換制，雖然轉換制已經開始爲灌溉所排斥。重新回復到轉換制的結果，完成總不祇一二次，這是在一切農業衰落的時候，卽是當從前能耕種的土地，現在幾千百里又重新爲野草、荒叢所遮蔽的時候之一種必不可避免的景象。中國史書上面說（註一）那時好地變成了荒漠，而且許久成爲廢地，其中有許多較易用火、犂及灌溉來開墾。（註二）

（註一）——紀元後四世紀。

（註二）——"The Economic History of China" by Mabel Ping Hua Lee, New-york 1921. p. 199.

轉換經濟如是之多，是由於土地不平均分配和强佔使用底原故。

必需順帶指出，那時游牧民之繼續過渡於農業，同樣也延擱了轉換制的消滅。轉換制的消滅，是妨害了那時毀壞一切農民經濟利益的封建制度。

農業的危機，加速了和加强了商業流通與商品貨幣經濟的發展。譬如與游牧民和半漁獵部落的接觸，河流上人民的散佈，（註一）家庭手工業之早期的發展，都必然是幫助早期商業交通發展的。封建搾取的壓迫，就是在那個方向上實現出來。直接依社會條件爲轉移的那種自發的災難，在封建基礎的商品貨幣關係發展的利益上完成了農民的破產！馬克斯說：『在小農與小資產階級的生產中，貨幣是大半在那些情形之下用來作購買手段的，即是當着生產條件發生不虞的結果或者生產條件遇到任何搖震的結果而損害工人（工人在這種生產方法之下還是一個私有者），或者，至少也不能爲一般生產過程所補償的時候。』（註二）因爲戰爭、徭役和苛捐雜稅達到極度的結果，在農業經濟上便顧不得了「農時」，這樣一來，自然要窒礙一般生產的過程，就是自然中一種最小的罅隙，也要同罹其禍害。從這時起，在中國史上便開始了封建壓搾與自發災難之間的特種「分工」，在農民經濟破壞的範圍內的「分工」。「土地的圈圍」，褫奪了農民整個的生活泉源，可是生活泉源的意義，在破壞農民經濟的情形之下，却特別發展得快。我們看到一種辛酸的回憶，它是描寫後來的情形沒有希望的：

——『古者公田藉而不稅。(註二)市，廛而不稅。關，譏而不征。林麓川澤，以時入而不禁。夫圭田(註三)無征。(註四)用民之力，歲不過三日。(註五)田里不粥，墓地不請。』(註六)

(註一)——還在早期，土地就已成爲特權化的封建的私產。遷居到水邊來，這是更便利和更無危險。

(註一)——馬克斯，資本論第三卷，第二部。俄文一九二三年本，一三九頁。

(註二)——簡單地耕種貴族的田地。

(註三)——祖宗！是官僚的土地分配思想的動力！

(註四)——這是官僚作家說出來的。

(註五)——超過貴族土地耕作的時間。

(註六)——Couvreur "Li-Ki". p. 293—294.（見禮記王制篇）

不言而喻的，所有這些，後來偏偏在最廣泛的範圍之內都實現起來了。並且這一個「改頭換面」的總結，事實上反映出貨幣經濟關係發展的極高水平。從前屬於一定等級而形成的傳統的私有，現在却變爲商品了。從前農民領到土地，是爲執行對封建諸侯關係的某種義務。並且那時土地不能與農奴的狀況分開。但是現在市場的盲目，却擊碎了這些封建統治的原始的要素。

可是市場的盲目，不但在下層實施自己的意志，而且在上層也實現了自己的意志。這裏又需要與過去來比較：『凡執禁以齊衆，不赦有過。圭璧金璋（註一），不粥於市，命服命車，不粥於市；宗廟之器，不粥於市；犧牲不粥於市；戎器不粥於市；……』這些東西所以要禁止，爲的是鼓吹人民對這些東西加以敬重。（註二）

（註一）——好一種祭奠品！

（註二）——"Li-Ki". p. 308—309.（見禮記王制篇）

所有這一切，都隨着封建制度的崩潰而進到舊的裝飾品上來了。一切封建的特權都「商品化了」，都變成交換價值了。市場甚至不顧惜貴族諸侯的祖廟和吸收一切「神聖」的東西去拍賣。這是因爲在內戰的時候，許多封建諸侯都非階級化了，自發的——自然的與社會的——災難，逼迫農民分散到四方去，而褫奪了封建諸侯的農奴私有權。血統的特權，現在變爲交換的目的了。

市場加於封建社會的權威，不斷地在發展着，封建諸侯那種想把一切由商品貨幣經濟發展所得來的利益壟斷和集中在自己手上的企圖，仍然更劇烈地表示出經濟要求與封建的上層建築之間的許多矛盾。

以前，『犧牲不粥於市；戎器不粥於市；用器不中度不粥於市，兵車不中度不粥於市；布帛精麤不中數，幅廣狹不中量，不粥於市；姦色亂正色不粥於市；錦文珠玉戎器不粥於市；衣服飲食不粥於市；五穀不時，果實未熟，不粥於市；木不中代不粥於市；禽獸魚鼈不中殺不粥於市；……關執禁以譏，禁異服，識異言。』(註一)後面一句，却有點不大明白，因為在過去是嘉獎的，我記得，在秋季的第二月，『易關市來，商旅(註二)納貨賄，以便民事。四方來集，遠鄉皆至，則財不匱。上無乏用，百事乃遂。』(註三)

(註一)——"Li-Ki" p. 309—310.（見禮記王制篇）

(註二)——行商

(註三)——"Li-Ki", p. 383.（見禮記月令篇）

「禮記」上對於古代制度的描寫，很顯明的是言過其實。因為孔子學派想把過去一切理想化，為着憑藉這個傳統，好在政權上、財富上來實現自己的要求。

可是，不容什麼懷疑，在「春秋」時代，中國的基本疆域，就為地方市場的密網籠罩遍了，並且表現有聯合一個總的國內市場那種不可抵抗的趨勢。「行商」、「外國的旅行商」，是劃出為一個獨立的範疇，特別的階層，這個階層，在此種關係上，它與倚附「自己」諸侯的定居商，是極端不同的。

以前，曾經存在過國家的自然經濟。譬如『天子有六工：曰土工（註一）、金工、石工、木工、獸工、草工。典制六材。』（註二）伴着原始封建關係瓦解而來的，便出現了獨立的手工業。獨立的手工業不是替貴族家庭工作，而是替市場工作。所以它成了商業資本的支柱之一，商業資本那時是憑藉於自己主要的基礎——農民的穀米，和農民家織的帛布來貿易。

（註一）——一個德國的學者，那樣關心中國土工的進步，他把中國古代封建制度整個的發生與發展，歸之於幾個氏族團體——紀元前三千年以前的土工團體——對商業的壟斷。

（註二）——"Li-Ki", p. 89.（見禮記曲禮篇）

紀元十二世紀，一個中國的歷史家說：『曩者國無九年之蓄曰不足，無六年之蓄曰急，無三年之蓄曰國非其國也。三年耕必有一年之食，九年耕必有三年之食，以三十年之通，雖有凶旱水溢，民無菜色。然後天子食，日舉以樂。

『但論九年之積，初未嘗論所藏者數千萬緡，何故？所論農桑衣食、貨財之本、錢布流通，不過權一時之宜而已。先有所謂谷粟錢布之權，(註一)方有所施，若是無本，雖積鏹至多，亦何補盈虛之數？所以三代以前(註二)，論財賦者皆以谷粟爲本。所謂錢布，不過權輕重取之於民，所以九貢九賦用錢幣爲少。所謂俸祿，亦是頒田制祿，君卿大夫，不過以采地爲多寡，亦未嘗以錢布爲祿。所以三代之人多地著，不爲末作，蓋緣錢之用少，如制祿既以田不以錢，制賦又自以谷粟布帛，其間用錢甚少，所以錢之權輕，惟凶年饑荒，所以作幣……』(註三)

(註一)——米的使用，在北方只是從漢朝起，即紀元前二世紀以後。

(註二)——完全是神話時代！

(註三)——參看 "On Chinese Currency" by W. Vissering, Leiden, 1877, p. 14—15。(見馬端臨文獻通考錢幣考)

但是我們愈走近封建制度的危機，那末，我們也愈碰到黑暗的年歲。市場的盲目權威，在「自發災難」的肩膊上也愈加破壞了封建經濟的閉關現象。

時間變更了，調子也變更了。——紀元前五百二十五年，那時有一個諸侯企圖打劫商人，他忽然記起了他的祖宗與商人的祖宗曾經訂立過一種最特別的條約：

『昔我先君桓公，與商人皆出自周。庸次比耦，以艾殺此地。斬之蓬蒿藜藿，而共處之。世

有盟誓，以相信也。曰：「爾無我叛，我無強賈」(!?)』(註一)

(註一)——見春秋昭公十六年。

封建的宗譜——在中國也像在別的地方一樣——總容易與狗的、狐狸的或烏龜的政權的出身相調和，但是要在「國家生活」的本源上來與商人聯盟，這才是有出入的現象。這裏，無疑義的反映出後代的商業精神。

因爲不如是，那末與商人的聯盟，不獨要藉家譜力量的幫助，而且還要在封建諸侯利用商業的基礎上才能發生。

封建官僚，企圖把自己的爪蹄安放在農民最需用的消費品上，規定了卝、鐵買賣的壟斷。不言而喻的，這裏只得到「相反的證明」，——反爲商業資本所利用了。

中國史很沮喪地說：『……黨殊俗異，各有所便，官籠而一之，則鐵器失其宜，而農夫失其便，器用不便，則農夫罷於野而草萊不闢，草萊不闢，則人困乏也……』(註二)

(註二)——Fr. Hirth, "Notes On The Early History Of The Salt Monopoly In China". 此文曾載在英國的地理研究社的雜誌上。一八八七年，六一頁。(見馬端臨文獻通攷征榷考)

為市場所提醒的新的力量，又接近封建統治的泉源——土地——來了。破產的農奴，從封建諸侯那邊跑到「富人」這方面來了，因為「富人」能給予他們一個特別的「避難所」。——國家行政暴虐的結果，叛造專制的企圖，各國反對秦國的鬥爭，末後還有專制的鞏固，專制的維持，秦朝的坍台，漢朝的即位，——『中國這個五十年的變革（從紀元前二五五起到二〇二年止）』——察哈諾夫（Zahanov）說——『奪去了農業成千成萬的勞動。農業停頓了，田裏長滿了野草，勤勞的農民，幾乎白白地耕作自己的土地，因為軍隊不斷的來往，一開始就把他們的勞動消滅了。在這個極點上，人民唯恐餓死，便把整個的財產用來供給自己家庭的費用，而且把最後一點靠山——土地——賣給他人來買麵包，或者把麵包積聚起來，或者拿麵包來轉賣。在這樣一種情形之下，富人便可以得到一點蠅頭微利。至於沒有力量來與困難環境鬥爭的人，便離開了自己的土地，遷徙到別處去，用盡一切容許與不容許的方法，尋得一碗粗飯，半瓢稀粥，同時有手段的人們，還可利用一般紊亂的狀況，藉所有主的遷徙，把他們的財產都攫為己有了。從前所有主的東西，現在不能繼續存在，管理上已弄得模糊不清，從前的所有主，雖然回到他從前所住的地方來，但是不能要求自己的財產，因為法律上的契券，在紊亂的時候已毀滅了，並且訴訟的審判，就是大不無私的法官，也是難於解決的，有時候甚至不能解決。』(註一)在前途上，這種狀況，必然要走到奴隸的根基上來，並且會在實際當中發生。麵包變爲商品，引起了土地也變爲商品，最後，連人也變爲奴隸了，——這種奴隸，是像工作的牛馬一樣，可以在市場上買賣的。

(註一)——察哈諸夫：「中國土地私有制」——「宗教團團員著作集」，卷二，第二版，一九一〇年北京出版。察哈諸夫寫這本書的時候是在十九世四十年代。這個可以說明他的估計的嚴肅的寫實主義。他很老實的簡單的把一切傳達出來。他無可比擬的要比輕率的法國的公使西蒙 (Simon) 高明些，西蒙曾經寫過一本很壞的、扯謊的小書 "La propriété en Chine" 而且被人家稱作中國土地史的鑑定家。(參看佛蘭克(Franke)的「中國土地的法權關係」，一九〇八年海參威出版。)

也是因爲這個，封建社會的等級的組織，已表現根本動搖。社會的等級世襲的結構，已破壞無餘了。在以前，統治國家的政權，只是『弓與斧在打移交』，(註一)現在統治土地的實際政權，却要依靠各種因素的總合來決定，在這些因素中間，像這樣一種商品的財富，還不能起什麼最後的作用。

這樣，遠古封建制度結構的危機，從各方面看來，都已成熟了。在複雜的矛盾中，又產生了新的封建官僚的制度。這種新的制度比較適合於歷史的條件和地方的條件。這個制度，找着了遠古封建制度與封建制度的矛盾所培養出來的封建官僚來作自己的歷史承擔人。

（註一）——Textes historiques, p. 65.

第六章　封建官僚的提拔

戰國封建的混戰把寄居在封建制度巢穴中的封建官僚養大了，並且把牠們抬舉到社會塔的上層來。封建官僚，起初只不過是封建貴族技術上的助手。牠幫助封建貴族剝削農奴的農民，組織封建壓搾農民血汗的機關，並且使這機關鞏固和成為合法的形式。但是封建的混戰却直接動搖了整個的社會制度，減弱了和抹殺了舊有的階級分劃，並且在新的調子上來重新劃分階級。封建社會上層階級的地位之一般的不穩固是愈加厲害，而且常常使封建諸侯倚靠於官僚。封建諸侯為着爭權霸和爭統治而造成的不終絕的戰爭自身，便造出一種對「專門人材」之急切的需求，如軍事專門人材、外交專門人材、封建壓搾機關的專門人材——如收集賦稅、剝削土地的和森林的財富等等。我們從孔子與孟子的口中知道，戰國的大小諸侯彼此如何地互相競爭招請最有名的專門家來替自己作事。封建的混戰培養了封建官僚！——在這一點上便產生出封建制度的「矛盾的發展」。牠自己內部的農奴已經不夠用了，牠還要另找柱石，於是乎牠便回轉頭來培植舊制度的掘墳人那些官僚。這樣一來，官僚便日漸長大成爲獨立的勢力。牠日漸接近和日漸直接進而與一切階級衝突，牠解釋牠自己的需要，同時也解釋——爲自己而解釋——現在的統治和統治階級的弱點。

一切駕馭的繩索，都愈趨愈集中在官僚手上。雖然經濟發生了危機和衰落，然而新的經濟條件總是大聲疾呼地在宣佈自己的狀況。「管理的技術」，已成爲自足的力量。官僚已表現站在那些階級力量——在半死半活的封建統治形式的制度中那些不能平衡的階級力量——衝突和鬥爭的中心。牠從維持人、執行人和顧問等等一變而爲裁判人、第三等級的法官。牠不但能，而且還願意「置身於階級之上」（這裏所指的階級，包含舊有封建等級），牠準備攫取政權。很清楚，從這點可以說明那官僚反對派的最極端的代表，如像墨子，便公開地宣佈什麼『順天意者賞，反天意者罰』的話。天是「美德」的官僚所說的意志之唯一解釋者。

官僚在社會矛盾的刀鋒上寄居，這是幫助他們自肥的一種任務。從封建氏族佔有而解放出來的土地，同樣從封建災難中而解放出來的農奴農民的土地，很迅速和很容易落到官僚手上。官僚不是什麼無權的商人等級，也不是什麼手工業者。他們是在這個或那個諸侯事變的緊急轉變中之一種最近的政權候補人。他們很容易聯絡一些商人、手工業者與農民。封建諸侯，總不會打算錢糧，打算自己的收入，所以他們最充實的一部份，都落到官僚荷包裏面去了。

所有這些，都是使官僚「踏進了」封建等級之門，並且與牠們打成一片。——『在孔子時代，「騎士」大半已不是特別的戰爭階級。公民的騎士階級已經長成起來。』（註一）那時的官僚，也已經部分地擅有封建的遺產了。

（註一）——"The Development of the Logical Method in Ancient China" by Hu-shih, Shanghai, 1922, p.74.
（見胡適英文先秦名學史）

階級的矛盾，可以說，各方面都在壓迫封建統治的軟弱狀態。官僚企圖站在舊有封建壟斷與理與正義之外，而集其所有力量來領導反對舊制度的運動。他不希望破壞舊的，他只希望把舊的稍加革新，成為現代的形式。

所以孔子學派一切論據的基點，就是等級的分工。自上而下、自下而上的破壞，祇是使自己討苦吃吧了。

荀子解釋這種思想是這樣：

『水火有氣而無生，草木有生而無知，禽獸有知而無義，人有氣有生有知亦且有義，故最為天下貴也。力不若牛，走不若馬，而牛馬為用；何也？曰，人能羣，彼不能羣也。人何以能羣？曰，以分。何以能分？曰，以義。故義以分則和，和則一，一則多力，多力則强，强則勝物，故宮室可得而居也。故序四時，裁萬物，兼利天下，無他故焉，得之分義也。故人生不能無羣，羣而無分則爭，爭則亂，亂則離，離則弱，弱則不能勝物，故宮室不可得而居也。』（註二）

（註一）——"Economic principles of Confucious and his school", by Chen Huang-Chang New-york, 52—53.（見荀子王制篇）

這裏社會與自然的諧和和一致，看來是倚「等級的分工」為轉移。社會之分成等級，是由自然的永久規律來招示。

馬克斯說：『使用價值的觀點，充塞了柏拉圖(Platon)和森洛方(Ksenofont)的腦海，柏拉圖看分工是社會分成等級的基礎，森洛方却具有特種資產階級的本能，而接近於分作坊內部的工。因爲在柏拉圖的理想的共和國裏，分工是國家結構的基本原則，它(分工)祇是表現埃及風俗制度之雅典理想化吧了。』(註一)

(註一)——資本論，第一卷，俄文本一九二三版，p. 345—346.

使用價值的觀點，也充塞中國封建官僚古典哲學家底腦子。整個社會的機體，是爲着站在統治等級方面來「教育德行」而預造的。這種社會教育「生產品」的「生產成本費」，是不能計算的！

孔子比荀子表現得更具體些。

當晉侯從齊國跑到孔子那裏去，請教孔子以治國的藝術，孔子對他說：『君君，臣臣，父父，子子。』晉侯曰：『善哉，信如君不君，臣不臣，父不父，子不子，雖有粟，吾得而食諸？』(註一)

(註一)——見論語。

孔子學派是想恢復「以前的」上層統治(譯者按——指君、父)與下層人民(臣、子)之間的宗法關係。他們要把往古的眞正的一切銜頭與官級恢復起來。

但是孔子學派解釋這種往古，却是按照新的說法，爲着封建官僚的利益。

在孟子與彭更的談話上，特別說出了這種關係：

『彭更問曰：「後車數十乘，從者數百人，以傳食於諸侯，不亦泰乎？」孟子曰：「非其道，則一簞食，不可受於人；如其道，則舜受堯之天下，不以爲泰，子以爲泰乎？」曰：「否，士無事而食不可也。」曰：「子不通功易事，以羨補不足，則農有餘粟，女有餘布。(註一)子如通之，則梓、匠、輪、輿，皆得食於子。於此有人焉，入則孝，出則悌，守先王之道，——這是他們要在他這兒來學的——以待後之學者，而不得食於子，子何尊梓、匠、輪、輿，而輕爲仁義者哉？曰：「梓、匠、輪、輿，其志將以求食也。君子之爲道也，其志亦將以求食與？」曰：「子何以其志爲哉！其有功於子，可食而食之矣。且子食志乎？食功乎？」曰：「食志」。曰：「有人於此，毀瓦畫墁，其志將以求食也。則子食之乎？」曰「否。」曰：「然則子非食志也，食功也。」(註一)

(註一)——"The mind of Mencius", Translated by E. Faber. Tokyo, 1897. p. 204—205. (見孟子滕文公章)

在孟子這一段談話中，已經離開了使用價值的觀點，而轉變到交換價值的觀點，他證明——在封建諸侯的利益上——儒者官僚這種「德行」，應該像最熟練的手工業一樣也有很好的報酬。但是祇僅僅在與諸侯的買賣上來評定自己的功績，孔子學派的官僚，才放縱到這個「民主的」水平。

然而黨民與封建的上層這種分野，在孔派的官僚看來，還是成爲牢不可破的。『勞心者，治人；勞力者，治於人。治人者，食人，治於人者，食於人，天下之通義也。』（註一）

（註一）——"The Four books of Chinese Classics", 1914, p. 335—386.（見孟子滕文公章）

喜不自勝的孔子的後裔——因爲他是滿朝的第一等官吏——，便把孔子的學說化成下面的公式：『道德生活，是上層階級第一着，經濟(！)生活，是下層階級第一着。』（註一）

（註一）——Chen-Huang-Chang. p. 95.

實際上，這是愚昧到萬分，這是 rien est argumentum.

老實說，在擁護封建統治基礎這一點上，就是孔子學派與牠的較激進的反對人，都沒有任何差別的。

墨子學派總常常提到『上君下民，上智下愚』的說話。（註一）

（註一）——A. Forke, "Me-Ti", p. 443.（參看墨子）

然而那裏緊「了」封建官僚的「朝靴」呢？在封建制度的紊亂中，什麼才是牠最關心的？

在解釋的時候，沒有隱喻和多繞幾個圈子又是不行的。——墨子說：『今王公大人有一牛羊之財不能殺，必索良宰，有一衣裳之財不能制，必索良工，當王公大人之於此也，雖有骨肉之親，無故富貴，面目美好者，實知其不能也，不使之也。』（註一）爲什麼管理事業常常落到這些人的手上？——『今王公大人，其所富，其所貴，皆王公大人骨肉之親，無故富貴，面目美好者也。今王公大人骨肉之親，無故富貴面目美好者，焉故必知哉？若不知，使治其國家，則其國家之亂可得而知也。今天下之士君子，皆欲富貴而惡貧賤。然女何爲而得富貴而辟貧賤哉？曰，莫若爲王公大人骨肉之親，無王公大人骨肉之親，無故富貴面目美好者，此非可學能者也。』（註二）

（註一）——Forke, p. 207.（見墨子上賢下第十）

（註二）——同書，p. 211.（見墨子上賢下第十）

這種輕賢能，重親疏，「是損害了」封建的統治。——這便是官僚哲學第一個提綱。

第二個損害是在於：『今王公大人，亦欲效人以尚賢使能爲政，高與之爵而祿不從也。夫高

爵而無祿，民！不信也。』(註一)

(註一)——Forke, p. 197.（見墨子上賢中第九）

最後，第三個損害，是在於商人的競爭。

「商人之四方市賈信(譯者註——當作倍)徙，雖有關梁之難，盜賊之危(註一)，必爲之。今士而坐言義，無關梁之難，盜賊之危，此爲信徙不可勝計，然而不爲；則士之計利，不若商人之察也。』(註二)

(註一)——指關卡和徵收所等。

(註二)——Forke, p. 559—560.（見墨子貴義第四十七）

我們在這裏再不來講墨子的「兼愛哲學」了，在這一點上，孔子與孔子的反對派並沒有任何意見分歧的地方！

由全民同情的願望所草成的封建官僚的政綱，是一種確定不移的鬥爭的「終極目的」：反對戰國的諸侯、提倡農業、商業自由。

官僚提出目前要求的政綱，並且堅決地聲述自己的主張是第三等級法官的作用，是國家命運挽救人的作用。

反對戰爭，首先就要着眼於封建混戰的作俑人，——戰國的諸侯，因爲他們，爭奪地盤的戰爭才變成反對農業的戰爭。

把農業看爲上着，這是，一方面，好保證與農奴農民的聯繫，他方面，好排除新農業等級那種嚴格的階級利益的思想。——他們企圖提高自己財富的收入和增加自己商品剩餘的數量。

講到貿易自由這一點，不言而喻的，這是在特權制度之內，爲新興封建等級所必需，這還需要更詳細地來解釋。

孔子與孟子，在一舉一動上，都不滿於關稅和租稅等等，孟子說：『古之爲關也，將以禦暴，今之爲關也，將以爲暴』，因爲關稅妨害了「經常的」商業流通。這些出類拔萃的中國史上的「宗法基礎」的代表，倒很接近商業和高利貸利益的心窩哩！

孟子反對有些人主張硬價的規定，（硬價是防備市場上麵包的投機）他任意把這解釋作爲那種意思，說他們想把一切物品規定爲一個唯一的價格。『從許子之道，則市賈不貳，國中無爲，雖使五尺之童入市，莫之或欺。布帛長短同，則賈相若；麻縷絲絮輕重同，則賈相若；五谷多寡同，則賈相若；屨大小同，則賈相若。』所以他反對這個辦法：『夫物之不齊，物之情也。或相倍蓰，或相什伯，或相千萬；子比而同之，是亂天下也。巨屨小屨同賈，人豈爲之哉？』(註一)

(註一)——"The mind of Mencius" by E. Faber. p. 257. (見孟子滕文公章上)

孔子學派的道德，是嚴格地站在私有財產與封建法律的保護上。很明顯的，孔子學派給了封建制度一個『國家的』外殼，並且把牠聯成一個宗法的尊重等級的總的思想。

有一個任國人問孟子的學生屋廬子說：『禮與食孰重？』曰：『禮重。』『色與禮孰重？』曰：『禮重。』曰：『以禮(!)食，則飢而死。不以禮食，則得食。——必以禮乎？』屋廬子不能對，明日之鄒，以告孟子。孟子曰：『於答是也何有？紾兄之臂，而奪之食，則得食。不紾，則不得食。則將紾之乎？』(註二)

(註二)——"The Life and Works of Mencius" by F. J. Legge p. 324—325. (見孟子告子章下)

反對私有財產的罪惡，在孟子看來，是使整個社會根基——迄宗法的家庭止——搖震一樣。恰好爲要保證和鞏固封建等級的統治基礎，孔子學派，才提出家庭的權力爲整個國家制度的基礎．天子的政權是統治一國，諸侯的政權是統治一方，——同樣，父親的政權是統治一家。

(註一)

(註一)——孟子說：『天下之本在國，國之本在家，家之本在身。』

在我們所說的這一個時期，胡適曾經很正確地把它指出來，『一般的說來，社會已劃分成爲兩個階級：「君子」和「小人」：卽是特權階級與非特權階級。——祇有簡單的百姓、奴僕、佃戶、農奴等等才受法律所裁制。諸侯、官吏以及士大夫等級則組成特權階級，它不受法律的支配，而祇遵照所謂禮法。禮是一種循規蹈矩的法典，君子則遵守這個法典而行動。法律——刑罰有五等，其差別有「三千」種——祇是在羣衆中散佈自己的作用。這種雙重性的道德，這個「君子」與「小人」的社會的分劃——服從於禮法的君子，和受刑罰威嚇而被統治的小人或羣衆。——於是造成一種「在法律基礎上來治理」的思想，因爲小人是極端疏忽道德的。可是孔子並沒有想到法律是一種眞正改革的工具。他說：『道之以政，齊之以刑，民免而無恥。道之以德，齊之以禮，有恥且格。』(見論語)

但是孔子知道，在那個時期，他們——「無冠的聖人」——要制定一種總的循規蹈矩的法典是不可能的，因爲那時的天下已經分成了幾百個國家，而中央的政權又陷落到一種不可救藥的地步。

並且他公開地承認，這種循規蹈矩的法則：須有國家的支配力量來幫助，而且應該以「天子」為出發點才能施行。（註一）

（註一）——Hu-Shih p. 46—47（見胡適英文先秦名學史）

家長——就是還沒有為封建的無政府所破壞的一種基礎。（註一）在這個使人懷疑的基礎上，孔子學派提出了自己的封建國家的思想，和自己的國家的崇拜。把「家庭的基礎」移到階級的互相關係上，必然要和緩和減弱過去積累的矛盾。在那時候，很清楚，用這個方法才可宣佈封建的官僚是「人民之父」。為壓迫平民而預造的封建法律與羣衆利益和羣衆日常要求之間的矛盾，只有藉那種漸漸霸佔舊封建貴族權利的「美德的」官吏之助，才可以解決。

（註二）——參看 "The Goverment of China" (1644—1911) by Pao Chao Hsien, Baltimare, 1925. 這是一部很壞的書，它把孔子的虛偽行為當作是「中國憲法的泉源」！

官僚既經提拔到封建無政府的肩上，它必須把固有等級內部底舊封建的幸福與特權那些中意的東西組織起來。

所以它流露出那種理論，說整個國家的財富和土地，首先就是屬於唯一的至高無上的政權掌握人——「天子」的。

官僚需要和綏封建分化的劇烈性，所以他準備「三綱」——君臣、父子、夫婦，——「五常」——君臣、父子、兄弟、夫婦、朋友——的學說：這裏沒有剝削者與被剝削者之間的直接依賴關係的地位。在宗法氏族的攪亂中，把一切階級的差別都掃蕩盡了！

不言而喻的，在實際上，一切舊壓迫的基礎還是存在，牠們——在觀念的「變形」以後——祇是換了一個花樣，在所謂「循規蹈矩」的形態上表演出來。

「禮記」上描寫過，諸侯把祭品祭了祖宗以後，「祭品」的殘餘，便爲活人吃了，活人是要遵守等級來吃的：開始是長老吃，其次是較低級的代表，再其次便是平民。孔子學派的道德，是從原始共產主義道德的殘餘中吸取而來的，它是這樣的一種東西：『凡餕之道，每變以衆，所以別貴賤之等，而與施惠之道也。是故以四簋黍見其修於廟中也。廟中者，意內之象也。祭者，澤之大者也。是故上有大澤，必惠其下，顧上先(!)下後耳。非上積重(!)而下有凍餒之民也。是故上有大澤，則民夫人待於下流知惠之必將至也。(!)由餕見之矣。故曰可以觀政矣。』(註一)

(註一)——Couvreur. "Li-Ki". II, p. 331—332 (見禮記祭統篇)

所以後來弊端總是緊聯着一切中國封建官僚的機關！……

如果你注意這些事情，那末你就會明白，爲什麽孟子要駁斥那種超等級的兼相愛、交相利的理論：『墨氏兼愛，——他忿怒地說——是無父也。無父無君，是禽獸也。』(註一)

(註一)——Legge; p. 158, (見孟子滕文公章下)

這一個孔子學派的門徒，很漂亮的出來承認，誰的利益應該擁護，不爲任何情熱所壓迫。

墨翟和墨派却恰恰相反，它出而與孔子學派對抗。

墨子學派，在中國統一以前，是發生了一點影響，人家恨他是在於它對一般普化的思想的追求，和過於加深那時封建制度的危機。他說：

『無從下之政上，必從上之政下。是故庶人竭力從事，未得次已爲政，有士政之。士竭力從事，未得次已爲政，有將軍大夫政之。將軍大夫竭力從事，未得次已爲政，有三公諸侯政之。三公諸侯竭力所治，未得次已爲政，有天子政之。天子未得次已爲政，有天政之。……』(註一)

(註一)——Forke. p. 332, (見墨子天志上第二十六)

下面他又說：『夫愚且賤者不得爲政乎貴且知者，貴且知者然後得爲政乎愚且賤者；此吾所以知義之不從愚且賤者出，而必自貴且知者出也。然則孰爲貴？孰爲知？曰：天爲貴、天爲知而已矣。然則義果自天出矣。今天下之人曰：當若天子之貴諸侯，諸侯之貴大夫，碻明知之，然吾未知天之貴且知於天子也。』（註一）

（註一）——Forke, p. 321.（見墨子天志中第二十七）

與封建混戰對比的天子政權的思想，已經取得了公認。但是很明顯的，在舊的形式上，即是在國家四分五裂的形式上，來恢復天子的政權，這不是那把鈍刀的出路。所以墨翟才傾向於一種等級的「有權力的國家」的思想。一切人類的「美德」的關係與條件，都擺在那調節歲時，同時也調節整個經濟流通與整個社會生活的獨一無二的天底前面，——這就是墨翟哲學的主要思想。「兼愛」，在他看來祇是交相利的意思。但是他並沒有企圖揭發那爲封建禮法所調節的封建無政府的災難 他只關心着從生活中，從實際需要中所產生出來的政權問題，上層與下層的相互責任問題。這裏他便與孔子學派堅決地分了家，因爲孔子學派比他了解得好些，從一個封建制度形式轉變到另一個封建制度形式，完全不是什麼革命的轉變。

誠然，後來，孔子學派描寫過自己如何消滅中國封建制度的功績，但是它不得不趨向這個實際政策的要求：卽是必需帶上中國封建制度的特殊的官僚形式的假面具。

封建基礎崩潰與中國統一準備的時期，成爲中國史上的「哲學」時期，與孔子學派和老子的「無爲主義」並存在的，還有許多哲學家神祕論者在高談厭世與「無爲」。

社會的矛盾在腦子裏重複製造了一番，而且換了一些歸向「絕對基礎」、歸向「精神」，歸向「道德」、歸向「自新」等等的號召。並且發生了許多新制度的「總的原則」的探求。歸根結蒂，只有不自覺的歷史力量底作用，才解決了第一次的最大的封建制度的危機。這些力量逼得封建官僚來掌握政權。

第七章　中國的統一

土地問題，經過相當時期之後，就變成了耕種土地所必需的勞動力問題：能吸收勞動力的，只有新的未枯竭的土地。

據春秋所載，紀元前五八四年，晉國的人民就已經遷徙到新地方去。所有上級官吏都反對這件事情，他們說：『必居郇瑕氏之地。』

『晉人謀去故絳，諸大夫皆曰：必居郇瑕氏之地。沃饒而近盬，（註一）國利君樂，不可失也。韓獻子將新中軍，且爲僕大夫，公揖而入，獻子從公立於寢庭，謂獻子曰：何如？對曰：不可。郇瑕氏土薄水淺，其惡易覯，易覯則民愁，民愁則墊隘，於是有沈溺重膇之疾。不如新田，土厚水深，居之不疾，有汾澮以流其惡，且民從敎，十世之利也。夫山澤林盬，國之寶也。國饒則民驕佚，近寶，公室乃貧。不可謂樂。公說，從之。夏四月，丁丑，晉遷於新田。』註二

註一——鹽產是官吏的收入。

註二——春秋，第二卷，五四——五五頁（見春秋成公六年）

這一段插話，描寫出當時的情形。在舊的土地上如果還保存着原始的耕種方法，便已不能養活那日益增加的封建集團了。這個便預先決定了誰能夠供給移民以較新鮮的未枯竭的土地：誰便要出來做一個內戰中的勝利者。

秦國比其他各國更加進展到東南。而且牠又處在定居與遊牧生活的交界處。秦國的宗教神，一直到秦始皇時代，還是那種類似「野蠻人」的魑魅魍魎之類。『秦國領有的土地，就是現在的陝西和山西、甘肅、四川的一部。秦國佔全中國五分之一的面積，秦國居民的數量，大概佔全中國人口十分之一。』（註一）

註一）——Memoires Concernant des Chinois. 第三卷，一七七八年巴黎版。P. 184.

這一個比例可以說是很合乎事實的。秦國的殖民地化的政策更加强了秦國的權威。當然在這些居民的數量中不僅包含工人的數量，而且還包含兵士的數量。

我們現在引證察哈諾夫一段話：『特別是秦國感覺國家收入的不足。此外，限制農民祇能耕種一定面積土地的從前的立法，似乎是限制了農民的勤勉，并且使空閒土地不能達到勤勞人的手中。許多肥沃的土地都長着草，這無論對國家對私人都是沒有任何利益的，因爲秦國所有的人口和國家的面積比較起來的確是太少了。秦國的鄰國（註一）是韓、趙、衛，這些國家因爲人口過多和土地不足，所以都十分窮困。因此紀元前三五〇年，宰相商鞅（後人都責難他推翻了古代成法。（註二）便提出一個開墾荒地和移殖鄰國的那些因土地不足而感窮困的人民到本國來，以富强祖國的計畫。秦國准許人民私有土地，因為私有財產的利益和保證人民有生活手段，當時便有許多人從自己的祖國遷徙到秦國來。此外，在商鞅的策劃中還有另一種目的。『在從前土地的分配之下，居民彼此間的交通大半祇限於一個村落之內，即一平方里土地（註三）上的共享者的八家之間，或者只限於鄰近的村落。但是當農民不把自己束縛於一定的地方，而可以照自己的意願遷徙到那些能夠得到土地的地方去的時候，那時就會立即和遠方居民發生相互的接觸，其結果人民必有很大的發展，國富民足也就會隨着取消束縛生產者的鎖鍊而來。』秦國政府這樣考慮的結果，在紀元前三五〇年，便造成廢止公田的基礎（註一），准許每個人只要他認為那裡的土地有利益，他即可佔有那裡的土地，并且用界標將佔有的土地圈圍起來，而無須注意到從前的地界。一切被佔有了的土地，當然成為各個人的永久的私有財產，他可以隨意處理他的私有財產，用出賣或他種方法把牠讓與別人。同時規定：廢去以前的那伴着混亂和濫用而來的國家對土地的授受……（註二），而採取保護土地的方法，保護每個人安全地佔有私有土地，和保護牠不受別人不公平的掠奪。（註三）

註一——應當想到這是土地公共分配之停止。

註二——農民祇是本地的終身保持者。

註三——察哈諾夫的「中國土地私有制」，「著作集」。p. 7-8.

到了二一六年，秦始皇便把這個制度推廣到全中國。（註四）

註四——參看 "Textes historiques" p. 214.

商鞅的政策公開的迎着時會的要求。商鞅變法的「革命性」就在於他直接地無條件地宣佈土地是一種商品，卽是提出了一種法律上的創據。從這種市場關係底直接認定中，於是就隨來了否定舊制度授予農奴農民土地的必然性。按照舊制度的規則，農民只可以算爲土地的終身保持者，——國家土地的佃戶。農民是散居於各村落，每一個村落都有一定的家數。很顯然地，在一定的時期內，在被束縛於貴族私有土地之上而執行各種義務的鄉村居民之間，便發生了分配土地的事情。

商鞅宣佈了土地私有制，但是，這種意義是有限制的：在家庭已死成員的土地的歸還以及在成年勞動者接受新土地這兩種情形之下，農民是已經從官僚們的束縛與妄爲中解放出來，他（農民）免除了公共的分配，但是一切天子的封建諸侯的義務與租稅，卻仍舊加在他們的肩上。

只有自由市場那樣的氣孔才能把土地分給農民。他要逃避農奴式的剝削，他可以離開土地。那時他要是就回復到奴隸地位，要是就沿街乞食。在封建制度內，農民的私有財產是帶着極有限的和『服役』的性質，農民的土地私有，只有在保證對農民之封建剝削的條件下才被承認。

土地宣告爲商品，這對於商人和希望獲得封建官僚階梯的提拔之鞏固基礎的官吏們是一個很大的誘惑。

這樣看來，秦國對於上層和下層，都作了一種誘惑。農民移殖到秦境，由於人口稠密國家的『土地圈圍』而增加起來了。這種「圈圍」奪去了農民最後的一小塊土地，幷驅使他們逃到秦國來。

第一步要走上公開的適應商品貨幣經濟的要求，秦國便把統一中國的事業抓住在自己手上。因爲在戰國的封建的獨立性和閉關性那種保守的過程中，「國內」市場的創立，幷沒有盡了最後的作用。封建的官僚以其「哲學家」的面孔，在很早時期就已感覺到這件事，並且在各種道德學說中反映出這種「時代精神」。「古典的」中國哲學的著作，點綴着許多反對對商業壓迫的精神，這不是徒勞無益的。

可是秦國的興起（處於凌駕當時中國固有疆域的地位），使其他各國成千成萬的官僚淺擱在沙灘上。這種情形必然引起官僚階層的多數分子不滿和憤恨。因此要達到消滅國家的分立并使中國統一的秦始皇，在「文獻」中便爲中國官吏們所詆毀 認爲他是最惡劣的天性，雖然如此，他却較之其他許多天子巍然獨存。所以文獻中關於此種最重要的劇變的時代，只提供一些很簡陋的論據。

秦始皇焚燬古代一切書籍，只留下關於農業、醫學、天文學有用的書籍，這一事實，是不能完全證明的。這到反而證明這是孔子門徒對秦始皇的憤恨。秦始皇主要的惡罪，就是他否認孔子學派的禮教之必要。——孔子學派的禮教，是過渡到封建制度發展的新階級，過渡到那要求適應「國內市場」利益的階段所必需的工具。

神父亞米約從中國孔子學派的作者那裡引證秦國反對戰國獨立底陰謀的歷史，他說：『他們（秦王及其臣僚）首先注意的是金錢的搜括，這些金錢都用到他們的事業上：一部分用去收買軍隊，（註一）一部分用去收買叛徒。他們組織了許多軍隊，并且分配這些軍隊以之作必要的和適應環境的進攻或防守，他們大部分軍隊分派給那些有可能影響六國的人，這些人由於自己的職位和力量，便很快地成爲宮廷內的仲介人，皇帝顧問的靈魂，和他們的行動的領導者。他們（秦王與

其臣僚）藉助於自己的許多軍隊，或者直接爲着自己或間接經過他們的聯盟者或贊助者而得到戰爭的最終的勝利。』(註二)

(註一)——指其他國家。

(註二)——"Memoires" 第二卷，二一二頁。

要達到這樣好的聯繫，要達到各方面都能影響全國事業的進程，祇有和商人資本聯合，祇有和「旅行商」以及他們的各種機能發生聯繫。

秦始皇把從櫃台到官吏職位的轉變「德謨克拉西化了」。

二四三年春，到處發生了流行病和旱災。頭等的爵位都可賜與，只要繳納一定量的穀物來賑飢。這種情形就是賣官鬻爵的開始。

除移民運動和國內市場之形成這兩個原因而外，第三世紀胡人侵襲的加强，也是使得國家統一的最重要的因素。中國史上的階段，常常是與遊牧生活有聯繫的。侵入主要省份的胡人的波濤在第八世紀時便引起周朝制度結局的開端。

遊牧民的胡人是亞洲軍事上整個轉變的發動人。他們給了那在軍事組織方面的封建原則化身的著名的戰車以致命的打擊。

「在紀元前一世紀時所完成的中國、中亞西亞和西伯利亞的人民的急進的武裝改革，在戰略上，到底引起了何種變化呢？」——勞維爾問。

他的答覆是：這種變革是開始於波斯和古代的依蘭。

「身穿鎧甲的武士，在古代叫做"Cataphracti"或"Cataphractarii"，這是很有名的，"Cataphracta"一字，都是他們的甲冑。他們的鎧甲，先是用皮革或布帛來做底子，然後在上面再安上紐扣和金屬做的——鋼和鐵——平板，牠是一個蓋一個、一排蓋一排的連結着。鎧甲非常合身，使兵士能夠行動自如。作戰用的馬，也一樣完全被裹護起來，但祇用皮甲裹護，因爲一切金屬對於馬是負荷太重了。兵士馳在馬上，他用長槍武裝起來，長鎗由繫在馬頸上的環扣支撐着。長槍的末端，拴在馬的臀部上，在進攻的時候，這樣，全隊的馬才合成一個有力量的衝擊。這些由騎士所組成的騎兵隊，照着一定的口號，一致散開去攻擊敵人，幷且拿出可怕的武器來攻擊那些持着弓矢的步兵，因爲這些騎兵穿的鎧甲，使弓矢不容易穿入。在以前的射騎隊與這種新系統的騎兵之間原則上的差異是很明顯的：騎在馬上的步兵，就是個別的戰鬥員，就是獨立的戰鬥的單位，不管在衝鋒的時候，在防禦和追擊的時候，他可以依環境轉移而獨立調動。這種軍隊不是在任何有組織的部隊之下行動，而是以小排作散漫地行動，他在此處彼處作進攻，并且很快地向後退回，重新進攻，可以逃跑，以追擊而疲敵，引誘他和激怒他，當戰事未分勝負之際，新的騎兵就是一架機器，照着一個指揮官的意志號令而行動。』(註一)

(註一)——"Chinese Clag Figures", By B. Laufer. p. 217, 226, 227.

舊的弓，漸漸地爲不費多大力氣卽可射穿皮甲的弩所排斥。爲着要保護戰士的身體，不能不用鎧甲。但是要勝過舊的封建的軍事鬥爭之無政府的狀態，就祇有有組織的騎兵才可做到。在這裏要反對步行的或騎馬的以小排行動的敵人，就用靈活的撞車。全部人馬，他們的全部攻擊力，是鎔合成爲一個整個的。

在這種軍事技術和戰略的改革之下，很容易瞭解，游牧民較之爲封建掠奪所涸竭的定居民，是處於更有利益的地位。

謨突(Maò-T'yn)是有名的匈奴軍事制度的改造者，他到第三世紀末，集合一些散漫的部落而成一個整個的組織。(註二)

註一——Laufer p. 224.

這樣看來，匈奴人學得了中國人的實際教訓，當然就得到了成功。

照中國史上的話：『戰國的軍隊是負擔很重的。每個兵士身上帶着有自己的鎧、甲，有五十枝箭的弩、戟、劍和三天的糧秣，兵士帶了這樣的重荷，一天不能走三十個啓羅米突的路程。』

他是否能和曠野間游牧人的騎兵爭勝呢？

在這時期，已經開始知道用人來代替工作獸和馱重獸——這是全部中國史上標本的特點。

在這個時代，『戰車還是使用的，但使用的範圍很小，結果便消滅了。（註一）到了秦朝末年，騎隊就代替了戰車，在那時以前，騎兵幾乎完全沒有使用，然而牠很快地就起了卓越的作用。（註二）』

（註一）——費涅爾（Fenel）說：「大概在紀元前三〇〇年，戰車的使用忽然停止了。有說這是由於半韃靼、國家方面騎兵的使用所引起的。同樣是由於航業通行以及「沿海國家」大的運河的開鑿所引起的。并且說在中國北部水上遠征隊已成了常規」。（"China of the Chinese" p. 169）

（註二）——"Textes historiques." p. 191.

「長城的建築，即是爲防禦改組過的匈奴騎兵侵襲的必要所引起的，因爲在中國內戰時期軍事力量的耗費既沒有停止，自身又不能轉變到騎兵的組織，牠當然無力制止匈奴的貪慾。」匈奴替戰國封建制度的軍事基礎掘下了坟墓。「戰車」已經不是古代中國「國家」的柱石了。要避免已定居的遊牧人，只有採用較根本的方法來防衛：即是長城的建築，整個國家制度之改革。中國國家的統一，是與金錢的耗費相結合。把戰國的武器集中於咸陽還不足，并且鑄了十二個金人。把從前自己競爭者的軍隊不加遣散，并且還將本國的軍隊變爲「國民」軍。還需要找出一種手段來鎮壓剛被征服的南方，還需要在所有的地方開闢便利的道路而把國內被征服的各部聯合爲一，還需要鞏固統一的事業。秦始皇想用封建郡縣制的方法——即是因陋就簡的方法——來解決這一切任務。

在這一點上，秦始皇大費苦心。與封建制度改良相聯的一些無益的費用，全是耗費於農民羣衆的血汗。

「秦始皇………企圖建築長城，使用四〇〇、〇〇〇以上的成年男子；爲了要鞏固南方的防線，募集了五〇〇、〇〇〇兵士；國家、宮庭和陵墓的守衛兵總共達七〇〇、〇〇〇人以上，在

『秦始皇的時候，又規定了繁重的義務。以社會勞動的方法來替代耕作皇帝的一定的土地（註一），一切土地，都須向國家繳納生產品的什一稅，講到勞役義務，則實行從甲地到乙地的每月的遷移：這個月在縣城，下個月在郡城，再下一個月在京城。今年戍邊（註二），明年爲國家勞作，勞役的義務，比以前增加了三十倍。因爲現在勞役義務是人人都應擔負的，甚至大臣的兒子也不能除外，他們（大臣的兒子）要定期到邊境上去服務，不過在人丁充足的時候可以向國庫繳納三〇〇個銅幣來買脫此種勞役。但是在當時無力繳納這麼多錢的窮人，就被遣派到自己的戍地去了。從這裏去到另一個地方換做另一種勞役，需要經月之久，因之，大部分的時間都耗費於輾轉的遷徙上；最後，他們不得不應雇於別人，藉此獲得自己的生活資料，把自己的家庭置之於天命。所以當時的歷史說的死尸載道，這是一點也不奇怪的。（註三）』

（註一）——這就是井田制度的重複的故事。

（註二）——在邊境上設置了服軍役的移民所，他們同時耕種土地，並負守禦之責。

（註三）——察哈諾夫：「中國史略」「著作集」第一卷。p. 150.

這種封建的徭役，蔓延到全國範圍以內，牠必然會立即引起激烈的反抗，這種激烈的反抗，在「開拓大業的」秦始皇死後不久，就把秦朝埋葬了。

「鄉村的長老」似乎是新朝代的基礎，但是實際上在這種更迭之下報仇雪恨的是封建官僚。秦始皇沒有估計到官僚的意義是封建統治的中心力量。爲地位的爭論所形成的枝葉的不同意，給了一個機會使政權過渡到那長期準備「等級官爵試驗的」新的力量，這種新的力量到漢朝的時候就恢復了她已失的基礎，所以她能夠在馬上治理天下。「責任的」歷史使命便落在她的份上：要消滅過去的游牧人一切要求與殘跡和戰國封建的「野蠻的」一切殘餘，要磨滅不久以前被征服的南方民族之一切原始的本性，使他們屈服於中國統一的行政機關，即屈服於當時代表他的那個封建的官僚階層。中國在其大部分的歷史幅員上，因其不斷的與游牧人接觸的結果曾盡了「鎔爐」——"melting pot"——的作用。「野蠻人」的吞併與同化，是按着封建統治的形態和方法而發生在時代的風尚中，封建的或宗法封建的上層，掌握着他們，隨後就以大國影響之領導者的資格而利用他們。

黎若碧兒說：『紀元前二二一年，中國帝國的創始者秦始皇的領土，就成了一個種族的，牠包括揚子江到南方的廣大的區域——這祇是先前所謂的中國。當漢朝在雲南和廣西建立他自己的政權時，這祇是軟弱統治之重覆的企圖而已。假使中央政府是滿足的話（？），那末，被委派到非中國人民區域去的中國官吏就無須任命而使他們不能不忍受較小限度的收入，（這種收入過去是他們的生存之惟一的（!?）手段。）國家機關的進程淸洗了一番，機關內的同一種族的人增加了。這些官吏忘其所以的在堅固的政權方面逐漸大大地提高了自己的要求，其結果，奴役到了難以忍受的地步。暴動一個接迚一個，騷亂在全國成了日常的現象。幾世紀來，就為壓服此種運動而進行不斷的爭鬥。皇室的軍隊方面不是常常勝利的；由於帝國的衰弱，同時由於幾個朝代之間的分裂而增强的土著民族的勇敢，迫使魏朝時候的中國政府（在五世紀時）改變其對土著民族的政策。在非中國的區域內，中國的縣令和其他的官吏的委任都一概廢止，并承認土著的首領為中國的官吏，中國官場的頭銜便加在土人的官爵上（註一）。』還有，在那個時候，中國的太守治理非中國民族時，便開始提拔土著的貴族在下級行政機關服務。

（註一）——"The Craddle of the Shan race" By Terrien de Lacouperie, "Amongst the Shan" 一書的導言，By A. R. Colquhun, London. 1885年，三二——三三頁。

中國的封建機關盡了鎔爐的作用，孔子學派就是此種作用之惟一無二的手段。在國內缺乏眞實的集中的行政機關——此種集中機關在當時是談不到的——的時候，孔子學派替國家組織建立了一種文化基礎底統一形式。同時，與這類機關的一切接觸，都會引入到同化方面去。文考對於官吏特別適用於那種情形，即是使希望保存自己的官職或獲得官職的每個封建的『殘忍者』不得不照着孔子學派的規範而思想，而感覺，而生活，而行動。

孔子學派的行政系統對於中國人民就是一個鎔爐。牠從各方面用宗法家庭關係的「規範」來掩蓋封建的掠奪。因此，封建的官僚很容易做到把每一次人民反對壓迫者的運動，每一次農民反對官吏的封建制度的暴動，變爲官吏的部分的更調。

在經常的爲游牧鄰族之侵襲及封建剝削的「過度」而產生的自發災難，以及成千成萬的農民不能不離開土地而逃亡的這些事件所震動的中國社會關係的泥濘基礎上，孔子學派是減弱一切矛盾之最主要的工具。孔子學派是兩個面孔的阿拉斯（Anus）：他的一個面孔轉向官吏的封建制度，并且暗示後者要信仰他，而且要信仰他所有已腐化和正在腐化的基礎之穩固；他的另一個面孔便暗示農民要有宗法的服從性，雖然他們的生活上有無限的恐怖。

德國的教授格連比非常的幼稚，他肯定說漢朝孔子學派得到完全的勝利，他說：『在漢朝完成了到壞的方面的轉變，由於這種轉變，中國的民族性與孔子學派就開始合而爲一。五經是孔子學派學說的基礎，』——這點說的完全正確——『成爲民族的共信，同時中國在其精神發展上達到了終點。』(註一)

(註一)——Wilhelm Grube. "Ges Chichte der chinesischen Literatur." Leipzig. 1909. p. 187.

正因爲孔子學派變爲一切內外矛盾的思想底「銔合」的工具，所以才使他成爲「民族」信仰之標的，因爲在那時候的「民族性」祇是屬於統治階層的。

孔子學派就這樣的從過渡到新制度的思想中，從關於封建社會改良的學說中 成爲現存制度的代表思想。

在漢朝的時候，封建官僚澈底地從封建貴族手中取得了政權。封建官僚按照官階和按照他們自己親屬的關係，來分配世襲的特權。

漢高祖在一次晏會上問他的戰友：照他們的意見，爲什麼他能這樣容易地把秦朝推翻，他們極卑躬卜賤地答說：

『先時秦爲亡道，天下誅之。大王先得秦王定關中，於天下功最多。存亡定危，救敗繼絕，以安萬民，功盛德厚。又加惠於諸侯王，有功者使得立社稷，地分已定，而位號比儗亡上下之分……功臣皆受地食邑，非私之也。大王德施四海，諸侯王不足以道之也。』(註一)

註一——"Textes historiques" p. 274.（見前漢書高帝紀）

一切都爲這些話說明了。封建的官僚在股份的原則上佔領了新中國帝國。

第八章　宗教之發生及其與農業生活之聯繫

中國史的遠古期，包含着從游牧生活——部分的游獵生活和部分的蓄牧生活——到農業生活之轉變的過程。人民的宗教信仰，卽在這種轉變的影響之下而形成。

游獵生活條件所產生的概念，其特點就是最大的直接性。這些概念給這種條件以粗率的寫影。牠們很類似鏤刻在石巖上的原始的影像。

這裏表現得如此直接，祇是人類與自然環境間十分簡單的關係底結果。在這個階段上，人類還只是一種製造工具的動物。(註一) 因此，純消費慾超越其一切活動(精神活動也在內)。

（註一）——Toolmaking Animal——這是佛蘭克闢的定義。

「種子之收穫與貯存，田地之開拓、播種、看護、刈草，照料牲畜，進行改良，經常的恪守農時，——所有這一切，都是結爲思想而發爲行動的。遊獵時代以後的一切職業，其目的不是簡單的在食物要求的滿足，而是還要依靠滿足要求所必需的許多行動和客觀條件。因此，個人精力直接的耗費，某些習慣之獲得與利用，不是反映到和感覺到像食物要求過程的直接環子一樣。在遊獵生活中事情便恰恰相反。這裏沒有間隔的鏈環，沒有爲達到目的什麼手段的適用，在要求的滿足上，沒有任何延擱，在行動與目的之間的複雜關係上，興趣與注意，也沒有什麼轉移。

『願望、力量，此種或彼種的獲得與滿足，牠們之間都有密切的聯繫。最終的目的與霎時的需要都是混同爲一；過去的追念與未來的希望，在目前任務的迫切中而聯合而失却。工具、應用、武器，不是機械的手段、物質的工具；然而牠組成的部分是包含在某種行爲中，是個人手腕與力量之有機的一部分。土地不是達到一定結果的手段，而是整個生活過程中不可分離的和不能割裂的一部分；土地不是客觀觀察與分析的對象，而是人們同情與重視的對象。武器的製造反映出是和牠的使用之興奮的感覺相關聯的。

『植物與動物，不是「物品」，而是能力表現的因素，是最强度的滿足的源泉。原始智力的「靈魂論」，是那種存在於願望和趨向滿足慾望的外部行爲與達到滿足之間的關係之直接性的必然反映。只有當物品成爲簡單的手段並且與遙遠的目的分開時，那時物品才成爲對象，成爲「目的」。『興趣、注意和行動這種直接性，成了遊獵人的特徵，他不耕種植物，他不與動植物生活的保護與調劑所需要的條件發生聯繫；甚至在焙肉時，他也不會顧慮到將來。』(註一)

(註一)——"Interpretation of savage mind" by John Dewey. 引自 "Source book or Social Origin" by W. J. Thomas, Boston. 1909. p. 178。

個人的敏捷、若干人的合作力量、經驗與熟練，在這時代較之工具、武器——矛、矢或斧——盡了無比地大的作用。製造這些東西，是依賴「好運的手」，是依賴工匠個人的智慧，他製造這些東西首先是爲了自己。人們在極高文明程度上，還相信「妖術的銃彈」和「神劍」等等。在工具微弱發展個人經營有充分餘地的地方，和在個人勞動力幾乎整個能達到所願望的結果的地方，所有這些地方勞動過程之「主觀」方面，統治着勞動過程之「客觀」方面。盲目的自然力之統治人類，表現在「心理」統治「工藝」上。工具組織了勞動并構成了人類的思想，但是在當工具的作用沒有十分顯現出來時，沒有重要的意義時，人類自己心理上仍舊是作了盲目自然力的俘虜。而且那時迷信統治自然，會必不可免的要在舞台上來表演，要以妖術來代替缺乏的技術。

一切原始心理的研究家，都是這樣的承認。

例如，烈夫•伯來爾便是這樣說：『現在有許多事實容許我們說，——至少在原始人的眼中——在製作工具時，技術的作用完全是次要的。器械應做好，這不是最重要的事，重要的是伴着牠們而來的成功……，結果是首先仰賴着杳冥力量的幫助（註一）。』

（註一）——"Primitive Mentality" by L. Levy-Bruhl. New-York-London. 1923. p. 307.

我們可以說，在這個時候人類還不能駕馭自己的頭腦。人類的「心理」是從最簡單的「條件的反射」總合中積成的。物件，成功之物質的先決條件，都溶解在那些强有力的生存中，成功就是隨着强有力的生存而來的。

這裏，「目的」還沒有離開不自覺的「運動」，精力之一定的耗費還沒有與他所要達到的結果分別開來。在需要的滿足之下勞動就被忘却了。因此，需要的滿足并沒有反映出這是勞動强度之終點，剛剛相反，勞動强度，是把它組成的非原動的『成份』包括在慾望滿足的過程中，消費的過程中。這樣看來，在腦子裏，消費是統治着生產。

這就是個例子，『布列顛哥倫比亞的印第安人大部分是以他們河中和湖中繁殖的魚作食料。如果在一定時間魚不出現時，這些印第安人便要餓着肚皮，魔術家便做出一些浮魚投放在通常有魚處的水面。』(註一)他們以爲他們空腹的滿足與他們通常的食物之間存有不可分離的聯繫，他們似乎常常因飢餓而追想到魚。

(註一)——"The Golden Bough."——A study in Magic and Religion by James George Frazer, Vol. I, New-York, 1925, p. 18.

不僅如此，魚在印第安人的食料預算中，是有第一等的意義，魚常常成爲這一民族或那一民族的保護者，成爲牠的（氏族或部落）「圖騰」。魚形是神聖的，要對牠特別敬重；整個部落或氏族都認爲他們是與自己食物的泉源一同處在密祕的血族關係中。食物的標本成爲宗教的象徵，甚至還可以調劑家庭的生活，因爲婚姻在同一圖騰的集團範圍之內是被禁止的。

同樣，原始人差不多不會區別夢境與實境，也不會區別自己主觀的意向與客觀的條件。

從這種混亂中——由於人類與自然界之間還是沒有發生澈底的分化，由於原始人還不會將自己從動物中分別出來等等所形成的混亂——便發生出宗教的、超自然力信仰的、本體的最初底因素。人類自身的無力，就用主觀方法來補救。

圖騰制便是宗教的第一個階段。「合羣動物」的人，不自覺的建立起自己氏族集團與氏族集團賴以生存的力量之間的那種血族關係。可是這裏他們已經爲不自覺的經濟計算所指揮。在許多已往的中國古代居民的部落中，我們還可以碰到好些圖騰制信仰殘餘的存在，這些信仰，大都是由於游獵生活而形成。「蠻」族或「猺」族，信仰「狗」是他們的始祖。他們非常尊敬這種動物，嚴格的禁止拿「狗」來作食品。(註一)

(註一)——"Indo-China" by Baudesson, p. 105

我們所看到的這些種族，一部分已經脫離了「純消費的心理」，他們重視爲遊獵所必需的馴養動物。理智的要求——并不是那比作食品更有用的獵狗——是採用神祕的形式和爲血族的思想所發動。可是奇怪，這些「狗祖先」的「蠻族」竟遭了大殃，這些部落竟被驅出中國而趕到印度支那那些荒山上去了。傳說，紀元前六世紀，中國有一省的行政官誓約：誰能征服那些擾亂地方的强盜，即把自己的女兒妻他。有一個狗——蠻人祖先——打勝了這些强盜，實行要求賞賜。行政官同意了，但是他的答覆是只許使用不利於耕種的山坡。連根德論及「卡冷族」的起源，也一樣地——雖然以另一形式描寫——描寫以林地分配他們的祖先。(註一)

(註一)——"Indo, China" by Baudesson, p. 4.

人類漸漸學會了區分各種事物和自然現象。經濟的要求，迫使人類從妖魔的混沌觀念中逃出來。林木、山河，因爲牠們如此如彼地包含在經濟的周轉中，所以也成爲受人崇拜的對象。中國人崇拜山川，常常是帶有原始的意味。如果以崇拜山川這事的起源特別託賴於農業生活，這祇是錯誤的想法。它要使自己的特殊變化得到根本改變，那只是在經濟生活條件改革之後。祭山川最初是發生在遊牧生活環境中。遊牧人在酷熱的夏天，在山中的牧場上飼養自己的畜羣。當春雪消溶之後，遊牧人與自己的氏族或部落一齊來到山上。他們在那裏替牲畜找食物，找避暑之所，找清涼的飲水。祇是到了晚秋的時候，他們才來到平原。

山川崇拜把遊牧人與時序相適應的遷徙之整個範圍都描寫出來了。這個範圍在現時的幾個游牧部落之內，仍然擴張到千里之遠。(註一)遊牧的循環包括遊牧氏族或遊牧部落的整個「生活的範圍」。此種循環的高點，對人對牲畜的好時期，就是居留在山中的牧場上。遊牧人對於時間和空間的一切觀念都與靠近山岳或遠離山岳有關係。各個氏族的遊牧道路的分劃，就是按照山頂和山麓來決定。

(註一)——參看一九二二年的『東方問題』。

我們從中國史上知道，在古代諸侯是怎樣的受賜。有一個天子說：『釐爾圭瓚(註一)，秬鬯一卣，告于文人，錫山土田。』(註二)成吉思汗的祖先聽說是在野獸繁殖極多的布哈爾山建築他自己的屋宇，并且成爲布哈爾山的主人。(註三)

(註一)——圭瓚是封建功勳的表徵。

(註二)——詩經：第四卷，韓弈章。

(註三)——「蒙古的故事——成吉思汗」，「著作集」，第四卷，p. 11.

山陵可供狩獵，山草可飼牲畜，遊牧人是賴山而生存的。『布哈爾山』——成吉思汗在一次戰事之後說——『救了我的貧困生活，今後永遠要來祭祀牠，并且還要遺囑我的兒子同樣的來祭祀牠。』(註一)

(註一)——「著作集」，第四卷，p. 25。

中國古代的居民——猓玀，崇拜山嶽，是照下面所說的形式：『築屋於山麓，每年孟夏，照例攜帶祭品到山上去。法師決定適當的日期，封主和其人民都來到預定的地方。岩石和古樹相連之處，都可擇做廟宇。領主們攜帶羊羔或豚豕到這個地方來。法師整理自己的服裝，盤脚坐在神殿之前，開始禱告。宰了牲畜，把血灑在廟前，并且將米一撮，鹽一把放在石下。每個人都拿着一束青草，當法師禱告終了時，便把這草蓋在祭壇上，於是全體回家。隨後法師用手巾把草束起來懸掛在大門之上。以後又把柳枝做成小矢，桃木做成大小適宜的弓，也放在大門口。還有用白軟木彫成的人像。』(註一)這種人像放在一間小屋之內。最後，法師念咒，使惡鬼不致侵入室內。

(註一)——"Among the tribes in the South-West China." by Samuel R. Clarke, London 1911. p. 127—128.

所有這一切行動，很明顯地表示出，以山陵爲崇拜對象，全是游獵人的幻想所造成。

但是崇拜山陵還有更複雜的形式，牠是人類與自然界之間更複雜的相互關係的反映，并且是更高水平的經濟條件的產品。

『神——山——所賦的本質有兩方面：一方面，牠壓迫周圍的環境，因此牠體現出一種堅固的原則：牠是防止地動和河水泛濫的調劑者，牠阻礙山崩洪水。另一方面，浮雲圍集在山頂，她如像是產生了浮雲，並且他還是荷馬詩上所說的那一種「浮雲的收集者」。因此，神——山——能指揮散佈於太空的浮雲，牠逼使收穫的成熟。』(註一)

(註一)——"Le Tai Chan"——Essai de monographie d'un Culte Chinois, par Edouard Chavannes. Paris. 1910. p. 8.

這裏山神已經不像遊獵人的模樣了，可以說牠是農業經濟的動力。牠專門管理農業生活之黑暗方面和否定方面的轉變：洪水、地震和旱魃。從遠古時代起，五嶽是保持着中國農業經濟之經常的循環。泰山——在東方，東方爲日出之所，——是五嶽之首，牠管理天地經濟之間不致有任何矛盾。

這裏，山神的機能，是按照人類的要求而變動不居的………

農時的遵守，農業勞動過程之按季的分配，引起許多新的「條件的反射」。據研究者說，古代中國江河之內產鱷魚。在春天水已解凍或寒候終了時，鱷魚浮出水面游泳。春季是落雨的時節，是雷電交加的狂風暴雨時節。全部播種的命運就全靠這些雨水。因此就產生了春天，水中的鱷魚及春季天上的濃雲三者之不自覺的「結合」。河中的鱷魚如果忽然消滅，牠就成了春雲，成了龍。龍能變形爲雨，所以牠是農業的保護者和一切幸福的化身。龍在中國藝術上成了一種奇怪的象徵，而且它在一切關係上都有卓越的意義。這倒底是什麼原因呢？因爲龍是管理水和雨的。當天旱的時節，要使收穫有救，只有向龍祈求甘雨。自然，在這樣的農業人民中，如像中國人，「龍」——土地肥沃的源泉，——不能不成爲世間最有力和最好的象徵了。（註一）

（註1）——Edouard Chavannes "De l'expression des voeux dans l'art populaire Chinois" Paris 1912 p. 3.

除雨以外，風也影響於農業的進程。中國書上有所謂『雲從龍，風從虎』的話，虎是從山谷中出來的，山谷是虎的自古隱身之所。同時，虎又成爲戰鬥勇氣底化身，這當然是在從外國輸入的最勇猛的獅子沒有排除牠以前的事。

管理雨水，是原始神最主要的機能。這不止是中國如此，——那些定居部落的遊牧神，都擅有監督和指揮自然主產力的機能。就拿古代粟麥利的「恩利兒」（Enlil）神來說吧。

近山而居的粟粟利人，在他們未遷居到秦格和萊佛拉特山峽以前，他們的神，原來就表現出有這樣可怖的力量：牠出現時，是非常狂暴的，任誰都能聽見牠的雷鳴的聲音。牠的性質是這樣的，牠居在高山之巔，牠從那裏降下狂風暴雨。這一類的神祗是屬於那些原先住居於山林而帶有

這是因爲大家都認爲牠是具有一種不枯竭田地底肥沃而促進收穫底成熟的力量。』(註一)

(註一)——"The civilization of Babylonia and Assyria" by Morris Jastrow, 1915. Philadelphia p. 187—188.

山神這種類似的變化，也發生於印度。『英德那便是黎格維特』變來的，英德那是偉大的「軍事神」，他的主要的武器叫做瓦支那（Vajra）。這個字最初的意義是電光。以後又認爲是金剛石，因爲這種石頭像電光一樣是最難克服的。英德那也使用箭、大鉤和綱，據說：牠以這些東西去迷惑牠的敵人。蘇麻（Soma）是一種濃酒，是牠最愛的飲料，并且他也愛喝……他很快活地溫暖牠可愛的飲料，牠就躍上牠的用赤兔馬駕的黃金的戰車，馳往戰場，去襲擊牠的敵人。牠以殺死印度黑皮土人幷破壞他們的城市這些事件來誘惑牠的崇拜者。有一個神話這樣說：牠發見了魔鬼巴里（Pani）從上帝那裏盜來的牛，牠把這牛還歸上帝。但是英德那主要的功勳，還是在殺害所謂的佛利特（Vritra）的龍，用牠的電光把佛利特打敗。一般人都認爲佛利特是一種旱魃的化身，英德那殺死了佛利特，便把那由惡龍之助(註二)而爲陰雲所俘虜的彩雲解救出來了。英德那與佛利特之間的鬥殺，年年都在重複着，并且大神的勝利是與每年的季候風相符合的(註二)。當這種事變愈來得遲緩的時候，收成就愈要變壞并且飢荒也就來臨。』(註三)

暴躁性格的人民的。當粟麥里人成爲農民的時候，恩利兒在適應這個轉變中就變成了「農業神」，

（註一）——這種情形同樣發生於中國：雲就是龍，但是還有別種更直接的聯繫，這可以用那種情形來解釋，卽是在中國，這種情形是由於農業勞動之直接條件所產生的。在印度地是與那種以征服者的資格來保護農業的征服者底保護作用有聯繫。

（註二）——在印度，半年吹來一次夏季的西南季候風，收穫卽賴此季候風。

（註三）——"On some divine metamorphoses" by Stael-Holstein. 1925. p. 3—4.

這裏我們又要來解釋實際的歷史事件及實在的因果關係底幻想的複製。英德那——是征服印度的遊牧的亞利人底化身——是把本地居民變爲奴隸的那種農業的保護者。本地人——特拉維特，被這個征服者把他們變成一種下層的農業階級，變成「蘇得拉」。征服者的統治階級的「神」的作用，就是在於季候的調節，這正像中國的「天子」。後來英德那發生極大的演變，并且從戰神模樣，從「克河特里也夫」階級，變爲最高組織的天堂，輝煌壯麗的國家之一個貪婪的、懦弱的和淫蕩的統治者。這正是適應「克沙特里也夫」的歿落，并使他們服從婆羅門階級的「學者」。自此以後，官級方面就降低了他的地位；他低於婆羅門、西非和費詩恩，這是印度宗教的「三

位一體」(註一)。有人說：這個印度神英德那，在中國和日本的廟宇內都可以看得到的——中國的神話比印度少。但是這種情形是不難了解的，如果你曾注意到中國歷史上的封建英雄從來就沒有與農民發生過宗法關係的話，他們戰爭的勇氣幷不大，自然，他們寧願把一切責任放到無人格的「天」的身上，他們在無人格的天的前面磕頭，祈求一切特殊的恩惠，以至於農民「强盜」受招撫為止。

(註一)——A Stael. p. 4—5.

除了對自然力崇拜之外，古代中國的宗教還有一種特殊的對「年時」的崇拜，這是完全適應季候周轉的農業生活之一種標本式的崇拜。這種季候的周轉，就擬之為道(tao)。天體的運行，決定地上事變的周轉，『天以日光和雨之助引起了自然界中每年的創造過程，因此中國人把天當做自己的最高的神。至於那些站在宇宙之上而為宇宙的創造者，——益耶哥夫和亞爾拉赫神等等在中國神的體系中，是沒有任何地位的。造物，在中國人看來，祇是自然界每年的更變，天地的運行；由於這個，道的每一次的轉變，又重新開始。』(註二)這就是宇宙論，是人變為土地及其有機過程的附屬物所產生出來的。宇宙規律正與農業生活之有限性及不變性相適應。人類和全宇宙就像松鼠在車輪上旋轉一樣。極有力的震動也不會破壞自然界和社會上事件之永久不變的過程。中國的農民，比其他各國的農民更早就認識了人類在土地上勞役的束縛與夫在他們肩上的封建的「上層築物」之長成，並且這個上層築物，使他們屈服於奴隸的勞動條件，屈服於無人格的自然規律。

(註一)——"Universismus" Die grundlage der religion und Ethik des Staatswesens und der Wissenshaften Chinas. von J. J. M. de Groot. Berlin., 1918. p. 6—7.

『道』，或事變之自然循環，是從貫徹宇宙各部分之兩種力量互動中所組成的。一方面是為上天所潤澤的土地、寒冷、和陰雨。這種力量就是「陽」和「陰」，即男庚和女庚。『自然和宇宙的循環，就在於每年寒暑交替的重複與變遷，因此就發生一年四季，并完成自然界中之發生與死亡的整個過程。』(註一)寒暑晝夜，天力與地力，是聯合在適當的比例中，並且決定一切生存。「時序遵守」，——是經常為封建意志所破壞的落後農業經濟之根本原則。——便如此這般地提高到宇宙一般公律的作用上來了。這種暑的部分與寒的部分的比例，就形成一切事變之經常的循環。

(註一)——"Universismus" Die Grundlage der Religion und Ethik der Staats wesens und der wissenschafthen Chinas. von J. J. de Groot. Berlin. 1918. p. 8.

在經常互動的兩個原則之間，不但沒有任何對立，不但沒有互相排斥的原素，而且在他們之間有一種嚴格的分工在統治，恰像幸福家庭裏的夫婦一樣。

人類的一切動作，一定要和時序相適應，時序是依賴「陰」、「陽」之間的共同關係爲轉移。他們必需要助長經常的循環，要促進「道」。

『在紀元的頭兩世紀，從夏至的那一天起，常時酷熱達到頂點，幷且有吞滅一切之勢，「禁止燃燒大堆的木柴，禁止燃燒木炭，金屬和礦物的鎔鍛完全中斷了。從秋季開始，一切又准許使用。」這樣看來，當其熱度征服了自然界的時候，人們就反對火的過度的使用。他希望用這種方法來降低一般的溫度。有一種和我們的習慣相反的現象，即是在伊凡、古泊爾地方，夜晚燒火，祝太陽的勝利；當時，像在歐洲，則附和夏至酷熱的影響，而和自然界協同一致，在中國則想克服這種影響，因此生出相反的情形。可是很顯然地，在兩種思想的場合之內，仍舊是那樣，即是，人類凡行動，用自然界相類似的行動，才能影響事物之自然的進程。或者是另一種場合：即是「當下雨過多的時候，禁止婦女到公共的地方去」；實際上，她們的出面即使幫助了陰方，雨沒有陰方，也是很大的。反之，當夏天求雨的時候，有五天禁止男子到公共的地方去。」
(註一)

(註一)——E. Chavannes. "Le Taichan".——p. 498—499.

這裏很明顯地呈現出兩種原始信仰的痕跡。

第一，是我們所指的那種所謂「同情的魔力」或「同情的魔術」(註一)。人類和自然界那種親近的血緣關係，絕不會打斷，并且人們企圖從自然界方面引起對自己的同情。

(註一)——Sympathetic magic.

「同情的魔力」之最簡單的形態，這就是期望的結果之複生產(註一)。

(註一)——這是一個眞實的證據，像馬克斯所說，思想過程是思想程途上具體的複生產，這證明原始思想的機械論，是整個根據於「有條件的反射」。

杳冥的力量似乎是使你了解你對牠要求些什麼。『我們假定，莫衣部落中有一個人希望在遊獵中得到成功，他在出發之前，或者用自己的一枝箭來刺傷自己，或者像陷在網內的動物在掙扎一樣，做出一種痙攣的運動。他在任何一瞬間都不懷疑到他在模仿自己的犧牲的行動，他容易使

牠成爲自己的捕獲品。』(註一)

(註一)——"Indo-China." by Baudesson. p. 100.

在農業文化的水平線上，游獵的捕獲品、爲農業生產的自然因素——暖、光——所代替。

第二，在「陰」、「陽」的環循上，我們可以識別性的「圖騰制」的徵象。在某一性與自然現象之一定集團間的祕密聯繫之建立，是由於性的圖騰制所引起的。因爲在原始人民中，婦女通常是最先擔負植物的培種，她們與農業或各種植物之間的這種聯繫，是從男女分工產生出來的，而且帶着一種祕密的超自然的形態。植物底萌芽有些與生殖的動作相彷彿。那時處在農業勞動者地位的婦女底剝削，便得到一種「超自然的」原動力。——『如果將全部關於樹木和植物種植完全加到婦女身上，那末這是因爲在社會集團中，（在社會中）婦女是一種豐饒的基礎。因此，如果所培植的樹木和植物一定豐富的話，那末，在婦女與相當的集團之間，便一定建立一種密切的聯繫或相互的依賴；這種豐饒的基礎就轉爲他們的，因此這個集團內的成員就成爲這個豐饒的基礎的主人。男人們如果像婦女一樣自己討得這種田間的麻煩，這是沒有用處的。如果男子們在耕田方面浪費過多或消費過鉅的精力，這也是沒有用處的。全部勞動都會遭受損失。收穫不佳，而

且惡劣。芭蕉和椰子的菓實必沒有收成。祇有婦女們的勞動才使田園成為豐饒。』(註一)

這就是技術的分工變為階級的分工底道路，牠把一定範疇的工人註定在無權的地位。

(註一)——"Primitive mentality" by Levy-Bruhl. p. 316.

在生產力較高的水平上，中國男女之間的分工已結成傳統的形態。農業在老早就差不多成了男子的職業。男女之間的分工是在農業與家庭工業之間的分工基礎上形成的。從遠古時候起，中國的農民經濟便要給養自己的封建剝削者。在這個具體的歷史形態中，兩性間的分工，在宗教上，在宇宙觀底宗教的解釋上，便找着了牠的反映。

『社會按性的標準被分為兩大集團：一切事情或者是屬於陰的集團，或者是屬於陽的集團。性的合作和性的聯合，保證社會的生產以及種族的繁殖。陰陽是性的聯合，又是創造之本原。男子在田間，在太陽下工作，女子則困守家內。陽是太陽光，南方，光的本源；陰是黑暗勢力，北方，陰暗的本源。男子的勞動，主要的勞動，在造成一個好的年成，即是在農民散佈於全國的時候。陽是夏的原理、勞動的原理、擴張的原理、奪獲的原理。女人的操作祇是在人類的活動不甚强烈的時候，幷且每個人都是坐守在家裏，禁錮着自己。陰是歲作靜時的根基、冬的根基。這是

幽靜的原理、慣性的原理、簡約和隱蔽活動的原理。』(註一)

(註1.)——Marcel Granet. "Fêtes et chansons anciennes de la chine" Paris, 1919 p. 248.

馬賽爾格蘭勒(Marcel Granet)(上面所引證的陰陽系統的特徵就是他說的)企圖用唯心的遁辭來損害全部事件，他在唯心的遁辭上自己都是模倣着杜亨。

很淸楚的，愛米爾・杜亨(Emile Durkheim)企圖假社會學的幫助來解釋宗教，他用無底止的宗教的偏見來說明社會「道德的」實質。『我們可以說』——他這樣寫着——『信仰的人並沒有受欺騙，當他相信仰所依賴的道德力存在並且道德力把一切好的東西讓與他的時候；這樣的力量是存在着——這就是社會。(註二)宗教的主要任務，完全不在於給人類以物理世界的概念……而首先是在於觀念的體系，藉觀念體系的幫助，各個人才想像到社會，(註二)他們都成爲社會的一員，並且與社會祕密的而又親切的聯繫着……(註三)社會需要我們忘却自己固有的利益，自己要作社會的奴隸，並且社會會逼住我們屈服於一切不自由、喪失、和犧牲，沒有這些，社會生活便不可能。』(註四)

(註二)——我們可以說，杜亨不依賴波格唐諾夫(Bogdanov)諸人，而自己走上神的崇拜，和神的社會的解釋。

（註二）——請你同憶一下波格唐諸夫的「經驗一元論」的哲學中那種「社會有組織的經驗」！

（註三）——"The Elementary Forms of the Religious Life" by Emile Durkheim. London-New-York. p. 225.

（註四）——見同書二〇七頁。

資產階級的警察或憲兵，就是社會生活的宗教實質之寫眞，——難道這還不是升到所謂「科學的社會學」的一種從僕?!馬塞爾格蘭朝(Marcel Granet)也做過學生的嘗試，但不會抄襲「先生」的。

這就是我們所得到的；在陰陽體系的基礎上，不是物質的分工，而是「社會聯合」或多或少的不可思議的，神祕的季候的分劃。「社會聯合」引起歡樂與「離散」——憂鬱與悲傷。歡樂與男庚聯繫着，憂傷與女庚聯繫着。於是在巴黎咖啡館的體裁上得出了「社會學」……。

但是我們要拋棄這一些唯心的屍骸，這些屍骸觀察社會生活不着眼於社會生產條件，而着眼於洗尼賜列兒(Shnitsler)的「舞蹈」。如果格蘭勒試圖研究問題，那末他就應該採納唯物主義的結論。在古代中國，像他所說，春天轉到夏天，秋天轉到冬天，可以用國民的節期表示出來，這些節期是適合於各鄉青年的婚嫁與集會。很明顯的，一個村落內部的婚媾，那裏都有各人的父母在，所以都是在禁止之下的，國民的節期，才給那種按照習尙來訂立婚姻的機會。然而這些節期，不但是在追求這個目的，它還表現經濟組織上一個總的轉變時期，新的工作時期的開端。婚姻在農民生活上有一種確切不移的經濟的現示。這樣看來，這些節期可以說僅僅是經濟時期更迭的外部表現，而不能有什麼獨立的意義。

有幾種根據可想，陰陽的分劃原來與性的分劃就沒有任何關係。按勃魯洛·沈得勒（Bruno Schindler）的意見，陰陽的分劃，是由於各種不同的時間去觀察天、地平、太陽等等而發生，這正適合爲雲所遮蔽的太陽和放光的太陽底表現。

『輪流崇拜放光的太陽，和爲雲所遮蔽的太陽，這個事實便發生了陰陽爭論的概念，陰陽在後來哲學發展時，形成了中國宇宙論的基礎。』（註一）

（註一）——"The Development of the Chinese conseptions of supreme beings" by Bruno Schindler,——"Hirth Anniversary Volume" London. 1923. p. 306.

無論如何，一切道敎（註一）的宇宙觀，按其實質不是別的，而祇是農業生活反映到宇宙觀之最小的一點上。在中國農民羣衆生活中，很少有那種英勇的、顯赫的、有能力的東西能引起人家對它的注意，和給予一些神話捏造的資料。所以，遠古的宗教，首先便是反映出經濟的生活。在中國不能有埃及神、窩慈利斯(Oziris)和伊支特(Izide)的地位，也不能有尼羅河豐饒過程所發生出來的婚姻。這裏能有的祇是唯一的無人格的「陰」「陽」、溫冷、光暗、耕耘、紡織等等東西。

(註一)——此處所講的道教，不要與老子的學說相混淆了，老子所講的是煉丹和「長生」的探求等等。

我們到現在還沒有說到與崇拜祖宗有聯繫的那些現象。崇拜祖宗是在宗法生活的影響之下而形成的。它出現在未轉變到有調劑的農業以前，並且它在別種原始信仰和偏見中，獲得了獨立的意義。它緊緊地與原始信仰聯繫着。因為這個，故先來攷究最重要的原素，然後才能認識崇拜祖宗的許多的抽象與變態。

祖宗崇拜是由害怕祖宗而生。這是原始的智力不了解夢境與實境的正確的界限，不懂得由生到死的轉變。當游獵生活在人的頭腦裏消滅之後，許久都還保留着他本來的偏見。從原始人的觀點看來，死不是正常的現象，正常的死，祇是死在戰爭中，死在游獵中。沒有可察的原因之死，只是惡的精靈和妖魔影響的產物。在中國，人死了之後，他的朋友、父母，都爬到屋頂上去，三呼死者，叫他回來。在原始的部落中，『當小孩、奴隸、女人、窮漢、青年死去，他死後的靈魂只有微而又微的意義，因爲他的活的本質，就沒有人害怕他。有人關心活的，也有人埋葬死的，但沒有人害怕他們。醫生、領袖、家長、老人，都是過去勤勉的和受敬重的人，總而言之，一切重要人物，絕對不以其死而失其意義。死人能發生影響，是因爲他有自己的權威，他個人的幽靈還需加上一些神祕的、恐怖的力量，像他生前所有的，同樣也是死者靈魂所有的。他可以對活人造出許許多多的不快來。但是活人什麼也不能——幾乎完全不能——對付他。這個可以解釋，爲什麼有些部落有時候企圖傷害他，弄破他的屍身，把他化成液體，趕他出去，或者迷惑他靈魂的歸路。然而，像一般慣例，却還是實行向他乞憐，即是迎逢他的要求，認爲是比較合理些。故土人在葬埋死人時，他主要的原則是企圖表示自己的熱忱，而且常常恐怕他會引起死者的憎惡，死者的地方認爲比活的敵人的地方還可怕些。』(見E. Eileman)的南澳殖民地的土人p. 227)(註一)

(註一)——Levy-Bruhl. p. 72—73.

這些原始見解的朴質唯物論都撒在我們的眼裏。祖宗的宗拜是從迷信，或者更正確點說，是從曖昧的感覺那血統的聯繫沒有與死分離中發展起來的。這個血統聯繫的作用在宗法氏族(註一)的生活中儘夠偉大，好像祖宗直接參與氏族和家庭事業是很自然的一回事一樣。德谷奴(De-

Grut)說，『那種迷信總是深深地統治着中國的人民，卽是以爲死者，在某種具體的形態上，能對天地表示好的影響，並且感着自己的滿意，因此把他們的後裔弄得又富又貴，替他們找得國家的職位，甚至很高的爵位(!)。因爲有了國家的職位，便同樣的有了敬重和光榮、平安和富庶、影響和權力，不論在現在的生活上或將來的生活上都有了這一切，所以按據這個原因，爵位的佔有，是祖宗唯一的希望，因爲那時候，升官發財的後裔，才可以供奉他豐富的祭品，向他表示一切的尊敬，此外，還可以保證他在九泉之下的勢力與影響。』(註二)

(註一)——這個是發現在女家長制度時期。

(註二)——De Groot Universismus. p. 375.

孔子學派更會把血統與死者的關係加上一些官僚野心和賄賂的味道。

祖宗的崇拜，漸漸假借統治的封建等級之助而植根到人民下層來了。這個事情發生只在紀元七世紀。然而最初，大半都是與社會上層的封建生活有聯繫。

國民羣衆之接近死者和祖宗，是最快與實際利益的尺度相符合的。所以他設備「死者靈魂的供養」，每年的祭祀，關心到坟墓，雖然還沒有達到後來的程度。

如果死人能夠影響人類事業的進程，那末死者最適當的工作，是關心於收穫，關心於農時與季候的視察。非洲的旁土(Bantu)部落表現這個觀點特別簡單：『我們的祖宗在監視我們，如果我們做得不好，不遵守眞正的習尙，他們就會處罰我們，把我們遣送到 Rombo 去。』——“Rombo”的意義，即是飢荒、戰爭，和不測的災難。(註一)

(註一)——Levy-Bruhl. p. 86—87.

在古代埃及、窩慈利斯，——埏造地球之母——人家認爲是五穀的靈魂。『但是窩慈利斯比較五穀的靈魂大些；牠同樣又是樹木的靈魂，並且也許這個是他的第一個本能，因爲樹木的崇拜，在宗敎史上，比之什麼五穀的崇拜特別早些。』(註一)

(註一)——Frazer. p. 380.

在中國，祖宗同樹木，五穀的靈魂是表演着這樣的一種聯繫。

『中國，從無記載的時候起，就有這樣一種風俗，把樹木焚燒於坟墓裏，以鞏固死者的靈魂，並且用這種方法挽救死者的屍體以免於腐潰。……當着樹木在坟墓上長起來了，樹木有時候就與死者的靈魂冥合爲一。』(註一)

(註一)——Frazer. p. 115. 與中國南部的苗族來比較：『在苗族的每一個村落的門前，都有一顆很大的很神聖的樹木，據他們說，在樹木裏，顯出他們祖宗的靈魂。這個樹木，按照他們的意見，是支配着全村族的命運……這樹木如果在那兒死掉了和腐化了，牠的枝葉如果為暴風疾雨折斷了，那末許久都任它躺在地上；如果有人去檢收它，那末不但是要得到許可，並且還要祭祀樹木的靈魂。』——"Mission Lyonnaise" p. 361.

試看，下面就是這種把戲之進一步的發展：唐朝的一個天子，在大旱的時候，「試圖」把自己來祭樹（註一），以乞恩於天。夏范（Shavann）認為在遠古時代，『神聖的樹木就是地神；牠的屬下對於這個可怕的神，不得不拿人來作犧牲，以挽救天旱。』（註二）

（註一）——事情是只限於拿斷爪斷髮作犧牲！

（註二）——"Le Tai-Chan". p. 475.

地神和地神的產生，是與祖宗崇拜平行地得到一定的演進，它在各種禮節上和各種迷信上，都與祖宗崇拜有聯繫。它也從祖宗崇拜中區劃出為獨立的「範疇」。

一個一世紀的中國作家說：『沒有土地，人便不能經營，沒有五穀，人便不能供養。但土地過廣，還可以整個（！）的崇敬，五穀種類過多，則不能一一（！！）都崇敬了。所以要崇拜土地，

建立地神。但是因爲黍稷是五穀中重要的一種，所以同樣要敬重黍稷，並且以祭祀的方法來禮拜它。』(註一)

(註一)——"Les Fetes annuellement célèbrées a Emoui (Amoy). —— Etude concernant la religion papulaire des Chinois. par J. J. M. de Groot. Paris. 1886. 1-ère Partie. p. 150—151.

所有這一些不可思議的力量，都適合於經濟的要求而在嚴格的秩序中支配。

『地神之所以受農民崇拜，是因爲農民需要它的幫助；農民的工作，除却使土地豐收之外，沒有其他目的；當着播種者把種子散佈了，他便相信冥冥主宰的幫助，它能使種子生長，使種子繁殖。因此，農民便祈禱於地神之前——仲春之月，請求地神幫助種子的發生，仲秋之月，感謝地神賜他的收穫。但是如果這個神表現它的力量僅僅在這裡，那末，它與「司」生之神一點也沒有區別，然而這兩個神爲什麼會彼此並行存在呢？司生之神表現有地神的力量，是因爲土地在五穀成熟與發長的時候，於人是最有利益的；但是地神並不是完全傾注自己的力量在這個動作上，它能無窮地表現較複雜、較完滿的影響，因爲它是與陽原則對立的陰原則的化身，陰陽之對立，正像天地之對立、光暗之對立一樣。司生之神與地神比較起來，只有一種屬下的意義；因爲地神包藏着宇宙一切的力量，此無他，蓋其爲栩世的兩個主要基本原則之一。所以地神不僅僅在農業上表示自己的權力，而且還在他種情形上表現自己之權力，卽是當陰的原則錯亂的時候；——譬如，在日蝕的時候，那時黑暗勝過了光明，在雨水過多的時候，那時陰的原則過多，而在天旱的時候，那時它又不足。』（註一）

（註一）——Chavannes. p. 479—480.

然而土地之等於女的原則，只是在紀元開始的時候才發生。（註一）

（註一）——Chavannes. p. 524—525.

這個可以證明，一切現象都按着男女差別路線的那種擴大的分類，只是後來上層專門研究之一種「哲學的」產物。

「精靈乃化身的原則」，泰洛爾（Tailor）這定義是給我們了解中國遠古信仰基礎的一把鑰鑰。自然的盲目力各方面都來進攻那耕種一塊可憐的小土地的農民底家庭。每一項農業生活的細目都變成了許多不幸的泉源，這都是渺冥的力量所賦與的。因爲人們一點也不知道那裏藏住這無數的祖宗的和自然的靈魂，所以他們繼續與靈魂並行活着，而形成了現實世界的兩重。這個不可思議的兩重，逼住農民漸漸乞求於妖術師、「巫」的幫助，於是妖術師、巫，便不斷地來剝削他們。『世界上沒有那一個地方像中國一樣，惡魔的靈魂起了這樣大的作用。』(註一)

(註一)——De Groot. Universismus. p. 12.

這是因為中國從遠古時代起，『人卽屬於土地，而不是土地屬於人』，——一個靠近波羅的海的伯爵，贊嘆歷史停滯的假冒的哲學家是這樣說。(註一)他們帶着他們的善與惡的精神和他們的許多習慣與欲望，認為他們有許多較有力量的原始技術在農民手上。

(註一)——"The travel diary of a Philosopher" by Hermann Keyserling. New-York. 1925. Volume 2. p. 71.

這裏恰恰記得杜亨擁護宗教的一個理由。理由是很奇特：從物質成功的觀點看來，宗教不徒無益，而且有害！甚至當資產階級的社會學家接近眞理的時候，他們還是使用宗教像野人使用汽筒，或者像長尾猿使用眼鏡一樣……。

請你自己裁判一下：『宗教的主要任務，不在於給人類以物理世界的概念，——因為如果這是宗教主要的任務，那末，我們就不能了解宗教要怎樣才能保存，因此，從這一方面看來，宗教的錯誤未必比工廠的錯誤大些。』(註一)

（註一）──"Elementary Forms of Religious Life." p. 225.

這個理由──從無意義中得出來的！──在宗敎的利益上說，的確是爲那些希望做一個講社會發展這門科學的代表們所津津稱道的。但是他們必需知道，如果社會條件與勞動工具的變更不相適合，如果統治階級在這個技術落後的利用上有一種特別的利害關係，那末最不中用的勞動工具，不一定會保持得長久的。

也許，山岳崇拜，是會與瑞士酉格佛老山上的電車長存，而五穀靈魂，就在美國農業部的特別保護之下而成立？

神的惡魔是高坐在中國隸農的肩上，像封建制度，同他自己的官僚，自己的孔子學派，和其他一些非純粹的力量高坐在「法律」的基礎上一樣。

在資本主義發展的技術之下，神的力量除却應用於階級鬥爭範圍之外，沒有任何其他應用，在無產階級革命還沒有完結的地方，那裏資產階級的階級强力還可以「道德化」一下。

科學的研究，必不可免的要走向馬克斯的結論，即是說『一切神話克服用幻想的方法來（但祇是幻想）克服自然力量，捉住自然力量，並形成自然力量──因此神話是會與加於神話的實在

統治的效果而消滅。』(註一)

(註一)——馬克思：『政治經濟學批判』緒言，德文本 p. XCVIII 1924 年版。

第九章 封建的國家的崇拜與孔子學派

『資本家——直接生產過程中的資本的化身——所使用的那種權威，資本家被賦與的那種社會機能——生產的領導者和指揮人——，與在奴隸、農奴等等生產基礎上所發展起來的權威，根本不同。

『在資本主義生產的基礎上，直接生產者工人羣衆是與資本主義生產的社會性對立的，資本主義的生產，好像是一種最嚴格的調節的權威，又好像是牠的勞動過程發展到極點的社會的機械，——可是它的權威掌握人使用這種權威，僅僅是一種與勞動自身對立的勞動條件的化身，而不是像在早期的生產形式之下底政治指揮人。』(註一)

(註一)——見馬克思「資本論」第三卷，第二部，俄文本四二〇頁。

少數人的攫有生產工具，立卽引起了對全社會底社會意志和社會意識的剝奪。社會是統一的、整個的，社會一分成階級，社會就不存在了。那時的社會，可以說，失去了固有的意志，失去了自己的頭腦。在社會之上，建立了那異己的統治的機關，那爲要壓服爲社會分成階級所引起的階級矛盾的强迫的機關。這機關把一切社會事業的判斷都攫取在自己手上，它以社會的名義——在一種對社會利益服役的形態之下——來分配一切，實際上，這個機關是專門替統治階級服務，因爲統治階級須要鎭服被壓迫和被剝削羣衆的意志與意識，而且必如此，才能保持他的統治所必需的「經常」條件。階級的統治是建基於私有財產之上。它是有條件地反映在人類的腦子裏。這個反映——觀念——，就成爲那個統治繼續保存的工具。人們，似乎是服從自己的頭腦。但是實際，他們却變成了纏在繩索中的傀儡。然而在發展的各個階段上，按着不同的形式，發生了生產工具之獨霸，實現了階級的統治。

資本主義，是生產力發展的較高階段。在資本主義制度之下，漸漸地剷除了生產過程中所有的自然盲目力量的影響。同時，大機器的生產工具私有，在佔有者的社會生活上，授與他們一種這樣的權能，卽是他們能夠不直接乞援於「天底力量」的幫助。在資本主義制度之下，上層建築一切門類中，都好像是「自由的」。不言而喻，生產工具壟斷的主要因子，是把武裝力量高壓在社會生活中一切其他現象之上。但是它有時也用表面「中立」的神氣來粉飾：在政治上，——選舉權的平等、『德謨克拉西』；在宗教上——信教的自由；在科學上——超時空的「永久的眞理」；在道德上——「超階級的正義」；諸如此類，不一而足。『在保持資本家意志（註一）之下，那種舉手的表決法，卽形式的自由發表意見的表決法』——就是資產階級德謨克拉西的特徵，實在，這民主的繼續，衹是暫時存在，只是幫助掩飾衰敗的、腐化的資本主義之一種工具罷了。資本主義所發生的解放作用，衹是在資產階級的民主革命時期，然而也就還有大大的限制。

（註一）——「列甯文集」，第三卷，第四百九十六頁，「論無產階級專政」一文。

「在生產名義上」，在生產力發展與繁榮的名義上，來剝奪整個社會的意志與理智，這便構成了資產階級世界的基點。（註一）

（註一）——第二國際反對列甯主義的主要理由；是資本主義適合保護「超理智的思想」！

在資本主義以前的生產方法之下，事情就完全不同。那裏自然盲目力量之統治人類——在直接和間接的意義上——成爲階級統治的柱石。「神」、「鬼」的力量，是直接參加一切人類的事業，封建的政權，首先就是反對「惡」影響的一種屏障。

剝削不是起於對「生產的關心」，而是起於天地力量有組織的「合作」之必然性，等級的「分工」，可以用自然規律昭示出來。

這個首先對於中國是如此。

「詩經」上有一段描寫耕田的情形：

『載穫濟濟，有實有積，萬億及秭，爲酒爲醴，烝畀祖妣，以洽百禮。』（註一）

（註一）——"Cheu-King." p. 385—386.（見詩經載芟章）

在另一處，一個封建主更說得確切些：

『乃求千斯倉，乃求萬斯箱，黍稷稻粱，農夫之慶。報以介福，萬壽無疆！』（註一）

（註一）——"Cheu-King", p. 251.（見詩經甫田章）

農民生產品的霸佔，好像表現出農民在替杳冥的靈魂耕作一樣。封建諸侯祇表演着一種謙虛的中介人、服務人的作用罷了。他逼迫人民崇拜自己的祖宗，這到是不關重要的！

他援用宗法時代的這個習尙。宗法的傳統，建立了封建諸侯統治的權力。

然而，封建諸侯完全沒有與他的羣衆發生聯繫。甚至在它自己的宗敎儀式上，遠古封建制度都還保留着一種掠奪者的態度。

『君執干戚就舞位。君爲樂上，冕而總干。率其羣臣，以樂皇尸。是故天子之祭也，與諸侯樂之。諸侯之祭也，與竟內樂之。冕而總干，率其羣臣，以樂皇尸，此與竟內樂之之義也。』(註一)

(註一)——Couvreur. "Li-Ki", II p. 327. (見禮記祭統)

崇拜那出類拔萃的「百姓」的祖宗，便是原始國家崇拜的基礎。天子看來好像是整個天下的祖宗的代表，諸侯看來好像是地方上這個杳冥權威的代表。孔子學派，出現較遲，它便嚴格地調劑每個封建「等級」所參與的宗敎儀式的制度。

軍事封建官僚，在它一舉一動上，都給我們一種這樣的概念，即是它的參加社會生產，僅僅是一種習俗的、儀式的、禮節的東西，而且僅僅是爲對自己祖宗的一種封建崇拜的傳遞。

孔子學派，是思想上的一個派別。它代表封建官僚的利益，拚命地擁護官僚組織之增强。從這點出發，所以它絕對不關心封建崇拜怎樣「德謨克拉西化」，反之，它努力把所有的禮法來包圍封建的統治，因爲一方面禮法可以使人民把封建的權威提到無上的高度；另一方面，禮法又可以使人們完全依靠在位的官僚。

難怪孔子「修」出來的「春秋」這樣堅決的規定，『凡物不足以講大事（祭祀、軍事的演習），其材不足以備器用，（註一）則君不擧焉。君將納民（註二）於軌物者也……（註三）鳥獸之肉，不登於俎；皮革齒牙、骨角毛羽，不登於器；則公不射。古之制也。若夫山林川澤之實，器用之資，皂隸之事，官司之守，非君所及也。』（註四）最後的一段應當注意，它明顯的指出封建官僚的趨向，還在紀元前幾世紀就出現了，它把一切政權，一切行政，都抓住在自己手上，而僅僅把禮法，和軍事留給諸侯。

（註一）——那是爲着禮法或戰爭而預定的。

（註二）——還是特別關係於「百姓」，而不是關係於人民。

（註三）——有一種與封建禮法聯繫的象徵的意義。

（註四）——見春秋 T. I, p. 30—31.（見春秋隱公六年）

從這裏可以看到，孔子學派這種編纂封建法典的熱忱，並不是完全替別人的貪婪打算。這是他想把諸侯的政權從和平事業中孤立起來的一種特別的方法。在後來孔子學派的文學書上，特別拉出中國的天子來，以天子來激勵那過分的欲望轉向美術的文學和後宮的美術上去。孔子學派的倫理學和美學，正與那種以最不可覺察的方法來保證封建官僚的政權相適合。

祭器的使用是與祖宗崇拜相聯繫的。

『祭皿在一切重要的情形之下，不論在國家生活上或是家庭生活上，都要使用的。如戰勝敵人、祈福、罪人的泣涕自責、元首和父母逝世的追悼、上等人的誕日，——所有這些都要用莊嚴的禮儀表現出來，在這些禮儀上便使用銅的祭皿。有九種祭皿祇是元首才可使用的，他們之所以要獨佔這些，其意義是表示某一個人在國內（註一）才可以使用諸侯的政權。低等的行政官，在祭儀舉行的時候，便不能使用這多祭皿和這一種祭皿，這種祭皿是上層等級所獨佔的。這樣看來，銅的祭皿，便含有職權的意義。』（註二）所以諸侯首先要解釋按官級來使用祭皿的制度。

（註一）——此處是指諸侯之國。

（註二）——"Outlines of Chinese art" by John C. Ferguson. Chicago. 1919. p. 38—40.

從這個事實中就容易了解，中國的著名的祖宗崇拜，在一切封建生活時間上，貫透得怎樣深刻。

社會的上層比之下層對游牧的、宗法氏族的生活要接近些。他們的落後遺跡，已經變爲他們的祖傳的勳章。

由此，命運推測，才要靠羊肉或烏龜（註一）的幫助，由此，祭祀才有拿選來的黃牛（註二）作犧牲，由此，在安葬死人時才有那種封建的「浪費」。

（註一）——烏龜，據傳說，可以活一千年。所以它才爲「永劫」與人類之間的中介人挑選出來。總之，不論烏龜、不論羊，都是游牧的日用品吧了。

（註二）　詩經良耜章云：『殺時犉牡，有捄其角。以似以續，續古之人。』

在蒙古人時代，據馬可波羅（Marcopolo）說，有這樣一種風俗：『當把死屍送去埋葬的時候，送葬的人，把沿路遇着的東西都加以傷害，並且口中念念有詞：『去，去，去，去到那一個世界替你們的主人去服務。』（註一）

（註一）——"Le livre de Marco Polo" ed. par Charignon.

在埋葬時把人來作犧牲，古代中國也有過。紀元前六百二十年的時候，單是晉侯的坟墓裡，就拿了一百七十七人去賠葬。後來，在經濟上着想，人換成了木偶、傀儡。

在埋葬死人時，為狡獪的孔子學派所獎勵的那種封建的放肆的景象，墨子描寫得再明顯也沒有了。他說：

『然則姑嘗稽之今，唯毋法執厚葬之喪者言，以為事乎國家。此存乎王公大人有喪者曰：棺槨必重，葬埋必厚，衣衾必多，文繡必繁，邱隴必巨。存乎正夫賤人死者，殆竭家室。存乎諸侯死者，虛車府，然後金玉珠璣比乎身，綸組節約，車馬藏乎壙，又必多為屋幕，鼎鼓几梴壺濫戈劍羽旄齒革，寢而埋之，滿意若送從。

『曰：天子殺殉，衆（！）者數百，寡（！）者數十。將軍大夫殺殉，衆者數十，寡者數人。』

（註一）

（註一）——A. Forke: "Me-Ti" p. 300. （見墨子節葬下二十五）

古代的坟墓，表現那縮減範圍中的眞正的封建經濟。中國古代的封建諸侯，並不相信什麼冥界，他們只在有些變換莫測的形式上，用一切生活繼續的必需品，來供給自己的戚族。他們很關心他們的封建權威在到現實世界去的程途中不致於喪失。（註一）這已夠表明、封建上層的這些習慣，在孔子學派的幫助之下，已在國民羣衆中植下了一些根基 吸引羣衆到無意義的、浪費的耗費上去。人民中那種封建習俗與習尚之奴隸的描寫，因爲孔子學派的影響，幾乎經常的在中國史上重複着。

(註一)——參看 De Groot: The Religious System of China" Volume II. Leiden, 1894. p. 397.

我們再拿古時封建制度的另一種習尚來看，即是把死人的靈魂轉移到主牌上去，主牌與靈魂便一模一樣，毫無差別。人民總是把它當作自己的神看待。

『在祖宗的崇拜上——夏范(Shavann)說——有所謂點主，這是重要禮儀之一，點主，即是把血點到主牌上去，主牌上有死者的眼睛與耳朵，血可以使他靈活，因此，放在主牌上的靈魂，便能視，能聽。』(註一)

(註一)——"Le Tai-chan", p. 476.

血在中國古代的醫藥上也曾經使用過。『爲什麼把人的血看得這樣貴重，像看藥品一樣，主要的原因，是因爲血與靈魂合而爲一。』(註二)

(註二)——De Groot: "The Religious system of China". Volume IV. Leiden. 1901. p. 378.

靈魂與血同等，這是一般原始的心理。所以中國的祖宗牌位就成爲聖像的象徵。

靈魂之賦有耳眼，便暴露出原始宗教概念整個的深刻的本原。已故的祖宗藉主牌的力量而成爲活人命運的實際干與人。

封建諸侯把死人轉移到主牌上去的習尙，後來便傳遍到人民中來了，並且還一直保留到現在。

中國，在安葬父親的時候，長子要舁壇對天祈禱：『讓骨肉回到下界去，靈魂轉到主牌上來。』然後把賦有靈魂的小木牌拏回家裏，三五代都保存在家裏的祭壇上，就是三五代之後，也需照舊保存。（註一）

(註一)——Social Life of the Chinese" by Doolittle. vol, I New-York, 1865. p. 207

用血點上的主牌、祭壇、墳墓裏的棺材，這三種崇拜祖宗的用品，保證了活人與活人的祖宗間的聯繫。

『樹是地神生命的象徵，並且在被征服朝代的地神祭壇上，要把它消滅，這是表示神已死去。』（註二）

（註一）——Chavannes. 'Le Tai-Chan". p. 472.

軍事封建貴族，很快地霸佔了剝削農民的利益，設立了農民的土地之神，並且使牠們服從自己的封建的等級。

後來一個這樣的泉源轉移到漢朝去了，『為着天子的地神而用五種顏色的土（註一）建築一個祭壇。當着天子的兒子受封為王的時候，他們都要從天子的地神祭壇上去取得一摘土，而且土的顏色要適合他們所統治的國家。因此，誰從東來的，就取得一摘綠土；誰從南來的，就取得一摘紅土；餘此類推，總之，每一個王都要取得一摘土，並且用「狗牙草」包起來。』（註二）

（註一）——第五種是黃土，是天子的顏色。

（註二）——由於條件的反射，便形成了靈魂說與圖騰說的觀念。也恰恰構成了空間與時間的觀念。北美的印度人（由錫烏克斯（Siucs）部落出來的）按照他們種族所處的位置，而把一切物品分成門類。在另一個部落內——Zunis—又可以得到這樣的一種程式：北方適合於：風、冬、水鳥、白鵠、綠櫻、力量、破壞、黃色；西方：水、春、濕潤、風、狗熊、野犬、歡樂艸、和平、獵狩、綠色（天—）；南方—火、夏、農業、藥材（艸的採摘？）、紅色；東方：土、種子、冰凍、鹿、羚羊、晨鷄、妖術、宗敎、白色。(E. Durkheim et M.Mau. ss: "L'Année Socialogique". Paris. 1901—1902)這是社會生活最簡單的反映。中國的生活情形就有些不同：木—春—門—麥—綠的—酸的—東—羊；火—夏—竈—豆—紅的—苦的—南—鷄；土—庭—黍—黃的—甜的—中央—牛；金—秋—出路—大麻—白的—銳的—西—狗；水—冬—井—黍—黑的—鹹的—北—豬。這個表是按一年的時間而動作：春天伐木、播麥，秋天收麻，冬天造井，這又是時間，空間上的分類。

把這一摘土包在所謂「狗牙草」內而賜給他們。他們每一個人便帶着這適合於其國色的一摘土去，並且把它(土)造成地神。因此，這一個賜禮就叫做「授土」。(註一)

(註一)——Chavannes. p. 454. 在埃及，「每一個農民都拿着窩慈利斯(Oziris)的肖像，把它埋在自己的田角上，蒔了禾。因為禾蒔得早些，這便是報知收穫的開端。」(Fernande Hartmann, L'Agriculture L'An. de Egyptenne Paris. 1923, p. 92.)

祖宗與神的關係，隨着封建系統的發展與「整頓」而更受嚴格的調劑。『在物理界，陰有自己對比的陽，同樣在人類關係方面，地神有自己對比的宗廟。兩者之間的平行是嚴格地伴着的，地神是代表陰的原則；所以地神的祭壇設在右邊，即是設在宮廷的西邊，因為西方黑暗；宗廟是代表陽的原則，所以宗廟設在左邊，即是宮廷的東邊，因為東方光明。(註一)宇宙生活是由陰陽的相互作用而形成，所以國家生活，在牠的一切表現上，都由地神與宗廟來決定。

(註一)——在中國，左邊，總爲這種作用獨佔去，而俄國不然，却在右邊。

國家有這兩種保護力量的存在，於是就形成了政府的政權基礎；都城的出現，總是由祭壇與宗廟來決定。當着元首爲建立自己的駐紮地而選擇城市的時候，他首先關心的便是建立地神的祭壇和宗廟。但是這兩種神的力量安放在宮庭的一排還不夠，而且還要牠們能夠同着元首到戰場上去；牠們應該保持都城以外的元首的威權。然而祭壇和宗廟又不能隨身帶走，所以他們就用那種方法來補救，即是把一種代表地神的石頭笏杖和代表祖宗的木質主牌放到一輛特別的車上去，即所謂淨車。』(註二)

(註一)——Chavannes. p. 511—512.

很清楚的、封建的面貌，可以從各種地方的神的頭上暴露出來。——『在原則上，中國人的城市神與鄉村神、土地神並沒有差別。鄉村神是替人民(?!)服務而爲人民所崇拜的古代的行動家；每一個城市神就是通常的第一個或者最爲人稱贊的城市元首底靈魂。在爪哇，每一個鄉村都有自己的鄉村公社(Dessa)的神，它與中國神有些類似。爪哇人也有城市神。而且他們對城市神比之對鄉村神還看得高些，因爲城市比鄉村重要些。』(註二)

(註一)——"Les Fetes annuellement celèbrees a Emoni (Amoy)" par de Groot II, p. 586—587.

到唐朝，紀元七世紀的時候，那時封建官僚已發展到更大的力量，並且佛教(Buddism)也來幫助土著生產的惡魔，於是城市神便與封建官僚的「道德」機能的權限聯合起來了，並且看來，還有點類似中國的官吏。起初，城市只僅僅是軍事封建諸侯底駐紮所，所以城市神也僅僅是封建苛政之簡單的化身。

封建關係，積着自己的烙印在整個的宗教體系上。由崇拜自然盲目力量而發生的自然宗教之神，是直接包含在封建統治的組織之內。泰山和其餘的四個神聖的山岳，在周朝的時候，就已增高到三公的身分，增高到公爵的身分！到唐朝的時候，泰山就等於他們的「王」了，及至宋，更與他「自己」——「天子」同等，而蒙古人却又補充了這個天子的身分，而稱泰山為「生命的生產者」………(註一)

(註一)——Chavannes. p. 6—7.

明朝——在十四世紀接替蒙古人那一朝——便那樣嚴厲地「責備」泰山所有的「罪過」，好像一個責難的諸侯發現在它的面前一樣。

『我朝』——天子聲述——『按你神德的關係，恭順地執行了自己所有的責任，和向你祭奠，這無非是希望你細心使宇宙輪迴的機械運行，和祕密表示對人民的幫助。然而，最近一年，竟致天時不順，土地不能經常耕作；雷電超出了常度(!)，雨旱不按需要時期；不祥之兆時見，瘟疫到處流行，各地的小百姓都擾於飢饉，散之四方，而歿於窮困；他們的苦楚又何可言喻？(註一)我精神憂傷，不知如何幫助。你，神明，你堅忍維持全地球的秩序，人民正在渴望着你。你看了這些災難，難道不能問問自己的心？所以我虔備香燭一炷，絲絹數疋，差遣官吏前來祭奠、祈禱；我繼續(!)希望你請你問問自己的慈悲，也希望你注意我對小百姓(!)的同情，請你使天的輪迴運行，和用你超自然的權威挽救我們於飢饉，停止瘟疫的流行；請你把不幸回復到幸，無疑義的，那時人民的生活才能往前的發展，你也便因此而永遠受人尊敬。呵，神明，請你把這一切攷慮攷慮。』(註二)

(註一)——老實說來，窮困的罪過不是泰山，而是明朝和明朝家臣那種實際的畸形的對土地的强佔。

(註二)——Chavannes. p. 283—285.(原文待查)

神不獨爲封建等級所褒獎，而且還爲封建等級所貶黜。

據傳說，紀元前一千五百年，商王在大旱之後貶黜了一個神。(註一)

(註一)——"Textes historiques" p. 58.

因爲沒有執行祈禱而受神的處罰，這完全是一種通常的現象。所以一直到滿朝末年，在一切的天旱的時候，都必需實行祈禱的制度。——『當官吏祈禱神時，他把城市神或其他的神的衣服完全剝去，並且把它從廟裏拿到烈日下來，使它赤着頭顱，一絲不掛，爲的是叫它自己嘗嘗人民所受的火一般熱的痛苦。這樣一來，神便不得不發慈悲了。有時甚至把神頸上的銅鍊脫掉，而責罰它加給人民的災難；如果一日不下雨，那末神就要晒一日太陽，不帶一日銅鍊。』(註一)

(註一)——De Groot. "Fetes," p. 72.

古代中國的儀式與禮節，是封建生活特殊的反映。孔子學派想在那一個方向上來改良牠，爲的要削弱和隱蔽封建統治的「醜惡方面」，而把重心轉移到「有計劃的基礎」上、工作的方案上、封建官僚政權一切眞實機能的執行上去。

天子或諸侯都贊成這種「道德的改革」，『孟春之月，天子乃以元日祈穀於上帝，乃擇元辰，天子親載耒耜，措之於參保介之御間。帥三公九卿諸侯大夫，躬耕帝籍，天子三推，三公五推；

卿諸侯九推。反，執爵於太寢，三公九卿諸侯大夫皆御，命曰勞酒。』(註一)

(註一)——見禮記月令篇。

在那時候，『不可以興土功，不可以合諸侯，不可以起兵動衆；毋舉大事以搖養氣，毋發令而待，以妨神農之事也。水潦盛昌，神農將持功，舉大事則有天殃。』註一)

(註一)——De Groot. "Universismus". p. 305. (見禮記月令篇)

在第三個月，『后妃齋戒，親在鄉，躬桑。禁婦女毋觀，省婦使，以助蠶事。』(註一)『繼長增高，毋有壞墮。毋起土功，毋發大衆，毋伐大樹。』(註二)過了這個以後，不獨可以打仗，而且應該打仗。『天子乃命將帥選士、厲兵；簡練桀俊，專任有功，以征不義。詰誅暴慢，以明好惡，順彼遠方。』(註三)到了秋九月，那時便「大饗帝嘗」，這同樣也是根據於「經濟」思想：卽是秋冬打仗，所以這時候才來紀念死人。(註四)

(註一)——De Groot. "Universismus, p. 306. (見禮記月令)

(註二)——同書 p. 307. (見月令)

(註三)——見禮記月令

（註四）——De Groot. p. 308, （見禮記月令）

儀式與禮節依官級爲轉移而精細地分配着。儀式只是維持統治階級內部某種制度的工具。我們試看紀元前八世紀中國史上指摘晉侯破壞神聖基礎的行爲的例子就知道了。祇有晉侯才爲國內諸侯承認，他『可以照天子的儀式而祭奠。他在自己西邊的采地，在自己建立的神廟之內，拿肥馬、黃牛、鸐禽等等（註一）來祭天地，按照規則，祇有天子才祭奠天地；諸侯不過祭奠他自己國土之內的名山大川吧了。』（註二）

（註一）——又是紀念游牧生活！

（註二）——"Textes historiques", p. 103.

天子、封建諸侯、後來的官吏，這些都是人民的「嚮導者」和「教師」，是引導人民向天地指給人類的道路跑的。『這樣，中國天子的政府是一種人道（註一）較高的設置，是天神力量創造出來的機關，是藉理智準純和法律的幫助以指揮人類而預造的機器，它指點人類往這條唯一的正確的道路走，宇宙自身也是按着這條道路運行。』（註二）

（註一）——"Das Tao der menschheit."

（註二）——De Groot. p. 85.

所有這些封建宗教的妄誕，一開始便在「神的設置」形式上表現那種軍事掠奪的封建統治的企圖。自然的盲目力量，都一一爲統治人類的封建政權的泉源昭示出來了。

封建官僚，要潛竊政權，所以特別努力表現封建統治的組織是一種特殊的神權政治，是一種特殊的國立教會的統治。

這個是向我們解釋，中國史上，宗教政權與現世政權之間沒有直接的鬥爭存在。中世紀的卡特立教的作用，是帶着宗教博愛的現身說法，和擁護封建統治的殘酷鬥爭，這個作用，在中國，是孔子學派演過了的，孔子學派因爲特殊的歷史條件便發展成爲一種封建官僚的思想。

但是這個封建崇拜的官僚主義的改良，也像別的一樣是有他的結果的。谷盧伯(Grube)指出的很對，『古代中國人的宗教，據我們常見的，還在最早的時候，就發現了信仰與崇拜兩個彼此獨立的部分。一方面，是對自然精神的崇拜，自然精神就是至高無上的上帝。（註一）這種對自然精神的崇拜，特別是掌握在天子、食邑的諸侯、和官吏等級的手上。特別神聖的等級這時還沒有，反之，——神聖作用的執行，反組成了統治階級的特權。政權的掌持人就是唯一的合法的崇拜的掌持人；神聖的機能，按其內容與意義，都有一種嚴格的一定的聯繫，一方面它與等級及牠們的掌持人之國家影響方面有聯繫，另方面，也是與等級及適合於這種人的地位的神的地位有聯繫。另一方面，廣大的人民羣衆，不論是對上帝抑或是對其餘一切自然精神的軍隊，都是完全成爲望塵莫及的東西；羣衆是從與神的直接聯繫中排擠出來，——不管是祭壇也好，或者是祈禱也好，一般都是不參與任何官場崇拜的。誠然，簡單的人民也是處在那種超自然力量的統治的保護世界之下，但是人民只是經過媒介和官府的批准才使用這種保護。這樣看來，簡單的人民，除却自己已死的祖宗的靈魂之外，沒有其他任何宗敎的擁護，（註一）而且祖宗靈魂的効驗範圍，無論如何，在開始時，也就只限於那些世世代代的後裔的平安。』（註二）

（註一）——死的敎授，仍然沒打消自己對神的依賴！

（註二）——"Religion und Kultur der Chinessen" von Wilh. Grube, Leipzig, 1910 p. 78—79.

在中國，崇拜與人民分離，是從原始靈魂論，從自然宗敎上開端。封建貴族與封建官僚漸漸把一切神祇集中到自己手上，並且用這種方法努力去保證自己的統治人民思想的政權。

只有家庭的祖宗崇拜才落得人民有分，家庭的祖宗崇拜，發展成爲宗教的家庭生產。但是依賴的農民，甚至在這一部分上還不能獨立表演，而只是抄襲封建諸侯的對自己祖宗的崇拜。農民的農業發展得愈遠，——悲慘曲折地往前走！——而爲官場崇拜所不能預見的新的靈魂也就愈多，而那些「本店自造」的或「舶來」的神的惡魔的幹部也就愈加無數，這些惡魔以他的服務人——「巫」、妖術師、算命先生、道士、和尙、土占術家等等的資格來剝削備受壓迫的農民羣衆。

第二編　漢朝的封建奴隸私有制

第十章　原始封建積累的過程

中國每一個朝代的更換，總是伴着原始封建積累的過程而來，而且會發生土地——被拋棄的地方和被離棄的土地——之急遽的分配。每一個朝代，都是很促迫地來報復自己的黨人，爲的在它的統治一開始，便不致於發生破綻和悲慘的苦感。那時新的地方的耕耘，是熱烈補償過去的怠慢，它實現了自己一切的特權，和搬造與行政並列的一些補助的東西，——即土地、農奴、奴隸、高利貸金庫、商業企業等等。雖然朝代的變革也會經有過是藉農民暴動的幫助來完成，但是「黨民」很快就相信一切强盜的分贓，總是在他們的背後進行，他們總是沒有福分。

漢朝之更替秦朝，這是中國封建制度走上自由發展之路的一個最大轉變時期。它使那在戰國封建制度巢穴中發展起來的鞏固起來的封建官僚掌握政權。官僚戀戀於取得封建特權的分配，並且藉國家組織和自由市場的幫助而使這特權實現。在封建的擾攘時期，官僚為使自己的地盤擴張起見而利用了戰國的瓦解現象。現在他們完全做到了。兩個事實形成了原始封建積累的過程並且使漢朝掌握天下。第一，用自然品的賦稅交納一切國家的義務之轉變；第二，個人的農奴依賴與奴隸的規定。

這是什麼引起來的？

從整個民族史上看來，我們就清楚，轉變到農奴關係，和轉變到人類終身附着於土地，這是通常一方面與統一經濟中工人勞動不足的時期相契合，另一方面與農民羣衆極端窮困和極端軟弱的時期相契合。

在中國，每一次朝代的更迭，總要發生土地的荒蕪和經濟的衰落。通常，這些更迭或因外來的侵略而引起，或因內部的戰爭而造成。

漢朝第一個皇帝即位的時候，便從各個適宜的地方去吸收他的部屬。他曾經頒佈這樣的勅令：『故秦苑囿園池，令民得之。』(註一)

（註一）——Textes historiques. p. 273.（見前漢書高帝紀）

在漢朝掌政的第一年，就採取了一種十分特別的反馬爾薩斯性質的方法：人民在强迫制度之下而逼住繁殖……。

農民羣衆的物質狀況是這般沒有希望，『那時已經不能講什麼婚姻的結合，因爲一個人就不能獲得一掇糧食；這是由於到處都表現人民的繁殖一點也沒推動前進，和到處表現感覺人的缺乏，這種人的缺乏是由以前的毀滅的戰爭所造出來的。所以政府從紀元前一百八十九年起便以重難的義務——比成年的男子五倍有奇——强加在十五到三十歲的未嫁的女子身上，就是那些比較成年男子多交兩倍貢賦的商人與奴隸(！)也沒有擔負過這樣的賦稅。』(註一)

（註一）——察哈諾夫：「著作集」，卷一，p. 153—154.

因爲工人勞働異常不足，所以新封建主對一切土地的獲得也就看得不重要了。祇有勞動力問題得到解決才是這把鈍刀的出路。『頂有力量的國家沒有超過九萬戶人口，至於小的，則只有五六百戶吧了。』(註一)

（註一）——Textes historiques, p. 383.

強迫人口的繁殖，不能得到很快的效果。

孔夫子的舊的藥方可以說是最好不過了，它說：『足食足兵，民信之矣。』爲吸引人民起見而容許食物流通！封建的統治愈牢固，則飢饉愈常見。土地也隨着農民勞働力的枯竭而枯竭了。

還在戰國時期，麵包變成商品以後，跟着土地也變成商品，最後，麵包又轉變成土地了：商人與官吏把麵包的剩餘積聚在自己手上，如是他們才能自由地掠奪餓死了的農民的土地。

這個經常的洪荒的統治，於是使麵包成爲財富的一種特殊形式。祇因爲飢饉的原故，所以上自天子宮廷，下至官吏機關都以麵包作報酬的那種辦法，甚至到不久以前還保持着。自戰國封建制度崩潰後，於是把農民束縛於土地的方法也變更了：麵包的壟斷，——官吏對麵包剩餘的壟斷——代替了軍事强迫的位置。誠然，這個壟斷，在某種範圍以內，是「容許」商人有參加的可能的。可是剩餘中流漏出來的一部分，是在自然品賦稅的形式上而落到官吏的荷包去了，商人只是從第二個人手上才收得這種剩餘，或者是在官吏們那兒去轉買，或者是「在同僚的基礎上」同他們一塊兒合作。

封建官吏，因爲麵包的原故，而關心到農奴階級，甚至或關心到那在國內漫處尋找食物的農民奴隸。這樣看來，麵包之所以能變爲官吏的報酬，只因爲麵包有交換價值的性質，它能自由的轉變爲土地的財富和爲土地耕作所必需的勞働力。

紀元前二世紀末，我們看見過這樣的一種情形。——『這個時候，天子的國庫是完全空虛的，而且在富有的商人中有這樣的一種人，他能積聚自己的財富幫助(！)貧人：他們拿幾百石穀子出來，把這穀子磨成粥漿來賑濟人民；也有另外一種人，他積累了萬串的金錢以自娛，而不憐卹羣衆的痛苦。人民總是迫於空前未有的飢饉。』(註一)

(註一)——Vissering. Chinese Currency. p. 38. (原文見文獻通考)

中國的歷史家馬端臨(Ma-Tuan-Lin)是這樣說過。中國史總是帶着這樣的禮法來寫的，卽是用這樣的禮法才能在中國執行一切政府的職務。所以在上面引證的一段話上，可以看出那時官僚掌握政權的代表，是含羞地隱匿在商人的背後。所以在交換麵包上把飢民變爲奴隸也表現是一種美德！

在漢朝剛開始的時候，一石米——(一百——一百五十斤)——的價格是等於十串錢。(註一)

一匹馬在這個時候價值一百個金幣（註二），或約三千盧布之譜。

（註一）——在漢朝之初，一個錢有半溫司重。即當俄國五十文的銅元。

（註二）——金幣是等於二十溫司。參看 Vissering. p. 28—29. 及漢書食貨志

『在這朝開始的時候，』——察哈諾夫像敘事般的說——『貧困成爲這樣普遍的現象，漢朝的第一個君主，爲着使貧苦的人民階級獲得任何種生存手段，而允許他們出賣或典質自己的小孩，或把自身出賣爲奴隸。這個法例，是打下了奴隸契約的基礎，它到現時在中國還存在着，並且爲政府所容許。』（註一）

（註一）——察哈諾夫：「著作集」卷一，第一百五十三頁。此書是十九世紀四十年代寫的。（參看漢書食貨志）

在我們所舉的情形中，必須找到漢朝「第一件事情」的解釋。

官吏是劃分爲許多範疇，並且常常以他們的薪俸多寡而稱呼他們：官吏有六百石米到一百石米的薪金的。（註一）酬報在論理上是介乎兩千石米到五十石米之間。而實際上卻只用一部分的米，還有一部分的金錢，而且還是介乎九千金錢和三千六百石米到八百金錢和二千四百石米之間。（註二）

(註一)——一石等於一〇〇——一五〇斤。通常認爲一石等於六〇、四五三啓羅格蘭姆。

(註二)——Textes historiques, p. 310. 錢的行市常常搖動不定，它的正確的價值，是不淸楚的。(參看漢書食貨志)

因此，官吏便按照這個組織而分配於各個食邑之間。不論大小地方的人民，應該交給官吏一定的租稅作爲他們的「糧食」。不言而喻，這些勒索的設置，是由各地方任意決定的。

這個豢養的習尙，在東方是漫處都散佈着。就在十九世紀的希華(Khiva)(註一)國內，還存在着一種奴卡爾(Nuker)(註二)的制度，奴卡爾是拏到鄉村裏去供軍事和警察的職務，並且是由人民當中選擧出來的。

(註一)——希華卽韃靼。

(註二)——奴卡爾是韃靼的一種軍人。

『奴卡爾在他整個的服務時間上，是解放一切貢賦和自然灌溉義務之執行的。奴卡爾也不領受國庫的俸給，而由他自己隊伍中選擧他出來的人們去維持。』(註一)

(註一)——奚卡勃斯基(Shcapsky)「阿姆達兒綱要」(Amou-Dare)，一九〇〇年出版，八三頁及一〇八頁。

自然品，就是官吏支付的一種最古形式，這種形式，在當着缺乏有組織的管理機關的情形之下，對於統治等級是最輕便不過的。這是轉換制之根本適應於國家行政：官吏們像蝗蟲一樣來蝕食人民；當着『自發』的災難臨到他們頭上時——這是因爲他們的貪欲所致——他們便轉徙到新的地方去了！正像被火燒了的園地拋散着一樣！

但是在中國，這種官吏機關組織的開端，除却較容易和較簡單的刼掠人民之外，還含有一種新封建主等級根本要求的解決在內。

麵包是勞動力複生產最主要的條件。然而麵包轉移到封建官僚手上去了，封建官僚沒有麵包，他便不能實現他那種土地剝削者的權力。

『奴隸、農奴、僱傭工人，他們都領得一定食物的數量，這數量只能使他們維持奴隸、農奴、雇傭工人的生活。掠奪者是靠貢賦而生活，或者官吏是靠租稅生活，地主是靠地租生活，和尙是靠佈施生活，祭司是靠十一稅生活，他們都得到社會生產之一定的部分，這一定的部分，比之奴隸、農奴、雇傭工人的部分不同，它是由另一種法律來決定。』（註一）

（註一）——馬克斯：『政治經濟學批判』。

以麵包酬報封建官僚，中國的封建國家，便要操心到每個封建等級的私人經濟上那個勞動力複生產的條件。封建國家，在某種意義上說，是保證了官吏私人經濟上的勞動力的——在飢饉等等的情形之下。

這個國家封建制度的原素，形成了中國封建制度發展的標本特點。這是封建制度轉變到商品貨幣經濟的步驟。實在，這是因爲推動它的環境而造成使它在這個方向上發展遲慢的原因。

假麵包之助而把農民束縛於土地，這完全不只是爲中國史所特別說明的獨有的情形。

這種類似的現象到處都可以看見，雖然只是在中國，因爲飢饉的原故，這個才變成了政府組織的主要軸心。

在英國，『這些現象，替農民羣衆的封建束縛打下了基礎。爲歉收與訴訟的常態所引起的破產，已夠破壞農民和逼住農民束縛於較富的鄰人，農民把自己的土地賣給鄰人，然後又以附屬的佃戶的資格從鄰人那裏把土地取回來。』(註一)

(註一)——"An Introduction to the Economic History of England" by E. Lipson. I. the Middle Ages. Third Edition. London. 1923. p. 17.

另一個例子是日本。日本在紀元八世紀及八世紀以後，也同樣的發生「指派」農民到官吏地主

家庭去的事情。(註一)

(註一)——"A History of Japan" vol. I. By James Murdoch. 1910.

同樣的，這種情形也可在俄國史上找到，當着封建制度在形成自己的基礎的時候。(註一)

(註一)——波克諾夫斯基：「俄國史」卷一，第二章。

從人民那裏徵收自然賦稅，在兩種關係上，把政府組織變爲「餓骨峻峻的手」了。官吏地主支配着麵包的剩餘。那時候，這些剩餘從農民經濟之中汲出，已經是最後的全盤的破產了。農民兩方面都被趕入到網羅中去；麵包剩餘的掠奪，和麵包吸收的野蠻方法。有先見之明的漢朝的皇帝，除了用麵包酬報官吏的實施之外，更在原始封建積累的利益上，運用了許多別種方法。『幾乎秦始皇所做出來的一切改革，——這改革到處都激起了不平和完結了秦朝的滅亡——在漢朝時，已全被採用，並且獲得了眞正的過程。用金錢來罷脫服役，便給予一種建立經常的人丁稅的思想。……』(註一)從徭役中贖囘一年，就需要二、〇〇〇——三、〇〇〇錢，這在那時候是一個極大的數目。(註二)

(註一)——窮哈諾夫。T. I. p. 153.

(註二)——"The Economic principles of Confucius" by Chen Huan-Chang. vol. II. p. 664.

農民很快從國家的臣僕改變為個人的農奴依附或奴隸，這是很平常的。政府的刼掠，維持了和保證了私人的封建剝削之「經常的」過程。農民要避免這種破產的賦稅，祗有在官吏的經濟上，或者在有勢力的人的親族那裏去與官吏接近，才能避免。在「自由」的狀況中，農民就應該繳納人頭稅和家附捐，並且還有許多極端不同的國家徭役的形式，不論是法律上的、和非法律上的。(註一)

(註一)——官吏不交賦稅。

這是表現在國家的基礎上，對農奴和奴隸一種有組織的獵逐。

『土地，在以前是允許為每個人私有，而現在却不是貴族地主的財產，而是富人的財產了，富人自己不從事農業的煩難耕作，他却是田連阡陌，但是『窮人呢，照近人所說，是無立錐之地的』。富人把自己的肥沃廣闊的土地租給貧農，貧農大部分都是從自己的故鄉跑來，為着苛刻的人丁稅而租耕土地：收成的一半是落入所有主的腰包 其他一半便在耕種上費用去了。『土地所有主是一個人，而耕種土地的却有十個；因此，土地所有主一天一天地加多了自己的財富，但是佃戶卻不能從耕種上得來的那一小部分的收穫，來養活自己的家庭，所以佃戶達到極端貧困的田地，弄到最後，便典質了或鬻賣了自身、自己的妻子給自己的地主作奴隸。』(註一)

(註一——察哈諾夫，著作集卷二，第十頁。(參看漢書食貨志)

奴隸的飢民，就是政府的制度和私有經濟底基礎。

沒有一點奇怪，這種壓搾很快地實現了，並且在紀元前二世紀時候，『逃荒者便回到自己的原地，家庭又重新團聚起來，(！)並且許多高祿厚爵的人們已經掌有三四萬戶，而低爵的人也有一千多戶。』(註一)

(註一)——Textes historiques. p. 384.

政務與私有大土地的聯合，(因為土地私有形式上是獨立存在着，)是帶有無疑義的利益而且這個聯合是為着社會生產按照下列公式而無阻礙的機能化所必需的。

麵包 ╱ 土地 ╲ 勞動力

生產 ╱ 麵包 ╲ 絲、麻。(註一)

(註一)——供給絲與麻的女子家庭工業，是包含在這個生產過程之內的。其所以注意農奴與奴隸的家庭基礎之維持，已為這個指示出來了。

日本在那時候同樣也為中國官僚的體系所加惠了。

『在七百二十三年的時候，曾經決定，誰能為灌溉而建築新的運河與池沼，和為耕種而耕種土地，那末他就可以使用這土地到三代之久；重新來耕種運河與水渠附近的土地，可以准其一生受用。過了二十年之後，各種新的土地就被宣佈為第一個耕種此土地者與他的後嗣底神聖的永久不變的私產了。新的土地只有經過省長才能轉回到國家手裏去。一切法權的露佈，應該都要受地方政權的裁制；如果土地在三年之內不耕種，那末別人就有權力使用牠。貧農常常是放棄了這個規定的制度。解除賦稅的所有者，或所有者的代理人能夠要求把局部耕種的土地據為己有，地方的官吏，通常都是幫助他們的。皇帝與大貴族有資本與勞働的剩餘，便容易攫取大塊的土地的幅員。這些新的領地：即所謂"Shōden"或"Shöyen"(中世紀的日本史上的有名的滿諾爾 註二)，是完全解放一切賦稅的。它形成許多基礎來掠奪它附近的貧困的和擔負貢賦的農民底小塊土地。有許多地方，整個的鄉村都經常地為發展着的領地所兼併了。因其如此，所以擔負賦稅的人數便飛快地減少了；那時候擔負賦稅的只是那些人，即是誰還想緊握着或不得不緊握着自己的土地的人們，他們的擔負是無限量的在增加。』(註二)

(註一)——滿諾爾 (menor) 是英國的封建的農奴的土地。

(註二)——Murdoch: "A History of Japan" vol. I. p. 213.

『眞奇怪，日本在反對這個的禁律之下，竟表現出到處掩蓋着地主土地的網子。』(註一)

(註一)——Murdoch "A History of Japan" val. I. p. 281.

這裏奇怪自然是很少。法律僅僅是封建制度的粉飾。在中國，在法律的典冊中，充滿了天子的虛僞的「眼淚」，可是在這個國家之內，甚至允許把自己典質爲奴隸還認爲是天子的仁愛哩！

從漢朝第一個皇帝起，便進行從全國各處把米由水路運輸到京城去的事情。京城之需要大宗穀米，(註一)爲的是要維持許多家臣與士卒。此外，還用這個方法來實行管理的集中化。京城穀米的儲存，是一切意外的情形之下頂有威風的東西。

(註一)——這個時候，米已成爲國家的糧食，此時以前，米是由南方運來的。

此外，米的運輸　還可以供給官吏食料的補充泉源，所以官吏在天旱水災的時候，總不讓自己的穀米運輸出去。在那時，幫助這個有損無益的運輸的官吏機關，就成爲國內各部市場聯繫的領導人。

後來，麵包更加穩定了（像有很大意義的商品比重一樣），因爲封建國家發明了新的更有利潤的事業，即成色不良的貨幣的製造。社會下層的飢荒「景象」，幾乎是毫末未減，並且仍然保持米、麥、玉蜀、黍、稷等等的抬價。

「麵包」變化鍊條上的最後一個環子，是麵包變化爲封建的官級，這官級在法律上是參加到有組織的政府的掠奪。我們知道，秦始皇是第一次使用這個方法。到了漢朝，這個幾乎成了日常的生活現象。

譬如，在紀元剛開始的時候，山東、河南、山西發生了凶年。天子曾經頒佈出這樣的勅令：『任何官吏與平民，誰願意拯救飢民或拿穀米去賑濟他們，國家將以官職來報償他，或按照他的捐助而解放他的賦稅。』（註一）

（註一）——"The Economic History of China" by M. Ping Hua Lee. p. 172.

麵包、米、「食物」，是原始封建積累的主要工具。只有憑藉於人民之依靠食物，封建官僚才能從舊封建制度那裏實現自己的勝利繼承的權力。

第十一章 漢朝商品貨幣經濟的發展

『每一個社會形式都有優於其他一切的一定的生產部門，這個條件便決定了一切其他生產部門的地位和影響……在固定農業的人民中，這種固定已是絕大的進步，——那兒像在古代社會和封建社會一樣，祇有宅佔着優勢，至於工業，工業的組織，與夫適合於工業的財產形式，總多少帶有農業的性質；社會或者完全依賴於農業，像古代的羅馬人一樣，或者因襲其中的關係，像中世紀城市組織一樣。』(註一)

(註一)——馬克斯：「政治經濟學批判緒言」。

在封建條件之下，城市是商品貨幣經濟最主要的培養所。在中國，城市的發展是一步一趨地隨着封建的生產方法變更而進行。——『只有到漢朝的時候，大的城市才得着發展，郊外的小市鎮都歸併到這個大城市來，在大城市裏各種作坊的數量也增加了；商人、手工業者、藝術家都大批的集合在這裏，後來，城市便來劫掠那種居民，所謂那種居民，在中國到現在還不清楚，不過他在西歐是叫作資產階級，但是這裏可以說他們是社會的寄生蟲和吸血蝨，因爲他們只顧滿足自己的要求、自己的平安、自己的飽暖、自己的經常的勤吃懶做。(註一)——在這樣的攻訐的調子上，法國的修道院長阿米窩(Amio)以法國革命解釋的近似來描寫中國第一次逃避資產階級發展之鞏固與加强。各國的戰爭，不但幫助了封建官吏的出世，他還把整個的旅行商階級豎立了地位，這個階級在那時候已經獲得大宗的利益，恰恰因爲他到處旅行，所以他保持着各國間的地理的分工。這個「旅行商」階級要「定居在土地上」，就必需準備在新封建主中之廣闊的聯繫。所以麵包貿易，正確點說，食物品的貿易，才出現於官吏之手。商業流通最主要的部門也成爲封建的壟斷。一部分自然品賦稅的勒索——對絲的勒索——更擴大了這個受禁止的商業部門和爲封建特權所割據的部門了。……商人於是不得不在政府的機關中，尋找別的逃路，在封建營壘中適應新的轉移。城市是政府收入分配的中心，據此理由，城市就成爲統治鄉村自然經濟的商品貨幣經濟的上層建築。官吏在這裏花費了自己的收入，和讓收入在這裏流通，農民則把自己一點可憐的「剩餘」運到這兒來交納賦稅。

到漢朝，就已經有城市與鄉村間的經常的調和的貿易，譬如王充的一段說話就可以作證明：

『農民把自己的谷子拿到城市來，商人把自己的商品分輸到遠方去，——不論是農民或商人都是在利益上打算。但是如果郊外的路不通行，或者淺流與橋樑不能泛渡，那末，雖然他們怎樣的强悍與靈敏，他們還是不能到這兒來，和獲得他們意料中的利益。』(註二)

(註一)——Memoires. II. p. 419.

(註二)——"Lun-Heng" Selected Essays of the Philosopher Wang Ch'ung. Translated by A. Forke. Berlin, 1911. p. 113（原文見王充論衡，待查。）

王充引證這個例子來反駁意志自由使用的說法，可是，他的例子祇僅有狹隘的哲學的意義。城市與鄉村間的貿易，在那時是經濟的必然性所造成。

漢朝的第一個皇帝高祖——在位七年，從紀元前二〇二年到紀元前一九五年——禁止商人服絲綢、乘車馬。封建官僚，高坐在寶座上，企圖以自己的特權來與商人隔離。但是按照他的性情和生活的關係看來，他實在是只與商人相距咫尺。他們對商人這樣的「熱忱」，容許我們假定，在實際上，商人和官吏並沒有爲不能渡過的深淵把他們彼此隔離起來，反之，過度的接近，才逼住它迅速把這些關係引到嚴格的階級的範圍上去。

三個泉源養成了古代中國商業的發展：

（1）遊牧民與定居民間的交換。（2）家庭工業與農業的聯合。（3）按照土地枯竭的程度而日益增加的自發的災難。

中國整個的時間，都處在與游牧民經常的互相影響中。定居民只有從游牧民那裏才能得到牲畜。在有牲畜的定居的地方，事情便有點不大妥當。無怪乎我們所聽到那種不斷的怨言，說掌有權威的人們，掠奪人民的食物來飼養馬匹和其他牲畜。所以騎馬都成爲富人的特權。

在遊牧民這方面，他們漸漸地嘗到了定居生活中那些珍品的滋味；於是他們一部分便不得不藉市場的幫助以滿足自己最簡單的要求，如像買鹽。

中國的商人與官吏，對於統治他們的市場的盲目權威，歷來就有一種很高上的意見。然而胡人却用自己的「野蠻性」來解釋這些東西：

「初，匈奴好漢繒絮食物。中行說曰，匈奴人衆，不能當漢之一郡，然所以彊者，以衣食異，無仰於漢也。今單于變俗好漢物，漢物不過什二，則匈奴盡歸於漢矣。其得漢繒絮，以

馳草棘中，衣袴皆裂弊，以示不如旃裘之完善也。得漢食物，皆去之，以示不如湩酪之更美也。」（註一）

（註一）——"Textes historiques" p. 342.（見史記匈奴列傳）

不管他怎樣的頑梗不化，然而在周朝時代，胡人就老早從中國人那裏取得自己的全部的鹽了。（註一）

（註一）——'Journal of China Branch of the Royal Asiatic society for the year". 1887. p. 58.

除了胡人之外，還有不少其他的部落。中國的商業，首先便從這些部落中來挑選自己的捕獲品。（所謂那些部落，卽是在不久以前還包括在中國的成份以內。）所以他們十足的表現是買賣行爲的廣大的競爭場。

農業與家庭工業的聯合，從封建上層階級的觀點看來，是無條件的、有利益的。以穀米或其它「自然品」來酬報官吏的這一個轉變，使得一切麵包貿易的繩索都集中在官吏手上，後來絲的貿易亦復如此。自發的災難，是土地枯竭發展的結果，它不斷地激動食物生產品的投機。政府的保藏穀子的機關，是完全適合於這種投機事業。在降低市場麵包價格與拯救飢民的口實之下，用一切對與不對的方法來收集大宗的穀米。官吏在地方上可以絕對自由的支配這個，並且爲着自己個人的發財而隨時隨地利用它。

在法國，麵包貿易幾乎到十五世紀還是極端限制的。『在法國，禁止爲着私人的需要而積累穀米。穀米的倉庫僅僅設立在城市和那些爲大城市、爲出口貿易的食糧之絕大泉源的地方。這些穀子無論何時都不會出現於地方市場，而且因此也不包含在對內貿易的合法系統之內。麵包貿易是允許的。地方政權和他們的同僚通常都是參加這個貿易的，不言而喻，這個應當逃避外人的干涉，因爲這種貿易是非法的。當着各個市場間的貿易被限制時，貿易通常都落在小市肆的麵包商人 blatier 手上。blatier 就是這樣的一種人，他有一點資本，把一點穀子從一個市場上轉運到另一個市場上去。』(註一)

(註一)——"The History of grain trade in France 1400—1710" by Abbot Payson Usher. Cambridge. 191. p. 4.

麵包的投機，大大地幫助了法國商品貨幣關係的加強，宅是從地方政府和城市貴族的祕密貿易的關鍵中發展起來的。

在中國，還在這個以前一千五百年，就造成了這種類似的情形，但是食品投機的前途却不能比擬的要比法國更好些。在法國，麵包貿易是破壞內部經濟的保護路線，是斷送了內部經濟的命脈。

徭役經濟，貴族經濟，是法國封建制度的基本單位，因爲它不需要市場而能滿足自己一切的需要。中國在漢朝時代，大的私有農業，按照市場關係，就與許多官吏們的優越勢力（首先就是與貴族的特權）聯合着，這便是一種主要的經濟的因子。另一方面，中國，在最肥沃的土地上，那些自發的災難，却成爲常規的必然性。農民經濟，是處於極不穩固的平衡狀態中，它的自然的特性，只要在第一次旱魃爲虐的時候，或者在黃河水災第一次出現的時候，——黃河水災，綽號「中國的災難」（註一）——便發作起來了。基本勞動條件的喪失——耕田的種子、食物、工人的牲畜——是不住地在發生。

這就是漢時標本式的法令的一般（紀元後七十八年）：『在最近的一年來，喪失了許多耕的牛，而可耕種的土地的數量也減少了。農產品的價格過高，所以許多人民都拋棄着自己的故地。』（註二）

（註一）——"China's Sorrow"

（註二）——Lee Ping Hua: "The Economic History of China." p. 180.

那時中國農民經濟的「商品化」已經完成了，主要的，也是在這一端。農民把剛纔收穫回來的穀子賣給那期待他的商人，並且他還必需把收穫的另一部分以租稅的形式繳給投機的官僚，但是經過了一個短短的時期以後，他自己又要到他們那裏去買自己固有的穀子了。所以黍稷、米穀的高價對農民只是一種不幸，所以因為他們，農民才必然拋棄自己的田地。

封建官吏對食糧剩餘的壟斷，——一部分是他們從服務上收來的，一部分是像地主一樣從自己的農奴那兒收來的，——便推動他們走向自己的買賣行為更遠的發展上去，而帶着一種毫無遺留的獨佔整個羣衆的「剩餘」的目的。他們與商人起了接觸，而且利用商人作他們的商業仲介和店員，從流通中分給商人一點微利。後來，這種獨占農民剩餘的封建私有主與商人的合作，已經過渡到「較高的階段」即是進到在政府和機關作用過程中所積累起來的高利貸資本與較軟弱的商人資本之間的合作，那時商人資本所以比較軟弱，是因為它不能直接參與政府掠奪的緣故。

封建官吏機關的利益關係，是在於把全部農民生產的剩餘實現於市場之上，並且因此而轉入於「國家」的荷包，所以這個利益關係的結果，即加緊絲業發展之注意。

絲是一種很好買賣的商品。所以很快便發生拒絕高祖的禁令，允許商人着絲綢。而且這種奢侈品必需有它的消費者。所以中國的絲甚至很快地輸入到羅馬去了。這怎麽可以不認爲是「它的」利益呢?!

漢朝的第四個皇帝（註一）曾經命令他所有的臣僚『奬勵農業和蠶桑』。（註二）

（註一）——紀元前一五六——一四一年：

（註二）——Lee: "The Economic History of China". p. 160.

在紀元前八十年代，也有過這樣的事情：『從事農業和蠶桑培植的人民數量都增加了，這是因爲許多戶口皆缺乏食物的緣故。所以皇帝命令，爲奬勵農業與培植蠶桑起見，而減少人頭稅到百分之三十。』（註一）

（註一）——Lee. "The Economic History of China". p. 167.

紀元六十年代：『頒佈勅令，地方官吏應奬勵人民從事農業與培植蠶桑，不要馬馬虎虎對待它。』（註一）

（註一）——Lee "The Economic History of China." p. 178.

在英國，絲女(silkwomen)的出現，是舊的特權化的職業轉變的先驅。但是這個發生在英國是在十五世紀。在中國，女人很早就和男子一樣備受封建的剝削。女農奴或者女奴隸的家庭工業，不但以自己的生產來供給地主，而且還經過地主——並且藉地主的幫助——以供給於廣泛的市場。在英國，女人着手於絲的紡績，是在家庭工業從農業分離成為完成的因子的時候；而在中國則不然，這個只是出發點。

另一方面，如果英國從封建走上商業資本的康莊大道要經過牧羊業，那末中國走上這條路時就要經過絲作業與絲績業。一千三百四十六年，在克勒士(Krese)時代，英國的指針給了法國的騎士一個致命的打擊，為的是替英國的羊毛淸洗道路，好到佛蘭得(Flander)去製造。中國封建制在幾世紀長的時間上為着東土耳其（卽新疆）而鬥爭的動力，也就是想保證中國絲到西方去的商路之一種企圖。

家庭工業在商業流通上這樣大的作用，自然是要縮小城市手工業影響的範圍，和一般的妨害個人職業獨立的發展。

僅僅在漢朝時候，鐵才澈底地排除了銅。『最初，鐵是用於武器的製造和各種家庭與農業的日常用品的生產上。屬於第一種生產品的是：刀、劍、大刀、戈、矛、箭頭和各種各樣的鎖子甲與楯牌等等。在家庭器具上可以分爲下列各項：大盤、爐子、釜、錩、罄、燈、鑿、刀、車子的鐵條釘子等等；——所有這些，都是由鐵製造出來的。管子上說：「今鐵官之數曰：一女必有一鍼一刀，若其立事；耕者必有一耒一耜一銚，若其立事；行服連軺，輦者，必有一斤一鋸一錐一鑿，若其立事；不爾，而成事者，天下無有……」(海王篇)』(註一)

(註一)——Tegengren. part II. p. 311.

下面所引證的一段，是描寫鐵的製造流通範圍。

『在漢朝時代，或在紀元的開始，不僅在全國的中心，而且在全國的邊陲都建築了鎔鐵爐。很有趣的，講到這裏，沒有任何一點紀述來說及山西，我們知道，山西是後來中國產鐵最主要的地方。這個或者可以這樣解釋，即是這個省份的各個產鐵地在這時已經使用完了，可是，該省在當着沒有藉無煙煤燃料之助而達到鎔鐵過程完成的時候，它還沒有獲得優勝的意義。』(註一)

(註一)——Tegengren. part II. p. 305.

在紀元前一世紀，中國的逃兵逃到佛爾幹（Fergan）去，並且教育那個地方的人民用鐵作各種武器的生產。（註一）

（註一）——參看 "Wineral Enterprise in China" by W. Collins. 1922, p. 6.

『中國的鐵——希茲（Histh）說，——應該是一種很優的質量，如果鐵不僅從遠東運輸到中亞細亞去，而且還從遠東運輸到羅馬市場上去的話，像我們從勃里尼（Priny）口中所聽到的，他說，從運輸到羅馬去的各種鐵中，中國的（Sericum ferrum）鐵算是最好的。』（註一）

（註一）——"Notes on the early history of the salt monopoly in China" by Fr. Histh "Journal of China Branch of R. A. S." 1887, p. 57.

甘肅省，那時是處於到中亞細亞去的孔道，從鹽、鐵銷售於國外看來，它起了商業仲介人的作用。（註一）

（註一）——"Notes on the early history of the salt monopoly in China," by Histh. "Journal of China Branch of R. A. S." p. 59.

鐵的開鑿，久已燃燒起封建的欲望。在周朝時候，就發生過想取得這宗收入到掌握上來的企圖。

到漢朝，武帝是紀元前一百一十九年宣佈政府壟斷鹽鐵的發動人，並且他不以自己神秘主義的傾向，而以漫無限度的欲望受人讚揚。

武帝比任何人都好，他沒有封建官僚的趨向，而把一切商業整個都變爲封建私有的特權。他在紀元前一百二十九年抽收商船稅。「船五丈以上一算。」（註一）

（註一）——Chen Huan-Chang. "Economic Principles of Confucious and His School." New-York, 1911, p. 695. （見史記平準書）

紀元前一零一年，抽收行商來往稅。『諸賈人末作貰貸買居邑稽諸物，及商以取利者，雖無市籍，各以其物自占，率緡分二千而一算。』（註一）

（註一）——Chen Huan-Chang. 同書 p. 686. （見史記平準書）

一百二十九年抽收商人的馬車稅，到一百一十九年（紀元前）就擴大這個稅則到平民身上去，要抽一般車子的稅了。『軺者以一算，商賈人軺車二算……。』（註一）

（註一）——見史記平準書

最後，在一百一十九年，他規定貨幣積累的租稅。一切商人與手工業者應該報告自己有幾多貨幣，——商人稅百分之六，手工業者稅百分之三。(註一)

(註一) Chen Hüan-Chang 同書，p.992(參看平準書)

這個參與商業的封建方法，是使各個封建諸侯在官稅的名義之下走入致富之途，這是一切落後民族都洞悉的。

十九世紀末葉，暹羅有過這樣的制度，『所有捕象的商人，應該把自己收入百分之三十交給自己的隊長；假如他的運氣很好，而捕得十個或十來個象時，那末他的隊長除却取得自己的一份之外，還要交一個給大隊長，而另一個則給他周曹的人們。』(註一)

(註一)——A. R. Colquhoun. p. 256.

加於市場的封建的賦稅，時時成爲不可忍耐的東西，所以政府在維持物品的「經常」進程的利益上，必然是要讓步的。譬如，紀元前五十年山東那種飢饉的結果，於是政府對鹽鐵販賣的「調劑」，就爲飢饉伴來的人吃人的現象和一道勅令所取消了。(註一)

(註一)——Lee: "The Economic History of China." p. 170. (漢書食貨志云：『上於是約法省禁，輕田租，什五而

稅一○』）

代替戰國封建諸侯的新封建諸侯底各種「藝術」，都不能與他們在貨幣運用上的權謀有任何比較。這裏他們發現了黃金窟，並且無窮盡地去吸取它。

起初，事業是允許私人的經營，但是很快地便吝嗇起來了：

『今農事棄捐，而採銅者日蕃。釋其耒耨，冶鎔炊炭，姦錢日多，五穀不爲多。（註一）善人怵爲姦邪，愿民陷而之刑戮，刑戮將甚不詳，奈何而忽？』（註二）

（註一）——這是傳統的公式。這五種穀子是：稻、粱、粟、麥、黍或稷。

（注二）——Vissering. p. 33.（見漢書：食貨志）

貨幣的不良，是國家官吏所賜予的，因爲官吏本來就是僞幣鑄造者的主幹。政府雖特別在國內無危險的威嚇影響之下而拒絕私人的實習，可是國家分裂的趨向已達到根基上來了。天子的代理人，武帝，幾乎與天子的力量並駕齊驅。『因爲他有大宗的收入——他從自己的鹽工和造鹽商處得來的——所以他不向人民勒索任何租稅，而只鈎心鬥角地關注於鹽鐵的利益。他開叛了自己的國家好像是給別地方驅逐出來的惡人做逃避所一樣。他有忠實的、各種有能力的人們圍繞在他

身前。他這樣地繼續了四十年。』（註一）

（註一）——Textes historipues. p. 358—359.

天子應該想到與這個銅礦王競爭的危險。可是他自己還發行壞幣。危險是瞭若指掌的：（1）武帝的貨幣，『是質量較好的，它容易獲得全國的廣泛的流通。』（2）『這些臣僕的財富（武帝及其同僚）很快的增加起來，只要把這些財富與他們陛下的財富比較一下，無怪乎他們要組織暴動。』（註一）

（註一）——Vissering: Chinese Currency. p. 35.

漢朝的天子應該接受這些忠實臣僕的勸告。

此後不久，武帝便按照自己的意志而使用了「天」賜予他的政權，並且乞求於原始的「鹿皮」流通的幫助。在貨幣本位問題討論的時候，有一個官吏說：

『古者皮幣諸侯以聘享，金有三等：黃金爲上，白金爲中，赤金爲下。今半兩錢，法重四銖，而姦或盜摩錢取鎔，錢益輕薄，而物貴。則遠方用幣煩不省。乃以白鹿（註一）皮方尺，緣以藻繢，爲皮幣直四十萬萬，王侯宗室朝覲聘享，必以皮幣薦璧，然後得行……。』（註二）

（註一）——天子園囿中的白鹿。

（註二）——Vissering: Chinese Curreney, p. 39.（見史記平準書）

這個封建的特權對一塊鹿皮的交換，在實際上是廣泛地適用了。

武帝因爲自己的財政政策和其他政策，引起了他自己的後裔對他發生這樣有力的印象，即是他的後裔甚至說他是神聖的……（註一）

（註一）——Textes Historiques, p. 502—503.

紀元十年，有二十八種以上的貨幣在流通。王莽——他篡了漢朝的位置——毫不猶豫地準備廢棄它。（註一）

（註一）——史記「王莽廢五銖錢」。

在整個的漢朝時代，（從紀元前二世紀起迄紀元二世紀止。）中國是爲國家與私人鑄造的僞幣所充斥。僞幣的製造是一切困難之下的氣孔，誰不願意來製造呢。不過這種「熱忱」的壞的方面——從封建國家利益的觀點看來——是在乎它以此而洗滌了階級統治的基礎。在它的循環運動之下，舊的矛盾又一再地復生了，並且形成了國家制度的崩潰。

有些事實可以容許我們討論漢朝貨幣政府的規模。這些事實是關於紀元前一世紀上半期的。

這裏有一個簡略的計算：——

『今夫挾五口，治田者百畮，歲收畮一石半，為粟百五十石，除十一之稅十五石，餘百三十五石。食人月一石半，五人終歲為粟九十石。餘有四十五石，石三十，為千三百五十，除社閭嘗新春秋之祠用錢三百餘千五十，衣人率用錢三百。五人終歲用千五百。不足四百五十。不幸疾病死喪之費，及上賦斂，又未與此。』(註一)

(註一)——Vissering: Chinese Currency. p. 48.（見漢書食貨志）

這個統計，是沒有把賦稅、租金等等詳細的計算包括進去。

按照規定的制度，第一等的行政長官與軍隊的指揮，在這時候，每月按「法定」是收入六萬貨幣，省長四萬。此外，軍隊的指揮每月還要收入三百五十布舍爾的米。(註一)

(註一)——一個布舍爾等於兩斗一合。見 Vessering: Chinese Currency. p. 47.（參看食貨志）

天子宮廷在這時期有四十億金錢藏在他的儲蓄庫裏，天子私人的儲蓄庫算來有十億八百萬金錢。有一千萬的所有主，就算是最富的人了，中產之人，普通都有一萬空間的現金。麵包在這時

價值五錢一布舍爾，或者價值三六·三里突兒。(註一)

(註一)——Vissring: Chinese Currency. p. 46. (參看食貨志)

漢朝的歷史家司馬遷，把當時情形做了一個最有價值的生活的描寫。他說：『漢興，接秦之弊，丈夫從軍旅，老弱轉糧饟，(註一) 作業劇而財匱，自天子不能具鈞駟，而將相或乘牛車，(註二) 齊民無藏蓋。於是爲秦錢重難用，更令民鑄錢。一黃金一斤，約法省禁而不執，逐利之民，蓄積餘業，以稽市物，物踊騰糶。米至石萬錢，(註三) 馬一疋則百金。天下已平，高祖乃令賈人不得衣絲乘車，重稅租以困辱之，孝惠高后時，爲天下初定，復施商賈之律。然市井之子孫，亦不得仕宦、爲吏。量吏祿，度官用，以賦於民。而山川園池市井租稅之入，自天子以至於封君湯沐邑，皆各爲私奉養焉。不領於天下之經費，漕轉山東粟以給中都，官歲不過數十萬石。至孝文時，錢莢益多輕。乃更鑄四銖錢其文爲半兩。令民縱得自鑄錢，故吳諸侯也，以銀山鑄錢，富埒天子，其後卒以叛逆。鄧通大夫也，以鑄錢財過王者，故吳鄧氏錢布天下，而鑄錢之禁生焉。匈奴數侵盜北邊，屯戍者多邊粟不足給食當食者，於是募民能輸及轉粟於邊者拜爵，爵得至大庶長。(註四) 孝景時，上郡以西旱亦變脩賣爵令而賤其價以招民及徒復作得輸粟縣官以除罪，並造苑馬以廣用，而宮室列觀輿馬益增脩矣(！)至今上卽位數歲，漢興七十餘年之間，國家無事。非遇水旱之災，民則人給家足。都鄙廩庾皆滿，而府庫餘貨財，京師之錢累巨萬，貫朽而不可校。大倉之粟，陳陳相因，充溢露積於外，至腐敗不可食，衆庶街巷有馬，阡陌之間成羣，而乘字牝者，擯而不得聚會。守閭閻者食粱肉，爲吏者長子孫，居官者以爲姓號，故人人自愛而重犯法，先行義而後絀恥辱焉。當是之時，網疏而民富役，財驕溢或至兼幷，豪黨之徒，以武斷於鄉曲。宗室有土，公卿大夫以下，爭於奢侈，室廬輿服僭於上，無限度。物盛而衰，因其變也。」(註五)

(註一)——爲供給軍隊之用！

(註二)——這是抒情詩的誇張！

(註三)——以前只值三十文錢。

(註四)——在一百二十三年，上級的首領，說國庫空虛，無餉支付軍隊，所以允許賣官鬻爵和以錢贖罪——死刑例外——。設了十七個「軍事」的銜頭。「誰買了這些，誰就成爲全權的官吏」。Textes historiques p. 428.

(註五)——A. Giles. "Gems of Chinese Literature." p. 59—61. (見司馬遷史記平準書)

後來衰落又來了。孔子學派的歷史家始終不能自圓其說。一方面，他描寫賣官鬻爵替空前未有的興旺打下了基礎；另一方面，又好像表現着新的災難是從剩餘中產生出來的。司馬遷企圖把孔子學派的「循規蹈矩」的法則與現代的需要混合起來。結果，一切「道德」都歸結於輕視封建特權的不滿上。在這一點上，司馬遷很正確地說出了自己官吏兄弟們的利益。但是這裏他却要責難他們自己。他們自己企圖假市場關係的幫助而把農民羣衆束縛在土地上。他們爲麵包而競賣農民；他們以麵包來作投機，極力保證市場價格水平與瀕於餓死的千百萬飢民之間的經常的聯繫。僞幣鑄造人的職業，在這個關係上看來，的確是他們的一種輔助。

爲麵包而收買土地與勞働力，便引起奴隸市場的形成。所以除了麵包市場之外，又形成了一種奴隸市場。在市場上，不僅新封建制度的官吏的代表在競逐這種收買人的作用，而且以前收買麵包、絲、奴隸、官爵、官吏的商人也在競逐這種收買人的作用。封建官僚在市場盲目的肩背上，來掌握政權，自由競爭，却把封建官僚特權化的地位置諸於打擊之下。

這一切矛盾，用盡自己一切力量來壓迫新的封主們，並且他們無力量來解決它，他們只好隱藏在自己特權背後而努力壓迫商人和被束縛的農民。被束縛的農民應該供給他們一切新而又新手段以與商人競爭。此外，在壓迫農民羣衆的事業上，不要排除這兩個强盜形式的最嚴密的統一的戰線。

漢朝的商品貨幣經濟是新封建制度和它內部矛盾的產物。市場的權威成爲破壞和壓迫農民羣衆的補充工具。它也回轉頭來反對新的封建等級，因爲封建等級奪取了它的鐵，雖然這些鐵的東西常常藉收買之助而爲靈巧的商人所攫去。商人，到了某個階級，就會執行吃俸祿的土地貴族承辦人的作用。當着市場盲目的趨勢破壞了這個等級「分工」的時候，那時就會混合着「外部的經濟的因子」——封建的富農。這便會在自由競爭範圍之內發生混亂，而陸陸續續地，並且無終止地打進了這個藩籬。

第十二章　飢饉與「逃荒」爲古代中國封建制度的人口律

『人口不是壓迫生存手段，而是壓迫生產手段。』(註一)

(註一)——恩格斯給明格的信。俄文本，第一一八頁。

中國農業技術之畸形的停滯，整個地和完全地證明了這個眞理。

當着鐵器品的製造還不發達，而銅器又未廢棄的時候，那時武器是用「好的」五金來製造，勞動工具則用壞的。(註一) 當着鐵取得了自己的權威的時候，那時農民仍不得不使用木頭的犂鋤，因爲鐵器品已宣佈爲封建的壟斷了。

(註一)——"The Iron Ores" by Tegengren, p. 298.

後來，中國犂的結構自身，便是對技術手段要求之一種輕蔑關係的證明。它引起了馬克斯的注意。『舊中國結構的犂，——他這樣寫着——……它掀土好像豬與鼠一樣，不能掘成壕坑，也不能改變土地。』(註二) 勞動力的耗費，是不能有多大的成效的，這樣一種表面的土地耕種，便幫助地中水分之保存。黃土地質最容易失去水分，因此最肥沃的土地可以變成最乾燥的土地。人的勞動的作用在這裏是嚴格的受屈服的，人在土地度外剝削的影響之下是無力來克服土地的枯竭，所以人們只好努力「不去煩擾」土地，爲的是不致把生存之最後的一個小小的鈎子喪失了。

(註一)——馬克斯：資本論卷一，俄文本，第一六八頁。

土地的枯竭，到漢朝時就已達到廣大的範圍。講到這點，我們可以按據政府對農民的許許多多的農業勸諭來討論。譬如漢朝政府曾經「設想」(!)到耕種土地的方法：在播種的時候，要作成一種一尺寬與一尺深的畦徑，好把麥子的根散播到土中去：如是在刮風和酷熱的時候，隱藏在土內的根才能供給特別多的收穫。』註二）土地的貧乏在當時已厲害地表現出來了。

（註二）——察哈諾夫：「著作集」，卷二，p. 10.

不言而喻，這個勸諭和其他這一種類似的東西，都不能有什麼成効，因爲接二連三的天旱，阻礙了深耕的基礎。

但是從這時起，已經開始灌輸正確的播種法：『正月播穀；六月種黍；九月栽麥；秋末收穫。』註一）

（註一）——參看：Lee: "The Economic History of China," p. 151.

到漢朝時代，人工灌漑日漸日大地擴張起來了。

然而部分的改良與採納改良農業的企圖，在總的農業經濟條件變壞的過程中都喪失了。

在農業區域內的森林消滅之後，畜牧的衰落也跟着來了。在漢朝，馬是一種奢侈品。所以工作的黃牛和小水牛——不需要特別的牧場，而且只是用稻草、穀殼之類來餵養——從此便成了農民經濟中唯一的普遍的活的財產。這一種牲畜好像特別適合於少土地，和適合於窮人的經濟預算似的。

在比較更遲的時候，英國在農民經濟上發生了以牛代馬之替換。『牛認爲比馬是要便宜些，並且一般的說來，牛是耕作上和其它農村經濟工作上的生產動物，如果把牛來與馬比較，雖然我們必需承認用馬耕作，生產要有成效些。在十月十八與五月三號這個時期，沒有一處可以找到一匹馬來，所以這時期馬的價值大概算起來比牛要貴四倍有奇。』（註一）

（註一）——"Six centuries of work and wages" by J. E. Thorald Rogers. 1923. p. 76.

但是條件的變壞不僅在這種替換上。而且從這時候起，具有勞動力的人——在重載事業上，在鄉村經濟工作上，甚至像牛馬一樣的去拖犂——也開始替換工作的牲畜了，因爲牲畜比之奴隸與農奴都花費得貴些。

不是在全社會分配中那種生存手段數量的「食物」，而是分配給農民作食糧的那種「食物」，開始壓迫着人口，即壓迫人口中的農民的大多數。

漢朝的一個參議提出了這樣的一個問題：『紊亂從何而生？不是因爲從事有害農業的各種部門的人數度外地增長麼？——即是把穀米花費於造酒的人過多，和爲耗盡食物而培養牲畜的人過

多麽？』(註一)

(註一)——Lee: "The Economic History of China" p. 156.

在漢朝時代，馬、牛、羊，已經成爲農民食物的接濟品，雖然農民是很微末的！紀元前一百六十二年，「天子」像報復般地詢問自己的親信臣下：『難道不應獎勵那有害農業的一切別的剩餘品？難道不應嘉許那爲造製醇酒或爲飼養家畜的別種食糧？』(註一)

(註一)——Textes historiques. p. 334.

在抽象方面，如像藝術史，便可以證明『漢朝的人民，睜眼看來，就知道他是耽溺於游獵，因爲畫中動機的大半(註一)都是根據於游獵的風彩，這上面描繪着男人騎在馬上，或者步行，後面帶着獵犬、巨獸——老虎與熊羆。』(註二)

(註一)——見古泥瓶上的圖畫。

(註二)——"The Early Ceramic Wares of China," by A. L. Hetherington. London. 1924 p. 65.

武帝底游獵的狂熱，已達到公開掠奪的地步。他有三百里寬的游獵園。他還想擴大它，使它與南山一帶連接起來。東方朔便勸告他：『夫南山天下之阻，陸海之地也，商工所取給，萬民所仰足也。今規以爲苑，絕陂池水澤之利，而取民膏腴之地，上乏國用，下乏農業，其不可一也。盛荆棘之林，大虎狼之墟，坏人塚墓，發人室廬，其不可二也。」(註一)

(註一)——Textes historiques. p. 687.

武帝不聽勸告，而竟費了一百多金幣來擴張園囿。這一段話就可以證明，漢朝的圈地實現出來的就不比秦朝和秦以前的圈地狹隘。好的土地都從人民那裡掠奪過來，人民眞是無立錐之地了。他還能幻想到牧場麽？

如果我們攷察一下這時代的人口過剩，那末這只僅是相對的意義，特別祗有農民才缺乏好土地、牲畜與食物。因爲土地價値萬錢一畝，這便使農民不能得到土地。

紀元前二世紀上半期，陝西逃荒飢民的數目達到了四十萬之多。所有的湖沼周圍(註一)的濕地與田園，都是屬於中央政府的，好的土地都爲天子的家族所佔領、所耕作了。(註二)

(註一)——卽是，或者是已灌溉的土地，或者是夠滋潤的土地。

(註二)——Lee: "The Economic History of China," p. 157.

在二世紀下半期，情形依然沒有絲毫變更。天子的勅令說：收成常常不好，人民缺少食物。

許多省區都窮困了，土地空閑地放着而不耕種，既不用之於農業耕作，復不用之於桑蔴種植，更不用之於作牲畜的牧場。而那時候在別的地方却充滿着水與草，但是人民却得不到這樣的一種土地。（註一）

（註一）——Lee: 同書 p. 160—161.

我們再放過來幾十年。——『許多諸侯、王、列侯、公主、吏民（註一），都攫有大宗的奴隸；他們無限地霸佔田宅。實際上，他們因為收入而與平民對敵。這樣一來，許多人民失去了自己的職業，喪失了自己的經濟，並且確實為窮困所擾攘。』（註二）

（註一）——食祿的人，總常以舊的尊稱來點綴自己。

（註二）——Lee: 同書 p. 173.

中國的封建制度一開始是蠶食森林，繼而又吞併牧場和農民的畜牧；同時它又助成土地的枯竭，到最後便達到了吃人的地步。

在這個封建制度的功績的枚舉上，沒有一點誇大。每一個這樣的事實都可找到百來個證據。

漢初：『人民喪失工作，發生了飢荒。米一石要賣五千錢。人相食，大半人民都餓死了。』

（註一）

（註一）——Lee: 同書 p. 155.

文帝時（紀元前一七九——一五七年）：『如果富人不借錢給貧人，貧人就要餓死。在凶年、歉年之下，他們就要出賣自己的房子和小孩。不久以前曾有過雨水不足，情形是非常悽慘的。如果有一點雨露，人民就感覺得甦生了。』（註一）

（註一）——Lee: 同書 p. 160.

武帝朝——（紀元前一四〇——八七）：『漢武帝派遣軍隊到四方去征服蠻夷，和向人民抽收重賦。凡有三歲以上的兒子的人民必需繳納人頭稅。這個引起了大大的窮困。有些人把自己剛生下來的兒子便殺死了。』（註一）

（註一）——Lee: 同書 p. 161.

『……是時山東被河菑，及歲不登。數年（！）人或相食，方一二千里……』（註一）

（註一）——Lee. 同書 p. 162.（見史記平準書）

武帝末年：『從陝西逃荒到湖北去的人數達於十萬戶之多。』（註一）

（註一）——Lee: 同書 p. 166.

紀元前三二——七年：『農民喪失了自己的耕作，水旱驅使他們捲入到整個的災難中去。結果，發生了許多逃荒的人（在中國基本省分之內），特別是在山東和陝西。』（註一）

（註一）——Lee: 同書 p. 172.

紀元開始：『各地發生大旱與敵人的侵襲，山東尤甚。結果，老弱轉乎溝壑，壯者散之四方。』（註一）

（註一）——Lee: 同書 p. 173—174.

紀元一〇七——一二五年：『水旱交加，人民逼得吃人肉。』（註一）

（註一）——Lee: 同書 p. 182.

一四七——一六七年：『人民貧困與飢饉，幾萬戶口沿路逃荒，山西與直隸特別的壞。』（註一）

（註一）——Lee: 同書 p. 185.

漢朝末年：『整個的人民都捲入騷動的漩渦，全國的人民都失了業。穀價抬高到五千萬錢以上(?)一石。人復相食。』(註一)

(註一)——Lee: 同書 p. 186.

奴隸是與那在所謂「黃金時代」或「古典時代」名稱之下的中國歷史中的人吃人的制度有不可分割的聯繫。『奴隸市場已經建立起來，在市場上出賣奴隸好像出賣牛馬一樣。』——這是朝代史簡單地告訴我們的。(註一) 奴隸補充了人吃人，奴隸不能與人吃人分開。

(註一)——Textes historiques. p. 613.

不論這種或那種，都是由「逃荒」而產生的，亦即是由那些條件而產生的，即社會條件「損害了」自然條件，並且把農民從他們的故鄉趕走，逼住他們以乞食、搶刼度日，把自己變作奴隸等等的條件中產生出來的。

馬克斯把從鄉村到城市來找工作的一些遊浪的季候工人叫做「資本的輕騎隊」。(註一) 恰恰從這個階層起首即形成了失業的工業後備軍的幹部。在資本主義社會，失業工人是調劑工資與一般勞働條件的「標本式的」資產階級的工具。資本主義總是把這個後備軍保持在自己的背後，利用這些後備軍來作反對階級鬥爭之一種最好的工具。資本主義的人口律是在於工人階級生存的條件，因此工人階級的繁殖，是由資本的要求與資本積累的條件來決定。

（註二）——見馬克斯：資本論，第一卷，俄文本，第六五六頁。

逃荒的農民，這是中國封建制度的輕騎隊。封建制度使農民陷入這樣的田地，即是把農民的耕作造成一種季候的、短期的、極不經常的工作。一般的引證，說中國政府「努力幫助」這些已往的農民（即是現在逼得成為游浪的農民），這實在禁不起一點批評：政府以牲畜以種子來「幫助」農民——這自然是為着「上帝的」利息！——祇恰恰是對於政府有利益的那些事件和為封建官僚利益所御用的那些東西。所謂「幫助」逃荒的人民，只是在當着農民羣衆的破產震動了大農業私有的時候才有此事的發生。因為那時候供給農民一點小惠，自己才不會喪失土地的私有，才能保持他偌大的土地面積不致陷於完全荒蕪的危險。

在一切封建農奴關係的形態之下，『土地好像是一種自然的工資：土地供給農民以必需的生產品，為的使農民能替地主生產剩餘生產品；所以土地只是為着農民替地主納貢的一種基金。』（註一）

（註一）——列甯：「什麼是人民之友」，P. 66—67.「浪花社」出版，俄文本。

從這點出發，中國的官吏地主所關心的祇是整個土地不要耗費自己的「力量」來專作「自然工資的基金」。如果某個區域之內發生了天旱，官吏地主們——由於職務的重新分配——就佔領另一塊土地而為自己使用。那怕整個省分成了焦土，他們都是完全不介意的。他們只是孜孜屹屹地注意自己對麵包剩餘的壟斷權，而且麵包剩餘總能變為勞働力。所以過去的游浪逃荒的農民也總是表現準備把自己的頸幹放在鐵枷的束縛之下。餓死的威嚇通行無阻地在實現着。

那時候封建官僚百般地企圖廢止「自然工資的基金」，減少自己對勞働力報酬的耗費，增加剩餘生產品的總量。飢饉、人吃人、逃荒成為農民羣衆日益束縛的工具。奴隸就是這個束縛達到極度的產物。

嚴格地說來，那時候奴隸與農奴的區別僅僅表現在這一點上，即是奴隸是與土地分離，而農民則是私有土地的「天然」附屬品。因為農民從大地主那兒租了土地，並且差不多完全「取消了國家的核算」，這樣一種佃戶的地位，就是轉變到奴隸狀況的一種人。這樣的佃戶常常鬻賣自己的子女給地主，地主使用這些小孩們也像使用家僕一樣。到了某個階段，奴隸與農奴的佃戶的分劃好像古羅馬所存在的"Familia urbana"與"Familia rustica"的分劃一樣。奴隸是屬於第一個範疇，他在主人那裏終身服役，好像家僕一樣。他帶着他的經濟在身邊而住在城市裏，並且隸屬於他的「城市政府」，耕種土地的奴隸則屬於「農村政府」。他們要耕作六英畝寬的葡萄園，或八英畝廣的蔬菜圃。

另一方面，更正確些把它來與羅馬的柯蘭(Column)來比較。柯蘭是從許多小自由私有者中出來的。由於苛稅與大的奴隸私有主的競爭而破產的人們，他們都列入於柯蘭隊伍中去，即成爲一種不獨立的工人。他們和他們的子孫世世代代都束縛於他們所耕作的土地之上。他們也隨着土地從一個人手上轉到另一人手上。他們要交納收穫一定的部分給自己的主人。中國農民的情形與此有些彷彿。在中國，奴隸的工作沒有擴張到農民中來。正確點說，其所以避免了這個，顯然是以孔子學派的傳統，褒奬農業的傳統……來儘力掩蓋自己的刼掠。實際上，自然是完全相反：人吃人和野有餓殍的現象就是在更殘酷的形態上的那種奴隸的繼續。

鼂錯是漢朝的一個帶有批評情緒的顧問，(註一)他公開地道出事情的眞相。——『今法律賤商人，——他這樣說——商人已富貴矣。尊農夫，農夫已貧賤矣。故俗之所貴，主之所賤也，吏

之所卑，法之所尊也。上下相反，好惡乖迕，而欲國富法立，不可得也。』(註二)

(註一)——為了這個，他把他的頭顱都斷送給敵人了。

(註二)——Giles. "Gems of Chinese Literature". p. 73.(見鼂錯論貴粟疏)

叫化子變成了奴隸，並且把奴隸來做買賣。

『在邃古時代，只把土地分配於特權階級，但不把人民分配；從漢朝起才開始分配人民，並且把人民分配給貴冑作私有財產，從這時起，王、侯、將、相，與夫其他貴冑之曹，到了某個階段，便把整個的國家都彼此瓜分完了，並且每個人都佔有幾十個城市。』(註一)

(註一)——"China Maderne". II. partie. par. M. Bagin. Paris. 1845. p. 163.

漢時政府的結構，就是如此這般地在後代中國歷史家的腦子中反映出來。不言而喻，封建官僚的專制國家，是完整無缺的，牠的「尊貴」的代表完全沒有限制中國米、黍、絲、蔴等等一定比例的分配。他們沒有輕視從最上層到最下層那種「私有的」積累。

這樣看來，漢時社會的結構，是封建制度與奴隸的聯合。中國的封建制度，總感受一點古典性！

轉變永無底止的鏈子，從過去在國家土地上耕作與交納貢賦給國庫的國家農民，又轉變到可以自由燒殺的奴隸來了。（註一）

（註一）——"China Past and Present", by E. H. Parker. 1903. London. p. 398.

一般的水平是由最壞的條件來決定。

奴隸又轉移到農民家庭去了。爲着自己的生存目的而鬻賣子女的實際事件，才引導它往這條路跑的。在奴隸私有的羅馬，『父親的權威是漫無限制；他有權處置自己子女的生死。按照古代的法律，父親不僅有權把自己的兒子使作奴隸或者像奴隸一樣去鬻賣他，而且還有權殺死他。』（註一）

（註一）——"The Nemesis of the Nations" by W. R. Paterson. 1907 New-York. p. 266.

在中國，父親對兒子的關係也同樣的表現賦有奴隸所有權，——『他可以任意宰割、鬻賣、驅逐、打殺自己的兒子。』（註一）

（註一）——"China of the Chinese" p. 54. Werner.

奴隸私有按照自己的形態而改造了中國的家庭，並且又按着這樣的形態在奴隸的調子上而重新剏造了家庭。孔夫子的「可以遮蓋陰晴雨雪的傘」，以「孝順」（filial piety）的贊揚與說教來遮蓋這個，如是，奴隸私有和封建制度甚至在農奴家庭之內得到了凱旋。

漢朝在取得政權的時候，便頒佈了一個最嚴格的命令，其目的……在於使人口繁殖。結果，政府在保護活的勞働力的新的儲蓄事業上，幾番地破壞了自己的利益。

這個怎樣才能與掠奪和破壞半自由農民經濟那種有系統的政策聯繫起來？

事情解釋不能太簡單。農民的生存條件，是緊緊地依靠封建上層的需要為轉移。封建上層很注意人口的增長，因為人口增長，結果便使勞働條件變壞，生產方法的壓迫增加，而且會引起土地不足，食料缺乏，和工人勞働的「自然的」剩餘。在那時候，封建的上層便注意到別一樁事情來了，即是把封建剝削與餓死現象分開的這一個鴻溝，應該使羣衆經常地明晰和感到，而且還要使他們經常的感到那加於他們自身及其子孫身上的盲目的權威。餓死的威嚇，成了封建剝削與奴隸私有的柱石。

在資本主義制度之下，農村經濟與殖民地中勞働條件的水平，是「等於」大工業中勞働條件的水平，這水平線是緊緊地向飢民——農村經濟中的僱工、殖民地的苦力——這方面拉的。

在古代中國，整個農民羣衆的生存條件，是適合於那個水平的，卽是人們在這個水平下不得不鬻賣自己和自己的兒子去做奴隸。

我們可以說，古代中國的封建制度是利用自然的盲目力量來奴役農民羣衆。爲了這個，它在土地的天然肥沃未遭浩刼之前是不肯止步的。它必需把土地也弄到像農民那種狀況一樣才肯放手。土地一不生產，人們就要餓死，這正是因爲他們太熱心替自己的剝削者耕作，而使自己的力量與整個土地的液汁都涸竭了。

在資本主義發展之下，危機是由資本積累衝破了市場的小範圍而爆發。在資本主義形式中生產力的積累是會引起自己的破壞、危機和失業的。

中國的封建制度，只把自己的打算與能生產的那一部分人口調劑起來，——它把人口的「剩餘」丟到生活以外，而不採取什麼間接的道路或補救的方法。

第十三章　國家是社會保證的封建組織

『現代社會主義者在勞動階級的利益上來宣傳與資本主義相對抗的社會主義。孔門弟子在昔時也曾經站在農民的利益上來宣傳孔子學派的社會主義以反對封建制度。這兩個教條在原則上都有它們的共同點。因爲在古代，封建的地主同時就是資本家，農民同時就是勞働者。可是，如果我們把這兩種學說比較一下，那末就知道孔子學派比現代社會主義走得更遠些。完全不應該有資本家存在。按照孔子學派的意見，最主要的生產工具應屬於社會，統治階級應該只領薪俸。可是，如果官吏階級領取他們的工資，他就能從事積累而變爲資本家。現代的社會主義者不禁止支薪俸的官吏操作有利潤的職業，孔子學派則完全排除這個。我們可以說，這個差別是從這裏發生出來的，卽是在古代，貴族容許官吏在繼承權基礎上來運用自己的職權，而近代則沒有這個，所以孔子學派認爲力行禁止是必要的。這倒也對。此卽孔子的原始思想。但是孔子的社會主義所要求的更多些。第一，孔子不容許貴族存在；誰也不應該按繼承權來運用職權。第二，就是在封建制度與貴族消滅之後，這種禁止操作有利潤職業的原則，依然能同樣的適用。從這點看來，很明顯的，孔子學派的社會主義比之近代的社會主義要走得更遠些了。』(註一)

(註一)—— "Studies in History and Public Laws, edited by the Facutly of Political Science of Columbia

University". Volume XLV. "The Economic Principles of Confucius and his school". vol. II. by Chen Huan-Chang. New-York. 1911. p. 543—544.

孔子學派這樣的一種特點，是為滿朝的一個官吏提出來的，而且為美國科學培養所，像科倫比亞大學，所稱道不置的。這個特點恰恰只在中國第一次革命的時候才准許流通。中國知識分子的許多代表們他們都參加過民族運動，甚至在革命開始後十幾年，仍然沒有從孔子學派——從過去很久的封建官僚思想的崇拜關係中拯救出來。

漢朝是那個把孔子學派的思想與理想搬運出來的新封建等級開始勝利的時期。這就是這個階段的實際，我們已經清楚了。

我們再進一步來考察下這時期國家機關的活動。它(活動)在現代社會主義之前完全表現孔子學派的優點……(註一)這是從封建壓榨的利益上着眼。它(活動)把正確的歷史的內容都推進到誇大的語句裏面去。(說孔子學派承認生產工具是社會的財產。)

(註一)——這個官吏仍然沒有可能來引證共產主義。

我們在漢朝的封建制度中，便容易辨別出這種「亞細亞的」混合的封建奴隸私有制度的典型。

它是封建掠奪最原始的階段。被霸佔的生產品與勞動的數量，是依統治等級的需要爲轉移。

譬如，在暹羅，農民應匍匐於鄉愿或 punia 之前，而鄉愿應匍匐於小官吏之前，小官吏又應匍匐於州官之前，然而當着州官在道尹之前，州官又是微乎其微的奴僕了。在實際上，這些人都是農奴，如果他們不是奴隸或任何類似奴隸這些東西的話；在官吏出巡的時候，一切的運輸，——這裏包含着人與象的必需的裝飾——，都是在强迫的徭役制度之下而執行。

『食物與糧草，照原定的需要，還應準備多些。軍事服役，是必需的義務，只要需要，你就須執行。』(註一)

(註一)——A. R. Colguhoun: "Amongst the Shans" p. 258.

整個的國民與整個國民的財產，看起來好像是統治等級的用品一樣，好像是他們的全盤財產一樣，他們可以按着自己的私衷來支配它。這是東方的「國家封建制度」。在這個制度之下，國家的組織，好像一個總的湯罐，從湯罐裏可以取得一切東西來豢養統治等級。(註一)然而在那種情形之下，才能產生這樣的一種組織呢？

(註一)——佛納氐米爾·伊利奇反對勃列漢諾夫一九〇六年在斯脫克大會上所舉出的理由，說土地國有是地主國家剝削農民的一種把戲，」寫道：『如果勃列漢諾夫那種恐怕回到亞洲化的疑懼實現了的話，那末國家農民的土地私有，（八十年代以前）或過去國家的土地私有（八十年代以後）就應該是「國家封建制度」最純粹的形式。實際上，國家農民的土地私有比較地主的土地私有是自由些，因爲封建的剝削在十九世紀下半期已經是不可能了。』——伊利奇。「一九〇五——一九〇七年俄國革命中之社會民主黨的土地政綱」，一九二五年「浪花社」出版，俄文本一二三頁。——我們之所以引用這一段話，是爲的證明我們所使用的國家封建制度的概念之全般規律。

第一，在同一部落內的各個氏族集團間的階級分化的結果上；一個氏族集團克服了別一個氏族集團並且奴役別一個氏族集團。這裏把從戰場上俘虜來的，或由貿易上得來的奴隸合併在一塊了。

第二，在掠奪之下；當着掠奪者把被征服民族變爲奴隸，或變爲農奴狀況的時候。

第三，當着許多特別條件，妨害了封建制度最後的鞏固的時候，國家有組織的封建剝削之繼續，在某種程度上，是比較統治階級各個成員間直接對整個土地與整個政權之分割是有利益些。

斯巴達的國家是國家的奴隸之「理想的」組織。『斯巴達的國家，是由用强力來維持自己對許多淪爲奴隸的人民的政治統治的那些軍事特權階級所組成起來的。每個軍人都從國家那裏領得一塊小土地作爲自己的給養。這一塊小土地是不能讓渡的，而且使用奴隸(Ilot)來耕種，這些奴隸過去都爲國家所有，但是現在國家却讓與私人使用。奴隸要把自己的收成一半繳給主人，作主人的豢養之用，（註一）如是主人才能自由地操作軍事職業，而不與農業發生聯繫。』（註二）

（註一）——這是中國的榜樣！

（註二）——"The Growth of the City-state", by W. R. Haliday. London. 1923. p. 180.

因爲中國的官吏的貴族，他由於霸佔「國家」農民（註一）的剩餘勞動生產品，而有經常的自然品食糧的保障，所以他便由這個泉源養成了一種斯巴達的軍事貴族。

（註一）——「自由的農民」，不過要繳納租稅與人頭稅。

但是這種類似的東西還有，中國還有一種國家的奴隸：『按着古代中國的定義，罪犯與俘虜原來就是奴隸；或者正確點說來，罪犯就是國家的俘虜……紀元前一六〇年，所有國家的奴隸都解放了，但是紀元前一四四年，仍然又聽見說有三〇、〇〇〇奴隸，在北方牧場上打理三〇〇，〇〇〇馬匹。另一方面，在一四〇年，在過去暴動中所拿獲的俘虜的家眷，照和約的規定是要把他們送回家裏去的。從許多零碎的歷史消息看來，我們便清楚了，私人的家庭，在這時候幾乎佔

有成百、甚至成千的奴隸，而且常常使用這些奴隸做手工作業等等。』(註一)

(註一)——Parker: "China Past and Present": 1903. London. p. 397—398.

在希臘和羅馬，奴隸也像這樣的職業化了。最後，還有一個離奇的消息：『紀元前一五四年，有七省和許多區域都暴動起來，並且這些省區的整批人民都變作了國家的奴隸。』(註一)

(註一)——Parker: 同書 p. 401.

國家的奴隸是在封建官吏的支配之下，並且可以隨便役使他們。可是，很淸楚，他們的費用要靠國家供給，這是太有損失，所以久而久之，他們便「解放了」。同時，自然，國家總還保存着一定的奴隸的數量，而這些奴隸也都是列入於國家機關之內的。警察、水手、娼妓、都算入在國家奴隸的成分中。

在羅馬史上，我們可以碰到勞動組合原則之原始的演進。勞動組合開始只是一種氏族公社的機關，和土地的公社有別，一切參加人都有平等的權利。但是羅馬國家擴大了，到羅馬來的各種成份充滿了羅馬國，於是國內便起了階級的分化，奴隸私有也擴大到這裏面來了。以前的城市國家的統一失去了，貴族、縉紳、成爲一切社會權利——政權、國家土地基礎權——的主人。社會的政權和社會的財產，都變成了階級的壟斷。

『全部的羅馬共和國史，就是按着這條道路進行：卽是貴族與平民之間爲着參政與參與國家土地分配的鬥爭；爲着宗法的貴族之轉變爲大地主和貨幣私有者的新的階級的鬥爭；爲着大地主和貨幣私有者要把破產的軍人那些小私有者的全盤土地漸次吞併的鬥爭；爲着要用奴隸來耕種這些新而又大的地皮的鬥爭，意大利人種之滅絕，是因爲它不僅替兇暴的皇帝開了門戶的結果，而且還替皇帝的後嗣，德國的蠻子，開了門戶的結果。』(註一)

(註一)——恩格斯：「家族、私有財產及國家起源」。

奴隸私有是與當時的商品貨幣經濟，特別是與麵包貿易息息相聯的。——『當着西西里的出納司每年把成百萬布舍爾的麥子輸送到祖國的市場上去時，他們三分之一都用去滿足那時郊外農民的要求。土地從五穀生產中解放出來，且並大半落到那些用土地來培養牲畜和果品的資本家手中，郊外小私有者的人民便減少了。』(註一)

(註一)——J. Frank. "Roman Imperialism". New-York. 1914. p. 105.

在中國，國家土地的基金，老早就已把過去一切宗法的痕跡清洗了一番。同樣，封建官僚之壟斷政權，也完全認爲是無可爭論的事實。農民沒有任何公開的機會接近國家的機關。雖然如此，然而爲什麽中國國家土地的基金總繼續與大私有的土地並行存在；以自然品來酬報官吏總與大封建土地私有平列保留；國家的農奴總與用農奴和奴隸來私自耕種一同留下呢？

爲什麽「國家的同業組合」會與私有的奴隸經濟一齊保留呢？

要回答這個，只有一個答案，因爲古代世界史之中國的花樣，是可以用幾個亞細亞的特徵區別開來。

這裏同樣有官僚封建主之廣大的土地佔有對小農私有之無情的吞併。在羅馬要把自由民變爲農奴，變爲柯蘭，必須幾百年；在中國，農民個人的依賴性，只是歷史的出發點，從奴隸轉變到農奴的束縛，很容易完成，因爲，這種情形，按其實質，是很少改變勞動者的狀況。在中國，像在羅馬一樣，土地成爲私有財產，那時土地就成爲獨佔勞動力的工具。

在羅馬，「城市國家」那種勞動組合之特權化的組織，（註一）一方面，成爲貴族與平民之間階級鬥爭的工具，（註二）另一方面，成爲私人致富的一種好的護身物。（註三）

（註一）——暫時的。

（註二）——用從殖民地掠奪而來的贈品來軟化階級鬪爭。

（註三）——在新的掠奪的分配之下，最大部分都落到富人的手裏。

在中國，在某種場合上依靠於商人的封建官僚，是國家政權的主人。

什麼東西迫使着封建官僚，利用這一架壓迫的國家機器，當做本階級的準備金，當做自己的「勞動組合」呢？

國家組織是適應於封建統治之極不穩固的時候。而且這個封建統治的方法，產生出此種不穩固來。强奪引起了整個區域範圍的貧困和荒蕪。封建的剝削，摧壞了一般的生產的先決條件，枯竭的土地喪失了自己的肥沃，并且不能成爲財富的源泉。

外部原因的結果，以及內部原因的結果，就發生土地和區域常常從這個人手中轉變到別個人手中的事情。

游牧人的侵襲就是外部的原因，在軍事方面，全然無援的中國封建制度只好和游牧人媾和。牠割讓領土給游牧民族或者向他們納貢，這種貢賦又和土地一部分的收入預算有聯繫的。這些區域的農民，必須繳納賦稅給他們的主人。

使整個省區一文不値的饑饉和逃荒，就是內部的原因。

封建統治的聯合組織，准許封建權力發生交換，——國家職務的交換，被割讓爲豢養官僚的區域之交換，土地所有權的交換，一個被奴役的農民集團和另一個集團的交換。

這就是把「轉換制」應用到行政上去，同時也就是在「自發災難」的影響之下——軍事的襲擊，整個區域的凶荒或毀滅，人民之流爲「賊盜」等等——而喪失有收入的地盤時之一種保險。

土地似乎是和人口一齊從這一區移置到另一區，從這一省移置到別一省。兩三年前被廢棄了的土地——期限終了以後——依然能夠恢復土地的本質，又重新成爲肥沃的了。這種本質，特別是存在於黃土地帶上。由於經常的拋棄極大的地面而不耕種，於是土地貯蓄的基金，便常常落在封建官僚手裏。祇有這樣，土地才能「休息」。「逃荒」是土地使用之強奪方法所造成。爲着土地能夠休息，人們必然要死亡、要「逃荒」。

這不是農業的轉換制，而是土地使用的轉耕制。

農民侵入到游牧民領土的結果，土地基金也就增加了。在「和平的侵入」(註一)方面，——中國的封建制度可以說打破了一切記錄。

(註一)——Penetration pacifique.

這就是許多例子的一個。——中國政府曾派遣自己的代表到匈奴去，想以納貢的誓約使他們不再來侵略。這好像是說，失敗的一方面不會與勝利的一方合併起來。可是那時候有一個使臣曾經主張把自己的移民很快地遣送到匈奴的版圖以內去。『十萬以上的男子、婦女及小孩，都拔過崎嶇的山巔而到新的地方去，他們在那裏耕種土地，并且政府供給他們的工具和幾個月的糧食。』(註一)結果封建的土地基金增大了。

此種農業的殖民，也是封建統治之重要的助力，雖然她(農業的殖民)不能達到極大的範圍。在軍事方面，中國的封建制度，無條件的比其游牧的鄰人要落後多了。

由於人民的逃荒，可以暫時地解脫了個人的依賴。在把人民重新安置在荒蕪官地上的那些地方，那裏的人民就轉爲國家的農民，即過去繳納賦稅給封建官僚的農民。隨後 封建國家新殖民的區域，又引起了「權勢」之家對國家農民的「吞併」，與夫把農民轉變爲農奴之間的變革。——於是舊的風笛又重新奏起來了。

(註一)——"Le Mahometanisme en Chine" par Thier Sant. 第一卷，一七七頁。

農民「隸屬於」富足之家，爲他們勞作，使土地重新達到了枯竭的地步，重新陷入了饑饉的懷抱，重新逃荒，重新回復到依賴的狀況，而且成爲無土地的奴隸，成爲主人日常的簡單用品。

有一個波羅的海的伯爵，以其不可言狀的愚蠢，把這種情形叫做，「思想產生出來的社會制度」。（註一）

（註一）——"The Travel Diary of a Philosopher" by Count Hermann Keyserling. 第二卷，七八頁。

我們特別說明了勞動者食物保險的顯著的作用。除了**土地基金之外**，**食物基金也同樣作了封建統治底保**險。代替了戰國諸侯的新封主等級，是需要「互助」，需要爲保證自己特權的國家强制的集中手段。做官的人絕沒有建樹軍事功業的傾向。所以行政機關在他們現時的需要上，當然要有相當的武裝力量的準備。

在漢朝的時候，首都有兩部分軍隊：北方的軍隊和南方的軍隊。除此之外，又有帝國的近衛隊配置在全國各省。祇有在危急存亡之際，首都的軍隊才給各省以幫助。（註一）

（註一）——Werner "China" p.172.

軍事組織之如何不良，可以就尙武的武帝過去所立的移兵墾荒使兵士們自己養活自己這件事來判斷。

『召募了許多義勇兵到河南去開墾土地，教他們耕種。所以，在各地都派得有農業官吏。』（註一）有幾千兵士派去挖掘溝渠和建立灌溉的建築。（註二）

人工灌溉的方法愈加普遍，則在運河的開鑿、堤埂的建築等等，根本工程方面的需要亦愈增加。

所有這些工作，都由那些應盡國家勞役的農民來完成。個別的大農都沒有擔任這些工作。而且封建國家還關心他們，使他們倚靠農業人民而致富。較好灌溉的土地，總是官僚封主們的私有財產。

馬克斯說過，『水的供給之調劑，是印度國家政權統治彼此間無聯繫的小生產組織底物質基礎之一。』（註三）

（註一）——Lee. p. 165

（註二）——同書 p. 166.

（註三）——資本論，第一卷，九四五頁。

在中國，封建官僚的政權，也一樣是依據在水的供給之調劑上面。但還不僅在水的供給調劑上面，而且大半還在和他們相聯繫的一切條件之強盜式的調劑上面，——她(政權)依據在食物貯藏的調劑上面，土地基金的調劑上面，甚至依據在藉有規律性的自發災難之助的那種人口繁殖的調劑上面。

最後，國家的封建制度 是封建官僚與商人之間的商業和高利貸收入的重新分配的工具。這就是在封建方式上的一種貿易的調劑。

在封建制度發展到最終的「古典」形式的社會生產結構的地方，勞動者之個人束縛於一定的土地，就是此種結構之必然的條件。勞動者不但自己一生被束縛於他的剝削者，而且他的後代也還如此，在中國便沒有這種情形，并且也不可能，因爲飢饉和「逃荒」在封建制度體系內是最主要的組成部分。個人束縛於一定的土地，這只是暫時的，有時甚至完全是曇花一現的。這種情形，便替奴隸關係發展開拓了廣大的領域。並且這個範圍同時由於農業人口之脫離土地而擴大了。農民或者變爲家僕，或者以最下級的農民的偶然勞動者資格，而僱用於農村經濟之內。因爲對於奴隸須要注意週到，所以他們甯願要農奴式的「佃戶」。

個人依賴性的關係，在中國已喪失了眞正的堅固性。

中國的封建制度，企圖保護自己不受此種搖動。牠拿國家這架機器去適應這個目的，把國家機器變爲「社會保證」的封建組織，變爲信用及保險的封建官僚會社。但是牠的發展的限度就放置在這裏：使封建統治免除自發災難的保險（他們自己造成的），已和目前的生產利益發生破裂了，并且無條件地反對了生產力的發展。

中國的封建制度，像他的其他東方的兄弟一樣，成了封建停滯的化身。在征服的區域以內，他的商業或精妙的宮廷「文化」之表面的勝利，畢竟很確實地準備了牠的破產。從外部或從內部來的這一個那一個衝突，已夠使全部建築物很快地塌台了。

官僚在國家統一口號之下，奪取了各國諸侯的政權。事實上，官僚很快地向後退了。我們試看那來去無踪、開拓歷史篇幅的每個專制政府的組織，每個東方專制政府的組織　到底是怎樣的呢？

我們即以十九世紀的柯卡可汗做例子：『可汗內部劃分爲大小不同的區域，這些區域的統治者，其名稱爲伯克、亞克薩卡爾、哈晉、達吉等等，他們利用廣泛的權力，如果他們要嚴格地從本省繳納賦稅到可汗國去，那末他們在獲得的財富還不能給他們作一種手段去巴結可汗時，或去收買更多的有收入的地盤時，他們仍然要留在自己原來的地方。』(註一)

歷史積累了最渺小的痕跡在這種行政制度上。

漢代中國的行政，是屬於這一類。在漢朝登位的時候，她的開創者，就想到怎樣用自己京都戰略地位的優勢來保障自己的政權。有人勸他奪取以前的秦國，『那時就可以扼住帝國的咽喉，佔領她的腰部。』(註二) 這種情形說服他選擇長安或後來河南的洛陽爲自己的住所。

(註一)——維留可夫著的「亞洲俄國邊境軍事調查見聞錄」。1873. p. 374.

(註二)——Textes. p. 277.

武帝在位的時候，各個區域的統治者方面的國家分離的傾向，已是這樣嚴重，即是它逼使武帝採取最急進的方法，取消長子繼承的權利——以免封建特權世襲之鞏固。這便是這一步的唯妙唯肖的寫眞：『在以前的時候，封主所有的領土不過百「里」，他們的力量容易爲政府所克服。現在他們有幾十座城市和幾千「里」領土。從此他們就任性起來和獨立起來。他們揶揄皇帝的軍隊。如果你要企圖削弱他們，他們便聯合起來并且起來反抗你。但是所有這些封主們都有幾十個兒子。他們把自己的承繼權傳給一個兒子，對於別的兒子則什麼都不賜給。這種情形完全不是父母應取的態度(！)，因此兒女們都不愛他們。較好一點的，是讓封主們在恩寵的形式之下，有權把自己的領地分配在全體兒子之間，如是他們都得了侯爵(！)。全體都重視這種方法，你就會受到他們的感謝，幷且你就會從封主們當中解放出來，因爲土地的碎割破壞了他們的力量。』(註一)

(註一)——Textes. p. 384.

很顯然的，這種計劃的進行幷不是這樣容易的。但是從這一段引話中看來，第一、官僚的地方政權很快地進步到了侯國的地步；——第二、中國的封建制度是特種的封建制度，如果牠在承繼權上容許了這些類似的企圖的話。結果，長子權利之取消得到了公認。從此行政機關愈加成爲「家族的」了，所有的親戚都安置到行政方面來！其結果，在封建的國家機體中，「保險的」傾向就更加加强。

有許多證據可以假定，高級的官爵，在宮廷內組成了一種最高會議或「貴族會議」。在這裏和那裏，把法律底破壞者召來審判。(註一)甚至繼承帝位的問題，都由高級的封建官爵的這樣會議來解決。(註二)

除去這些之外，我們知道，在紀元前一一二年時，『一百零六個居於高位的人曾被貶黜，因為他們的獻禮所用的金子發現出來是全然不中用的。』(註三)

在紀元二年，有一個皇帝的寵臣，『被賜了官爵，成為二千戶的統治者。』(註四)

(註一)——Memoires. III. p. 157.

(註二)——Textes. p. 325.

(註三)——Chronological Handbook. p. 43.

(註四)——同書 p. 51.

這些都要依靠一般的環境。卽如在七二年『皇帝的六個兒子都被任命為王，但是他們祇從幾個區域中得到收入。』(註五)

(註五)——同書 p. 56.

現在再來看看孔子學派官僚變革底結果。這種變革給官僚們帶來了大宗的財富和特權。牠「使官僚出了世」。國家封建特權之分配，幷不為遺產分配所限；反而轉到牠更有力量的發展上去。

可是，那時官僚的「封建制度之毀滅」卻在一些變更的和矯正的形式上引起了牠的新的繁盛。

舊的官職的報酬，行政方法，只是些少適應於主要任務之執行——卽些少適應於新封主等級之最完全的和各方面的服務。政府的集權進步了祇因爲這是爲使權力階級內部的財富及政權之新分配弄成更有調劑和更有組織所必需。國家官職的捐買及官吏的賄賂，就使商人在某一階梯上去接近統治的官僚。這種接近是很成問題并且不能提出，——後宮範圍內的每次播弄，行政方面的每次失行，都可以反轉來反對「商人」，而且會在實際當中發生。

「足食足兵，民信之矣」，這是孔子的格言，這種格言是國家內戰中那些成功人的一服萬靈藥，同時它也表現出了漢代封建制度的實質。

第十四章　奪取商路的鬥爭

奪取商路的鬥爭祇是與匈奴鬥爭直接繼續之一幕。紀元前一二六年，武帝派遣張騫到西域去，爲的是與西域聯合來反對他們共同的敵人——匈奴。西域人住在天山山脈一帶，並且在那裏組織了獨立的國家。可是這時候的匈奴人把他們趕到中亞細亞，趕到錫爾·達兒與阿姆·達兒交界處的條蘭梭克散尼去了。張騫到西域而為西域所俘虜，並且經過了十三年然後才回到中國來。他帶回許許多多關於西方各國、關於印度、關於中亞細亞人民、關於波斯的消息。

『中國的使臣張騫曾經著了很大的勞績，他把西方存在的大的商業民族的消息第一次帶到中國來，而且他還指出中國商業到塔利盟(Tarim River)河流一帶，甚至經過帕米爾高原到西方去的道路。在張騫死後不久（一一四年），第一次的商隊便遣派到西方諸國去了。商業的交通使人料想不到的迅速發展起來。每年差不多總有十二個以上的商隊（每隊約計數百人，並且還帶着大批的駱駝。）離開中國到西方去。他們與當時受中國保護的塔利盟河流域以南一帶的居民，同樣也與阿克蘇司和雅克剎狄（註一）民族開始着興旺的商業交通；佛爾幹在那時幾乎成了旅行的鵠的地。』（註二）

（註一）——即錫爾‧達兒與阿母‧達兒。

（註二）——Albert Herrman. "Die Alten Seidenstrassen Zwischen China und Syrien". Berlin. 1910, p. 2—3.

可是絲仍然沒有計算在中國商品成份之內。但是貿易却不斷地擴大了。按帝國主義者的一句成語，「國旗隨着商品而來」。中國的封建官僚取得了自然品賦稅——絲的一部分。絲總是個巢在內部的商業流通中。可是它的銷售市場太狹隘了。自己國內能夠着絲的只有「尊貴的」商人。所以絲還需要找到國外的市場。

德國的一個講師，直接以威廉第二來描繪武帝：『那時候，精明強幹的武帝採取了特別的方法，使這個貿易達於全盛時期。當商人新的怨言傳到他的耳鼓時，他便沿着自己國內的大城市巡游了一遭，並且把各地獻給他的過剩的絲綢和他種貴重物件都拿來賞賜居民，使他們佩服自己的豪爽，向他們表示漢室的寬宏大度。』(註一)

(註一)——Herrmann 同書 p. 3—4. (參看史記平準書)

中國歷史學家這種諂媚的敘述，與夫德國講師在德國皇帝之中國形像面前那種的卑躬屈節都只不過是混淆事實吧了。——武帝在爲着中國絲的商路而出發到戰線上去時，他起了普通的旅行商的作用。

所有這一切關於武帝的說話，絕對不容許我們去推測說武帝那種沽名釣譽的巡行有什麽「純粹理想的」目的。東土耳其斯坦即新疆，是那時候一切國際交通與來往的孔道。所以武帝便要把東土耳其斯坦征服。『紀元前一二一年，武帝派遣自己的軍官統率着許多軍隊去襲擊匈奴，(匈奴處於中國西北）後來這個軍官經過許多連綿不斷的戰爭便把匈奴打敗了。主要的領袖也一同與他們所統轄的部落爲中國所征服。那時候中國人便和那些束縛於匈奴的並且希望從匈奴解放出來的西亞細亞的許多小皇帝小諸侯發生友誼的關係。這樣一來，中國在西北的疆域一天一天地擴大了。中國的皇帝在那裏組織移民，建築城市，設置軍事長官，使他擔任王的職務，並且要他用中國皇帝的名義去行使職權。』（註一）

（註一）——"Chine" I par W. G. Pauthier. Paris. 1879. p. 243. 這部書的大部分都是中國史的翻譯。

我們從司馬遷可以知道，從中國到佛爾幹去和從佛爾幹回到中國來的商隊底道路，是如何困難：『如果從北方走，那末要受到匈奴 面的危害，如果從南方走，那末水與食物又不足；在離人口中心遼遠的許多地方，在在都要感覺缺乏』。（註一）

（註一）——Herrmann: "Die Alten Seidenstrassen Zwischen China und Syrien" p. 119.

中國的封建主要努力建立東西間之經常的貿易，所以他們要努力在食物上，在軍事上來保證適當的商業道路。

赫爾曼（Herrmann）相當正確指出中國與西方諸國貿易發展的樞紐地來。東土耳其斯坦在東西來往的商路上起了門戶的作用。帕米爾高原那一方面，事件的情況是很重要的。『在帕米爾高原那一方面，一半是定居民族，一半是依蘭和吐蘭的游牧民族在盤据着，並且那兒也還有西北印度的居民，他們保持着與遠東人民的直接交通。那裏交換是最興旺的，一方面，它與中國西北新發展起來的中心發生交換，另方面，它與從古就著名的城市巴克吐利（Bactria）發生交換，況且巴克吐利現在更成爲東依蘭貿易的主要中心。（註一）巴克吐利在這時候是爲剛剛到那兒去的西域民族所征服，這種情形是恰恰與這個相適合。因爲那時還是游牧人的西域人，（註二）就佔有較高地位的文化。但首先必需注意到在這些西方的民族中他們最容易與言語上習慣上相近的民族——像中國人——通聲氣，中國人在紀元前一六五年是西域人直接的鄰居，那時候中國人恰恰殖民在現時甘肅省的西北部，因此中國人老早就與他們發生一些交通了。古代的波斯人，也同樣在中國長期旅行過，他們從巴克吐利把中國的商品大部分轉運到西方去，他們不僅是把這些商品去供給自己的國家，而且還把這些商品去供給耶彿拉狄（Efratr）那方面的叙利亞（Siria），並且還經過叙利亞而分佈到其他地中海諸國去。

（註一）——在紀元前四世紀下半期亞歷山大·瑪其頓斯基（Alexander Macedonsky）奪取波斯以後，才組織了希臘、巴克吐利的國家。紀元前二世紀末，這個國家就爲巴爾齊人（Pacrhian）、波斯人、和西域人的襲擊而消滅了。

（註二）——赫爾曼叫他們作陀哈部落，這是錯了。

然而在最初十年中，這些東方與西方交換的往來是不甚大的，因爲高原的那部分，叙利亞——它是塞列夫基特(Selevkid)權室之最後的柱石——在當時是處於經濟衰落的狀況中（由於內部紛亂的結果）。僅僅從紀元前六四年起，即是當叙利亞爲波柏(Pompe)所取得，而且變成羅馬的一省的時候，那時與古代波斯商業交通之更經常的發展才成爲可能，雖然邊界的戰事還是常常妨害這個。叙利亞在這個貿易上並不爲羅馬帝國內部所束縛，它與埃及一樣地佔據了商業中的第一把交椅。中國商品的一部分，也同樣經過印度由海道輸送到那邊去。最受人稱道的就是古代非尼基的城市狄兒（Tir）和伯依奴迪（Beirut）的絲織生產；這裏能特別熟練地由生絲製成形形色色的布帛，能把它同別種東西混合，用金絲織上去，並裝點一些紫色的花朵。絲織品的大部分，自然都是運送到羅馬市場上去，因爲羅馬在共和國崩潰之後，這些東西的需求漸漸增長起來了。另一方面，各種叙利亞的商品也輸入到中國來。單是在中國一個地方，計算起來就有十七種織

物、着色的布帛、雜色的呢絨、各種花紋的玻璃、五金、寶石、貴重的裝飾品，碧玉、珊瑚、藥材等等。』(註一)

(註一)——Herrmann. 前書 p. 5—6. 按此處赫爾曼係取材於 Hirth 的 "China and the Orient".

最著名的馬與駱駝也從巴克吐利運入到中國來。『漢時的淺薄的彫刻，描繪出與蒙古小馬迥然不同的巴克吐利的雄壯的馬來。』(註一)邊陲省份甘肅的貿易，(較小的鹽鐵的貿易)祇是剛剛在萌芽。中國的商業，經過東土耳其斯坦、佛爾幹、巴克吐利、叙利亞、終歸達到羅馬的市場去了。絲幫助了中國加入在眞正的國際流通之內。

但是沒有中介人——波斯和叙利亞的商人——中國還難得成功與羅馬發生直接的交通。在大的成功之後，衰落又迅速地來臨了，紀元二十三年，中國幾乎爲爭奪政權的迫切的戰雲所籠罩，商隊到西方去旅行完全停頓了。中國封建主所統治的塔利盟河流區域已經完結，並且封建的商路防護也告了結束。

(註一)——Hetherigton: "The Early Ceramic Wares" p. 67.

絲的貿易第二次較大的高漲，是在紀元一世紀末與二世紀的初葉。封建的刀劍又重新在商人利潤的榮名之下飛舞起來了。商業問題又重新與反抗匈奴的問題聯合起來了。匈奴人伸張着自己的手到東土耳其斯坦去。東土耳其斯坦，除却他在國際交通上的樞紐的意義之外，最重要的，還有它是一個中國絲的實際競爭者。東土耳其斯坦在當時是一種很好灌漑的膏腴地，它產絲，並且它那樣不受中國牽制的獨立性，可以掘壞中國商人全部的貿易，所以中國的官僚要擁護自己的利益。

東土耳其斯坦兩個小小的國家，——北方的，處於卡拉暇兒與阿克斯中間的庫溪國（Cuche）和南方的荷唐國（Hotan）——藉匈奴人的幫助，互相瓜分了卡奚加利亞（Cashgaria）。『這樣看來，匈奴人的影響替代了這地方的中國人的影響。在這方面來擴大自己的勢力，這是匈奴人切身的利益。他們除却不大重要阿爾泰（Altai）的牧場，喜爾吉茲（Kirgees）的荒原，戈壁（Gobi）的沙漠以外，沒有什麼精神上的企圖，他們在塔利盟肥沃之區發見了自己的用之不盡、取之不竭的寶庫。此外，他們又這般地駕馭了絲的道路……「把土耳其斯坦讓給匈奴」——這時期的一個中國的將軍是這樣說——『這又是替他們補上了一隻已割去的手。』這是班超說出來的。他的眼光眞堪嘉許，他參加三十年的戰爭，只不過是爲的把全土耳其斯坦整個地交回給自己本國（？）吧了。』

（註一）

（註一）——Reni Grousset: "Histoire de l'Asie". Tome II. Paris. 1922. p. 187.

班超——劇剛爲津津有味的法國教授所稱道——好像是一個實際的奴隸私有者。他知道中國的奴隸羣衆是一塊最壞的軍事材料。『利用野蠻人來攻擊野蠻人，這是最好的策略。在阿爾肯特(Arkende)在卡奚加利有許多可耕種的肥沃的土地。那裏的牧場非常興旺而又非常廣闊。那裏可以屯兵，而且兵士不靠國家半文費用。』（註二）

（註二）——Reni Grousset p. 189.

這裏必須指出，中國的封建制度只是專門利用別人的兵士，而且專門在別人的地盤上，來同別人打仗，所以它才不會折斷自己的頸幹。「自己家裏的」飢饉奴役的常態固然是無足輕重，然而這常態的減縮却是與補充的軍事徭役相關聯，它（減縮）直白地表示出成千成萬人們犧牲的朕兆。自己家裏沒有爲騎兵而設的牧場，也沒有爲戰爭而備的糧食，更沒有戰士。

班超成了征服區域的軍事長官。軍隊與商場的綱子又伸張到帕米爾來了。

羅馬人所不淸楚的遠方的中國，——中國的一切鄰居也在內——得到了絲國 "Seres" 的稱號。羅馬祇是由傳聞中而知道它，但是它的貿易的榮名已經成爲無可爭論的了。塞冷卡(Seneca)——紀元一世紀四年到六五年——想起從絲國運來的製造品，好像想起羅馬日用的小東西一樣。(註一)勃里尼(Plinii)說絲國是「以長在樹上的繭而出名」。(註二)他甚至指出商隊從"Seres"帶着絲穿過了巴克吐利。(註三)可是中國的商人沒有得到與富足的羅馬直接的交通。這是中介人不願意這個的原故。『中國史告訴我們，史裏面所說的"Asi"民族（按照裘里人 Julian 和其他巴爾齊人的推測）就是從西方轉運絲到東方去的商業仲介人；中國史說這些"Asi"人總是反對中國人與羅馬人間的直接交通。我們相信，羅馬人與中國人是極其想建立這樣的一種交通的，而在絲綢的紡織上、印刷上比羅馬人稍欠熟練的"Asi"人，却誠惶誠恐地怕失掉自己那由於貿易壟斷而獲得的中介人的收入。』(註四)

(註一)——"Textes. d'auteurs grecs et latins relatifs à l'Extreme Orient" Par G. Coede's Paris. 1910. p. 9.

((註二)——前書 p. 13.

(註三)——前書 p. 24. 現在的巴爾齊 (Balch)。

(註四)——"Cathay and the way thither,' being a collection of Mediaeval notes of China. by H. Yule.

vol, I. Preliminary Essay . p. 24. London, 1915.

有一個消息，似乎是在紀元一六六年，羅馬皇帝為着中羅商業之直接交通起見而遣派一個特別的公使團到中國來。這個公使團是經過安南而來中國。史書上繼又補充說：『羅馬人由海道而與巴爾齊國和印度（錫蘭 Ceylon）通商。如果要到他們的國內去，必需由陸路經過巴爾齊，然後由海路經過波斯灣，再折到阿拉伯而取道北上。』（註一）

（註一）——Textes bisloriques. p. 755.

實際上，「皇帝的公使團」只是幾個叙利亞商人的企圖。事後不久，衰落又重新呈現了，並且中國幾乎四五百年之久又表現孤立的狀況。

完成西方探險的張騫，在他歸後不久，又被派到南方去　其目的在探索從南方到印度去的道路。後來，按照他的踪跡，派了許許多多的軍隊去了。東京（Tonkin）歸併到中國來，這是紀元前一一一年所發生的事。紀元三九年，它又脫離了中國，但到四二年，又奪回過來，並且一直到一八六年，還成為中國的領土。後來，東京常常與廣州競爭，破壞它那裏的印度貿易。據彼羅(Pelio)——著名的法國的研究家——的意見，『在紀元前一世紀第一年，內亞細亞的生産品漸由

海路運輸而及於中國的邊界，紀元開始時，據宮庭的命令，印度洋的特別的中國公使團就已經派遣出去了。』(註一)

(註一)——"T'oung Pao"，一九一二年六月號第四六一頁。

沒有一點懷疑，印度的商人，同中國人一樣，企圖建立兩方面的直接交通。陸路的交通耗費是很鉅的。(註二)

(註二)——塔奚盧爾幹(Tashkurgan)在鴉爾肯特河，為商業匯集的中心地。——『鴉爾肯特流域甚長，它東方有路通中國的西安府，東南有路經司利拉加爾(Srinagar)及遙克西拉(Taksila)而通印度河流域(Indus)：西方有路通歐洲，或者經過剎瑪爾肯特(Samarcand)，沿阿克蘇司流域，圍繞裏海而去，或者經過波斯與小亞細亞那一條路。』——"Trade-Routes and Commerce of the Roman Empire" by M. P. Charlesworth, Combridgs, 1924. p. 103—104.

恰恰在這個時期，南方海道第一次的路標發現出來了，它在中國歷史上，起了一個很大的作用。

東京的奪取，也像東土耳其斯坦一樣，是純粹的「帝國主義的」思想所指使。

中國的封建諸侯，不是白白地在對外貿易的發展上發現了這種廣泛的利益。他們在國內那麼野蠻地壓盡了所有的液汁，他們還要勉强到四境去尋找收入。日本這時還是處於原始狀態中，自然不能有這種掠奪的野心。所以漢室便把自己爪蹄踏到高麗去了。陸路方面的近鄰——北方、西南方和西方——沒有什麼特別的利益。他們都是游牧民，匈奴人，或者是他們的親近的血族，或者是中國原始的居民。他們極端落後，成了强盜慾望的誘惑物。誰服從耕作，誰就包含在中國的成分之內，其餘的人就有軍事上的危險。

另外一樁事情，就是與西方諸國，與印度的貿易。這是極有利益的。不過需要伸張自己的手，保證主要交通的路線不受別人的襲擊。能夠使那些運着絲——由中國農奴和奴隸的勞動所栽培出來的絲——的商隊，在這條路上通行。

如果我們在這裏立定目的來「理解人類的活動是一種地理的因子」，(註一)那末我們就會淸楚，中國的封建「帝國主義」，「絲業上的帝國主義」，衹有轉移牠的視線到西方來，到那些富庶的國家方面來，因爲那裏實實在在能夠，並且願意成爲中國絲的消受者。

(註一)——J. Brunhes. "La géographie humaine" 3, édition, Paris. 1925. vol. I. p. 41.

歷史運動的公律，渡過了古代中國與古代世界的橋樑。這個公律，終歸表示出東西間新的破裂的原因。游牧移民的浪潮，重新又氾濫於中國，而奴隸私有的羅馬，必然在那些隨身帶來的新的社會制度形式的野蠻人底打擊之下而衰落下去。

第十五章　漢朝社會矛盾的發展

社會制度的性質，決定在它基礎上發展起來階級鬥爭的性質。土地使用與管理的「轉換制」，形成了漢朝的整個社會的結構。為豢養官僚們的許多省區，經過了一定的時期，便枯竭到這步田地，即是這些地方統統變成了荒土，一部分從餓死中拯救出來的人民，必定要「逃往」和尋找有奴隸私有者的慈善家們那些新地方去，因為他們還可以容納自由的工人。然而這些探求並不是常常能夠勝利的。甚至大半都差不多注定在長期的逃荒的運命上。封建制度這些經常的危機，——像資本主義社會的危機一樣，首先便是引起生產的減縮，勞動力應用之儘可能的減少。為飢荒而從自己生生世世居住的地方趕出來的人民，不得不沿路流浪、乞食、餓死。很明顯的，簡單的生活本能會迫使着這些人民較强悍的那部分事不由衷地採取較堅決的手段。他們都跑去做「强盜」，他們藉此才可以獲得這個不得已的生存手段。各種各色的賦稅負擔愈多，則人民羣衆逃荒覓食也就愈多，則這些飢民淪爲「强盜」也就愈多。可是，數量會變成質量，這種飢餓「强盜」的擴張，就是農民羣衆走上革命軌道的轉變。人們從「强盜」中、從企圖挽救餓死中而成了反對現存統治，反對無終極的飢荒與奴隸的統治那種「社會」鬥爭的參加者。革命情勢一到來時，賦稅便不能像尋常那般規模地來徵收了。其結果那些成爲馴良的老百姓們底壓迫就愈加加强。那時，必定會引起上層級階爲分配這些減縮收入之激烈的鬥爭，統治階級的瓦解，赤貧的行政機關的痳痺。不僅羣衆不願意服從，卽統治階級自身亦不能照以前那樣來施行行政。在掠奪品的分配之下，那些認爲分配不當的失意的人們，——留在封建官僚階梯下層的人們——初則開始動搖，繼而等到民族運動勝利便轉變到這方面來，以冀佔領參加分配勝利果實的首席。這樣看來，在這個遙遠的時期，下層的危機和運動是與上層的危機和崩潰聯合着。可是，這是羣衆革命運動的命運：他們自己不能提出自己的領導人和領袖，而去「借用」許多不滿的官僚。勝利或半勝利，雖然也容許羣衆有一點改善，也能得到一小塊土地，也能減少一點賦稅，也能有暫時的解放束縛，可是那時不能把早先受絕望的英雄主義所團結的羣衆組織起來。所以民族運動的上層，——從偶然中，並且大部分是從舊統治的成分中組合起來的——便很容易與「失敗的」封建官僚調和，而且舊的機器又重新轉運起來。

漢時有四個特別厲害的災難和羣衆逃荒的四個時期：（1）漢室掌政之初，封建積累過程完全發展的時候。（2）武帝即位的時候。（3）前漢推翻與王莽專政的時候。（4）後漢告終的時候。這四個緊急的時期，恰恰表露出封建統治與國民羣衆運動最創傷的方面來。而尤其是後面的兩個危機。

漢朝統治的開始，我們已經講過了。沒有一點奇怪，原始封建積累的過程，是爲廣泛的農民流爲「强盜」所補充。可是，一切破壞有如此之大，即是連不幸的「强盜們」都無覓食之所了。麵包是封鎖在貴冑的家裏，祇有把自己典質給貴冑爲奴隸，才能從那裏誘出一點麵包來。

在武帝的時候，封建「帝國主義」的勝利，是羣衆畸形困苦的代價所換來。祇因爲他憑藉軍事的力量，所以沒有把他推翻。總的民族運動，是一部一部地被壓迫下去了。

整個社會制度——不論上下——瓦解的標本景象，在紀元開始的後十年的史冊上已經爲我們描繪出來了。

在元帝的時候(四八——三三)，『在後宮工作的工人，算起來有好幾千，他們的耗費達到不能確知的數目；在馬廄裏藏着一萬多匹馬，而這些馬都是靠人民來供給。』(註一)

(註一)——Textes historiques. p. 537.

成帝最耽溺於酒色。一些較謹愼將事的顧問們，很細心地勸他顧及到掠奪人民的方法。他們說：『君主需要人民。而人民需要土地生產。當土地生產不敷的時候，人民就會暴動起來，而君主勢將滅亡。所以聰明的諸侯，總要注意到人民的平安，而豫防到把人民牽入窮困。你以賦稅、徭役而吞滅了你的人民。所以人民怨恨你。』(註二)

(註二)——Textes historiques, p. 563.

在這個醉漢天子時代，皇朝的歷史還說，『權富之人常常佔有大規模的私有財產，而那時貧弱的人就更加受苦受難了。』

丞相孔光和大司空何武感覺到水是適合於喉嚨些，於是奏請：

『諸侯王列侯皆得名田國中，列侯在長安，公主名田縣道及關內，侯吏民名田皆毋過三十頃。諸侯王奴婢二百人，列侯公主百人，關內侯吏民三十人。』(註一)

(註一)——見漢書食貨志。這裏所引證的奴隸佔有率，證明了家僕與一切服役人員都歸併在奴隸之列。

這個到底得到什麼結果呢？

『期盡三年，犯者沒入官。時田宅奴婢，賈爲減賤。』(註一)但是有兩個皇朝的寵臣，發覺了這個法律對他們不利。所以法律從此以後便也再不能實行了。』(註二)

(註一)——見漢書食貨志

(註二)——Lee: p. 171.

必需指出，土地佔有的擴大和奴隸數量的增加，同樣也是封建官僚隊伍深入的工具，而且商人也很小心地利用這個合法的可能性。鼂錯在二世紀的上半期就反對這個，他詳細地描繪出商人致富的手藝。——

『今農夫五口之家，其服役者不下二人，其能耕者不過百晦。百晦之收，不過百石。春耕，夏耘，秋穫，冬藏。伐薪樵，治官府，給繇役。春不得避風塵，夏不得避暑熱，秋不得避陰雨，冬不得避寒凍。四時之間，亡日休息。又私自送往迎來，弔死問疾，養孤長幼在其中。勤苦若此，尙復被水旱之災，急政暴賦；賦歛不時，朝令而暮當具。有者半賈而賣，亡者取倍稱之息，於是有賣田宅、鬻子孫，以償責者矣。而商賈大者積貯倍息，小者坐列販賣，操其奇贏，日遊都市。乘上之急，所賣必倍。故其男不耕耘，女不蠶織，衣必文采，食必粱肉；亡農夫之苦，有阡陌之得。因其富厚，交通王侯，力過吏執，以利相傾，千里游敖，冠蓋相望。乘堅策肥，履絲曳縞；此商人所以兼并農人，農人所以流亡者也……。」(註一)

(註一)——Lee: p. 158—159.(見前漢書，鼂錯論貴粟疏)

在困難的年歲，爲着麵包而賣官鬻爵的事情，是幫助商人把積累的資本飛快地實現了和繁殖了。

這個可以說明土地私有的集合與內外貿易的發展兩者之間的一定的對比。我們不僅在漢朝可以看到這個對比，而且在漢朝以後的整個歷史發達的時期上都可以看見牠。土地變成商品是愈多，則土地上生產品的需求之增長也就愈快。

商人容易變爲官吏封建諸侯，這是與封建經濟中很厲害的停滯有聯繫的，這個事實，可以很巧妙地掩蓋封建統治之嚴格的等級性。

在漢朝設立過攷試制這類的東西，這完全是爲安置地方官吏所介紹的「人才」。這一片孔子學派的無花果樹的葉子，蒙蔽了封建奴隸私有制的貧困。

漢時一個怪聰明的哲學家王充，却把這種卑鄙的欺騙盡量地揭破出來了：

「凡人遇偶及遭累害，皆由命也。有死生壽夭之命，亦有貴賤貧富之命，自王公逮庶人，聖賢及下愚，凡有首目之類，含血之屬，莫不有命。命當貧賤，雖富貴之，猶涉禍患矣！命當富貴，雖貧賤之，猶逢福善矣！故命貴從賤地自達，命賤從富位自危。故夫富貴若有神助，貧賤若有鬼禍。命貴之人，俱學獨達，並仕獨遷；(註一)命富之人，俱求獨得，並爲獨成；貧賤反此，難達難遷難成，獲過受罪，疾病亡遺，失其富貴，貧賤矣。是故才高行厚，未必保其富貴，智寡德薄，未必信其必貧賤。或時才高行厚，命惡廢而不進，知寡德薄，命善興而踰。故夫臨事知愚，操行淸濁，性與才也，仕宦貴賤，治產貧富，命與時也。命則不可勉，時則不可力，知者歸之於天，故坦蕩恬忽，雖其貧賤，使富貴若鑿溝伐薪，加勉力之

趨，致强健之勢；鑿不休則溝深，斧不止則薪多，無命之人，皆得所願，安得貧賤凶危之患哉？……。』（註一）

（註一）——中國沒有完全養成一種考試制，所以還需有指派的事情，這裏便予他們一種賄賂的機會。這個可以說明那個事實，即是與官場的官僚並肩而立的，還經常的存在着一種失業的「文士」官僚，他們通常是幹訴訟爲生。

（註二）——Forke: p. 325.（見王充論衡，命祿篇）

王充沒有把命運看作不可克服的力量，他看它祇是某種社會制度的使然。他分析古代歷史中所說的周朝曾有過極大的旱災，富人同窮人一樣地捱餓，他證明這個事實是不正確的：

『夫周之民，猶今之民也。使今之民也，遭大旱之災，貧羸無蓄積，扣心思雨，若其富人，穀食饒足者，廩困不空，口腹不飢，何愁之有？天之旱也，山林之間不枯，猶地之水，邱陵之上不湛也。山林之間，富貴之人，必有遺脫者矣。』（註一）

（註一）——Forke: p. 264—265.（見王充論衡藝增篇）

王充沒有一點孔子學派那種虛僞的影子。他以自覺的唯物主義的正直來指出官僚的文學與事情的眞相之極端不相符合。他揭露社會矛盾之階級的泉源。

『百姓平安，是國昌也。昌必有衰，興必有廢，興昌非德所能成，然則衰廢非德所能敗也。昌衰興廢，皆天（註一）時也。此善惡之實，未言苦樂之效也。家安人樂，富饒財用足也。案富饒者命厚所致，非賢惠所獲也。人皆知富饒居安樂者命祿厚，而不知國家安治化行者歷數吉也。故世治非賢聖之功，衰亂非無道之致，國當衰亂，賢聖不能盛；時當治，惡人不能亂；世之治亂，在時不在政；國之安危，在數不在教；賢不賢之君，明不明之政，無能損益。世稱五帝之時，天下太平，家有十年之蓄，人有君子之行。或時不能，世增其美，亦或時政致。何以審之？夫世之所以爲亂者，不以賊盜衆多，兵革並起，民棄禮義，負畔其上乎？若此者，由穀食乏絕，不能忍飢寒。夫飢寒並至，而能無爲非者寡。然則溫飽並至，不能不爲善者希。傳曰：「倉廩實民知禮節，衣食足民知榮辱。」讓生於有餘，爭起於不足。穀足食多，禮義之心生。禮豐義重，平安之基立矣。故飢歲之春，不食親戚，穰歲之秋，召及四鄰。不食親戚，惡行也。召及四鄰，善義也。爲善惡之行，不在人質性，在於歲之飢穰。由此言之，禮義之行，在足穀也。案穀成敗，自有年歲，年歲水旱，五穀不成，非政所致，

時數然也……。』（註二）

（註一）——王充之了解天，祇是自然的必然性。

（註二）——Forke. p. 12（見論衡治期篇）

王充的整個唯物主義的觀點，表明出當時（註一）社會矛盾發展得如此其遠。王充傾向於歷史唯物論的思想，他斷定人的行爲是直接倚賴於食糧，倚賴於生活的預算。同時他又揭露當時階級鬥爭的祕密：鬥爭是爲着階級的口糧，爲着社會收入的分配，爲着麵包的剩餘——封建官吏與商人是爲壟斷麵包剩餘的私有者——等等而進行。這個便決定了上層與下層的「道德」。富豪與有勢力的私有者，因爲自己的經濟統治的作用，把整個社會的命運都抓住在自己手上，王充這種實際情形的簡單的「敘述」，是與革命的號召有同等力量。可是，這時候的歷史過程是由整個的不自覺的歷史力量的作用來決定。所以王充只能把一些爲研究往時社會形態的一些精粹的文件留給我們，而在羣衆的舞台上却是另一些人物在起作用。

（註一）——王充生於紀元二十七年，歿於九十七年。

現在再回轉頭來說他們。漢朝第一羣雛雞裏面的最後一個皇帝（註一），他的才幹，就是特別在偏愛女色。當着他的床頭的嬖人爲畏罪而自殺之後，他在三年中搜括了一筆很大的財產，四億三千萬金錢，來求「愛」。(註二)卽算這時的金錢極不值錢，然而毫無疑義的，這筆數目，依然是很大的。

(註一)——哀帝是最後的一個皇帝，他在位六年——從紀元前六年到紀元一年——因爲在他以後，政權實際已轉移到王莽手上去了。

(註二)——Textes historiques. p. 600.

聰明的、有遠見的禁廷中的王莽，他想利用朝代的「傾頹」和上層革命的代價，自己來霸佔朝廷的權力，和成爲新皇室的主人。

他的企圖的本源與企圖的果敢也就在這裏。孔子學派的僞聖人爲着王莽這種企圖，站在封建的特權上，稱他爲一個最可怖的「簒賊」。

王莽到底企圖些什麼？

我們試拿察哈諾夫一段話來看。

「王莽竊取漢室子孫的位置，並且他想引起人民對自己的愛戴，他用下面的方法獲得了自己的和自己子孫世世代代的柱石，他好像是一個最親身了解自己人民的需要與要求的人，他決心把政府的綱領——這也常常爲從前的君主提出過——見諸實行……』(註一) 爲着這個目的所以下令：『今更名天下田曰王田，奴隸曰私屬，皆不得買賣。其男口不滿八而田過一井者，分餘田與九族鄉黨。犯令法至死。制度又不定，吏緣爲姦，天下謷謷，然陷刑者衆……』(註二)

(註一)——這個祇是當着需要播種荒地時才提出來的。

(註二)——察哈諸夫：Tome: II. p. 16—17:（見前漢書食貨志）

紀元九年，王莽『禁止奴隸的賣買，並申明奴隸是「國家的私有財產」。(註一) 十年，他又取消貴族的銜頭(註二)，「一切人都與庶民平等。」那時在所有大的中心地方，他又指派着三種新的官吏：一種是管理市場的，他一年規定四次最高的價格，物品在一季之內都要按着這個規定的價格出賣；第二種是監督價格的平均，他按照市場價格而收買運到市場上來的，還沒有找到買主的商品，並且把這些商品儲藏在倉庫裏，然後在某種食品不足而動搖價格時，再把這些商品按照市場價格出賣；第三種是政府的銀行家，他把貨幣借貸給那些作業的人，每月取息百分之三。』(註三)

(註一)——范曄後漢書光武帝紀第一下：「冬十月壬午，詔除奴隸………」。

(註二)——這種衛顧叫做「武士」，同周朝的武士相當。

(註三)——Textes historiques, p. 614.

『王莽設立各種監督來監督下面的一些職業：製造五金品的工匠、獵人與漁人、畜牧人與絲作人、(註一)紡匠與織匠、戲子、醫生、卜士與法師、商人與販子。地方的官吏應該知道他們的收入，並且徵收百分之什以為國家之用。』(註二)王莽同樣地壟斷酒的生產。『為着要妨害人民鑄造貨幣，王莽又嚴格地命令監督銅與煤的販賣。』(註三)

(註一)——這個給了我們一種根據去想到那時候專門的職業，特別是蠶的生產，都已經形成了。

(註二)——Textes historiques. p. 615.

(註三)——前書 p. 615.

王莽提出來的一些方法，很與中國後來的改革家，在十一世紀起過大作用的改革家王安石相似。中國史是極複雜的曲線般的在進行。這兩個上層革命的企圖之類似點，可以由一般的基本歷史的前提來說明。中國的封建制度，甚至在十一世紀還沒有脫去自己的官僚的外殼。它總還是保存着封建官僚等級互相保險的社會。不論是王莽、也不論是王安石都是從這個等級的行列中出來的人物。他們經過封建官僚機關——這種官僚機關存在的基礎他們是企圖反對的——而實現自己的方法。王莽之從自己朝代的境遇的考慮出發，以及他和改革派無疑義的代表王安石為革新而鬥爭的自覺的鬥爭者的作用相差很遠，這都不是什麼必需的事。在這兩種情形之下，失敗都早已為企圖使封建機官成為異己的和對敵的目的。那個事實決定了。這個統治機關能保險封建諸侯和奴隸私有主——他們大部分都是這機關已往的直接代表——的一切災難。如果企圖用封建官僚機關的幫助來保險農民之免去封建的壓迫，這是絕對的幻想。土地國有對農民是沒有益處的，因為封建的國家在那裏演了國家主人的作用。封建國家保證了封建諸侯有組織地支配着整個的土地基金。它幫助他們實現這一塊土地對另一塊土地的交換，這一處可供豢養的有收入的地盤對另一處地盤的交換。它加緊地幫助封建官吏把商人利潤的大部分塞入到他們的荷包裏面去。它對於革命的作用是完全談不到的。甚至在一般國民暴動威嚇之下而實現的「上層的革命」，它都是有機地不能適用的。

王莽應該很快地為下面的事實所證明，因他在紀元十二年，又不得不重新允許土地的賣買。

十六年，王莽又有維持統治等級的野心。漢朝在自己快坍台的時候，曾給「地方政府」以完全致富之自由，拒絕經常的徵稅的制度。王莽就有恢復這個制度的企圖。他需要金錢以與匈奴鬥爭。『他命令搜括郡吏、州官和軍官的錢財，因爲他們都是極富庶的人。搜括之後，他又沒收他們五分之四的財產，並且把這筆金錢用作邊防之費。』(註一)

(註一)——Textes historiques, p. 618.

利用這一般紊亂而起來反對他的，不僅是懷恨的官僚，而且還有匈奴人。這就是他坍台不可免避的開場。王莽清算了一番自己的過錯，更清算了一番封建官僚領導反對他的運動的「功績」。紀元十年，設備了三十萬軍隊。十九年，又進行新的徵兵，——『三十人中，必需一人去當兵，一切罪犯、奴隸，都包含在這個預先派定爲與匈奴鬥爭的羣衆之內的。』(註一)

(註一)——Textes historiques, p. 618.

後來，事件發展到尋常的調子上來了。

——『飢饉日甚一日地普及到全國，强盜到處都蠭起來了。可是這些不幸的窮人希望苟延殘喘地活着，期望着好的年歲到來，那時他們仍會變成篤實的人。(註一) 雖然他們是很多，他們並沒有襲擊城市，襲擊政府官吏所在地。到了十八年時，變更便發生了。山東省——幾乎常常需要移民的省份——成了革命運動的策源地。果敢有決斷的，統率幾百强盜的領袖樊崇，在半年之內，便聚集了一萬多人。他的成功，致使別的强盜團體都歸附於他，這樣便進行了整個軍隊的組織……樊崇爲防禦自己隊伍脫逃起見，把自己兵士的眉毛塗上了紅的顏色。』(註二)

(註一)——因爲講到與「暴賊」的鬥爭，所以政府裏的歷史學家才對百姓「表同情」。

(註二)——Textes historiques. p. 622.

「赤眉賊」的暴動，便是這樣產生出來。

舊朝代的黨羽也步着赤眉賊的後塵而起來了。二十三年，王莽便被他們打散了。但是臨時的統治者應該是漢室的繼承人。恰恰新的主人感覺得自己還是坐在馬上，所以他們那時便贊成與喚起民衆和幫助漢朝恢復的「赤眉賊」講和。由「上層不成功的革命」所引起的農民戰爭，結果仍由朝代的反革命而完結。

『紀元二十五年，伴着漢室恢復而來的景況，據歷史的證明，似乎死喪了十分之八的人口，那時農業完全停頓了，田地的大部都長着野草，』——察哈諾夫在結束自己關於王莽的政治的敘

述時說，——『休想到現存法律的變更。』(註一)

(註一)——察哈諸夫：Tome II. p. 17

又是盲目的力量強給土地以休息，積蓄的封建的土地基金又重新增長起來，藉着麵包的幫助而獵取勞働力的事件又重新開始了。

高漲的頂點，是與對東土耳其斯坦的新的掠奪，與夫對波斯、叙利亞、希臘、羅馬等國貿易的發展相適合的。

在高漲之後，又仍然接着一個衰落，像王充曾經這樣地指出過。一切土地財富、特權、商品等等的積累，都是靠着壓搾羣衆生活的水平而來。封建的積累，又把他們推出到生活的界限以外。

漢朝握政的最後半世紀，引起了舊的矛盾在擴大範圍上的複生產。

不過史書的敘述，是從嘆息井田制度開始的：

『從井田制度消滅時起，一些貴胄和商賈居然成了度外有力的和富庶的人了。他們到處都有房屋，他們的土地從這一省伸張到那一省。他們沒有官職或官爵，然而他們穿着官服。他們雖然不是任何機關的首領，然而他們擭有大批的奴僕。這些人所表現的光榮與幸福反而超過諸侯的光榮和幸福，他們的威權與影響是等於每個政府官吏的力量。他們有充分的金錢，可以購買他們所想買的一切，他們做出了犯罪的情事又不受任何處置。許多殺人放火的人，都在他們那裏服務。結果，窮人、弱者、沒有勢力的人、不識字的瞎子，不得不穿着襤褸的衣服，走到那裏就安宿在那裏，他們死了，沒有人去掩埋他們，雖然他們受盡了冤屈和窮困，然而他們總不敢申冤。雖然這一切的不幸，一部分是由於法律的弱軟而產生，可是主要的還是從准許人們無限制的私佔土地這個事實而來。』（註一）

（註一）——Lee: p. 187.

在這個時期，『人民只操作吃人的事業，屍骨是散播於全國的。』（註一）

（註一）——Lee: p. 187.

可是上層又是宦官在統治着。深的憤慨，激動了最廣大的階層。於是宦官也反目相向，以至於一次屠殺了成百個封建貴族的代表。全國佈滿了許許多多的祕密會社，並且從那些曾經研究過孔孟而酷愛政權與收入的未被承認的「學者」與「文士」官僚中去徵求社員。「黃巾賊」那種最大的運動，就是在一個探討長生方箋與叫自己的宗派爲「到和平之路」的（註一）老子的熱心繼承者底領導之下而組織起來的。這個運動是直接與人民下層聯繫着，牠能組織九十萬的暴動者來反抗皇室的軍隊。「黃巾賊」的三個英雄好漢，都成了稗史上有名的人物，有一個甚至有人說他是「戰神」，一切中國封建制度的軍事保護人，在幾百年之後都要崇拜他。（歷史的諷刺是如此之大！）「黃巾賊」的暴動結果被壓服下去了，隨黃巾賊而起的又爆發了許多別的暴動。羣衆要找得挽救死的出路，只有照着前面的號召而進行。

（註一）——暴動發生於紀元一八四年。

結果，漢朝的國家澈底地破壞了。想在宦官身上來找挽救出路的頹廢的封建制度，完全失掉了處理事變的能力。從中國封建制度各方面看來，「後宮文明」是最特出、最發展的。宦官就是這個「後宮文明」的主要角色。

被掠奪的部落與牠的上層的掠奪者之間的對抗，已併入到階級利益的矛盾上來了。帝國就在這個矛盾襲擊之下而炸裂。牠在自己發展的過程上，可以說是支費了整個的自己歷史的前提。牠用自己的手埋葬了自己存在的歷史意義。

帝國替換了不終絕的軍事混戰的戰國底封建制度。牠自己恰恰穩固了，然而又開始以前的故轍。戰國的無政府掘壞了國家軍事敵抗的能力。帝國不獨不能把這能力恢復，而且更把它搖動得以致於不堪救藥。

戰國的混戰，妨害了國內市場之形成。而帝國在牠的更野蠻的破壞農民經濟的目的上，利用了這個歷史的必然的過程。

封建官僚——戰國諸侯的替身——的思想家，對人民立誓要停止那種在土地圈圍的口實之下對農民私有財產的剝削。可是這個階層的代表沒有奪得政權，不然，土地的掠奪到現在會達到空前未有的地步。

官僚在「眞德」培植的口頭之下，想在自己領導之下來統一帝國。奴隸私有與農奴——幾乎與奴隸私有聯成一氣——都是這個官僚統一的產物。

但是漢朝不僅是封建官僚統治矛盾之明顯的暴露而已。在這個時代，根本上還積聚着中國封建制度的歷史形態，所謂中國封建制度的歷史形態，卽是在一定的比例上是與建立在全國土地使用的轉換制上的奴隸私有相混合，它不能與封建官僚的統治分開。

這個時期，死喪了幾千萬的農奴和奴隸。這個代價就造成了這個特別的歷史形態，而且這形態還成了後代的模範，成了後來封建制度標本適應於自發災難——封建制度自身所引起來的災難——的模範。

這個形態打破了適應的記錄。甚至民衆的革命運動，歸結到底，都好像是土地使用與管理的「轉換制」底調節器。當着人民不願在舊制度中生活，而統治者又不能照舊制度來統治人民的時候，他們……就轉變到人民這方面來，爲的是憑藉人民的援助，而重新佔領壓迫和削剝的機關。

国家出版基金项目
NATIONAL PUBLICATION FOUNDATION

中國社會發展史（下）

［俄］沙發諾夫◎著
李俚人　劉隱◎譯

山西出版傳媒集團
山西人民出版社

第三編　封建制度矛盾的發展

第十六章 回復到自然經濟(三——六世紀)

『由於生產品地租形式與生產品和生產自身的一定性質之聯繫，由於在這種形式之下的農村經濟與家庭工業之必然的聯合，由於在這種形式之下的農戶幾乎完全獲得自足的性質，——這是由於他之不依賴於市場，不依賴於生產的變更，不依賴於社會以外的歷史運動，簡單說來，是由於一般自然經濟的性質——這個形式是最適應於社會停滯狀態的基礎，像我們在亞洲所看到的一樣。這裏地租也像早期的地租形式一樣，它是剩餘價值的正規形式，也是剩餘勞働的正規形式，這種剩餘勞働是直接生產者被强迫替他自己勞働最主要條件的所有主、土地所有主而執行的，——雖然這種强迫已經不是像在舊的嚴格的形式上與他對立。利潤，——如果我們藉助於假設，而把它叫作超必需勞働的（勞働者自己所佔有）剩餘勞働的部分——到了這樣的地步，還沒有對生產品地租表示着決定的影響，但是我們可以說，它是出現在生產品地租背後，而且在以生產品作地租的分量上找到牠的自然的界限。生產品地租可以達到這樣的分量，即是它成爲生產手段自身之勞働條件的複生產一種嚴厲的威嚇，它把生產擴大造成相當的不可能，並且把直接生產者的生存手段降低到生理的最低限度。這種情形，在當着商業國——掠奪者，如像印度的英國人、準備找得這個形式，並且開始使用這個形式的時候，尤其是累見不鮮的。』（註一）

（註一）——馬克斯：『資本論』，第三卷，第二部，俄文本，三三二——三三三頁。

由於生產品地租而形成的中國那些經濟關係的特徵究竟何在呢？這種特徵首先就在於極度的情形成了經常的現象。自發的災難不斷地威嚇着勞働條件之複生產，並且還因此使勞働條件直接——也可以說是災害的——依賴於市場。農民經濟在封建剝削的壓迫之下而破壞到若何程度，則勞働條件損失了它的自然性質也到若何程度。封建的力量，不是離開市場而實現 而是經過市場才實現的。自然的盲目力量，因爲封建剝削之野蠻的性質，便經常地干涉勞働力的分配之中。封建制度在自己的利益上來利用這一種干涉，它也只依有靠國家的强迫和市場的幫助。這樣，保險封建官僚的口糧免除不幸與不虞的組織，在上層便刱造出來了。在下層，自然盲目力量的作用也與封建的剝削，市場盲目的意志聯合爲一。饑餓的農民典質了自己的土地，自己的身體，自己的家眷，而且還不能保證他下年可以播種自己的經濟。中國的封建上層，按他對農民羣衆的關係，也是保持着「商業國——掠奪者」的態度。農奴經濟也只有在那全國採用的土地使用與管理的「轉換制」的範圍之內才能保存它的自然的性質。

但是，從農民不斷的爲自然經濟所保證的那不能枵腹的口糧的解放中，從土地使用和管理的「轉換制」的實習中，於是對封建國家統一之不斷的威嚇，便不可免地要增長起來。它的統一表現在一省又一省，一區又一區都變成了飢饉和逃荒的舞台，當着自然經濟最後的殘餘之破壞達到極度時，農業自身之自動的消滅便發生了，——並且到一定的時期，到用自然方法使土地的肥沃恢復的時期才停止。

我們不難推想到，經濟的自然基礎之不斷地和有系統地破壞的結構，不僅引起了這區或那區的衰落，而且還引起了一般的衰敗和全國的瓦解。

游牧人對中國事情之通常的干與，表現出這好像是表面與偶發的機會併發的結果。「開明的」

帝國主義的愛國家，生來就相信「比較發達的」民族底特種「文明人的」使命。他們按照這個而常常準備着中國的歷史，修補一切對「無足輕重的」游牧人讓步的罪過。同時，在實際中，游牧人的干與（註一），總常常發生在中國封建制度自身不能立脚的時候。有時，封建制度甚至號召游牧人來幫助反對已絕望的民衆，或者號召他們來排解複雜的後宮的合作。

（註一）——半游牧人也是一樣。

國家的瓦解和「外人的干涉」是「轉換制」的結果。久而久之，便要用更完全的和更澈底的回復到自然經濟去療治它。否則最簡單的勞動條件之保持便沒有可能，而土地的自然肥沃之恢復也絕對成為幻想。（註一）

（註一）——完全恢復，自然只是例外。

在中國，生產品地租，一方面，是商品貨幣關係發展的基礎，因為這一個物質的總體——麵包、米、絲、蔴——組成了整個商業流通的基礎。

另一方面，在這個自然形式上的地租的收入，總常常替相當的完全回復到自然經濟開闢了一條公開的道路。

在生產品地租的基礎上這種商業流通的擴大，加强了封建的利潤的追逐，而且也因此加强了封建的剝削。這個就必然使到農村經濟的基礎盡行掘壞。

反抗這個封建制度的商業「傾向」的反動，就是回復到自然經濟的關係。但是中國的封建制度在這一個讓步之下，必然要與牠的厲害的競爭者，游牧人或半游牧人發生衝突。游牧人或半游牧人的落後性與夫他們的軍事的鍛鍊，在這些條件之下，却給了他們自己以某種優越。

這些民族同樣也要支付一些無益的耗費，封建轉換制的耗費和封建「帝國主義」的耗費。

現在我們再來看，在漢朝顛覆以後的一個長久的時期，事件是如何發展的。中國瓦解成爲三部，開始了魏蜀吳三國的統治。三國中最强的一國就是魏，它建都在洛陽。吳則佔據南部，並且建都在南京。漢室的後裔便佔領了蜀。卽是掌有了現在的四川。

紀元二百六十五年，三國告終了。二百八十年，晉朝又在自己的政權之下統一了中國。但是它沒有繼續幾久。三百零五年，又形成了兩個不附屬於晉室的獨立的國家。由於游牧民的侵入與掠奪，在三百零五年到四百十九年這個期間當中，成立了十六個獨立的小國。到四百二十年，晉室便把政權交給他的軍事首領宋朝去了。托跋族在這時佔領整個的北部，它把魏朝抬上了寶座。

魏朝統治到三百八十九年為止，它以後便是隋朝，到六百十九年，唐朝又代替了隋朝。

按照這個時期的特徵，在這個時期藉國家和自由市場幫助的那種奴隸與農奴的獨佔，已為軍事貪慾所代替了。這是從三國時候開始的。

『長期的血戰，把一些能適合政府志願(!)的壯丁都減少了；同時，在這一個狂風暴雨的時節，大多數人民都藏匿起來。從一個地方逃往另一個地方以冀避免煩重的賦稅。在這種感覺人口缺乏之下，蜀與吳國的政府便強迫遣派許多船舶到靠近邊界的島上去，俘虜當地的居民，運輸到本國來，作為耕種田地或服役之用。』(註一)

(註一)——察哈諸夫：Tome I. p. 156—157.

這種軍事的獵取工作人員的轉變，是與一般經濟衰落有聯繫的，它明顯的暴露出中國封建制度的根本特點：以集合的方法而獨佔勞働力——農奴與奴隸的勞働力——的必然性，是一般經濟條件不穩固的結果。在「經常」發展的時期，在按上昇路線發展的時期，行政機關，賦稅機關，和不能枵腹的糧食之壓榨，都是封主手上的「這種集合的方法」。

在衰落時期，直接的軍事封建的強迫就是為着這個目的的。

在衰落時期，中國的封建制度，與時間上較遲的——「古典的」——西歐封建制度却有些酷似之處。

此外，在那個時候，這些衰落時期把中國的封建制度造成一種類似游牧民或半牧民與定居農民之間的「合作」之最原始的形式。

實際上，獵取工人，我們在中世紀的中亞細亞也看見過。凡伯利（A. Vambery）說：『這種辛勤的工人的汎濫，在幾世紀中，都表現出是爲維持那些養成逃避辛勤的農業勞動的烏茲別克人而必然有的，實際上，沒有奴隸，他們就難得從土地上吸取一切維持生活所必需的東西。這個判斷的正確性，可以用那個事實來說明，即是在中亞細亞市場上的麵包價格，不僅是由窩克蘇司河裏面水的漲落來決定，而且還由一年中所掠奪的奴隸的多寡的數量來決定。奴隸大半是用之於農業上，其次便是看管牲畜；烏茲別克封主的領地愈大，則奴隸需用愈多。』土耳其人（Turko-man）以獵取奴隸爲生，他們把這種「商品」去供給希華、布哈爾與柯干（Cocand）。（註一）

（註一）——"Sketches of Central Asia," by A. Vambery Philadelphia. 1868. p. 219—220.

我們在英國封建制度的搖籃裏差不多也遇到這種類似的景象。在英國，奴隸之「一定的數量是供給地主家庭的使用，但是大部分還是參加農業工作。他們是耕牛（bovarii）的助手，他們應該在貴族的土地上耕作。』（註一）

（註一）——"An Introduction to the Economic History of England". by E. Lipson. p. 45—46.

當着托跋族佔領了中國北部，它也求助於這個方法，於是這個方法在地球彼此相隔的遙遠之處都有了廣泛的應用。『一切農業工作都用奴隸執行；兩口之家使用奴隸八人，一個人則使用奴隸四人；十頭牛可以當得八個奴隸，土地是劃分爲牛與奴隸耕種的二種。』（註一）

（註一）——E. H. Parker: "China Past and Present." p. 399.

所以人完全等於工作獸，而且替代了工作獸。

蠢如鹿豕的西蒙柯克斯（Simcox）根據這個理由，而從事他的沒有力量的「原始文明」的研究，認爲自己的責任在說出這樣的疑難：『眞奇怪，似乎在推測那些沒有牛的人是有奴隸的，因爲法律好像是（！）企圖限制一個私有者的奴隸數目。』（註一）

（註一）——"Primitive Civilization" by E. Simcox. Volume II. London 1894. p. 126.

這樣的「學者」都沒有想到，替代牛的奴隸之分配，是藉奴隸私有的幫助而有一種維持農業的目的，絕對不是什麼「限制」奴隸的博愛的政策。西蒙柯克斯這種愚妄，是證明了他信仰孔子學派的道德理想是很高的！

那些地方如果有奴隸，有公開的奴隸與農奴的軍事掠奪，則那些地方「任意讓渡」於封建貴族政權的徭役是完全不可免的。不過在中國，通常的把奴隸讓渡於「權富之家」，這裏却採取有幾分不同的形式，即是更近似西歐和日本中世紀的形式。整個的組織，都是與前朝的子孫或者外來的游牧部落拿着手中的武器來强行搜括中國帝國以內的領土這些情形遙遙相應的。（註一）外來的游牧民或者土著的寄生蟲都變成了——依靠農民——軍事農業的貴族。農民亦起了斯巴達的奴隸的作用，起了為私人所使用的國家的奴隸的作用。

（註一）——察哈諸夫：Tome I, p. 157—158.

在努力保存原始游牧部落軍事組織的魏朝，曾經規定『諸侯、皇帝和貴族的親戚——這一切人，按照他們功績的高下，都應佔有一定的土地，所謂職土——讓渡於某種職務——就是按照階級而劃分土地的上下各等，但職土不是執行從十五井到六井那些有職務的人底私有財產。』（註一）

（註一）——察哈諸夫：Tome II. p. 19—20.

但是除却國家對土地與奴隸的分配之外，私有的企業精神也是極盛一時的，不過這裏的企業精神不是憑藉於市場關係的發展，而是憑藉於軍事封建戰爭所造成的條件。

『雖然沒有什麼政治的變革，然而一般的貧困却是中國空前未有的。下層的擔負賦稅的階級，爲要從戰爭的擾攘中救出自己的性命，爲要解脫過重的賦稅和免除他們的勞動與財產之受劫掠，有些人的確，按他自己的懶惰和惡劣根性的習慣（註一），離開了國家的耕地、自己的田廬和故鄉，從這一個地方流離到那一個地方，用盡種種方法謀得自己一點生計。於是權富之家，就在自己的利益上來利用下層階級這種苦況和貧困，同樣也利用了政府的弱點，在政治轉變的時候，他們利用各種機會，攫取了許多土地，後來他們又向貧苦的流離失所的階級建議，叫他們祇用國家一半的租稅到他們那裡去租佃土地。疲於國家義務的人民，於是便興高彩烈地接收了富人的提議；有一些人，爲着自己的生計，却附屬於權富之家而成了奴隸。濫費竟達到這樣的程度，即是在一個富人家裏攫有百戶奴隸之多，有些甚至達於千戶；這樣一來，爲富有之家所庇護而免去政府搜索的整批的人民，就逃脫了政府的註冊和國家的賦稅。』（註二）

（註一）——牧師們的耳朵就是如此！

(註二)——察哈諾夫 Tome I, p. 158—159.

難道在英國「那企圖在全國建立一種鞏固統治的失敗」，其結果沒有「把保護制度和土地的統治」，最有名的「徭役」擴張起來？(註一)

(註一)——Lipson: p. 17.

應當知道，在漢唐時代，奴隸、農奴之隸屬於富有之家，却是在另一種基礎上發生的，它與平常的徭役不同。在那些時期中，農民經濟之瓦解與破壞，是在市場關係作用之下而完成，在國政休廢的時期中，某種自然徭役經濟的復興是由於一般經濟的衰落而產生。

舊的封建統治的兩重組織，在這種危急情形之下，已不能再行維持。因此，封建市場關係剝削的地位，已爲封建剝削之更簡單的形式所代替，它利用國家機關——大半在軍事的利益上——來獵取奴隸，來對「游浪無寄」的羣衆加以更多的賦稅的壓搾。

在以前，在漢朝時代，商品貨幣關係的發展是與整個的官僚組織的封建制度底系統緊緊地聯繫着，同樣，後來的自然徭役經濟之復興也卽是這個系統破壞的結果。

農民經濟想要在自然的基礎上獨立地恢復起來，那是沒有任何機會的。萬一這個成爲可能的話，那末那時也爲進行不斷的戰爭所必需的政府的賦稅把它呑滅了。它不能使用奴隸來代替所不能得到的耕牛，它的土地也沒有絲毫保障。

很明白的，從魏朝起，便實行了許多無報酬的官爵。（註一）土地耕作上工人的缺乏，逼使它爲着下層官級而把封建特權經濟化！

這時候政府全盤的注意力，都集中在農業工人的獵取上，和使農業工人束縛於土地這件事情上，在商業繁盛的早日，這種束縛於土地，因爲藉麵包剩餘之助，還比較容易實現。到現在這些剩餘是太不足以適應這個目的了。人們直接依附於土地，既不能得到任何「借貸」，復不能得到麵包剩餘、種子、或牲畜等的幫助。

（註一）——M. Bazin: "Chine Moderne" Tome II. p. 163.

晉朝開始最嚴厲的禁止從此地遷徙到彼地的禁令。這種禁令甚至擴大到行商身上來。（註一）

（註一）——Lee: p. 192.

宋朝恢復了舊的法律，它强迫人民不論在任何情形之下都不能離開自己的土地。（註二）

（註二）——前書，p. 204.

陳朝幾乎整百年間，都因襲這個不准離開舊地的禁令。（註一）

（註一）——前書，p. 207.

牧場排擠了耕地。晉朝之初，就聽見一種對貴族的牲畜之「橫行霸道」的怨言：『特別在山西，地少，人多。因為牲畜——猪、羊、馬等等——到處蹂躪。』（註一）

（註一）——前書，p. 193.

這些封建的「過度行為」，加深了農民底農業危機，並且在游牧生活移植到農業區域這點上，找到了牠的天然的完成。在中國北部為托跋族取得的時候，『整個的縣分都變作游牧的掠奪者底牧場了。』（註一）

（註一）——察哈諾夫：Tome II, p. 20.

秦朝所以注意到移兵墾荒，其目的是在使耕種的土地擴大。然而它降低了農村經濟的生產力。『每一畝每年的收穫還不到幾石穀子，並且有時候甚至還不夠種子的儲蓄。』（註一）

（註一）——Lee: p. 194—195.

那些地方如果肥沃尚能保存，則那些地方的人口，在直接的意義上說，就會壓迫生產手段。

土地不夠，是由於整個的灌溉的設置都盡行破壞了。『在以前，東南的土地只是用來做草地，人口是很少的，人民藉火的幫助，而使用轉變方法。不久，人口便一天一天地減少了，每年都要破壞許多堤堰，斷送許多池沼。結果好的土地長滿了野草，人民又要來開鑿池沼。乾燥的和灌溉的土地都喪失了自己的肥沃；牧場妨害了五穀的種植；樹木也枯萎起來了。所有這一切，都是由池沼帶來的災害。』(註一)

(註一)——Lee: p. 196

『人口現在只有漢朝的十分之一……………即算五穀生長得好，也是難數這些人民的食糧的。』(註一)

(註一)——前書，p. 195.

饑饉到處流行。土地枯竭到這樣程度，致使農民沒有一點能力來擔負那儘量搜括的軍事封建的賦稅。他們逃跑，捉住他們，束縛他們，並且他們仍然逃跑。——梁朝最後的一個皇帝（五八三——五八八）在他的一道勅令上說：『肥沃的土地變得像黃金一般的貴，那時貧困的土地是一而再、再而三地由一個所有主過渡到另一個所有主。』(註一)

祇有用過分的掠奪與强刼天然肥沃的方法，才能夠在農民肩上維持領主的自然經濟。

（註一）——前書，p. 208.

『最近——在北魏所頒佈的一個勅令上說——富、强的人吞併了（註一）山林與肥沃的土地，而貧、弱的人則無以爲生。結果土地沒有全盤使用，人民却流離失所。』（註一）

（註一）—— Eating up.

（註一）——前書，p. 214.

游牧的外來民，因爲他們需要納稅的人，所以他們企圖在平等的制度上把土地分給農民，他們不論怎樣都想保持他們組織的整個性，因此他們要暫時地限制個人的慾望。他們强迫參差的人民來服從自己的封建宗法制度的「樸質與明哲」。

譬如在五百六十四年，頒佈了一種法律，『男子從十八歲起便要領受土地和交納賦稅；二十歲便要拏去當兵；男子到了六十歲才解放一切徭役；六十六歲即要將土地交還政府，和解放賦稅。男子每人受田八十畝；女子四十畝；奴隸無之。奴隸的數量是這樣限制的：天子親屬的諸侯王三百；繼承天子的諸侯王二百；天子親近的下級諸侯王與非從宮室出身的諸侯王一百五十；三等以上的官吏和天子的親屬一百；七等以上的官吏八十；八等以下的官吏與庶民六十……此外，每個男子要領受二十畝土地作永久的私產，以爲栽桑之用（註一）。如果土地不宜於栽桑，則把土地種蔴，蔴同樣的也不抽稅。』（註二）

（註一）——Mulberry land.

（註二）——Lee: p. 225—226.

不言而喻，這個法律的大部分只是紙上空談罷了。托跋族能夠偶然地參加中國的歷史，但是他們無力把中國的歷史按照自己的意志來改造。

另一種方法到還實現得較多些。譬如四百八十七年，北方發生了旱災、飢饉，和牲畜的流行病：『當社會的穀倉呈現空虛的現象，政府允許飢民到較好的省份去乞食。一些叫化子都領得有通行證，在路上給他們設立避難所，並且他們到了那裏，那裏就有人看管他們。』（註一）

（註一）——Textes historiques. p. 1158.

還有一種——最根本的！——「轉換制度」的現象………

戰爭維持了破壞與停滯。

三百三十四年，發生過一次軍事冒險，『曾經命令人民供給軍需用品，每十五人中必需供給一個運車，兩條牛，一百五十石穀，和十四布。拒絕供給者處以死刑。許多窮人不得已鬻賣自己的兒子，但總還不能如令交納。』(註一)

(註一)——Textes historiques. p. 960—961.

衰落的自然經濟的統治，同樣表現在貨幣流通的消滅，商品交換之替代貨幣流通，以及轉變到米、絲作「貨幣單位」等等上面。二百二十一年，在魏國，『取銷了漢時貨幣的流通，並且命令人民在像遠古時代一樣使用五穀和絲帛做貨幣。』(註一)

(註一)——Catalogue of Chinese Coins from the VII Cent. B. C. by Terrien de Lacauperie. London. 1892 p. 402.

後來的事件便表現出這種精神。『自國家西部與黃河及其餘中國各部分離的時候起，即是在晉朝開始的時候，許久都沒有貨幣的流通，把絲蔴衣裳的碎片裂成小塊以作貨幣使用，可是，衣裳之裂成小塊，就是連製襪子也不中用了，所以失掉了它的價格。』(註一)

(註一)——前書，p. 411.

這樣看來，這一部分裏面的交換價值與使用價值之間的矛盾，是永無休止的東西。

在托跋族統治的最初時期，僅存在過簡單的商品交換。祇是當游牧的領主遷徙到洛陽的時候，那時他們才乞求於貨幣的幫助。這是因爲官吏酬報的必然性才逼使他們採用這個。』(註一)

(註一)——前書，p. 423—424.

在一般情形上，——『在魏朝，馬、牛、羊和獸皮等等都成爲通用的貨幣。』(註一)

(註一)——Textes historiques, p. 421.

在梁朝時代，即六世紀初葉，『造幣少如鳳毛，故造幣只在都城及都城附近的地方使用。』(註二)爲着要克服這種困難，所以決定鑄造鐵幣。但是這兒却又埋伏着意外的把戲。——『一個銅幣要值兩個鐵幣；但是因爲鐵總容易獲得，所以僞幣的製造又廣泛地實現起來了；這些造幣，在幾十年中，像堆積「如山」一般的多。處於中國的，而又居於獨立地位的Pong族，鑄造了許多這樣的貨幣，行商們在他們那裏收得這種貨幣只算作百分之七十的價值，而到中國市場上它就值得百分之八十，在都城裏它更抬高到百分之九十。一切商品的價格飛一般地增漲起來，到了五百四十六年，貨幣只值得它原來的四分之一的價值了。』(註二)

（註一）——Terrien de Lacouperie: "Catalogue of Chinese Coins from the VII Cent. B. C." p. 419.

（註二）——前書 p. 421.

封建的支配條件，是與投機事業相適應的。這是企圖在已破壞的基礎上來維持自己統治的封建制度底弱點。封建的「要求」確實破壞了社會的生產。已經形成的國內的市場，現在瓦解成爲小的、地方的市場，而且它的存在還多少帶點偶然性。事情已達到這樣的田地，即是中國的貨幣已開始運輸到蠻夷去。——蠻夷人使用貨幣作裝飾。在晉朝的時候，——四世紀末期——便『禁止投機商人把銅幣運輸到蠻夷去。』（註一）

（註一）——T. de Lacouperie. 仝書 p. 498.

中國的商業在不久以前還是稱雄於世界的，到現在竟降落到與游牧民的半原始交換的地步！『貨幣是國家主要的寶藏！』——衰落的中國封建制度的代表是這樣說。衰落時期的矛盾在他們的嘴吧上說出來了。自然經濟在這個時候是中國封建制度生存的基礎，但是自然經濟竟處於這般破壞的狀況之下，即是商品之最低限度的必需的交換，在自然經濟的界限以外即難於維持。

可是「有幸，就有不幸」。中國不獨不止一次地在自己的衰落上蒙了游牧的掠奪者底恩惠，而且不止一次地在自己的商業高漲上還蒙了游牧的掠奪者底恩惠。他們不僅把中國與西方分開，而且還使中國與西方聯合！

在五四五——五八一年這個時期當中，西土耳其人（Turkomen）代換了托跋人，並且佔領了從長城迄阿姆達利——阿姆達利當時是波斯的交界處——一帶的廣大的面積。眞正地說來，他們是準備了唐代中國封建制度底商業的發展。

不管一般經濟是如何衰落，中國與東土耳其斯坦總仍然是絲的供給者。土耳其人希望從這個壟斷中吸取自己的利益。大約在五百六十八年，東可汗奪得南疆（Nanchan 之譯音）區域一帶的時候，『便把絲運到比贊第（Byzantium, 古時土耳其的都城，即現在的君士坦丁堡）、特烈克達番（Terek-davan）、梭格第安（Sogdian）、裏海的北部及高加索一帶去，因爲這些國家都在東可汗的勢力範圍之下。他並且還企圖把運入到波斯去的絲業攫取在自己手上。爲了這個目的，他派遣自己的領事到安奴錫爾番（Anushirvan）去談判。但是這個並沒有得到什麽結果。那時候土耳其人已開始得到與希臘人的直接的聯繫。談判延擱下去，而且那時土耳其國開始瓦解了。原有計劃的實現，現在已成爲不可能。』（註一）

（註一）——Textes historiques, p. 1258.

無論如何，我們堅决地相信，在五五八——五六五年的時間當中，陝西範圍之內——那時正是北周在統治——是波斯的金子與波斯的銀幣在那兒流通。別種流通工具是沒有的。（註一）

在那種情形之下，卽是在三世紀至七世紀這個整個衰落的期間中，並沒有一刻減少關於養蠶的注意，這卽可以證明在危急存亡之秋，絲的貿易仍然存在。絲也常常是流通的工具。這種機能的執行，便使我們推測到——含有一定的確切信的程度在內——它成了國際商品的比重。它在國際交換上的作用，就使它成爲一種流通工具了。疆土的分裂是這般厲害，致使爲滿足地方流通需要而發行貨幣都成爲不可能。每次一剛着手於這個事業，而這個事業卽遭破壞。

（註一）——T. de Lacouperie "Catalogue of Chinese Coins from the VII Cent. B. C." p. XVI.

在印度的開始衰落的佛教在中國加强傳播時，它同樣地在與中國基本省份以外的諸國的商業交通發展上，也起了顯著的作用。

在魏朝，佛教的廟宇與私人的田宅是一樣地使游浪的人民束縛於土地。

四百六十九年，他們正式向政府提議：『民等只是靠施佈品生活，請陛下勅令那些貴族之家，要他們每年交納六百石穀子，給任何一個廟堂；在和尙們捱餓的時候，就好把這些穀子賑濟；他們也請陛下勅令那些信奉佛的人們，要他們都給官吏去作奴隸；如是他們才會注意到浮屠。』（註一）

（註一）——Textes historiques. p. 1142.

五百一十二年，魏國佛教教堂的數目便增加到一萬三千所了。（註一）

（註一）——E. Faber: "Chronological Handbook." p. 91.

從這時起，那種類似日本尙武的佛教和西藏喇嘛教的教堂封建制度的培植便開始實行了。不容任何懷疑，在唐朝取得天下的時候，佛教已把自己的貢品拏到國際貿易的擴大與鞏固中來了。

隋朝在唐朝的時候，就替國際貿易清掃了番道路。這時候，很明顯的，城市文明又重新開始恢復自己的權力。五百九十六年，曾經頒佈一種法律，禁止商人與手工業者佔居官職。可是這個法律沒有結果。（註一）

（註一）——E. Faber: "Chronological Handbook". p. 102.

隋朝利用中國疆域之擴大而在最不可靠的規模上來恢復國家的徭役。兩百萬工人從事皇宮的建築，一百萬從事天子游歷所必需的運河之開鑿。另外還有二十萬人開鑿別個運河，也是爲着這個目的的。

這時候，『官吏這樣地奴役工人，工人十分之五都死喪了。』(註一)

(註一)——E. Faber: 同書 p. 103.

是時，又會逢着發狂般地征伐高麗的事情：『在山東建築三百艘船舶，工人日夜都在水中工作（水及腰部以上），因此十之三四都死亡了。五萬戰車也是這般地製造出來的。穀子的轉運達於千里以外；有幾十萬人日夜爲着這個而工作，許多都死亡了。』(註一)爆裂不會逼使自己長久等待。經過了衰落時期的矛盾，新的經濟的高漲又替自己開闢了道路。

(註一)——E. Faber: 同書 p. 104.

第十七章 商品貨幣經濟在擴大範圍上之復興

『在各種生產方法的基礎上，貿易是幫助那增加生產者（這裏的生產者應該了解作生產品的私有者）的消費或財產而預定參加交換之剩餘生產品的叛造的。』（註一）

（註一）——馬克斯：資本論，第三卷，第一部，俄文本，p. 309.

在中國，封建官吏和將軍們就是整個農民生產品的私有者。這個場合，在商業交通的擴大上，尤其替他們叛造了特殊的利益。市場幫助他們來搾取農民經濟中的剩餘。市場也在這一方面來鞭策他們自己。所以領主的商業是與商人的商業極密切地聯合着。

中國經過封建的上層才走上商業資本主義。商業資本主義的「德謨克拉西的」道路在下層是行不通的，因爲一方面，官僚的封建制度在起壟斷農民剩餘大部分的私有者的作用，另一方面，羣衆之極低的生活似乎阻礙了這條道路。農民經濟在官僚有組織的封建制度的鞭策之下而「商品化了」，他把那使自己完全破產的「剩餘」部分交給市場。

這一種商業資本主義是因爲土地使用和管理的「轉換制」才發展起來的。

由商業發展上所得到的利潤之大部分都爲封建官僚壟斷去了。

但是這個却引起了一種相反的關係。封建塔上層的事情形勢，封建統治的地盤之擴張與物質的條件，都決定了商品貨幣經濟機能化的範圍和條件。商品貨幣經濟是與封建的國家共同興衰的。國家機關與封建等級統治的機關從最小的最細微的農民經濟中去搾取「剩餘」，並且祇有這種壓搾才養成商業，養成商品貨幣經濟。當着這些「剩餘」用到戰爭上去，則戰爭反呑併了商業，而又重新回復到自然經濟，整個地減縮了全部經濟的基礎。

在漢朝崩潰以後幾世紀的經濟衰落與停滯之長時當中，帶來了一個積極的結果，這卽是使揚子江流域殖民地化。疆域的基礎擴大了。在那些早時爲游牧與半游牧半部落盤據的地方，發現了封建剝削的新的地盤和新的泉源。中部和南部中國，以前只是表面地附屬於中國的領土，現在却已經開始牢固地包含在全國的流通中。這個除却封建基礎擴張之外，還有其他重要的結果。中國的對外貿易，它需要南北的統一，東西水道與陸路的聯合。沒有這個，就不能期望對外貿易之迅速的發展。爲爭奪中國市場而爆發的波斯與阿拉伯的競爭，對這個聯合更增加了很大的意義。從漢時起，每一次南北的斷絕，就立卽引起了商業交通的衰落。

貿易引起了顯著的地域的分工。三百五十年，茶葉是從印度運輸到中國來。它很快地取得自己的消費者，並且很快地成爲對外貿易的物品。西方的土耳其人，那時曾經在中國人這兒來買茶葉。（註一）茶、絲、煤、鐵、在各省都取得了自己的一定的影響範圍。在商業基礎上的地域的分工，應該些少減輕土地使用和管理的轉換制度之困難的效果，並且一部分還可以縮減這制度的適應範圍。很明顯的，這個轉換制的限制，不過因爲好的商業狀況的關係，而只是曇花一現的罷了。雖然只是曇花一現，可是「遷徙」之停止，却使整個社會制度得到很大的鞏固。

（註一）——「在五世紀末葉，土耳其人親自到中國北方的邊界來收買絲，並且把自己的鐵製品拿來交換；因爲還有茶葉補充中國的出口，所以商業又獲得了很大的意義。」——Brinkley. "China" Volume X, Bacton. p. 137.

土耳其部落的瓦解與夫阿剌伯之襲擊中亞細亞，是唐朝政權之下强有力的封建帝國復活最主要的原因。六百三十四年，土耳其人受了一個很大的打擊。六百三十七年，阿剌伯人又從波斯趕走了刹散尼朝（Sassanid）最後的一個王。他們的侵略嚇壞了中亞細亞的無數的諸侯，並且使這些諸侯來求中國保護。阿剌伯人簡直把他們趕到中國的懷抱來。吐魯蕃（Turfan）的膏腴之地——到東土耳其的鎖鑰——第一次轉入到中國的屬國來。六百三十年，庫契(Kuche)的王，六百三十二年，卡拉蝦兒的王，都承認自己是中國的屬國。雖然庫契後來發生過一次暴動，但是到六百四十八年已完全奪得了。荷唐、卡奚加爾和鴉爾肯特，在六三二——六三五年中，都陸續來歸，布哈爾和剎瑪爾肯特也在六百三十一年承認為中國的保護國。中國的影響擴張到卡布爾（Kabul）去了。隨後西藏又為中國所奪得。

中國在這時候尉有各國的公使，——交趾的、東京的、日本的。對高麗的戰爭只是在六百六十一年才由於中國的勝利而完結。

中國的帝國像雪塊一般地發展起來，新移殖，新遷徙到小亞細亞與遠東一帶部落中去的人民，使中國帝國飛快地擴大起來。六百六十二年，中國的行政制度甚至在中亞細亞諸國中都建立了。那些地方有一百十個城市和一百二十六個軍隊在中國的統治之下，軍隊的總數達到四九〇、〇〇〇人與八〇、〇〇〇馬之多。（註一）

（註一）——Parker: "China Review." XIV, p. 12.

我們可以說，雖然這些部落在中國封建制度的手上，但是總不能征服他們。在唐朝的時候，到還失去了三百萬戶。『牛在最近的內戰期間都吃光了，致使人們不得不自己來拖犂。』

（註二）

(註一)——Texetes historiques. p. 1305.

唐朝知道自己的商業使命，首先便注意到貨幣的流通。『六百二十一年，第一次發行了唐朝的法定的銅幣，她繼續使用到幾百年，並且在中亞細亞、在高麗、在日本、在安南都做造這種銅幣。』（註一）這幾句話已把中國商業的廣泛的範圍的概念給我們了。

(註一)——T. de Lacauperie: "Catalague of Chinese Coins from the VII Cent. B. C." p. XVI.

『七世紀的時候，在大的國家企業的地方，——康勒爾(Corner)說——都有幾條大的運河的建築，以利國內貿易，而且運河還有一種特別構造的水門，這水門是建築在堤堰上，平底船舶經過了這些水門，不用駁載，便移入繫在大門上的繩索上來了。藉這些內部交通的幫助，於是與波斯、與阿剌伯的貿易便日益繁盛，以致每年在廣州增加了許多船舶。』（註一）

(註一)——"The History of China and India." by Miss Corner. London. (1850?), p. 38—39.

唐朝商業的發展，是不可與阿剌伯、波斯的商業分開的。由於阿剌伯之征服波斯，同樣由於阿剌伯航海成功之結果，阿剌伯、波斯的商業特別有力地發展起來。

『阿剌伯商人蘇里曼(Sulaymân)到印度，到中國的旅行，都爲亞布・沙衣特・漢散的記錄所搜集（八五一年？）和引用』，它是唐代一種最好的文件。我們可以在那裏找到詳細的關於商業道德與習慣的敘述。——『中國人在商業交通上，在借貸的事業上都是很好的。當着一個人把金錢借貸給別一個人的時候，債務者寫着一張借貸的契約；債權者也寫着另一張契約，在這一張契約上，他打上自己兩個指印，中指與食指聯合打成的指印。隨後把兩張契約合在一塊，並且在兩張上面都寫上有名的公式；此後又把它分開，並且把一張契約交給債權者，在這張契約上，債務者承認自己的債務。如果後來債務者否認自己的債務，那末就對他說：「把你從債權者那兒領到的契約拿出來」。如果債務者說他沒有契約，和違背他自己所簽的契約，如果債權者的契約毀掉了，否認自己債務的人便向他說：「拿契約來看，你沒有放過這一筆債」，這等等的事情發生時，等到後來債權者把憑據拿出來，你是寫過這張借貸的契約，而且你否認你的債務，那末你的背上就要挨二十下拐杖，並且還判決你交納罰款——兩萬「Fakkûj銅幣」。一個「Fakkûj」約值四萬法郎。二十下拐杖就要斷送你的性命。所以在中國總沒有人不承認這種虛僞的憑據，——因爲恐怕同時失掉了生命與財產。』（註一）

（註一）——"Voyage du Marchand Arabe Sulaymân en Inde et en Chine redigé en 851—Suini de remarques par Abû Zayd Hasan (Vers 916)." Traduit de l'arabe par Gabriel Ferrand. Paris. 1922, p. 60—61.

愛得孔斯（I. E kins）說過這樣的一種意見：『證券的使用也像印刷術一樣，在中國古時就存在，大國的需要，叛造了商業階級的財富。意大利的商人在中國學會了簿記事業、銀行事業及印刷術等等。（註一）的確，證券和印刷術，都是從中國傳入到歐州去的。中國在歐州前幾世紀，就有印刷術，並且由此而有銀行事業。當着從某一個地方把金錢轉匯到都市去的時候，銀行家便出來担負這個工作。在唐朝的時候，當銀的流通時期還未到來以前，匯票就已經使用了。到了五代和宋朝，簿記學在印刷的方法之下而開始在商人中應用起來，店主把發票同買主所買的貨物一同送給買主。船主載着貨物到了目的地，便把貨物同寄貨單一道轉給商人。商人派遣店員到船上去卸貨，他也要拿出卸載單來。』（註二）

（註一）——這個在蒙古統治的時候才發生。

（註二）——I. Edkins: "Banking and Prices in China." Shanghai. 1905, p. 10—11.

到唐朝時代，墨已成為日常的用品，它幫助小木版的印刷。紙早在一〇五年就為蔡倫所發明了。（註一）佛教實在幫助印刷事業傳播不少。

（註一）——"The Invention of Printing in China." by T. Fr. Carter. New-York, 1925.

實在說來，印刷術最顯著的成功，祇是在宋朝時代，卽是當着紙幣加緊發行而需要這個的時候，可是從唐時起已開始完成了印刷術的技術，和商品、貨幣及信用行爲的技術等等。七世紀到九世紀，證券之出現，其自身便證明這時期商業的流通是怎樣的大踏步前進。

阿剌伯的商人蘇里曼會詳細地描述過因破產而發生的訴訟的情形，這個又表示商品貨幣關係發展的極高水平。——『當着某人破了產，債主們就把他送到獄裏去，逼迫他承認自己的債務，而且在獄裏還是費用債主的錢。在一個月的牢獄完結之後，獄吏便釋放他出來，逼使他公開的申明：某人，某某的兒子，破了產，掠奪了某人，某某兒子底金錢。如果用這樣的方法而知道了破產者把自己的金錢藏匿在別人家裏，或者知道破產者有不動產或奴隸，那末每月便要把他從獄裏提出來拷打，因爲他在牢獄裏，飲食都是費用債主的，雖然債主有金錢，然而這也是債主的一個損失。』（註一）

（註一）——"Voyage du Marchand Arabe Sulaymân en Inde en Chine redigé en 851—suini de remarques par Abu Zayd Hasan (vers 916)" p. 61.

恰恰在唐朝形成了並且一直存在到滿淸末年的山西銀行家壟斷的第一個基礎。山西銀行家很快就變成了封建國家的正式的銀行家，而且成爲整千年的國內高利貸資本之主要的柱石。他們需要有維持拖欠債款之最嚴格的規則，他們需要有信用關係的調劑。國家的政權是依照他們的命令而動作。

『在昔時，山西的商人把自己的商品運輸到附近的省份去——直隸、山東、河南、陝西。他們從紀元前六百年就開始做這種活動，並且他們用當時使用的新的銅幣，或金幣交納關稅。祇是從紀元後六百年起，從唐朝起，山西的商人，由於自己的財富，由於信用交通的擴大，才成爲銀行家。銀行家把錢從一省匯到另一省，取費百分之三或少於百分之三……山西的煤，增補了山西商人與銀行家的收入。他們積累着許多資本，他們不僅能把資本借給政府，而且還把資本借給全城市的商人。』（註一）

（註一）——I. Edkins: "Banking and Prices in China," p. 25.

山西的煤是後來，從七世紀到八世紀時，才開始使用。但是在這時以前，山西的銀行家就已取得了自己的鞏固的地位。

馬克斯底資本主義以前的商業特點，已盡善盡美地向我們解釋，爲什麼在古代，在中世紀，商業資本總是與高利貸有不可分離的聯繫：

——『當商業資本在不大發展的國內的生產品交換之下起了仲介人的作用時，商業利潤不僅是欺算和欺騙的結果，而且大半，並且實實在在是從欺算和欺騙中產生出來。除却商業資本利用各國生產價格的差別，（在這個關係上，商業資本是影響商品價值的均衡和定則的），則資本主義以前的生產方法，必會引起商人資本獨佔剩餘生產品之壓榨分部——即社會中仲介人的一部分，這部分的生產實際上是指消費價值，和這一部分的經濟組織，即一般進到流通中的那一部分生產品和販賣，因此，生產品之一般的按其價值販賣，只有次要的意義；另一部分，是因爲在資本主義以前的生產方法之下，剩餘生產品之主要的所有者（商人與此有關），爲奴隸主、封建貴族、國家（如東方的暴君），這些人都是消費財富的代表，而這種消費財富就擴大了商人的網子……

……因此，商業資本，在當着優越統治是屬於它的時候，就到處表現它是一種掠奪的組織，無怪乎它的發展不論在往古和現時的商業民族中，都直接與强盜、海賊、奴隸的刼掠、殖民地的奴役等等有聯繫，如像在卡華根，在羅馬，與夫後來在威尼斯、葡萄牙、荷蘭人中。』（註一）

（註一）——馬克斯：「資本論」，第三卷，第一部，俄文本，p. 314—316.

在中國也是這樣。經常的飢饉，飢饉期之按省的輪迴，飢饉的特殊形式的週轉，所有這些，都是「轉換制度」剝削的結果。這種飢饉的週轉，經常地抬高食物的價格和經常地維持各省價格的差別。中國國家的與私人的食物投機，和封主商人混合的貿易之整個系統，都是在這個基礎上長成起來的。

在中國，封建官僚很早就感覺到，在封建奴隸私有的生產方法之下，商人資本能夠佔有剩餘生產品的大部。所以他採用自己的保險方法來反對這個。

雖然如此，但是後宮的孔子學派的文明的承担人，自然根本上仍然是消費財富的代表：朝代歷史的淪落和朝代繼承的中斷——這就是這個不能否認的證據——常常發生驅逐他們的事情，因為更新的朝代從第二第三個皇帝起就喪失了一切，只除却固有的後宮文明……美術文學或煉丹術等等例外。

因為在中國，商業整個都是欺算、欺騙、和强刼的系統，所以它自然而然會與貨幣商品和高利貸資本聯成一氣，甚至混合起來。山西的銀行家，就是一個主要的例子。

她們出世的歷史，在「資本論」上也曾詮釋過。

——『貨幣貿易與貨幣商品貿易，首先便是從國際交通上發展起來的。在各國特有幣制的存在之下，則在外國從事收買的商人，必然要把各種各色的貨幣換成純粹的銀錠或金錠，即是換成國際的貨幣。從這裏便發生兌換事業，這事業必需把它看作是現代貨幣貿易之自然發生的基礎之一。兌換銀行即是由此而發展，並且在這裏，銀或金起了一種國際的貨幣的作用，它與流通的貨幣完全不同。例如證券事業是在於發給旅行商以某一國的兌換證到另一個兌換處去取款。證券事業在羅馬，在希臘都早已得到發展。』（註一）

（註一）——馬克斯：「資本論」第三卷，第一部，p. 301——302.

在中國，從它的歷史大部分看來，都是各個省份的聯合，各個封建督府的聯合。在唐朝的時候，藩鎮甚至有世襲的政權。在各省之內，各個區域的聯繫也常似一種聯合的形式，尤其是在危急的時期。所以當唐太宗決定發行新幣的時候，他要把發行的主要機關建設在洛陽（註一），豫州，幷州，冀州和其他各省。（註二）

（註一）——洛陽爲當時的都城。

（註二）——卽河南、陝西、直隸。

他又授給兩個諸侯王每人四個造幣局，一個主要的大臣一個鑄幣廠。（註一）

（註一）——Vissering. "Chinese Currency." p. 101.

這樣看來，各省份與地方間的關係——限於貨幣流通範圍以內——是完全近於國際關係！這些關係還保存到現在。在二十世紀的初葉，還沒有郵政匯兌，如果要把金錢寄到中國以內的某省去，就需在北京把金錢儲蓄到各地有分行的適當的兌換店鋪中去。

造幣的不良，更加增加貨幣的投機。國際交通的擴張，總是把兌換的高利貸者提拔到舞台上來。大的商業靠他們的資本以與別國貿易。封建官僚藉他們的帮助以進行積纍事業。

但是高利貸資本不僅在國際關係方面生存着。它自己底下還有更堅固的，更有組織的支柱。從宗法的族長一直到高利貸和奴隸都得了它的左袒！

半原始部落的卡冷，——在古代就從中國轉徙到安南去了——到現在還統治着一種半共產主義的制度。但是如果那裏有人把自己的儲款借給鄰人，那末他那時就加於債務人一種很大的權威。——『如果在借款還期到來的時候，債務人沒有償清，那末債務人、債務人的老婆和兒子就變

成債權人獨一無二的私有財產。供給債權人的食物，就是他們唯一的責任。所以債務人便這樣地做了人家的奴隸。』（註一）

在全國範圍內的土地使用轉換制的統治，從漢朝起，便把封建官僚造成高利貸剝削的主人。奴隸私有與封建制度之從高利貸肩上長大起來，並不祗是中國一國。

（註一）——Baudesson: "Indo-China." p. 139.

——『羅馬的貴族利用那些戰爭來破壞平民，强逼平民盡軍事義務，妨害他們複生產自己勞動的條件，並且由此使他們變爲乞丐，（貧困、複生產條件之部分的或完全的喪失，在這裏起了一種統治的作用），——這些戰爭，使銅的戰利品——那時的貨幣——充滿了貴族的儲蓄庫。貴族們不直接把平民所需要的商品，麵包、馬、牛給平民，他們只把對平民無用的一些銅板借給他們，並且利用自己的地位來壓榨大宗的高利貸的利息，他們在高利貸利息的幫助之下使平民變爲自己的債務人——奴隸。在大加爾的時候，佛蘭克的農民一樣的爲戰爭弄破產了，他們什麼也沒存留，只是從債務人變爲農奴。』（註一）

（註一）——馬克斯：「資本論」，第三卷，第二部，俄文本，p. 149.

中國的歷史，堆滿了這一些類似的事件。——『在七百五十二年，南方的許多省份製造了許多壞錢。帝王家裏的親戚、銀行家、大商人以一個好錢換五個破錢來收買這些壞錢，然後把這些壞錢轉運到京城裏去，因爲在京城裏他們有强迫的行市。』他們企圖引起天子的響應，但是天子取消了這個。（註一）

（註一）——Textes historiques, p. 1427.

中國的封建制度穿上官僚的服裝，因爲它以「國家利益監視人」的資格，更好把一切有收入的職業攫取在自己手上，以至於高利貸、商業都包括在內。

高利貸資本起了獨立的作用，便是唐朝的一個中心事實。

商業的高漲，繼又隨着商業高漲而來的壞幣的鑄造，都造成一種很好的空氣以發展兌換事業，以發展高利貸資本。同外國的大的貿易，沒有大的資本便不可能。空間資本之需求，不獨一天一天在增長，而且一時一刻在增長。高利貸者能夠支配商人，就是因爲商人還不能夠獨立。高利貸者祇不過是封建官僚的乃兄乃弟吧了。

在別處，那裏還能蒐積這麼多的貨幣借貸資本的剩餘，像在這個封建組織的內部樣呢？封建官僚的組織特別在於管理農民「剩餘」之壓榨。它壓榨農民，並且任其全力來辦理這件事情。

消費財富的主人是不宜於做商人的，但是他們可以做萬惡的高利貸者。

實在也是如此。中國的史書，講到唐都貨幣流通的事情，替我們描繪出一幅有聲有色的圖畫。『在京城內，高級軍官就是積有金錢的人。他們每一個至低限度都有五十萬串錢。他們費了很高的代價買了房子，彼此競賽看誰的房子大，富有的商人中有一句俗話，說他們所賺的錢不是他們自己的，而是屬於軍隊的。地方的行政長官和地方的官吏不敢懷疑他們的話，或者甚至去詢問他們，因爲祗有高級的軍權才能使用刑法。這時候每一串錢祗算作七十枚，錫、鉛的貨幣到處都在流通。把這些壞錢讓渡給人家的人就要逮捕，所以這些人總常到高級軍官面前去服務，他們憑藉自己的保護人的力量而聚集市場上的人民，强迫他們把這些貨幣藏起來。他們也傷害官吏們的僕人。長安的官吏奏請天子勅令上級軍官約束自己部下的行動，但是天子竟不敢同意。』(註一)

(註一)——Edkins: "Banking and Prices in China." p. 104—105.

一點也不能了解中國歷史的過程——從這時候起到中國革命的時候爲止——如果你不解釋，第一、高利貸資本的主要作用，第二，封建基礎明顯的轉變爲高利貸剝削基礎。中國史之具體的特點就在這裏。

從唐朝起，在這個新的具體的歷史基礎上，開始了矛盾的發展。

土地使用與管理的「轉換制」，愈加明顯的暴露，並且不得不尋求新的「保險」，卽是官僚有組織的封建制度與高利貸資本之聯合，高利貸資本與商業資本之聯合。

在股份公司形式上的商人與高利貸者之合作，還保持到現在。封建官僚竟無恥地，直接地參加貿易，——這更使貨幣財富時常處於沒收的威嚇之下。這種形式的採用，卽是保證高利貸利息之收入，而且那時也不會使人注目，也不會失掉封建官僚等級的功勳。這種組織的殘跡到現在在中國商業的立法上還可以看到。詹姆生（Jamieson）說：『中國的公司，通常都是由兩三個支配者和一兩個投資於事業的資本家所組成，但是他們不參加公司的事務。在這種情形之下，參加者只是企業的主任，是很有名望的人，而且總是認爲最負責的人，在濫費的時候，他們都有責任，並且還不依靠企業中的他們的股份多少爲轉移。如果他們不能掩飾團體的責任，那末他們就有可能變爲不著名的參加者，卽使在這個時候，也不容易引起他們的責任心。祗是把資本投入事業但不爲公衆承認他是責任股東的參加者，雖然他在運氣來的時候能夠得到自己一部分利潤，可是他總不容易變爲債主。自然，他失去資本，就不能像別的債主一樣成爲一個債主，但是他與著名的股東比較起來，却處於一種完全相反的地位，不會經營，便會使他走入災難。』(註一)

(註一)——"Chinese Family and Commercial Law." by G. Jamieson. Shanghai. 1921, p. 121—122.

這種公司有些類似有限的股份公司，但是它的實質却由貨幣借貸資本之保險商業免除損失來決定。中國的法律，成千年都立於高利貸的衞護地位！

商人只是高利貸者的店員，高利貸者就是封建官僚之直接或間接的代表，而且常常還是直接的。高利貸資本之統治商人資本，是從封建的生產方法條件中產生出來。

整個的唐朝的制度，在一個已往的官吏，後來又變爲道教的傳教師底誡條上，都一五一十地描寫出來了。他把整個的宗教譯成了商品貨幣比重的語言。

『日間誠實地做買賣——一功。公平地同自己的股東分配利益——一功。限期清償——一功。借給鄰舍以器具——一功。承認債務——一功。發錢時保持正確的計算——一功。穀米菜蔬清白的償還——一功。歉年不要過於抬高自己穀米的價格——一功。佈施乞丐——一功。不把自己手上接來的僞幣或假票轉給別人，而寧願自己受損失——一功。無息的放債——一功。使用正確的量衡——十功。不壓迫窮苦的債務人——十功。扶助負債的家庭恢復事業——百功。

鑄造僞幣——百罪。浪費祖遺的財產——百罪。過於壓迫窮苦的債務人——百罪。佔奪別人的土地——五十罪。引誘別人賭博——十罪。賭博上欺騙別人——一罪。不義的强索人家的金錢——十罪。利用親人的貧困——十罪。在歉年過貴出賣自己的穀米——一罪。苛算——五罪。威逼人家在價值以下出讓自己的家產——五罪。支付僞幣與假票——三罪」。（註二）

（註二）——"Histoire des croyances religieuses et des opinions philosophiques en Chine," par le P. Leon Wieger. 2—e Edition. 1922. p. 587.——這個誡條的作者生於七五八年，歿於八〇五年。他的誡條是非常通俗的。

這一個使人厭倦的道士商人的簿記，就是商業高利貸的寫眞。

一般中世紀的商業，特別是中國中世紀的商業，成了封建制度的上層建築。在國內市場上，一方面，有財產的人，封建高利貸者，和商人等等上層是市場上的收買人，另一方面，就是爲飢饉，爲苛捐雜稅以致於破產的農民。這個國內市場，是封建的壓榨與農民經濟的破產共同糾造而成。貿易狀況，在這個市場上，是依飢饉的循環爲轉移的。

如果你注意到這些，那末你就會了解，爲什麽一切稍爲大點的商業的高漲，首先都是對外貿易的增長和國際關係的發展所引起的。而對外貿易的發展又總是由於東土耳其斯坦之奪取而形成。

斯坦（Aurel Stein）在東土耳其斯坦的發掘，無可否認地，證明了唐朝商業流通之廣泛的範圍。斯坦說：『在吐魯蕃，我們找到了比贊第（古土耳其京城）的金幣，這些金幣是放在死者的嘴裏，還有沙撒尼特（Sassanid）時代的銀幣也放在死者的眼上。（註一）此外還有一種把屍體裹在各種不同的織物裏面的習慣，也使我們得到許多美術絲織品的豐富的材料。在這些材料裏面還有大宗的花緞，和許多別種繪着圖畫的裝飾品，這些圖畫普通都是沙撒尼特時代的波斯製造品上所刻畫的。同時還找着許多爲綴點坟墓而豫製的絲綢的藝術的肖像和大批的稿本，主要的都是中國的。』（註二）

（註一）——中國也像中亞細亞一樣，有這一種習慣，在埋葬死者的時候，把一些貴重的東西放在死者的嘴上和眼上。據死者親族的意見，這些東西在「下界」對死者是極有用的。

（註二）——"A Third Journey of Exploration in Central Asia." by Aurel Stein. p. 46.

這些古代的坟墓——自然是屬於中國商人和官吏的——表示出唐朝富有的上層，認爲這是特別貴重的東西，但是最貴重的東西，却是當時最貴重的需用品，它爲着滿足死人的需要而埋送到坟墓中去了。

雖然六世紀的中葉，比賀第曾經運進一些絲繭，可是中國絲的貿易仍然是很興旺的。除絲以外，還有其他商品以及穀米等等的輸出，因爲我們知道，在六百八十三年，穀米的出口曾經被禁止過。

十九世紀的阿剌伯的地理學家亞布爾—卡整盟—烏巴衣特—阿拉(Abul—Kazim—Ubaid—Al'a) 證明在第一個中國的港口裏，可以找到「最好的中國的鐵、磁器、和米」。(註一)

(註一)——Yule. Cathay. Volume I, p. 135.

鐵的製造品當時在歐洲是很稀少的。『鐵的生產，及到十二世紀，還不見得有什麽進步。一件鐵甲要值六頭牡牛，或十二頭牝牛，帶子要值三頭牛，盔六頭，劍七頭。』(註一)

(註一)——P. Boissonnade: "Le Travail dans l'Europe Chretienne au Moyen Age (V—XV Siecle.)" Parsi 1921, p. 132.

從八百四十七年到八百五十九年，中國五金的開採如下：

銀……二五〇〇〇兩。（三三、三三三啢）。

銅……三八九噸，一、九七三英磅。

鉛……六八噸，六八〇英磅。

錫……一噸，二六七英磅。

鐵……三一六噸，一、四九三英磅。（註一）

（註一）—— W. Collins. p. 12.

上面所引的這一個表，是從政府的報告掇捨而成，所以還有糾正的餘地：因爲地方的官吏常常把全部收入塞進自己的腰包去了。

另一方面，大家都知道，在北周的時候（五七七——五八九年），陝西東部，黃河轉彎的附近處，就有一些大的武器製造場。企業是由政府官吏來管理，而且企業裏面達到八千工人之多。在唐朝的時候（六一八——九一七年），工業的重心就轉移到揚子江流域來了。（註一）

（註一）—— Tegengren. p. 305.

農奴與罪犯都在礦山裏工作。中國史上說：（八二七年），『礦山的收入，都落入地方政府的腰包，因爲這個，所以全國礦山的收入，便降落到不上七萬串銅錢，卽是少於從一個地方收來的茶葉稅。』（註一）

（註一）—— Collins. p. 12.

茶葉稅第一次實行是在七百八十三年。從這個證明看來，很清楚，除絲之外，那時茶葉在貿易上也起了一個很大的作用。

據 Chau Ju-Kua 的說話，阿剌伯人在一百六十六年，就已派遣自己的公使到漢室來了，在晉朝的時候（二八〇——二八九年），他們又是如此。（註一）在四、五、六、幾世紀中，東京的海盜，幾乎橫行於南海，一切商業的交通都斷絕了。但是至七世紀又發生一個轉變。

（註一）——"Chau Ju-Kua, his work on the Chinese and Arab Trade in the 12th and 13th centuries," trans., by Fr. Hirth and W. Rockhill, 1912. St. Petersburg. p. 103—105.

從六世紀到七世紀，『阿剌伯的商人由錫拉夫（Siraf）和阿爾姆慈（Ormuz）沿波斯灣到了印度河口……他們到了加爾格達和馬拿巴（Malabar）沿岸其他各港。』（註一）

(註一)——"Mediaeval India," by Stanley Lane Poole. 1903. p. 5.

在七世紀時候，『阿剌伯的商人，排除了在爪哇、在馬來半島在安南的印度的殖民地，並且在遠東與波斯之間的各個地方開設了自己的工廠，同樣的在廣州，在其他中國各港口也有阿剌伯商人的工廠存在，……阿剌伯人不久就遇到自己的競爭者了。阿剌伯人的勢力範圍，幾乎都爲那個從海道而來的，在商業上凌駕阿剌伯人的，和與中國商業交通最擴張的波斯人所沉浸了。沒有絲毫懷疑，在唐朝的時候，那種最興旺的商業，是由於阿剌伯人與波斯人的經營才有這樣大的成功。當時的關稅已經在寧波、杭州、泉州和廣州等處設立起來。』(註一)

(註一)——Brinkley, "China" volume 10, p. 140.

外國的船舶有三種：二十噸的、六十噸的、和一百八十噸的，在廣州一處，就有七百個關稅吏。(註一)

(註一)——Philipps: "China Review". VIII, p. 31.

阿剌伯的商人蘇里曼說，『中國商船的大部分都是裝載往錫拉夫(Siraf)(註一)去，並且從錫拉夫裝載到中國來；商品從巴士拉(Basra)，阿曼(Oman)、及其他港口運送到那兒去，這些商品都是由中國船舶運到錫拉夫來，在這個港口裏商品是需要駁載的，因爲這裏的海（波斯灣）浪太大，而且水又甚淺。』（註一）由波斯灣東岸的瑪史卡狄（M.scat）到廣州，要經過四個月的路程。

（註一）——在現時波斯灣的塔奚勒赫（Tâhireh）城附近。

（註二）——"Vayaye du Mrchand Arabe Sulaymân en Inde et en Chine redigé en 851—Suivi de remarques par Abu Zayd Hasan (Vers 916)," p. 39.

在馬來岸，每一個中國的船舶應納進口稅一、○○○法郎，而別國的船舶則少些，只納二二二二○法郎（都是以現時的法郎計算）。

波斯人、阿剌伯人以及其他各國的人也同樣的利用通雲南的陸道。（註一）

（註一）——Brinkley, p. 142.

在「阿剌伯商人蘇里曼的旅行」中，我們還可以看到『當着船員由灣道來到中國時，啣命而來管理這種事情的中國人，把他們的商品收集起來，並且把它儲藏到堆棧裏去。他們替他們保管六個月，直到再沒有乘順風而來的船舶來時爲止。那時候，中國人强要徵百分之三十的進口稅，

而其餘的商品便還給商人。』（註一）

（註一）—— Brinkley p. 54.

蘇里曼指出當時剛剛流通的磁器貿易，而且也指出茶葉貿易在當時已經達到很大的範圍。他說：『我想，國家每天從廣州所收到的款額，總在五〇、〇〇〇第納爾以上，可是廣州還不是中國城市之最大的。』（註一）

（註一）—— Brinkley. p. 58.

蘇里曼還有一個關於廣州的外國區域制度的叙述。——『在萬商雲集的廣州，中國的皇帝委托一個回教徒來處理那些經過中國皇帝同意從各國到中國來的所有的回教徒的事件。這一個人在節期的時候，就要領導回教儀式之執行。（註一）伊拉克(Irak)（註二）的商人總是要服從這個人的處置。』（註三）

（註一）——這個人就是回教的祖師。

（註二）—— Brinkley. p. 38.

（註三）——阿喇伯人的競爭者。

這樣看來，中國在八世紀至九世紀的時候，就有了外國的租界，而且還有了治外法權。中國封建制度，老早就準備把中國人民斷送於帝國主義的鐵蹄蹂躪之下！

廣東的史志上，曾經說到一些饒有興趣的關於從安南、從漢博（Kambogue）從緬甸諸國而來的「外國人」生活狀態。

——『他們請求中國皇帝准許他們在廣州住，和接受他們，他們在廣州建築一些漂亮的房屋，房屋的建築完全與我們不同。他們非常殷富，並且服從他們自己所選的首領，他們的人數既多，加之自己又富强，所以他們能自由地壓迫中國人民。』（註一）

（註一）——"Le Mohametanisme en Chine" par Thiersant. Tome I. Paris. 1878. P. 19——20.

商人高利貸的僑民，不獨是從海洋，而且還從中亞細亞的深山窮谷中跑到中國來。

『回教徒的歷史家說，許多回教徒為的發財起見，都從布哈爾和吐蘭梭克散尼跑到中國來；他們利用回教王與中國皇帝之間的好關係而在長安經商，並且他們得到中國皇帝的允許在那兒居住，和建設自己的事業，（註一）——第一個回教寺院——回商平安的證明——於七百四十二年就在西安府（即長安）建築起來了。』（註二）

（註一）——Le Mohametanisme en Chine, par Thiersant .Tome I. Paris. 1878, p. 68.

（註二）——前書，p. 84.

中國的封建官僚，對外來的投機商人的關係之親切達到如何程度，我們可以按照那個爲便利外國人來往而施行的護照制度來說明。這裏我們又要引用蘇里曼的說話。

『誰若要從這一個地方另到一個地方去，那末就要携帶兩紙證書：一紙是省長發給的，另一紙是當地官吏發給的。這就是沿途所用的護照。在護照上寫了執照人的名字，他的同伴人，他的年齡，同伴人的年齡、和國籍。所有在中國的旅行商，不論是中國人，或阿刺伯人，或別國人，都應有自己的證書。至於地方官吏所發給的證書，它要詳細寫明商人所携帶的金錢和貨物，因爲沿路設有崗警，他們都會要求這兩紙證明書看。當着商人到了最後的一個崗位，檢查護照的人便在執照上簽上了這樣的一個花押：「某某人到了此地，某人的兒子，某國籍，某日，某月，某年，身邊帶了某些東西，某某人伴他而來。」這些方法之採用，是爲便旅行商不致損失金錢，也不致損失商品。萬一旅行商有所損失，那末這樣就知道損失是如何發生，並且好賠償他的損失，如果商人死了，他的財產也好歸還他的繼承者。』（註一）

（註一）——"Voyage dn marchand Arabe Sulayman en Inde et en Chine redige en 851——Suivi remarques par Abu Zayd Hasan (Vers 916)" p. 59—60.

「先進的」歐洲，在這個時候，還不會想到這樣的一種制度。直到後來，商人才在那裏誠惶誠恐地穿過無數的封建强盜的連營。

外國商人和高利貸者都是土著的封建高利貸組織的股東。

所以中國的政府不惜努力引誘他們到本國來，利用他們做封建高利貸剝削的輔助機關。中國政府徵收他們的租稅，他們幫助中國政府來壓榨「剩餘」。

阿布—沙衣特斷定八百七十五年所爆發的和使唐朝完結的偉大的農民暴動，消滅了「十二萬回民」。國民的暴動，首先便毀滅了這些外國的商人和高利貸者。

中世紀的商業，不僅是欺算的、欺騙的、刼掠的組織，牠還假外國商業高利貸資本的代表之助實現了這個任務。集中化的動作便如此這般地達到了。

不言而喻，集中化的階級矛盾之爆發，也必不可免地要隨着這些而來！

第十八章　從封建剝削轉變到高利貸剝削

在唐朝的時候，高利貸是含有獨立意義的一種新勢力。

高利貸到處都「破毀已存的生產方法」。（註一）這就是它的標本特點。

（註一）——馬克斯，「資本論」，第一卷，第二部，第一五〇頁。

「高利貸把財富集中起來，特別是在貨幣財富的形式上，這只是在那些生產方法割成碎片的地方，因此這些地方的工人也像小農、小商人一樣，是相當獨立地在生產，猶之乎農民或手工業者都沒有什麼差別。這種農民是否是農奴呢？他（高利貸者）在此不僅擅有在農奴自身支配之下的剩餘勞動之部，或擅有全部的剩餘生產品，他在此對農民的關係是對自由農民等等的關係；他佔有生產工具、農民等等又成爲生產工具之經常的所有者；他在這個生產上對農民等等的關係是一種所有者的關係。高利貸是建築在這個基礎上，這個生產方法上；他不變更這些基礎和方法，而只是像寄生蟲一樣寄生在這個基礎和方法上，以致於把這些基礎和方法弄成一種極可憐的狀況。

他吸竭它，枯絕它，並且使到複生產在最可怕的條件之下進行。從這裏所產生的人民反對高利貸的恨心，甚至在古代的關係之下，卽是在一定的生產關係之下——生產者之私有生產工具——同樣的也成爲政治關係的基礎，公民獨立的基礎。這個，當着工人已經沒有生產工具的時候，才會廢止。同樣高利貸的權力也會廢止。另一方面，當奴隸佔有統治，或剩餘勞動爲封主及其臣僚所呑滅，並且他們陷落於高利貸的權力之下時，那時生產方法依然如舊；不過它變成了更殘酷的東西吧了。奴隸主或封主一經負了債，他就更儘力來吸取，因爲還有人來吸取他的；或者，結果他讓位於高利貸者，而使高利貸者成爲地主等等，像古羅馬的騎士等等一樣。於是殘忍的、貪婪的、無深思遠慮的人便代替古代的剝削者——剝削者的剝削是有相當的政權工具——而出現了。但是這個生產方法依然沒有變更。』（註一）

（註一）——馬克斯，「剩餘價值論」，第三卷，1924，俄文本，p. 404——405.

在那些整個社會制度建築在閉關自守的自足經濟的封建剝削之上的地方，那裏封主便把農民經濟與市場隔離起來，高利貸破壞自然的基礎，經過封建的上層，而在上面起作用。那裏封建的徭役經濟和隸農經濟聯合爲一個整個的。那裏要破壞自然經濟的關係，除却經過上層而外，沒有別的可走的道路。歐洲和日本的封建制度的歷史，有許多很好的例子可以解釋這個。

中國却有些不同。這裡自然經濟範圍之開放是經常的現象。這裏是强盜支配的轉換制度在統治。這裏封建的剝削到了生產基本前提破壞之後還不休止。在中國也像在東方的一切國家一樣，封建制度之存在是與一般經濟衰落與瓦解時期之經常的重復相符合的。至於注意一般生產條件之有計劃的維持，那不是封建統治的責任。在東方，人工灌溉的必然，與夫與此有聯繫的飢饉的威嚇，才把封建制度推向官僚集中化這方面去。可是，它實際上無力量來解決它面前所提出來的任務，因而這個集中化只是帶着一種幻想的性質，並且還會走到保險封建官僚不致「偶然」消滅剝削的泉源。（註一）

（註一）——與軍事封建之統治被征服民族有關聯的同人底神權政治就是如此。參看「東方問題」，一九二二年出版，俄文本。

在這種情形之下，高利貸前面有廣闊的活動的餘地。它褫奪農民的生產工具，甚至還常常褫奪他有名無實的私有者的名義。高利貸者在這裏始終變成了地主，爲封建官僚特權所授予的地主。地主，誠然，是不嫉妬高利貸底剝削的。如果土地上的出路愈不穩固，則轉向高利貸事業也就愈多。

高利貸爲封建統治的轉換制所養成，同時它也是這些條件裏面的封建剝削之保險的顯著手段。

中國的農民，不知道公民的獨立性，因爲在中國轉變到農業是由於農民之封建的附著於土地而完成。

在唐朝，高利貸廣泛地散佈了自己的觸角，第一，是國際貿易擴大的影響；第二，是中國基本省分內土地之野蠻壓榨的結果。

唐朝的賦稅制度，原來是憑藉於農戶的三重剝削：每戶按照國家分配的程序去領取土地，（註一）必需：（一）每人交納兩石米作地租；（二）每年交納一定量的絲或蔴；（三）每一個男子都要担負徭役——每年由二十天到五十天。此外，還要担任軍事義務。（註二）

（註一）——允許二十畝土地作爲永久的私有財產；此外，還給每個男子八十畝土地作爲終身使用，（到六十歲爲止）。

（註二）——Lee. p. 230.

在各地方，一家人還祗領得十畝到十五畝的耕地。其結果，『假定人民有好的收成，那末在交納租稅給政府之後，他還缺乏成半年的糧食。』（註一）應不應該補充一句，這不論是對逃荒，不論是對高利貸，都造成了一個很好的基礎？

（註一）——Lee. p. 237.

在七世紀的下半期，『旱災與飢饉並作，准許人民在天子的園囿中收集枯枝和捕魚。』（註一）

（註一）——Lee. p. 275.

自然夠明白，這個園囿擴張到怎樣大！

朝代史帶着特別興奮的神氣說，七百四十年，『那時官府的調查有過這樣的數目字：八、四一二、八〇〇戶；四八、一七三、六〇〇人口。幸福也從這裡出現了。兩京中的穀價還不到三十錢一石。別的糧食也很便宜。帝國這般富庶和這般太平，以至不用什麼武裝可以旅行萬里之遙。』（註一）

（註一）——Textes historiques. p. 1418.

但是幸福只是曇花之一現。與西藏人等等的大爭小鬥，又很快地降到衰敗的地位，七百六十四年的時候，中國統計起來只有二、九〇〇、〇〇〇戶和一六、九〇〇、〇〇〇人口了。（註一）

（註一）—— Henri Cordier. "Historie generale de la Chine." I. Paris. 1920 p. 484.

這些封建的歷史因爲每個外部的衝突或內部的危機而經常的陷落，除却封建統治一般的不穩同表現之外，它還表現出它在軍事上的軟弱，在羅馬，小私有是政治的德謨克拉西之基礎，高利貸與奴隸私有的發展埋葬了「城市國家」的政治權力。

在中國，土地使用與管理的轉換制，首先就掘壞了封建國家的軍事力量。高利貸與封建剝削之合併，更加加重了這個制度的毒害結果。

中國的農民從來就沒做過公民。他只是農奴、奴隸吧了。封建的壓榨破壞了軍事權力，——同樣它也破壞了社會生產最初步的基礎。

唐代是中國封建制度表現軍事勇氣最不多見的時朔之一。那種有訓練的，有組織的，有武裝設備的常備軍，就是爲着掠奪政策之實現而必需的。

『太宗貞觀十年，更號統軍爲折衝都尉，別將爲果毅都尉，諸府總曰折衝府。凡天下十道，置府六百三十四，皆有名號，而關內二百六十有一，皆以隸諸衛。凡府三等，兵千二百人爲上，千人爲中，八百人爲下。府置折衝都尉一人，左右果毅都尉各一人，長史兵曹別將各一人，校尉六人。士以三百人爲團，團有校尉，五十人爲隊，隊有正。十人爲火，火有長。火備六馱馬、凡火具、烏布、幕鐵、馬盂、布槽、鍤鑊、鑿碓、筐斧、鉗鋸、皆一，甲牀二，鎌二，隊具火鑽一，胸馬繩一，首羈足絆皆三人，具弓一，矢三十，胡祿、橫刀、礪石、大觽、氈帽、氈裝、行縢、皆一，麥飯九斗，米二斗，皆自備，幷其介胄戎具，藏於庫，有所征行，則視其入而出給之。其番上宿衞者，惟給弓矢橫刀而已。凡民年二十爲兵，六十而免，其前騎而射者，爲越騎，其餘爲步兵。』（註一）

（註一）——Werner: "China of the Chinese," p. 176.（歐陽修新唐書兵志）

這是軍事上精細分工之應用。

但是最後的結果怎樣呢？

軍隊的給養太貴。所以軍隊經常的供給便以自然的刦掠去代替。

『及府兵法壞，而方鎭盛，武夫悍將，雖無事時，據要險，專方面，既有其土地，又有其人民，又有其甲兵，又有其財富，以布列於天下。然則方鎭不得不彊，京師不得不弱。……』（註一）

（註一）——伊凡諸夫：「王安石及其改革」，1909, p. 10.（見歐陽修新唐書兵志）

這個制度是「轉換制」之簡單的應用於軍隊的供給上。軍隊自己打理自己的給養，並且自己去鑽營收入的泉源。這種情形，就會引起公民的「文士」官僚與軍事官僚的衝突。玄宗企圖把軍事官僚提到公民文士官僚同等的位置，所以他除却崇拜孔子之外，還規定有特別崇拜軍事「英雄」，崇拜太宗皇帝之舉。（註一）因爲「文士」貴族的反抗，結果逼迫他把這一個崇拜取消了。

（註一）——"Memoires," V. p. 366——367.

軍隊的給養，引起了一切新而又新的苛捐雜稅。那時候，飢饉和逃荒致使農業工人之不敷用。「權富之家」兼併了農民的小小的私有財產。在羅馬，平民之破產與夫平民之變爲柯蘭（服軍役之人）和奴隸，其結果便使羅馬軍隊「野蠻化」。

中國的封建制度，幾乎經常地僱用騎兵。唐朝的天子曾經有一種土耳其的騎兵。但是中國軍隊野蠻化却是從另一端發生。封建高利貸的剝削，不僅吞滅了獨立的小農，它實在還吞滅了中國軍隊人員的成份，軍隊補充的泉源。

如果把自己固定的、畢生的一點土地賣掉了，那末農民就從政府勢力範圍之內消失了，他只是一種担負苛捐雜稅的人，担負軍役的人。他老老實實要走到不法的地位去。其他出路是沒有的，如果他家裏成半年「沒飯吃」的話。

政府之貪逐農民，第一着是爲的關懷自己的防衛。這裏中國封建制度兩個面孔的楊斯，不能不小心翼翼地努力回轉面孔來對着自己！但是這個宅沒有得到好的結果。

八世紀的初葉，情形還是這樣：

不納稅的戶口——三、五六五、五〇一；納稅的戶口——五、三四九、二八〇；不納稅的人丁——四四、七〇〇、九八八；納稅的人丁——八、二〇八、三二一。（註一）

（註一）——Lee: p. 238. 這時期用强迫拷問的方法發現了八十萬「隱匿的」戶口。

這些數目字可以證明：「國家的」封建制度在這時期恰好比私人的封建制度弱得五倍有半，宅少過五倍半的納稅戶口。這個相互的關係，就是世襲的藩鎭要反對所謂中央政府和叛離中央政府的原因。

權富之家把農奴和奴隸據爲己有，用種種方法不讓自己的農奴去服兵役。他們必需從國家把農奴中途奪回。

封建國家正式地在「吞併農民的」所有者面前，在高利貸面前投降，率在八百七十年。那時農民從土地上解放出來和從軍役中解放出來正合着剝削農民的封主們和高利貸者的意志而徹底地獲得勝利了。

每年兩次徵收各種私有財產的單一稅，便代以前的賦稅制度而實現了。軍役之解除也和納稅分開了。兵士不納賦稅，納賦稅的人就不當兵。土地買賣範圍之內的一切危機都消滅了，——在土地佔有的制限上亦復如此。

楊炎便是這個改革的領導人。如果秦朝的宰相商鞅在紀元前三百五十年宣佈土地爲商品，那末唐朝的宰相楊炎就澈頭澈腦地把土地看作一切商品了。

楊炎提出自己的方案說，『在現時情形之下，對於政府最重要的只是某一些私有財產提供政府的收入；而私有財產是屬於一人或多人的，國家或私人的，這個問題現時還不大重要，雖然在別種意義上說它也是很重要的！所以不論私人的土地或國家的土地所提供政府的收入，也不論是一個人或幾個人所交給政府的地租，在地稅徵收之下，它對政府都是一樣。……不單是一種土地可供國家收入的泉源；商業和其他營業在其高度發展時，它在提供私人和國家的利益上，也不亞於土地所提供的利益。所以不論在國家對土地私有的保管上——每年在土地的收發上討得特別的麻煩——不論在農民之間土地的均配上，都值不得去注意。頂好是讓每個人自由佔領土地，儘他的力量能佔領多少就佔領多少，像在別種私有財產法律上一樣，不加任何限制。至於沒有土地的貧民應該特別注意把土地分給他們。這個私有財產的喪失，不僅是由於繁重的租稅使然，而且還由於每個人不會打算與處理自己的財產；如果貧民一連幾次沒有得到土地，那末他們只要在不好的環境到來時，他們總要把土地拋棄或賣掉。在現時，政府對這種人民之唯一的補救，就是不向他們徵收絲毫賦稅，如是才能提高他們的力量和滿足，並且也因此而把沒有土地的人從地租和義務中解放出來。

『各種政府爲管理租稅起見不僅是要注意到土地私有財產的管理。（註一）如果這是政府的責任，那末其所以不注意於別種私有財產的管理，祇是因爲私有財產是有利於私有者，爲什麼政府不去利用別種私有財產的收入像利用土地私有一樣？』（註二）

（註一）——這種「均配」的注意，實際上祇是荒土開拓與剝削的企圖而已。

（註二）——察哈諾夫：Tome II, p. 24—26.

試問，在八世紀時，在世界歷史的篇幅上，找得出幾個這樣直諫和這樣拚命擁護無人格的貨幣權威的例子來！楊炎毫不客氣地宣佈貨幣的統治權威，和貨幣之對一切商品財富的具體形式之至高無上的統治。他親口說出借貸利息在當時是價值增長之最普遍和最普汎的形式。封主與封建官吏之變爲高利貸者與夫高利貸者之變爲封主、封建官吏，在當時已完全見諸實行了。

爲迎合高利貸起見，甚至犧牲軍事安全的利益。由窮苦的無產階級隊伍所組成的軍隊，就是羅馬國家滅亡的先兆。隨着窮苦的無產階級而參加到軍隊組織中去的又有許多「野蠻人」，他們漸漸取得了和彼此分配了羅馬的傳統。

在中國，軍隊在七百八十年之後就公開地變爲過剩的農業人口和「野蠻人」的軍隊了，它保持中國的封建制度在中國全國範圍之內那種掠奪「權」的交換。

過剩的農業人口常常不是有餓死的危險，便是有變爲奴隸的危險。到軍隊中去服役，在這裏看來，還是一種很小的災難。

統治階級用這種方法替人民的不滿造出了些少氣孔。但是另一方面却把由封建與高利貸破壞農民私有財產所產生的階級矛盾轉移到軍隊中去了。所以軍隊不僅參加一切封建的暴動，而且參加一切人民的暴動。

農村經濟生產之一般的和必需的前提，也與農民的土地私有財產一同滅絕了。這個破壞的速率在七百八十年以後愈更加强。馬克斯曾經講過高利貸的這一個實質，他說，由於高利貸，「被生產是在最可怕的條件之下進行」。

在楊炎的改革以前，水利的强佔，就已達到可怕的程度。這就是許多例子之一：『在昔時，清河與白河的水源，灌溉三四〇、〇〇〇畝土地。但是現在，這兩河却在殷富的商人手上，他們奪去了水的寶藏。其結果水要藉堤壩和運河之助才能導入田中，河流自然地停止了。這樣一來，現在水只能灌溉一〇、〇〇〇畝土地。』(註一)

(註一)——Lee: p. 234.

我們從中國史上知道古時河流的轉移，這個明白地表示出事情達到了什麼田地。——史書上說：『官吏勉强的濫用，把湖沼都弄枯竭了。』(註一)

(註一)——察哈諾夫：——Tome I, p. 165.

土地的枯竭在這時期是一天一天地加厲；中國史書上說，『如果揚子和渭水流域附近的田莊有點收成，那末它所供給的不只一省；如果這裏收成不好，那末他省，要同罹其害。總的命運的過程是繫之於東南的。』(註一)在北方，在中國基本省份之內，土地的枯竭是過於厲害了，現在也不能期望那兒的幫助。甚至最肥沃的土地也驚不起高利貸利息的壓榨。

(註一)—— Lee: p. 248

農民幾乎用赤手空拳去耕種這種枯竭的土地。——因為我們知道，在有一個暴動之後，農民得到一個特別的命令，三家同用一牛。(註一)

(註一)—— Lee: p. 248.

耕地的減縮，不言而喻，是達於最緊張的狀態了。

農民羣衆從一地流浪到另一地去吃食，走到某處就食宿在某處。

唐朝初年，曾經頒佈一個勅令，禁止地主做商人。(註一)所謂商人也者，自然是帶着一點小小的資財而到處做買賣的小行商。

(註一)—— Lee: p. 232.

『八世紀末葉，——巴克爾(Parker)說——皇帝命令制止用奴隸和奴婢作貢品，(當時各省都把奴隸和奴婢送到宮中去當作一種貢品或賦稅）……雖然如此可是奴隸市場在私人方面還是存在，並且全國的自由民也是當作一種奴隸去買賣。』（註一）

（註一）——"China Past and Present." p. 399-400.

爲高利貸所支配的封建制度，不論在中央，在地方，只要它能夠吞滅一切，它就毫不客氣地吞滅一切。

彌漫國都的那種對歉收和飢饉之不絕的怨言，總是年復一年。

封建高利貸掠奪之强拗，都盡情爲帶着相當獃子氣的和軼聞趣事般的中國皇朝史所掩蔽了。譬如，在七百五十七年，『人民吃茶葉、吃紙、吃馬、吃鼠；（註一）軍官則殺了自己的愛妾去犒賞兵士。』（註二）

（註一）——在中國，鼠之用作食品，原由這個飢荒的習慣中產生出來。

（註二）——E. Faber: p. 125.

這一種後宮的慈善家，是可以找得車載斗量的。這就是所舉的一段可怕的插話：人民爲後宮中的「剩餘」所激動而暴動起來了。皇帝坐上戰車，帶着「自己無益於後宮的妻妾」出發到前方去

了。(註一)

(註一)——Textes historixues. p. 1405.

在七百六十五年，一斗米要值一千錢。但這並不妨害「天子」下年從自己的藩鎮那裏去搜括二十四萬串錢的壽禮。(註一)

(註一)——E. Faber. p. 126.

高利貸從上面，從下面都破壞了封建的生產方法。

利息是取之於成百萬的飢民的！

唐朝僞幣的製造可以說是一日千里。七百二十九年，逼使政府頒佈命令，「規定國家壟斷銅、錫、鉛等等的開採」。(註一) 私人的僞幣鑄造阻礙了國家的鑄造，造幣價格之低落竟達到這樣的速度，即是在八世紀下半期，人民不得不乞求簡單的磨穀石頭之助，而使用石頭做貨幣的單位。(註二) 這些石頭有一種固定的交換價值。這是很顯然的：高利貸實際上不是把石頭放在離開農民自然經濟的石頭上，商業既然是以農民剩餘作貿易的商業，則商業亦同樣就會衰落。封建高利貸致富的泉源就會消滅。高利貸的權威也就會與農民的破產一同減少。在唐朝統治時，第一次企圖過發行紙幣。

(註一)── Textes historiques. p. 1411.

(註二)── Vissering: "The Chinese Currency." p. 115.

八世紀之初，『禁止銅器使用，因爲造幣又見缺乏了。這時候到京裏來的行商，運來了一些在遠省所收到的貨幣。並且他們把這些貨幣放到國家銀行裏去。於是軍事的和公民的官吏以及富家等等便接收了這些款項。（由於這個，行商們才能夠平安地旅行於全國）。而行商們則接受一種替代自己原有貨幣的匯票；從這裏便產生了有所謂「飛幣」的稱號。』(註一)

(註一)── Vissering. "Chinese Currency". p. 120.按Vissering此處係迻譯馬端臨語，可參看文獻通考。

這些匯票可以兌換現金，而且它到處自由流通。不言而喻，起初──在這些匯票發行可以等於現金的時候──它是有很高的價格的。所以官吏們都提議拒絕把這種「飛幣」發給商人。(註一)

(註一)── Vissering. 同書，p. 120.

這裏，中國的封建國家，又表現出一種新的作用，──兌換的作用。

中央的上層，按照高利貸活動圈地減縮的程度，企圖把一切貨幣的財源攫取在自己手上，

——「八百十七年，頒佈了天子的命令，要現在一切軍事的和公民的官吏，不拘等級，——同樣政府所委派的各省各地方的全權官吏也在內——以及下級兵士、商人、教堂、寺觀等等，都不許存有五千串錢以上的現金。誰的財產超過了這個規定的數目，誰就必需在一月之內把自己的貨幣在市面上去用掉。如果在這個限期之內還積有貨幣，那末他們就應該請求展期，但是展限的時期不得超過兩月以上。在這個限期中，私人（！）如果破壞法律，便要處以死刑。自此以後，人民(!?)都將貨幣去收買大塊的地皮和房子，而把自己的財富變爲土地的私有財產和貴重的物件，因爲這些東西更能提供他們以大宗的利益。」（註一）

（註一）—— Vissering. 同書，p. 122—123.（看參馬端臨文獻通考）

從八百零六年到八百二十一年，『各地的造幣廠每年發行銅錢的串數，計達十三萬五千之多。』（註一）

（註一）——Edkins: "Banking and Prices in China" p. 75.

缺少鑄造貨幣的銅，這便推動政府採取更厲害的方法。

七百七十九年以前，鹽稅可供給六十萬串錢。後來在鹽稅加以整頓之後，國庫每年的總收入

便增加到一千二百萬串錢了，這個數目的大半都是從鹽稅上收來的。(註一)

(註一)——Faber:「Chronological Handbook, p. 127.

每家徵收鹽稅二百至一千錢之多。如果有鹽的「禁品」之製造。便處以極刑。

過了幾十年之後，銅幣的製造，就跌落到十三萬五千串了！

武宗(註一)曾頒佈一些威嚇的命令，「禁止人民用桑樹做燃料」。

(註一)——841—846年。

——『栽桑的土地，如果兩年以上拋棄不耕，便應租佃別人，爲使土地不致荒蕪與凋落故也。』(註一)

(註一)—— Lee: p. 259.

——中國的封建制度，百般地努力保持自己在絲的貿易方面的領導權，因爲這是他們致富的一個最主要的泉源。

封建的官僚，爲着要掩飾自己的醜態，企圖假別人的犧牲來軟化農業的危機，他沒收了佛教寺觀大宗的土地。

逃荒——這是官僚有組織的封建制度的產物——首先便養大了强有力的廟堂封主來。人們「爲要避免國家的義務，於是大家都去做和尚」。（註一）

（註二）——察哈諾夫，Tome I. p. 165.

難怪和尚們說，「他們每個人要吃十家的收入」。（註一）

（註一）—— Textes historiques. p. 1497.

在這些「神的田莊上」，是奴隸和農奴在耕作。但是不論是土地，不論是工人，都需要一種凡世的力量：土地，是應該些少減輕那由强佔所引起的土地的瘠薄；工人，是應該逐一減弱那爲耕作這些廣大地皮所必需的工人的不足。

這就是凡世封主的領袖要用那種罪狀般的和威脅般的命令來破壞廟堂的諸侯：

『佛教徒的數量，不論在城市中，在都市中，甚至在皇宮中，年年都有增加。佛廟也愈加愈多地建築起來。人民竭盡自己的綿力來建築這些廟宇，耗盡自己的資財來修葺這些東西，此外，人們還要替他們的神主們服務，並且把自己的家人去侍奉和尚……男人一忽視耕作，則飢饉立見；女人一忽視蠶桑，則凍餒是臨……。』（註一）

（註一）——Textes historiques' p. 1491.

所以在八百四十五年，消滅了四千六百所廟宇和浮屠，取締了四萬小寺觀。挽回了二六〇、五〇〇人重入凡世，在這個數目之內，包含着十五萬奴隸與農奴……。（註一）

（註一）——Textes historiques. p. 1490.

在東方的佛教，正像在西方的卡特立教一樣，它是封建制度的一種廟堂形式。

佛教那時候（尤其是後來）在日本更起了很大的作用。那兒『教堂爲增加自己的權力起見，而直接參加封建等級的組織。如像大寺院的僧長，有自己的領地，有自己的奴婢；他們同樣也有自己的兵士；有爲寺院所僱傭的武裝的和尙。在西京河流域與 Bira 湖間的Heizan山上，有三千多的寺觀，這些寺觀都是日本羣島之最有力量的政治與軍事的聯合：他們的財富是無限制的；他們的軍隊——由和尙與武士所組成的——是多至不可勝數，並且很勇敢和很有訓練；十六世紀前，在西京周圍的五省中，無人能夠與他們抵抗；他們把持着宮庭，利用那些遁入僧院的過去的皇帝來反對現在的皇帝。』（註一）

（註一）——Mazeliene: Le Japon. Tome I. "Le Japon féodal." p. 22.

在中國，和尚的軍隊及和尚軍，在宋明的時候，也有這種專門的組織。

在西藏，喇嘛院到現在還是封建高利貸統治的眞正主人。『喇嘛院之正確的數目到現在還不清楚，這些喇嘛院都是怪豐富的。他們由於諸侯們分給他們的土地和自己信徒們的饋贈，幾乎佔領了全國，國內的居民，像眞正的農奴一樣，辛辛苦苦地替他們工作。』（註一） 整個的商業都在他們的支配之下。他們是主要的高利貸者。

（註一）—— L. Milloué. "Bod-Youl au Tibet" Paris. 1906. p. 283.

教堂財富之沒收，不足以拯救當時的狀況。所以除此之外，還有一種更大的封建和高利貸的廣大的土地佔有。

極大的國家，像雪團一般地發長起來。在七百五十一年時，塔利盟河流一帶曾經喪失於人。到八百八十年，唐朝僅佔有河南、山東兩省。『百年之間，——七四五至八四〇年——烏衣古兒(Uigur) ——烏衣古兒的中心在阿爾洪河岸 (Orhon)——竟領有從伊犂河至黃河之間的廣大的面積……喜兒吉慈人在八百四十四年便把他們從阿爾洪一帶排擠出去。』（註一） 此後不久，他們又把他們在烏衣古兒的整個的疆域都奪去了。

（註一）—— Cordier: "Histoire général de la Chine" I. p. 510

分佈於各省食邑封建的藩鎮，戰國諸侯的門閥，一個個都起來反對天子的政權。

『八百七十四年，因爲戰爭軍需孔急。職此之故，所有一切有錢的人民那裏，都派着一個收稅吏去——這個人他有權決定某處可供軍隊給養。』（註一）

（註一）—— Edkins: "Banking and Prices in Chine" p. 120.

農民的暴動是一個接連一個。中國的封建制度在與農民鬥爭的目的上，把一切游牧的掠奪職業家的軍隊都吸收到自己方面來。

『大概從七百四十二年起，卽唐朝統治一百二十年之後，在中國北部，開始了許多慢性的暴動。皇帝們招請土耳其的和西藏的軍隊來鎭壓自己民族的暴動者的軍隊。烏衣古爾與吐魯番部落都向中國皇帝表示援助；可是這些外國的傭僱人在適當機會的時候，自己變成了强盜，和與皇帝的軍隊戰爭。有時候他們勝利，有時候他們也被打敗。』（註一）

（註一）—— Edkins. 同書，p. 197.

眞正的農民戰爭是暴發於唐朝末年。

八百七十四年，在黃河一帶，曾有王仙芝其人者舉起了暴動的旗幟。八百七十六年，政府分發人民以槍以械與暴動者戰爭。然而人民都倒向王仙芝方面去了。八百七十八年，黃巢便起來代替戰死的王仙芝，黃巢早年是一個鹽商，也曾經做過皇帝軍隊中的射手。暴動者雖連遭挫折，但是他們的影響却與日俱臻。人民的憤激都落在官吏和高利貸者身上，大有人人得而誅之之勢。他們掠奪而來的財富都在地方上爲飢寒擾攘的窮人瓜分了。農民的軍隊達到了廣州，和攻陷了廣州。繼而他們又回到山東來，並且又從山東出發到天子的都城長安去。結果天子的軍隊遭受了挫折，這個可以表明『這些軍隊是專由富家子弟編成，兵士只能擺擺樣子，而絕對不能作戰。當他們接到動員的命令時，全長安都在號啕涕泣之中（！）。有的裝病，有的買人代替。餘下來的兩千人，沒有一個會使用槍械。』（註一）

（註一）——Textes historiques. p. 1508.

這完全是唐朝功績的收場。——京城被佔領了。黃巢，隨着舊的習慣改變農民的戰爭爲朝代的更迭，宣佈了自己做皇帝。

爲封建官級之分配所形成的無組織的運動底收場，並不是沒有帮助的。它是中國史上最鉅大的事變，最偉大的階級鬥爭的表現。

這個可以從阿剌伯商人阿布•剎衣特的筆記中淸楚地看到，這筆記是用他所聽到的消息來補充蘇里曼的關於中國的敘述。他的補充，主要的是關於九世紀末期的事變。

『一個中國的暴動者所謂黃巢其人之出現，就是使中國與波斯灣的錫拉夫港口整個海道交通斷絕的原因。——阿布•剎衣特這般地開始了他的有趣味的敘述——黃巢開始尙表現狡猾與寬宏大度；後來他就用武力鎭壓和對個人與財產加以傷害。當他的勢力還沒有發展，財富還沒有增加的時候，他集合了許許多多的惡徒在自已的周圍。他完全實行了他們所預定的計劃，向中國的一個城市，有許多阿剌伯商人的廣州發動。廣州的居民拒絕黃巢進城，那時候黃巢就把他們包圍了，而且包圍還延長許久（紀元八百七十八年）。當城市被攻下之後，一切居民無不慘遭殺戮。許多人都肯定這次屠殺了十二萬回敎徒、猶太敎徒、基督敎徒和拜火敎徒、因爲這些人都在這個城市裏營業和從事於貿易，至於被犧牲的中國人，還沒有計算到。其所以知道這四種宗敎徒犧牲的正確數目，是因爲中國人曾按照這些外國人的數目徵收過他們的賦稅。黃巢斬伐了一切桑樹。我們特別要說到桑樹，因爲中國人使用桑葉養蠶。所以桑樹的消滅，是使絲的輸出，特別是到阿剌

伯去的絲的輸出中斷的原因。』

這裏，阿布、刹衣特是稱讚資產階級和孟雪維克反對階級鬥爭反對革命的主要的理由：這種方法會使生產力破壞！

『在廣州破壞之後，黃巢便從一個城市轉入另一個城市，並且徹底地破壞它們。當着黃巢逼近京畿西安府（註一）時，中國的皇帝便倉卒地藏匿起來。繼而又從西安逃到與西藏毗隣的城市Madû去，並且在那裏建了行宮。暴動還是繼續，暴動者的勢力也在增長。他的目的是在於搗毀城市，滅絕城市的居民(！)，因爲(!!)他不屬於皇室，和亟欲奪取政權，他的願望實現了：他做了中國的皇帝，並且他在九百一十六年奪得了政權。黃巢保持着政權一直到中國的皇帝請求土耳其王脫加司・阿加司（Toguse-Oguse）來援助的時候爲止。

（註一）——卽長安。

『中國人和脫加司・阿加司人——是中國人的鄰居，又是中國人的統治的朝代——彼此聯了盟。**中國的皇帝派遣使臣到脫加司・阿加司王那兒去**，請求他把他從暴動中拯救出來。脫加司・阿加司王派了自己的兒子統率許多武裝的軍隊來攻黃巢，（照馬克沙得(Macsude)說，騎兵與步兵達於四十萬之衆）在接二連三的戰爭和大的鬥爭之後，黃巢卽被消滅了。（註一）有些人說他是戰死的，有些人說他是自然而然的死的。中國皇帝那時候便囘到長安來。暴動者已把長安破壞淨盡了。皇帝再沒有絲毫權力，他的財政已經紊亂，他的軍事指揮、軍事長官、好的兵士都已犧牲，此外，各省都有別的暴動者起來奪取政權，和拒絕交納賦稅，以及把整個的收入都扣留在自己手上。可是，中國皇帝這樣的無力量才逼住他赦免那些表示服從、而又願交納賦稅或承認他為最高主宰的暴動者。中國陷入到這樣的狀況，恰像荷茲洛易（Hozroy）時代的波斯一樣，那時亞歷山大殺死了大達利亞（Daria）而把波斯瓜分於各個軍閥之間。奪得中國各省行政的暴動者，彼此表現着互助，他們不問天子對這個允許不允許，也不管天子命令不命令。當着他們之中有一個人强盛了，他就把軟弱的推翻，勝利者便佔有全國，他搗毀一切區域和毀滅一切區域。在那時候，中國人對到中國來貿易的外國商人採取高壓手段。對阿剌伯Nahoda（船主）的苛政（註二）幾乎是出於想像之外的；他們抽收商人的賦稅，然而賦稅不能滿足他們的欲望，他們還要搜括他們的財產，有時候甚至用强力加諸他們。這種行為的結果，呵！上帝（！）——將成為他的神聖的名詞！——毀盡了全中國人的恩德；海道的交通停頓了，由於管理我們一切動作的上帝的全能

——將成爲他的神聖的名詞！——災難甚至還及於錫拉夫和阿曼海員與商人的頭上。」（註三）

（註一）——這是後來的追錄。

（註二）——所謂一般毀滅的說話，這是誇大。

（註三）——G. Ferrand. "Voyage du Marchand Arabe Sulayman en Inde et en Chine redige en 851——Suivi de remarques par Abu Zayd Hasan (vers. 916)" P. 75—78.

在我們所引證的阿剌伯商人這一段話中，完全表示出九世紀的農民戰爭的範圍是如何廣大。阿剌伯的商業高利貸資本與對外貿易的聯繫，並不比中國少。否則在中國的危機，不會引起波斯灣的錫拉夫和阿剌伯半島的阿曼之衰落。

九世紀的農民爭戰，把新的動力帶到農民反對封建官僚、反對「權富之家」的鬥爭中去：反對高利貸的鬥爭成了這些階級鬥爭之新的因素。所以北中國的暴動者首先要攻陷商業高利貸剝削的中心廣州。首先要報復高利貸者和官吏們對羣衆那種可怕的破壞。

封建官僚採取干涉手段來與國民運動對抗。他僱用了許許多多的外國鎮撫人　過分地表示出他的統治之「宗法氏族的」特徵。

除却這個運動的長處而外，在我們前面還暴露出這個運動的弱點：卽是羣衆的自發的鬥爭與專注意朝代和封建特權奪取的各個團體的計劃之聯合，和這個運動之不自覺的自然而然的性質。唯其如此，所以農民戰爭便爲爭奪地盤的封建競爭所代替，而且有時還混合在這個競爭之內。

高利貸破壞了現存的生產方法。所以爲高利貸而破產的羣衆的階級鬥爭，也表現出一種絕望的英雄主義，和沒有走出封建制度的範圍，卽是沒有把他們從思想的和物質的束縛中，解放出來。

第十九章　土地枯竭、社會改良、戰爭與金銀紊亂

在十世紀時，新的遊牧民族——契丹突進到中亞細亞及中國的邊界。

契丹不費多大氣力便征服了廣大的領土，從布哈爾和赫勒剌姆，從亞爾達亞和東土耳其斯坦一直囊括到山東和直隸省。中國在這個時候是處於幻象的朝代，——「五代」時期。戰雲彌漫着中國各省，到處都呈現荒蕪的現象。前綫上的軍事强刼和後方的軍事掠奪，彼此幷沒有多大區別。

因爲中國的諸侯要從征服者方面贖買自身的自由，他們便更殘酷地壓榨中國的農民羣衆，拚命地從他們身上榨取更多的東西。結果，兵士們「擁帶出」自己的首領，於是就把帝國統一了。當軍官們趨奉自己的司令請他登位的時候，特異的局面就開演了。『站住！總司令喚他們——你們要想這樣做，爲的是要成爲有錢人。但是你們是不是服從我呢？如果你們不服從我，那我就不願做你們的皇帝。』（註一） 國家特權掠奪的前途使他們服從，他們發誓保護國庫，（雖然是有條件的，）幷且不竊取絲毫以飽私囊。

（註一）Textes. p. 1556.

宋朝的統治便這樣的開始了，其第一位代表人物便是趙匡胤。

現在我們來看一看褒章的裏面是什麼東西。

『大英的領事官亞歷山大・何蓀，曾計劃仔細地研究中國從紀元六二〇年起到一六四三年的旱災，在這個一〇二二年的期間內，他找出中國編年史上講到有五八三年都發生過旱災，這當然就是說每兩年或不到兩年就發生一次旱災。不過這些旱災不是在同一省份發生。今年在這一區，明年又在別一區。現在不能肯定的說，這些旱災在一個一定的區域內有其正規的間隔期，可是，我們可以有根據的說，旱災之發生是如此的。旱災的發生每每是局部的，牠不能使整個收獲無望。在這種情形之下不能算是眞正的(？)凶年。我們有許多根據說，從八〇一年一直到一六四三年其間經過了八四二年，其中有二一四次厲害的旱災。這種情形在中國各地都是相同的。我們有理由說，在中國北方，旱魃與洪水輪流交替着。在一八七七年和一八七八年，在山東及山東的鄰近省份遭了大旱。十年之後，——一八八七年，又遭受黃河的洪水災難，這種水災遍及同一的區域。五年後，——一八九八年，在沿黃河一帶又有一次大水災。以後，禍及這個區域的水災，一九〇五——一九〇六出現一次，一九一〇——一九一七年又出現一次。在這區域內最後一次的旱災和飢饉是在一九二〇——一九二一年。』(註一)

(註一)—— China Yesterday and Today, by Edward T. Williams, New York, 1923. p. 2728.

穀克在一八四四——一八四六年的遊歷，曾有一番暢論，說氣候不良是自然條件不良的結果。他說「十七世紀中葉，中國人便已深入亞拉山蒙古。這個時期，全部山水還是莊嚴燦爛的。山為蓊鬱的森林所遮蓋。蒙古人的白天幕沿山峪多草的地方而遍立，中國人的數量還只是很少很少，然而他們取得耕種荒地的權利，因此，農業便開始有了進步，蒙古人不得不成羣地退到別的地方。從此時起，地方性的農業一變而爲整個的農業了。所有的樹木都被砍伐，山上的森林亦遭毀滅，草木爲火所焚燒，新農夫狂熱地使土地肥沃枯竭。現在差不多整個區域都在中國人手上，誠然，我們應當將年時的不調，蹂躪不幸的國家，歸之於他們底破壞的方法。

旱災幾乎連年發生。春風開始，他們便使田地乾涸；天空發現陰暗情景時，這些不幸的人民便極其恐懼地等待着一切可怕的災害來臨，風漸漸地加重自己的力量，有時在夏季幾個月之中繼續不斷地吹着。當塵埃蔽天之際，天空中的大氣便成爲緊縮的和窒息的。你在正午的時候都常常爲夜的黑暗，或爲那覺得比最黑暗的夜大千百倍的、最恐怖而又差不多可以觸覺得到的黃昏所圍繞。跟着這種暴風之後立刻就大雨淋漓。但是雨這樣的下來，牠不是爲人們希望的對象，反成爲人們恐懼的泉源，因爲牠如急流般的傾注下來（註一）。有時天油然作雲，沛然下雨；隨後田地和已播種的一切耕地便沉沒在這爛泥的海裏，洪水沿山澗流出而向前奔馳。滔滔的水流經過幾點鐘之後土地就出現了。但是種子都被水衝去，更壞的是土地的肥沃亦爲水冲去。除了拔出的充滿了沙子的草根之外，什麼東西也不會留存，這裏已經開墾不出什麼了。旱災與水患一起，時時引起飢饉，差不多完全要把全部居民趕走。（註二）

（註一）——風、水是中國農民宗教信仰主要的原素。

（註二）——"Travels in Tartary, Tibet and China during the Years 1844—45—46", by M. Huc. translated from the French. Vol. 1. p.11—12. London.

在宋朝的時候因爲耕種方法的落後，土地枯竭已達到空前未有的程度。『你在什麼時候見過有錢人家的播種呢？——蘇轍問——他們的田園肥沃，能使他們豐收；他們的食物充足，甚至比他們所需要的還多。但是如果耕種的田地很肥沃，且能給他們以豐收，這時土地便可以得到休息，地力完全爲人們所利用。如果食糧充足，甚至超過他們的需要，那時播種就不致遲延而且收獲就要到播種實際已經成熟的時候。因此，富人們所有的穀粒永遠是精美而少稃，而且米粒又好。但是我們以耕種一百畝的十口之家爲例（註一），在當時就要從每吋土地中榨取一切，並且日夜都去使用牠。全部土地都犂成脊線形，鋤去雜草，田地周圍的種子像魚鱗一樣的稠密。這樣便使地力枯竭。播種常常不在適當的時候，收獲通常比播種成熟爲早。這裏如何能夠期待好的收獲呢？』（註二）

（註一）——在周朝的時候，一百畝田祗能供養五口人。

（註二）——Lee p. 264——265. 這是論及1036——1101年間的情形。

以證明在資本主義之下農業的落後性爲目的的資產階級制度之擁護者，竟有所謂「土地肥沃遞減律」的說話。他們想把資本主義制度內的生產力發展的矛盾性的責任放在自然界的肩上。他們藉助此種規律，一致寬恕資本主義以前的一切階級統治形態。人口過度的繁殖，在一切社會形態中都是有害的，這便是人口的過度繁殖不能與「自然本身」所規定的土地肥沃增長的限度相適合。人口超過地力的增長，人們便得不着——在補充勞動耗費的交換中——人們所希望的結果。這樣看來，雖然增加勞動的耗費，土地的肥沃仍舊減少。

無恥的馬爾薩斯在農村經濟領域內（註一）僞造的科學的事實，早已爲馬克斯駁倒。馬克斯證明：土地的「自然的」肥沃，到某個階段，是歷史的產物，社會條件的產物，是生產力一定水平線的結果。土地的耕種方法能決定自然肥沃枯竭的程度，和恢復與提高它的條件。（註二）

（註一）——在俄國彼得馬斯洛夫特別引用他，參看他的「農業問題」。

（註二）——「土地肥沃之原始階段間的差異爲那部分所謂土地之自然肥沃所增大，土地之自然的肥沃，事實上在當時還是爲人類所附加，但是現在已經轉入到土地之內，並且不能和土地之原始的肥沃有多大的區別。要提高未耕種的自然肥沃的土地到這個高度的肥沃，這必然是社會勞動生產力發展的結果，其他的對於提高耕地原有的肥沃到現有的肥沃的高度所必需的耗費，似乎也是原始的；但是要達到這種結果，現在多少還需要一些耗費」——馬克斯：「剩餘價值論」第二卷、第二章、一二三頁。

資產階級的經濟學者曾根據這個著名的土地肥沃遞減「律」不止一次地去旅行中國。他們之中沒有一個沒有一次不是企圖在事實上來證明這個「規律」，來分析這個引起中國土地枯竭的社會條件。在中國，人窒息了技術。勞動力之現存的殘酷的條件，一方面，使勞動的一切經濟成為「剩餘」（註一）；另一方面，殘酷的掠奪自然肥沃。蘇轍在宋時已經證明：土地的肥沃按照階級的標準分配成一定的比例。正因為大多數農業人民都是屬於農奴，所以貴族的私有之統治，便如此這般的使農業破壞。大部分的土地不能休息，並且失去牠的肥沃。森林和草原的毀滅，首先便使季候調劑性破壞。復生產是在越來越壞的條件之下完成的。

（註一）——是在這種制度的條件之下的「剩餘」。

『雖然，從前也曾有過天災、洪水和嚴重的旱魃，然而從來沒有像現在這樣壞。』——宋朝一個臣子的疏中說——『此時國庫和倉廩都告罄，甚至貯存之糧不足一月之用。有時全家死亡於饑饉，其他的人家則散而之揚子流域。鄉村中人們集合起來責難政府的官吏，并且就是在兵士當中，都可聽到對他們的怨言，形勢極其嚴重。浙江省是產米的區域，但是現在這個區域內都是赤地千里。人民都從安徽、淮河流域（安徽、淮河沿岸）逃出來拋棄自己的家庭，背着小孩沿途乞食。』（註一）

（註一）—— Lee. p. 267.

這就是宋朝時候的生活現象。「赤地千里」，這是無人道的剝削農民羣衆的報復。整個的省份遭受意外的損失而從封建的輪軸中消滅了。到第三個皇帝臨世時（九九八——一〇二二），在淮河流域，甚至「好灌溉的田地也得不着收獲」。（註一）

（註一）—— Lee. p. 277.

一〇二三——一〇六三年：這個時期，在安徽、江蘇，旱魃爲虐，竟有這樣的厲害，『有許多地方連井連河流都涸絕了；牛和其他的牲畜沒有飲料，甚至連鷄犬也沒有了。』在陝西省「常常有許多孩子遺棄在道路上」。（註一）

（註一）—— Lee. p. 282.

在宋朝，特別顯而易見的暴露了封建官僚之無能，雖說最小限度是暴露出生產之一般的前提。

當農村經濟的危機達於絕頂之時，皇帝的詔書祗是懦怯地提出：「狩獵的人不應侵入農田和佔有農田！」（註一）

（註一）——Lee. p. 276.

禁止從農民方面徵取食糧過於百分之百。（註一）到十四世紀時，又有一道特別的御旨，「禁止强制農民售賣種子」。（註二）

（註一）——Lee. p. 272.

（註二）——同書 p. 168.

在宋朝時候，逃荒在日常生活中是這樣的根深蒂固，以致指令官吏們把這些遊民扣留在自己的區域之內，不管他們是從那裏來的。對於工人勞動之新的貪逐，便是政府的新醜態！

察哈諾夫很率直地說出：『宋朝的官吏最會愚弄和欺騙。雖然政府規定地方行政機關設法安置遊民階級的人民在自己區域之內，并且規定對安置這些遊民的人家有相當的賞賜，但是官吏們用另一種方式來執行政府的這種仁慈(!!)的命令。官吏們并不去阻止國民的游蕩階級和扶助外來者的滿足和安全，而祇關切他的管轄範圍以內的家庭和戶口總數的增加，爲的是替自己開闢出一條加官晉祿的道路。爲着這個目的，他們便把在一家內有幾個男子的家庭分了家，不許兩個成年的兄弟住在一塊而形成一個家庭。』(註一)

(註一)——察哈諾夫 p. 168.

在十一世紀及十二世紀時，對農戶和農民的貪逐是愈益加强，——簡直到了聞所未聞的程度。和契丹開戰，跟着就遭受巨大的損失。於是農奴就從土地上找出來了。『官吏們要保證自己的飯碗，或恐怕失掉升級的機會，於是便激動他們將未成年的人登記爲能夠負担國課的成年人，並且徵收他們的年貢；他們使人民達到這樣的地步，即是平民寧願犧牲自己子女的生命，不願担負國家的新稅。』(註一)

(註一)——察哈諾夫，p. 170——171.

由於政府的掠奪，屠戮子女之事成了流行的現象。

祇有危急的時代才產生出「偉大的思想」。歷史運動的速率不僅在時代的精神面貌上留下一個痕跡，并且決定思想領域內一切大的轉變的可能性。思想領域內的突變永遠是社會矛盾發展方面大的轉變和突變的結果。辯證法的意義是生活決定意識。矛盾的動力傳達到最遠的上層組織，且表現爲變幻的形態。思想之影響經濟祇有在這個時候，卽當經濟選擇此種思想爲自己的工具，且給此思想以適當的形式和用一定的具體的內容來充實此種思想。思想的能力在極大的歷史距離上在極廣大的羣衆上起作用幷不是他們自足的力量所形成，而是由於牠們正確的反映出在一定歷史階段內的效力——，卽是因爲牠們沒有失掉牠們產生的根源的聯繫。矛盾的動力在時代的偉大思想中找到牠的抽象的表現。牠用生活來充實牠們，在每一刹那中都把新的生活注入在這裏面，使牠們具體化。祇有矛盾的動力放棄牠們時，牠們才乾燥而枯朽，變爲現存的形式的和外表的法衣。就是中國的歷史——到處就歷史的化石來批判的中國歷史，也證實了這種情形。王安石的社會改良便是這種危急的環境中產生出來的，因爲這種危急的環境逼迫着人們從已造成的死巷中找出一條出路。

宋朝便恰恰處在這種情形之下。察哈諾夫說：『逃荒和奴隸幾世紀以來在國民中成了這樣的一種習慣，並且這樣的與居民的習性相混，卽是政府沒有任何方法可以制止這種潮流。』（註一）

(註一)察哈諾夫, p. 167.

到了九九三年，「就有一個四川的居民王蕭博(Wan-Sao-Bo譯音)暴動起來反對貧富之間的不平等，暴動一開始便奪得了兩個地方，殺死了政府的官吏，而且用許多銅錢塞在他的腹部以象徵他的貪婪。他的後繼者的人數增加了，但是他很快的在戰鬥中被犧牲了，事後，李沖(Li-Tchun譯音)便做了共產主義者的首領。秋季又遭水災，而且黃河在冬季又氾濫了北岸。」(註二)

(註二)—— Chronological Handbook, by E. Faber, p. 147——994年，暴亂者佔領了四川的成都，但後來失敗了。

中國的通史對於國民生活中巨大的事變的實際情形一向是鄙吝到不說一句話的。牠祗有在朝廷事變上才來發揮牠的弘論。

可是，我們可以決然的說，還在王安石前許久，階級鬥爭一天一天的帶有自覺的性質。中國的官僚常常為「文」閥失業份子廣大的幹部所包圍，這些文閥在鬥爭利害的時候很快的便革命化了。誠然，他們的革命性是不澈底的；他們不過想藉「革命的方法」作升官發財之舉。然而，毫無疑義的，在王安石時代服官的階級，特別是他的下層，他們從農民羣衆方面受到强有力的精神上的壓迫。下級官吏之不安，更促進了這種情形。封建剝削的來源縮小，便是這種不安的原因。

王安石在自己的一個報告上指出了這點。——『現時的俸給大部分都是很薄的。除却宮廷的顯官之外，在比較有大的家庭的人們中間，沒有一個在政府服務的人不同時從事貿易與耕植，否則他們便不能維持生活。州縣的職員，每月只得到八九千錢，而位置壞的還只有四五千。有的候差到七年，才弄得一個暫時的職務（註一），然而他們所收入的總共不過三年的薪俸罷了，如果按月計算起來，還沒有四五千錢，至於壞的還沒有三四千錢。這個對僕役都還不夠。一切生養、死葬、婚配、饋贈的費用皆包括在這個數目以內。所以中上之人，按其道德性質，雖貧猶能保持自己的高潔，而中下之人，即其身居高位，亦成爲卑鄙之人了；祇有中等水平的人才是高潔之人。在儒者中間，不論是中等水平以上或以下的，都找不出百分之一的這樣的人來；由此觀之，一切人在需要上要造成下等人，而在富裕上要造成高貴人。』（註二）

（註一）——這是失業的和中失業的「Literati」。

（註二）——伊凡諾夫：p. 64.

王安石堅執着要把俸給提高，並且要依照職務爲轉移，他這樣的打算，是爲了他們要有足夠的消費，他這種意見沒有遭逢着試驗。（直白的說來：是應該供給他們以客氣的、羞辱的豢養；並且要避免他們的貪婪與卑鄙的醜態。）（註一）

（註一）——伊凡諾夫：p. 57.

農民自發的暴動起來反對封建制度，并且動搖了官僚階梯的下層。

王安石一開始發表自己的意見的時候，即招孔子學派的憤恨。皇帝在自發的災難到來時，照他們的勸諫齋戒沐浴，而王安石却諫於王曰：『君欲何為？君欲變更車變之自然過程，抑希望自然界為君制定新的規律？』（註一）

（註一）—— Memoires X p. 35.

當然，在這個意見書裏面是沒有什麼驚奇的地方，王充是一世紀的一位特出的唯物主義的哲學家，他在這方面却比王安石高明得多了。王充說：『有人以為上天為了養人而生五穀，為了給人衣着而生絲蔴；這是把天來代表為人類耕作的農夫，或者操作桑蔴的女子，這是違背了天的自然的本性。』（註二）王充並不懷疑『人為天地所生，猶之池中之魚和人身之蝨一樣。一切都由於他們本身的力量發長起來，每一種東西自身是在複生產着。』（註二）

王充的理論是他自己轉變時代條件的產品，他比王安石更進步，不受他那時官僚氣氲的影響。

(註一)——「論衡」(Lun-Heng.) by A. Forke. I, p. 272.

(註二)—— "Lun-Heng" by A. Forke I, p. 283.

雖然如此，王安石之否認上天與現存朝代之間的血緣關係，却引起了許多抗議。反對社會改革反動的反對派首領——司馬光向皇帝奏道：『竊爲君主惜之，君主們如何能容忍那些勇於發揮議論的人像我所聽見的一樣在自己周圍。這種議論可以使君主們不畏上天；並且因此會使他們有非禮的行爲。』(註一) 孔子學派的學閥很嫉妬地把皇天的秘鎖藏在自己的口袋裏，虛無主義對他們是完全不合口味的！：：：

王安石在那一方面表現出他的才幹和性情的實際力量，就是他公開地武裝起來反對高利貸，因爲高利貸是封建制度主要柱石之一，並且是破壞農民羣衆的最重要的工具。他用「青苗」借貸法來反對對農民穀米的投機。不僅是農夫，就是市民，都可借貸，但不是用自然品，而是用貨幣。『如果人民要想得到墊款，就可以向政府去借貸；在徵納稅款的時候，他們就得償還穀米以代替借給他們的金錢。如果他們願意佔有穀米來代貨幣，或還錢以代穀米——因爲這個時候歸還借貸的米穀價格很高——可以由他們自己決定。夏收之時在第一個月貸款，秋收之時第五個月貸款，如果收穫不佳，農民可以自己決定在下一次收成好時歸還穀物。法律企圖鼓勵農民在一定時期內應當工作，并干涉私人高利貸者爲了高利貸的目的而利用在收穫之前青黃不接的時期。』（註一）這樣一來，便能保證農民在極有利益的條件之下把自己的穀物變爲貨幣和貨幣變爲穀物。

（註一）——Chen Huan-Chang: "The Economic principle of Confucius," vol, II. p. 590.

此時以前，封建的官僚總是取償於農民而保證其領主的經濟和收入。王安石企圖保證農民的收穫不受食糧的投機。農民不致無理由地將自己的收穫連根出賣，陷於高利貸的險地，而摘取未成熟的播種，如果國家能注意到使他能夠出入相抵的話。

青苗法是在一〇六九年頒佈的。爲維持宮廷的自然租稅的規定，同樣是奴役農民羣衆的泉源，根據自然租稅規定之生產品的數量是極固定的，並不因地方情形而有所變更。在歉收之年，歉收省份的農民常納付三倍或五倍的價格，爲的是將其租稅的一份供給政府團體。在首都地方堆積了從各處來的「剩餘品」，這種生產品都是以半價出賣。各省與首都價格的參差都落入投機商人的荷包，投機商人同時利用首都市場的中心地位，故意鼓吹各省歉收的困難。『現在將管理六個富足省份的收入委託給管理稅收的人；他應管理茶、鹽、酒和香料等稅。國庫的收入大部分是從這種稅收中得來。商品和貨幣都交給了他，他應按照這六省的財政情形而處理牠們。他有權處理政府所買的生產品或提供政府的租稅或臨時稅等等。如果這些生產品的價格在某處是過高，他可以在別的價格較低的地方去購買牠們；如果生產品的運輸困難，他可以在鄰近的地方 去收買牠們，而無須從遠地去運輸。至於中央政府所需的數量，他當然要放在先。』(註一)

(註一) Huan-Chang. p. 564.

王安石在這方面實行有計畫的綱領，就在企圖廢除因供給宮廷而引起的投機活動。這位消費財富的主要的代表有幾層危險：第一，他以自己非正當的要求，使農民羣衆達到直接破產的境地；第二，他鼓吹了全國各處的投機事業。一〇六九年所實施的賦稅平等法當然是降低了宮廷的貪慾，并且障礙了投機商人的致富。賦稅管理人為了調濟市場需要起見，他支出了五百萬串銅錢與三百萬鹽米券。(註一)稅收管理人對農民直接强求，應儘可能的降低；并且逐漸的用鹽稅、茶稅等的收入來代替牠們。應當繳納自然稅的都代以貨幣稅。所謂「市場交換制度」也便和這些一齊實行了。「市場交換制度」最初是一個百姓姓魏的提出來的。他說：首都是一切商品的中心；但是在市場上沒有規定的價格，東西的貴賤都是取決於投機商人。好的政府應當知道從富人那裏拿一些東西來給窮人。在現時有錢有勢的人家利用國民的困難搜括大宗的財富，幾倍的增加其資本。財富積壘在少數人手上，國庫的收入同樣感受不足。商品課稅局應當徵收貨幣，——因爲商品課稅局規定了經常的正規的交換。管理這種事業的官吏應該由財政管理部選出，而對於這種事業的實行需要拉住些好商人。他們應當知道一切商品的市場價格。當商品賤的時候，市場管理處應該以高的價格來收買這些商品；如果商品貴時，牠應該以低價出賣這些商品。收入應歸國家。這個提議在一〇七二年便被採納了。首都設立的市場管理機關有固定資本一、八七〇、〇〇〇串銅幣。全國又設立了許多分局，不過爲時甚短。首都交換的一般規則是這樣：同業組合中的商人和仲買人，才是市場管理處的商人和仲買人；但是商人應當以其私有的借貸的財產作担保；每五個人他們應當組成連環保。當賣主與商人訂定合理價格的買賣合同以後，——這種價格與商人所買的商品數量相適合——價格卽以市場管理處的貨幣來支付。如果賣者願意把自己的商品交換政府的商品，這是可以許可的。在抵押出賣的商品的時候，人民可以去借貸貨幣，或以購買與抵押價值相當的政府的商品；半年取息百分之十，全年取息百分之二十。各種商品，雖然牠們現刻不爲商人所需求，然而牠們在將來是能交換的，乜定爲官吏所交換或購買，然後並不提高價格而出賣於市場。當官吏需要某種東西的時候，他們就得要向市場管理處購買。

（註一）—— Huan-Chang. p. 564.

這個京城的市場管理處到底怎樣呢？這個管理處有一，八七〇、〇〇〇串的資本。同年（一〇七二年）甘肅戰區之內又設立了一個市場管處，有資本約五十萬串。一〇三七年，在杭州又建立了有二〇〇、〇〇〇串資本的市場管理機關。在一〇七四年，皇帝貸與京都管理處的資本是二、〇〇〇、〇〇〇串。在一〇七五年，貸給廣州市場管理處資本爲一〇〇、〇〇〇串，貸給山東管理處的資本是三〇〇、〇〇〇串。一〇七六年，貸給甘肅管理處一五〇、〇〇〇串。到一〇七七年，京都市場管理處的資本總額規定爲七、〇〇〇、〇〇〇串。如果這個數額減少了，就用每年取得的利息來補充。」（註一）

（註一）—— Huan-Chang. p. 565—566.

「免徵自然稅的法律」，本來就是一種所得稅。這個法律於一〇七〇年實行。『支付金錢以免除勞役的家庭，按其財產的多寡分爲五等。他們在一年的夏秋兩季一定要照等級完納這些金錢。鄉村中四等以下的家庭和城市中六等以下的都免去一切稅徵。（註一）如果他們的財產是在兩個地方，那末，頭等的在兩個地方都要完納所得稅；普通人只在一處繳納所得稅就夠了，不過別處的財產須包括在這裏。已分過財產的人家都按其財產之分配而屬之於新等級。官吏的家庭、有婦女與小孩的家庭、寺院等等，則繳納一半，所有這些貨幣都用在僱傭那些爲執行社會工作而交納三等以下賦稅的家庭身上。』（註一）這樣看來，下層貧民還能得到補助工資。

（註一）——全人口按財產狀況分爲九等。

此外，『決定京都行會和商會的收入是按他們範圍的大小，他們也應繳納相當的賦稅（這種賦稅是作爲報酬官吏之用）。』（註一）

（註一）——A. 伊凡諸夫，p. 38.

爲着使農民不受雇傭軍隊的騷擾和担負軍用的痛苦，王安石決定盡全力的做到以國民軍來代替那種雇傭軍隊。『我朝要想長久存在，——他說——我們應當廢去那種雇傭制度，而用純粹的國民軍。』（註一）逐漸實行這種國民軍制的方法已被採納了，——從國民中提拔出來的，一定能保護地方上的治安。

王安石的改革之一般的意義，就在於企圖把封建的國家機關變爲經常的有計畫的供給農民經濟需要的機關。國家調劑市場交換，當然是保障了農民剩餘品的實現，這種實現並不是去破壞自然經濟，而是去鞏固牠。國家是農民羣衆的批賣商和集中的銀行家。國家應廢除在農民與高利貸商人之間的商品交換之實際的不平等。國家應注意取締剝削農民羣衆的高利貸。國家積極干與國民收入的分配，爲的是防止把農民勞動力變爲商品，防止牠「歸諸富足之家」。農民羣衆的剝削者和壓迫者的封建官僚，當然要轉入自己本來的反對地位，而成爲牠的店夥了。

王安石是一個烏託邦主義者。他不懂得封建官僚統治的階級基礎；他不了解封建官僚和欺騙苛刻與掠奪的商品高利貸制度有不可分離的聯係。因此，他想從高利貸上着手來肅清封建官僚制度。他拼命想把這種制度改造爲有計劃的管理農民財產的宗法組織。

階級鬥爭的過程，使王安石了解高利貸者是封建制度最病徵的地方。但過去的經驗使他不能了解那不是因爲高利貸才使封建制度發生「腐化」，剛剛相反，商利貸是封建制度內部腐蝕的產物。差不多每次當農民暴動成熟的時候，總有一部分官僚跑到民衆方面來，爲的是藉革命的進攻……又重新把政權抓在自己手上。這種下層的暴動與上層的改良之聯合每一次都要減弱民衆運動。王安石，的確是保護農民利益的一位戰士，但他對於國家仍然不能脫離孔子學派的觀點，把國家當做各階級之間宗法的調和的工具。他是脫離羣衆的，他是一個孤獨者，只有一小部分改革的「服務官的知識份子」圍繞着他。孔子學派的官僚爲「失掉了地盤」，而惡意痛恨他。

司馬光批評王安石的立法道：『在先供給人民以播種用的種子，在春初冬末之際毫無代價的給農夫以必需的數量。到秋暮直到收穫之後又只能從農民那裏取得原有的數目，一點利息也沒有。這對於國民有什麼好處呢？由於這個一切土地將被開墾，剩餘將在帝國各地佔統治。就思想來說，這是再漂亮沒有了！但是在實際上對於國家却是再壞沒有。貸農民以種子，原是希望他們去進行播種，但是人民取得這種種子是貪而無厭的。我雖然同意借貸種子給人民這件事，然而我對這件事不能不無疑惑。農民是常常地爲了播種的目的而使用種子麽？貸給他們的種子，他們——農民——食去一部份。貸給他們的種子，他們可以把它拿去販賣，或者拿去交換別種他們首先需要的更有利益的東西。種子已經貸給他們了，而他們的職業仍然停頓不進，他們都變成了懶漢。』（註一）

（註一）—— Memoires. X. p. 48—49.

封建的官僚覺得自己背後有商人和高利貸者之强固的擁護。

皇帝暫時和王安石的急進政策妥協，當然，這是畏懼人民的騷動才如此的，但是皇帝很快地說出另一種話來了，——『什麼使我不安。』他更其大聲地嘆息說：『這正是事業之混亂。現在對於商人所課的賦稅是太重了，他們的不滿達到這種程度，——他們開始講出不服從的話來了。一切人，從他的左右親近之臣到皇后和皇族，都異口同聲的說到改革的害處。』（註一）

（註一）——A. 伊凡諾夫，p. 43.

大家都知道中國的朝代，宋朝也在內，都是「有名的」掠奪商人，然而現在處到一種特別情形：那種上層——不是在口頭上，而是在實際上——保護農民利益的企圖，就立刻造成了王座與投機商人之間的團結。商人自覺的罷市。他們『並不去到首都，而把自己的商品從別的道路送去，因為他們用這種方法好避免强迫出賣其商品給市場管理處。（註一）其結果從交換上所得到的很小的利益，甚至不能彌補其損失。在一〇八六年，這種制度就取銷了。』（註二）

（註一）——正確的說，他們是迴避廉價出賣，不是迴避市場管理處。

(註二)—— Huan-Chang. p. 567.

爲了要馬上結果這種社會改良的危險，這些「宗法」的官僚連自己道德的名義也不顧及，他們每個人都聲明，不掠奪與賄賂，他們是沒有能力來管理。

和契丹鬥爭的必要，便是王安石的改革前提之一。王安石想變更軍事管理上的封建方法，並想實行組織全民去反對掠奪者。但是他能夠統馭「內部的契丹」麼？無論怎樣，不管同內部的和外部的契丹的戰爭，不管那僅按重量而特別鑑定的貨幣是如何自由的鑄造，不管舊的繼承是怎樣煩重，王安石却藉自己的手段之助竟能使國家經濟的紊亂與瓦解苟延殘喘，國家經濟的紊亂與瓦解在一〇〇四——一〇〇七這個時期中已呈現到表面上來了。(註一)

(註一)—— T. F. Carter: "The Invention of Printing in China". p. 72—73.

保守黨代替了新人物。宋朝表現孔子哲學的復興，並且在一定的比例上還表現與佛教雜揉。(註一)朱熹就是這派最有名的代表。這個孔子學派的文哲的復興，是在「國家的旗幟」之下反對佛教的一種反動，是反對那因爲時代的緊急條件而打通自己的道路的新思潮的一種反動。王安石的企圖是想逼什現存制度的保護人來整理和鞏固他的停滯的和「道德的」哲學。朱熹及其他一切獨立的異己分子的思想與王充比較起來，不過是一種裂痕之卑陋的補綴而已。

宋代封建官僚國家的危機已是如此深刻，它不自覺地逼住官僚思想在「國家的基礎」上——在孔子學派上，去尋求幸福與堅固的信仰。

（註一）——雖然在本身上這種哲學的復活是損害了佛教。

在一〇八四年，孟子又進了孔廟。一〇八六年，孔子又得了新官銜「聖人」的報償。同時，宋朝的國家步步都表現軍事的軟弱。從一〇四二年起，中國每年要繳納二十萬銀兩與三十萬疋絲帛給契丹。（註一）

（註一）——Textes historiques. p. 1520.

一一二三年，金人擊敗東契丹，並且强迫中國人每年更多的向他們納貢：除却以前的四千萬兩銀子和四千萬疋絲帛之外，還要送給他們一百萬串銅錢，二十萬石谷子。結果，他們席捲了全中國的疆域，留給宋朝的只有「七個空城市」。（註一）

（註一）——E. Faber: P. 161.

在王安石時代，商品的稅收是租給租賃人或租借人的。（註一）

(註1)—— Huan-Chaug: "The Economic Principles of Confucius and his School". p. 699.

一一二二年，南宋『徵收官吏薪俸百一稅。後來（一一六五年）這個稅收漸漸增到百分之五六。』（註一）租稅的繳納與官吏薪俸稅的徵收，——官吏的薪俸是以刧掠人民的最後的方法而得來——是政府組織破產達到最大程度的表現，這個組織之繼續存在，只是一種寄生的贅瘤。貨幣之發行成爲它唯一無二的壟斷。在這一方面，宋朝是打破了一切的記錄，超越了一切歷史的成例。國家的政權總是歸結到僞幣的生產。當這種情形被大家看穿時，於是僞幣製造者的朝代便被人唾棄了。不過在此時以前，它還能任意利用自己的地位。首先它就是戀戀於鐵幣的製造。在宋朝的時候有兩種造幣，一爲銅的，一爲鐵的，因爲這兩種造幣都不值錢，所以兩種貨幣的等價和這種貨幣交換那種貨幣的條件便不能穩定。可是較便宜的鐵却偏偏排除了銅。

(註1)—— Huan-Chang: "The Economic Principles of Confucius and his School。" p. 680.

『在宋朝時代（九六〇——一一二七年），』（註一）中國鑛業史是這樣的說——『發現了產鐵的新的中心，雖然唐朝時候的鍊鐵企業的大多數還是繼續着它的生產。一〇九〇年，在廣東建築了鍊鐵廠。這門工業的任務，無論如何，不是在什麼生產中心的轉移，而是以鐵來供給銅的企業。（註一）很明顯的，這個工業是夠大的。傳說一個鍊銅企業的出產增加到了四百噸。從這時候起規定的比率是這樣：二·四成的鐵才比一成的銅，鐵的必需的開採應提高到九百六十噸。一一六〇年，規定有九十二個鐵礦與煤鐵廠，總的生產率為一千七百三十噸。這時候我們又常聽到在山西有鐵的開採。而且這時的煤已夠泛泛地使用做燃料了，很明顯的，這是企圖利用煤來作化鐵之用。據說在一一一一年，官吏們催促皇帝在陝西從事國家鍊鐵廠的建設，因為在這個省裏有大宗的煤。」（註三）

（註一）——從一一二七年到一二七九年，是所謂南宋在統治着。

（註二）——是帶着偽幣鑄造的目的！

（註三）——Tegengren: par. II. p. 306.

在中國，生產力的發展是阻碍了和破壞了農民轉變為工作獸的結果。生產力只能發展到那個程度，卽是它的發展不論在這一部門或那一部門都直接聽封建的和高利貸的上層階級的利益所指揮。譬如銅鐵開採與鎔鍊的發展就是個明顯的例子，它是為偽幣加强生產的必然性所支配。印刷在宋朝的時候，也是在發送機器加强工作的基礎上發展起來的。

官廳對鐵的生產之壟斷：是一〇八三年成立的……（註一）一一〇七年，頒佈了勅令，禁止私人對鐵貿易，唯農村經濟上所用之工具則不在此例。」（註二）

（註一）——在王安石改革之後，便獲得造幣的損害！

（註二）——Collins: p. 19.

同時又加强金銀開採。一〇二一年，開採三一八、六六七兩金子，卽等於一萬四千中國兩，開採三一、一七七、三三三兩銀子，卽等於八十八萬三千中國兩。（註一）但這是在比較好的時期。當着八世紀末，山東還在掠奪者的手上，那時有一千戶人家還要把金送到那兒去，卽是每一家每一年要納貢〇・五三兩。（註二）不言而喻，枯竭是來得很快的。

（註一）——Collins: 同書，p. 14.

（註二）——Collins: 同書，p. 22.

所以紙幣的「生產」是在縮小範圍之內增長着。『在發行支票之前，中國人就使用另一種紙幣，在某種關係上是像證券或期票一樣，有權領取國家生產的生產品之一定的部分，如鹽、香、

茶，鐵之類。』（註一）

（註一）——Vissering: "Chinese Currency" p. 169—170.

此後，從一〇一一年起，就有一種價值千錢（或一串錢）的支票在市面流通。這種支票在每三年中需更換一次。這樣一直到一〇七六年止。（註一）

（註一）—— Vissering: 同書，p. 171.

此後，便開始了眞正的狂熱的生產：一一六二年，紙票便有四一、四七〇、〇〇〇串在流通了，（註一）鐵幣的總額達到七十萬。除却支票之外，還發行一種諍券。從前經常的價值是一串錢，現在跌落得只值一百錢了。價值的跌落是不停地在發生。一二六三年，諍券簡直一錢不值了。統治北中國的金人便在這個基點上而與南宋朝競爭。金人的貨幣却要好些，雖然這只是在極相對的程度上來說。（註二）貨幣之發行不僅是政府的官吏，而且還有商人的同業組合。（註三）

（註一）——Vissering: 同書，p. 182.

（註二）——"Chinese Currency and Banking" by S. R. Wagel. Shanghai, 1915, p. 69.

（註三）——Edkins. p. 74.

結果，在四分五裂的中國的疆域上，爆發了一九二三年的柏林那種絕妙的鬥爭。

『一二一五年六月，陝西的省長請求從北京把紙輸送去，因為從北京轉輸紙幣到陝西去，價錢過高，而且為日亦久……這年八月支票就改了另一種證券。官吏中誰帮助證券流通的就加以特別的獎賞(一)；誰妨害紙幣一般的公認的就施以嚴厲的刑罰。十月，檢查官報告新證券價值的跌落……於是頒佈命令，凡是住在市場上的人民應該把自己的商品按照目前的行市來交換這些在責任的保險之下的證券，不得違背法律。禁止商人抬高商品價格。價格每月規定一次。可是商品價格畢竟朝夕萬變。地方的行政官雖企圖消滅這種現象，但是結果倒使流通停止。商人袖手坐在家裏不去貿易。食物一點也不能得着。北京需要食物更厲害，而價格却飛漲起來。』(註一)

(註一)—— Edkins. 同書，p. 63—65.

貨幣在嚴格的意義上說來，就是強佔別人收入權利之一種證明。

但是這時候農村的情形怎樣呢？

我們可看一個大臣的報告，事在一二一二年：『在天平的時候，穀米地租大部分是從東南各省運送到京城來，尤其是江蘇佔了大部。自從宋朝擅政之後，浙江便成為全國的中心省份了。因此，政府依靠浙江的收成最多。可是從孝宗卽位之後，提拔出許多有權威的人和一些高貴人家。他們圈圍了極廣闊的土地，和用强力佔領它。這種圈圍，每年都在進行，湖沼的利益，應該是大家的財產，然而一天一天地減少了。經過一個短期之後，我們就可以看到，這些富有之家把全國的土地都圈圍盡了。不容懷疑，地方官吏的職責是在干涉這種行爲，但是一切圈地之家都很有權威，而且他們的影響比之地方官吏的影響還更有力量。結果官吏害怕他們，當心(!)他們，和任他們爲所欲爲。久而久之便相習成風了，圈地之害便植根得如是深刻。此外，圈地之害不僅使人民感覺水的缺乏，而且還引起更嚴重的事情。實在，這些圈地支配了全國，以致地主專門要替佃戶建築房屋。當着地主們圈圍了大塊土地，他們就想刼掠鄰居平民的財產。此外，他們又攫有許多罪惡的青年，這些青年通常都是那些高貴人家的佃戶；如果收成還好，那時，幸而可以保證他們不致於發生這樣多的亂子。但是如果一遇到不好的年歲，那末這些人便三五成羣的結合起來，打刼鄰近的商人和農民。他們燒殺人民的事情是時常發生的……』(註一)

(註一)—— Lee Pin-Hua: "The Economic History of China, p. 313—314.

還有像這一類性質的另一個報告。牠描寫一二二五——一二六四幾十年間的情形，也有不少的興趣。

『農民「飲恨」在這時候已直到極度，……一方面，我們的土地日漸荒蕪起來；另一方面，國內的人民又特別厲害地增長。權貴之家的影響愈來而愈有力量，習俗的吃人也愈來而愈危險，平民是一貧如洗，而那時土地分配與地租收入的制度已達到衰敗的地步，……這些富有和權貴的人們，他們統治了一切，他們所起的作用好像國家至高無上的皇帝所起的作用一樣。』（註一）

（註一）—— Lee Pin-Hua: 同書，p. 315.

金銀的紊亂，隱藏着中國的新封建化。人民的忍耐已經到了盡頭。僞幣鑄造者的朝代是爲人民所拋棄了。可是人民又只是更換了一個主人。

第二十章　處於世界商路的中國

中國在蒙古人政權之下的統一，引起了國際貿易上眞正的革命。東西間開始了直接的聯繫。

威尼斯和熱內亞的商人深入到黃河及揚子江沿岸來了；中國同印度都成了商業交通上最主要的鵠的。擴大的商業，給城市與行會手工業飛快發展的一種推動。封建的組織，只表現是商業發展的輔助和服務的機關。

從十世紀起，本來就已開始漸漸造成和形成新的商業興旺的前提。現時廈門港口附近的泉州，早在八世紀時代，就已與日本與高麗進行獨立的貿易。九世紀時，它幾乎有封鎖廣州的氣概。『在七世紀時，中國廣州的海船達到印度馬拿巴的 Quilon 去。』（註一）

（註一）——"Chiau Ju-Kua", p. 18.

『十世紀末葉，廣州與泉州又復興旺起來，因爲這時牠們與阿剌伯、馬來半島、東京、爪哇、西蘇門答拉、西波爾勒阿（Borneo），以及於菲律濱島等處進行直接的貿易，雖然也有許多其他南方的和西南的國家底生產品運往那兒去。這個貿易中最主要物品的統計，是附錄在宋史上面的。（九百九十九年出口貨與進口貨的統計。）統計表裏面有金、銀、銅、鑄幣、鉛、各種花紋的布疋、磁器、棉紗、香料、犀角、象牙、珊瑚、琥珀、眞珠串、鋼（硬鐵）、龜甲、玉石、肉紅玉髓、蘇門答拉的貝殼、（這是揣測之詞，）水晶、外國的綿布、烏木及雜色木。到十世紀末業，這個貿易已成爲如是有利潤的東西，即是它不僅爲政府所壟斷，而且天子還派遣一個專門公使團到外國去「請南海和海外各國的外商到中國來貿易」。特許商品之輸入，就是這個皇帝所規定的。可是政府熱心推動這個商業前進，却反遭受失敗。皇帝的倉庫中很快爲象牙、犀角、玉石、香料、以及其他一切的南海諸國的商品所充塞了。爲要找着這些商品的銷路，便要地方官吏強迫人民(!)用黃金、布帛、穀米、稻艸等等來購買牠。』(註一)

(註一)——"Chau Jua". p. 17——18.

不言而喻，所有這些東西終歸於倒閉。可是，自由貿易確確實實替自己開闢了一條康莊大道。

羅盤，係此時以前幾世紀發明的，但祗爲妖術家的目的而應用，它現在已經通行起來了，並且根本改變了航海的條件。迄於今日邊航又已實現，因爲船舶駛行海中是很危險的。在爪哇島上那種交易所的組織，就是在中國出口上外國商人利益的表現。

『在爪哇，——過去的一個海關監督 Chau Ju-Kua 說——有許多大的丁香的堆棧、(註一)和商船，這些商船專門祕密地從中國把銅幣運輸出去以交換商品。我們的機關多方的禁止與彼國

作任何貿易，但是外國的商人却欺騙政府，把爪哇的名字改了，而叫作「Su-Ki-Tan」。』（註二）

（註一）——丁香在中世紀是投機事業一種最主要的東西。

（註二）——"Chau Ju-Kua", p. 78.

我們曾經一度地把宋朝時代同一九二三年的柏林的投機事業比較過。這裏我們又遇着這種類似的現象。一九二三年，德國所有的洋錢都用光了，所以那時洋錢可以買到一切東西，以至於政府都可以買得着。在宋朝的時候，也發生同樣的情形：銅錢，相當穩妥的藏在箱子內面運輸到外國去，再從外國把商品運轉來，以吸取「實在的價值」。

基兒狄(Girt)在補充 Chau Ju-Kua 的敘述中，他說中國的銅錢在阿爾西彼拉 (Arhipelag) 是一種很大的需求。一〇七九年，公使團在交換禮物上所得到的禮物中，有六萬四千串錢送給中國政府。宋史上說，『在浙江、福建、廣東各海關監督指派之後，——這是藉商船之助使中國與外國商業彼此交通的結果——為我國需要而鑄造的銅幣便沒有流到外國去了(！)。』這樣看來，任何地方銅的輸出——除杭州附近一帶而外——都被禁止。一一八二年，頒佈了一個命令，責成浙江地方政府注意貨幣之非法輸出。一二一六年，政府對外貿易的檢查總監　在作報告時有下面的一段話：『從海關監督指派時起，銅幣的輸出就已被禁止了。在一一六三年，職等便注意到泉州與廣州的海關監督，和西南幾省的兩個造幣廠長，任意放行那些裝載金銀與銅幣的船舶出口這些非法事情。如果這四個號稱長官的人員自己成了法律的破壞者，則地方官吏又怎能不尤而效之呢？』這一大堆牢騷便使得後來銅幣輸出完全禁止，雖然在某一個時期之內還不能嚴格的遵行。一二三四年，又有一個命令，禁止「放洋的船舶」（註一）輸出銅幣；這更明顯，不過是一部分的限制，因為他一方面在與 Spo-p'o（瓜哇的一個口岸）的交通上是特別禁止，而另一方面在檢查到別國去的船舶的時候又未免不有些疏忽。（註二）

（註一）——銅也輸出到日本去，——想來是為手工業之用。

（註二）——"Chau Ju-kua", p. 81——82.

宋朝是在一切裂縫中匍匐，商業資本是在一切瓦解的組織底罅隙中升爬，牠逼迫這個瓦解的組織替他的利益工作。

蒙古人恢復了南北的統一，聯合了南北的商道。

波斯又起了它那種慣技的仲介人的作用。在此以前，商業運輸的一部分是為埃及奪去了：商品從亞歷山杜利亞運到印度洋去，要經過許多中間的埠頭。回來的道路——從印度到歐州去——也是如此。『但是埃及的皇帝在亞歷山杜利亞設置麻煩的關稅去課收他們，以至於印度的商品達到歐州的時候，商品增價到百分之三百了；此外，又常常同教商(！)發生糾葛，並且嚴格地禁止他們深入內地。伊爾汗人在波斯實行了自己的遠見的政策，徵收關稅，保護商人，注意交通，建立正確的官職制度，准許自由通行。歐州人立卽利用了新的環境；曾在一二六四年，我們就聽見意大利商人在塔佛利慈的消息（他們在那時所掫造的財產都保存在這裏，並且把威尼斯、德意志、佛郎特利（註一）各處的織品、東方的珍珠、糖、象棋、以及其他各國的馬鞍、酒盃、燭臺、玻璃品等等轉運到這兒來。）這個區域的貿易，開始是落在熱內亞人手上，而且那時小亞細亞的土耳其人都是附屬於這個有企業精神的民族。馬可波羅在一二九四年在塔佛利慈所遇到的熱內亞人更表現有萬能的神氣，他說，熱內亞商隊已在海裏一帶操作航海事業。但是威尼斯人從十四世紀起便開始與他們競爭，並且在一三二〇年得到了有利益的商業條約，和在一三二四年在塔佛利慈駐扎自己的公使。』（註二）

（註一）——英國的羊把毛供給佛耶特利的製造。

(註二)——"The opening of the land routes to Cathay", by Eileen Power.——"Travel and Travellers in the Middle Ages", editetd by A. P. Newton. London, 1926. y. 137——138.

荷勒茲的(Horezm)烏茲別克人在這時期，在中亞細亞商業交通上，無條件的起了很大的作用。『商隊可以從古爾幹(Gurgant)到南方，到火洛山(Horosan)，(註一)和到西方，到哈察爾(Hazar)去·，加爾弟茲(Hardizi)還有一條經過阿拉爾海(Aral Sea)西岸，和經過荒原而通彼千勒格(Petchenegue)的道路。荷勒茲人成了火洛山商業階級的主要代表·；在每一個火洛山的城市裡面，你都可以看到大批的荷勒茲人，他們帶着高帽，一望而知其與本地的居民不同；在勒剎(Nesa)城裏，他們把整個的土地都攫取在自己手上。他們的物質幸福之發展，便到處引起他們的思想與趣之發展。馬克第西(Makdisi)說，他們很少從過什麼法律、社會科學等等的教師，然而他們對這些東西都很了解。他們爲與游牧民交換而需要商品，結果使毛織和棉織生產得到極大的發展。』(註二)

(註一)——即北波斯。

(註二)——巴爾托耳特(Bartald)·：「在蒙古人侵略時代的土耳其斯坦」。俄文本，p. 247——248.

在忽必烈時，有不少的烏茲別克人，忽必烈的狡猾的財政部長，最有名的亞赫默德(Ahmed)就是烏茲別克人的領袖。

佛洛倫斯(Florence)商都的代表彼戈羅狄(Pegolotte)是約於一三四〇年到中國來的，他介紹了下面的路線：『阿速夫(Azof)到阿斯達拉干(Astrakhan)，需騎二十五天牛加十二天馬車。從阿斯達拉干到柴拉(Zar i)——契勃恰克(Kipchac)的都城——要一天水路，從柴拉到烏拉耳河的薩拉契喀(Saraichic)要八天水路。從薩拉契喀到荷勒茲的京城古爾幹，要騎二十天駱駝。從古爾幹到土耳其斯坦的發拉布(Farab)要三十五天到四十天的駱駝。從發拉布到科爾齊(Kulja)——窩闊台的都城——要四十五天船舶。再要十七天就到了哈米(Hami)，再四十五天便到了黃河上游。』(註一)

(註一)—— Yule: "Cathay". 2ed. 1914, Volume III.

彼戈羅狄又補充一句，『你從阿速夫到中國去的道路，據商人們的談話，是完全沒有一點危險的，白天晚上你都可以行走。』(註二)

(註二)—— Yule: 同書。

『不論何人，你想從威尼斯、熱內亞到中國去，就需要隨身帶着帳幕，如果你到古爾幹去，帳幕也是適用的。並且你到了古爾幹，你還要撥銀子付給他們。』(註一)

(註一)——Yule: 同書, p. 153.

這樣看來，已很清楚，荷勒茲的京城古爾幹，和經過古爾幹的這條道路所起的作用，絕對不亞於塔佛利慈和經過波斯的那條道路所起的作用。

『一二六六年，契勃恰克(Kipchac)允許熱內亞人在卡發（Caffa，在克里姆岸）建立殖民地，後來又允許威尼斯人在梭爾達伊亞(Soldaia)建立殖民地。久而久之，更允許他們在阿速夫來建立殖民地了。阿速夫於是成了俄國的麥子、皮毛、遠東的絲絹、香料、和經過海白高原(Haiber)或經過波斯而來的印度的生產品等等銷售的中心地。卡發成了最有趣味的世界主義的城市，那裏充滿了回回教堂、耶穌教堂、韃靼人、回回人、基督教徒；它也成了商業的根據地。這個克里姆區取得了很大的意義，它好像是東方貿易最大的市場，而且這裏又是熱內亞人在起最主要的作用。他們在這裏有特別的管理局——Officium Gazarial，或者克里姆的管理局，來監督他們的黑海的貿易，在一三四三年的時候，契勃恰克同意大利人發生了糾葛，奪取了阿速夫，奠定了卡發，在全比贊第帝國之內，造成五穀、食糧等等的危急狀況，東方絲絹和香料的價格在意大利便增加了兩倍，這個可以證明，陸路在這時按其意義是超越一切其他道路的。』(註一)

(註一)——E. Power: Travel, p. 142——143.

這裏在我們的眼中，實實在在展開了一幅世界貿易和世界市場的圖畫。

意大利人沒有忽視由南海到印度到中國來的道路，雖然他們在這裏是遠不及阿剌伯人。

『一三一五年，熱內亞銀行的代辦，在胡格拉(Hugrat)和馬拿巴岸建築了一些商站。歐洲的商人經常的到岡比(Combia)、(註一)馬拿巴、和柯羅曼特爾(Koromandel)(註二)諸港來，因爲這些地方充滿着雜亂的人口，基督教徒、印度人、回回人、和中國人；希特說，(註三)大韃靼時代，恰與中國和印度間政治及商業交通上之最積極的時代相符合，這些港口，——特別是加爾格達(Calicut)與Quilon——成了世界上最富饒之區了。』(註四)

(註一)——岡比爲阿曼海港之一。

(註二)——在印度半島東西岸。

(註三)—— W. Heyd:' Histoire du Commerce du Levant".

（註四）——Power: Travel, p. 139——140.

印度與阿剌伯，在南方的海道上，佔有咽喉的地位，恰像波斯與荷勤慈在北方的陸道上佔有咽喉的地位一樣。這樣一來，在意大利的市場上，中國商品的大部都爲印度商品排斥了。

十二世紀的時候，有一個阿剌伯的地理學家伊杜里西（Edrisi）曾經描寫過中國的聲望和中國的富庶，他說：『像蘇州這些大城市，是因它的建築、商業、及人民之富庶而著名。牠的商業的信用曾擴大到全世界。在中國製造着無可比擬的上等的磁器和絲綢，皆以堅實、華麗見稱於世。』（註一）

（註一）——Yule: Volume I, p. 142——143.

約翰·德·柯拉（John de Cora）是一個黑衣僧，一三三〇年曾到過中國，他說，「中國有不少的城市，而且都比羅馬或佛洛倫斯的大些……在這個國裏，各種各色的商品也比羅馬或巴黎多。』（註二）

（註二）——Yule: "Cathay", Volume III, p. 95.

這些比較，幾乎在一切西歐旅行家的筆記上都重三復四地說過。中世的歐州的城市，是每每不能與中國的包含幾十萬人口的城市比較。在一三七七年，倫敦一共還只有三萬七千人，紐約是世界第二個大城市，也只有一萬一千人，巴黎在一三二八年才有二十五萬人。（註一）莫斯科在十六世紀中葉才有四萬一千五百所房子。」（註二）

（註一）——The Rozers: "Six Centuries".

（註二）——弗勒切（Fletcher）：論俄國。

按照馬可波羅的話，在杭州有一、六〇〇、〇〇〇所房子。（註一）

（註一）——"The Book of ser Marco Palo", translated and edited by H. Yule. London. 1921, Volume II, p. 192.

歐洲在這時是落後的。中國在諸方面講來，都比他先進。定居民與游牧民的相互關係，在那時候，並沒有減低一般文明的水平，反之，在某種關係上，反而把它提高了。因爲「定居的」封建制度，不能以自己固有的力量來剏造國際貿易的基礎。在這方面，蒙古的騎兵完全執行了這個進步的使命。

這個中世紀的國際貿易的範圍到底是怎樣？

彼戈羅狄關於這點給了我們一個最正確的消息。

『你可以想像到——他說——一個商人，帶着一個翻譯、兩個僕人、和值得二萬五千弗洛倫的商品，沿路只需要費用六十至八十個銀的 Sommi，(註一) 如果他經濟一點，那末這個數目是儘夠了，從中國轉回阿速夫沿路的生活費，僕人的俸給與夫其他雜用等都包括在內，不過還約需五個 Sommi 費用在一頭駝獸上。一個 Sommi 值得五個金弗洛倫。』

(註一)——一個 Sommi 等於五個金弗洛倫。

猶爾 (Yule) 作出這樣的一個比算：一個金弗洛倫或一個杜卡狄等於九仙令六辨士，商品的價格大約是一萬二千金鎊，旅行的費用每人爲一四〇——一九〇金鎊，一頭駝獸要十二個金鎊。

彼戈羅狄又繼續說：『每一輛車子需要一頭牛，一頭牛可以運載十康塔爾；(註一) 如果車子用駱駝裝駕，那末就需要三個駱駝，三個駱駝可以運載三十康塔爾；如果車子用馬裝駕，那末就需要一匹馬，一匹馬通常可以運載六個半康塔爾的絲，一個康塔爾等於一百五十個熱內亞磅，一捆絲有一一〇——一一五熱內亞磅重。』(註二)

(註一)——康塔爾(Cantar)係熱內亞重量名，一康塔爾等於一百五十個熱內亞磅。

（註二）——"Notices on the land route to Cathay and of Asiatic trade in the first half of the fourteenth century", by Francis Balducci Pegolotti, Yule, Volume III, p. 153——154・熱內亞一磅等於5/7英磅。

一萬二千金鎊，或者大概是十二萬金奴布，這就是十四世紀到中國來的意大利的中等商人底商品的資本。十四世紀在諾夫果羅特貿易的德國商人的中等資本，爲一〇〇〇銀馬克，照現在的行市還不及一萬馬克。（註一）

（註一）——波可諾夫斯基：俄國史，第一卷，一九二三年出版，俄文本，第六十二頁。

商業流通範圍裏面的差別，無疑義是有的。有一個和尚卜蘭羅卡兒彼尼 (Plano Carpini) 曾經爲羅馬敎皇英洛肯狄第四 (Inno Kentie)（註一）遣派到蒙古朝來，他說，『大家都知道在各種手工業中，全世界上沒有那一國人會再比中國人熟練些。中國富產米、酒、絲、金及其他商品。』（註二）

（註一）——一二四五年。

（註二）——Plano Carpini, "The texts and versions of John de Plano Carpini and William de Rubruguis", edited by C. R. Beazley London, 1903. p. 116.

克拉菲爵 (Clauijo) 是已往的卡馬兒肯特狄姆爾的公使（一四〇三——一四〇五）。中國在那時商業已經稍呈衰落現象，但他還說『中國的商品，尤其是絲、緞、麝香、綠玉、金剛石、珍珠、大黃(?)、是運到卡馬兒肯特來的一切商品中之最優美的。中國人說他們是全世界最熟練的手工業家。他們自己聲言他們有兩隻眼睛，弗郎克人（註一）只有一隻，而馬佛爾人(馬戈麥唐人)一隻都沒有。（註二）Cambalu（註三）是中國主要的城市，距卡馬兒肯特（註四）有六閱月的路程，其中有兩個月整天都在人煙稀少的莽原中過生活。在 Cambalu 公使到卡馬兒肯特來的那一年，曾帶着八百個運載的駱駝。』（註五）

（註一）——歐洲人。

（註二）——很明顯的，還是由於同馬佛爾人的競爭。

（註三）——即北京。

（註四）——彼戈羅狄走這條路只經過三個半月，此處所言顯然係交通遲慢的原因。

（註五）——Yule, Tome I, p. 174.

尼柯羅(Nicolo)在十五世紀時曾到過印度，他批評中國不免有點訶諛的神氣：『中國的商人總是很富足的，他們有許多比歐州船舶還大的、三四層高的船舶，並且爲避免危險起見而可以把它分開，但是不致爲水浸入。』(註一)

(註一)——Yule, 同書, p. 175.

在十四世紀五十年代從唐格耳(Tamger)到中國來的阿剌伯商人伊朋·巴吐塔(Ibn-Batuta)也講到中國船舶的事情。『中國船舶在航行時只能用之於中國海中。中國的船舶有三等：(一)大船，叫做"Jonuk"(二)中號船，叫做"Zao"，(三)小船，叫做"Kakam"。每一隻大船都有十二三幅風帆。風帆是把小小的竹片繫在蓆上而做成，這種風帆總不致於拆壞，因爲它是這樣的繫着，即是可以任憑風吹，當船停泊的時候，帆能自由的擺動。每個船約有一千步隊，——六百水手和四百兵士——這一千步隊中，有射手，有楯手，也有用洋油放射的弩手。每個大船都有叫做二、三、四號的三個小船隨着。這些船舶只是在Zayton(註一)和Sinka lan或Sin-ul-Sin(註二)才能建造。船的建造是這樣：先做成兩塊大木板，然後用一些極厚的桁柵把它聯起，用許多大楞枝(每個長約三洛可笛)的幫助使它彼此密合。當着這兩塊大的木板在桁柵的帮助之下而釘合在一塊時，就把這一些拐枝安到船底上去，到船造成之後，才將船放下水中。枝出在水邊的橫木是供步隊盥洗和其它需要之用。船槳（像船桅一般大小）就安在這些枝出的橫木上，需要十人至十五人來蕩搖。這樣大的槳約有二十個，蕩槳的人分成兩排，面對面的站在每個槳的兩側。槳是用兩根大的繩子繫着；一排人拖着一根繩子往那邊去，然後又放鬆它，而讓另一排人拖着另一根繩子到這邊來。這些槳手通常都很快活地唱着，La'la! La'la 的歌調，我們前面所說的其他三個船，也是這樣的使用槳，有時候這三隻小船可以繫在大船後面。每個船上都設有四塊甲板；甲板上建築着小小的房屋和公共的住所以爲商人之用。有些房屋是作便所和及其他種便利之用，它有鑰匙，這樣，房主就能把這些房子鎖起來，並且把自己的妻妾（！）帶在這兒睡。步隊們把自己的小孩安置在一定的住所裏面，他們是在廚房裝菜，裝生薑的木桶裏長大起來的。船主是一個至高無上的主人；當他下岸的時候，射手、黑奴、帶着槍、劍、鼓、號、鑼等等前呼後擁的包圍着他。』（註三）

（註一）——現在的漳州。

（註二）——現在的廣州。

(註三)——"Ibn Batuta's Travels in Bengal and China" (1325——1344——1349). Yule, Cathay: Volume IV. p. 91, 247.

希爾特(Hirth) 從杭州的史志上引了一段很有趣味的消息，可以補充伊朋·巴吐達的敘述。那上面說：『浙江不獨在河道航行上是很重要的，而且在海道交通上也很重要的。在杭州有載重五千簍貨物和五六百名客人的大海船來往。中號船則只載一兩千簍貨物和兩三百名客人。小船也可自由的裝載百來個客人。』(註一) 爪哇與蘇門答拉無疑義的是妨害了中國船舶在南海界限以外來往，他們死死地不肯放鬆自己手中的中介人的壟斷權。Chau Ju-kua講到巴冷班(Palembang)時，他說：『外國商人，集聚在這個地方，交換金、銀、磁器、絲帛、絲線、絲疋、糖、鐵、楊木、米、藥材、樟瑙。那些橫亘洋上和阨要海峽的地方，(一切外國人來時都要經過此處，)在舊時都用鐵鍊圍住，它是阻礙別地來的海盜的屏障(!)。它可以自由升降。如果商船來了，你可把它放落下去。』(註二)

(註一)——東蘇門答拉。

(註二)——Chau Ju-Kua, p. 61—62.

蘇里曼說，在馬來半島的海峽中，徵收一切來往船舶的關稅。

十四世紀時，星加坡海峽充斥了海盜，這是中國與西方貿易養成的。這個逼住中國人武裝自己的商船。

我們試聽十四世紀關於星加坡的海盜的事情吧。『在星加坡港有許有中國人在貿易，貿易的商品是赤金、綠緞、綿布、潮州府的磁器、鐵釜、以及其它種零星物件。沒有一件精細品和稀罕的東西可以從這裏運輸出去；這裏居民一切生產品都是刧掠泉州商人的。當中國商船到西方去的時候，他們毫不阻礙地任他們過去；但是回來的時候，商船剛到卡利盟島，那時船上的人，就拔出自己的槍械，用盾牌掩蔽着自己的身體，因爲那裏一定有兩三百艘海盜的船舶來進攻他們。』（註一）

（註一）—— "Notes on the relations and trade of China with the Eastern Archipelago and the coast of the Indian Ocean during the fouteenth century", by W. W. Rockhill. "T'oung pao", XVI. Leiden. 1915. p. 131—132.

英國帝國主義，根據這些强盜的經驗，預先就看到爲着太平洋的不可避免的鬥爭，而在星加坡建立了自己的海洋根據地！

一二九三年，『中國政權伸到爪哇來了，命令它服從中國，和給中國進貢，在這裏建立了衙門，規定了法律制度，支配着一切軍事要塞，和監督鹽稅法，及中國銅幣使用等等。』(註一)

(註一)——W. W. Rockhill: 同書，p. 236.

在爪哇這種强買强賣的交易還是繼續地實行，因爲蒙古人沒有輕視紙幣的印刷。中國政府之關心它，並不亞於星加坡與東京灣的海盜之關心，遠征隊總不只一次地被派去抵抗這些海盜。洛克希耳(Rockhill)曾詳細講到商人由南方海道從中國到各港口去貿易的商品的情形。在爪哇，——『人民用高價來購買中國的磁器、麝香、各種花紋的琥珀和絲帛等等。』(註一)

(註一)——W. W. Rockhill: 前書，p. 245.

爪哇有個大的國際殖民地。『那裏有三個居民階級；第一個是西歐人（即回回人），他們在這裏貿易，並且成了永久的居民。第二個階級是從廣東、漳州、泉州各地來的中國人，他們也長住在這裏。第三個階級是本地的居民。』(註一)

(註一)——W. W. Rockhill, 前書，p. 242.

在安南，各個時期，都需要「綠磁、（註一）嵌花的盃子、和金銀裝飾品等等」。（註二）

（註一）——玩意兒。

（註二）——W. W. Rockhill, 前書，p. 86.

在暹邏，也需要「頭上的裝飾品、水汞、藍棉布、銅、鐵等等」。（註一）

（註一）——W. W. Rockhill; 前書，p. 100.

在柬埔寨（Kambodia）亦需要「銀、黃紅的手巾、刻龍的寶石、花緞、絲綢、棉布等等」。（註一）

（註一）——W. W. Rockhill: 前書，p. 107.

在馬來半島，到處都有人訪買漳州和海南的棉布、鐵絲、銅釜、紅琥珀、着色的布疋、木梳、綠磁、磁杯等等」。（註一）

（註一）——W. W. Yockhill: 前書，p. 123.

這些繁盛的交通，與印度港口，甚至與 Aden 都曾發生過。

『中國商人在孟加拉（Bengal）貿易，其商品為金、銀、緞、絲、青白各色的磁器、銅、

鐵、麝香、朱砂、水汞、草蓆等等。』（註一）

（註一）——W. W. Rockhill: 前書, p. 444.

講到阿利司（Oriss），『中國人到那兒去的，十個有九個都不願回來，——因爲那裏生活程度甚低，謀生容易。』（註一）

（註一）——W. W. Rockhill: 前書, p. 445.

至於麻特拉司（Madras），『一切商品都由中國船舶運輸到那兒去，並且由兩個遣派去作仲買人的高級官吏來管理，他們議定商品的價格，如是後來就不變更了。』（註一）

（註一）——W. W. Rockhill: 前書, p. 457.

這時期在 Aden，中國人是以「金、銀、花緞、青白各色的磁器、檀木、胡椒等等在貿易」。（註一）

（註一）——W. W. Rockhill: 前書, p. 610.

菲律濱羣島也不是袖手旁觀的。『許多人常常由菲濱律搭船到泉州，到福建來。當他們的商人把所有的金錢都耗費在種種裝飾品上之後，他們就回去了，到家時，他們的國人很客氣地接待

他們，甚至自己的父母、兄弟都要這樣客氣，因爲這種風俗，是表示對從中國囘來的那些人們加以敬重。』(註一)

(註一)——W. W. Rockhill: 前書，p. 269.

在元朝時代商品的分類，形成了中國一般經濟的發展。最初出現於市場的，是大宗的中國的磁器、綢緞、棉布等等。

棉花在中國許久都還不能佔勢力，因爲商人怕它與絲競爭。我們在西遊記中——長春眞人邱處機，應元太祖西域之召，其隨行之弟子李志常，掇其往返所歷，成爲此書——曾聽說在舊科爾齊(Kuljä) 附近的阿利盟 (Alim) 城中『有一種織品，人民說它是由羊毛織成。(註一) 我們那時得到七疋這樣的布來做衣服。這種毛極像我們的柳絮一樣，又淨、又細、又軟；這毛可以紡成紗、搓成線、織成布、造成綿。」(註二)

(註一)——勃勒特雪萊得爾(Bretschneider)是這樣翻譯的：“The people say that it is Wo ven fromvegetable wool", 參看 “Mediaeval Researches from Eastern Asiatic Saurcer」, by E. Bretschneider, Volume I, London. 1910. p. 70.

（註二）——「著作集」，Tome: IV. p. 145.

在北方棉花的產生，顯然要比南方遲些。

從伊朋・巴吐達的說話中可以看到在他那時候棉布在中國中部還不見流行，他說：『中國人的由棉布製成的衣裳，要比絲的貴過兩三倍。』（註一）

（註一）——Yule: IV. p. 111.

可是，到元朝的時候，中國南方已開始產棉，如海南島和江浙等處是。

漳州(Chang-Chow)是綢緞出口和生產的中心。據猶爾(Yule)說這個著名的商港卽是以產綢緞見稱。

漳州，據伊朋・巴吐達的說話，也以生產磁器著名，雖然都是普通一類的磁器。嚴格說來，那時磁器品主要還是出產於福建和廣東。而船舶則在漳州製造。這樣看來，我們可以相信，在中世紀，生產力（註一）的地理的分工，決定了手工業商業中心地之出現。

（註一）——卽是在某個歷史階段上在社會支配之下的生產力。

馬可波羅把漳州更寫成洋洋得意的語句。他說：『你應該知道，這個城市裏有港口，有各種從印度來的船舶來往，它把香料和各種各色貴重的商品運輸到這裏來。這個港口也同樣有中國商人的船舶來往，因爲大宗商品和貴重的珍珠、寶石等等運到這兒來，而且在這裏把這些東西分配給所有的中國人。句管你在一個到亞歷山杜利亞去的或其他地方去的商船上，總有成百的或幾百人到漳州來，因爲這裏是世界上兩大商港之一。

元朝從這個城市和這個港口的關稅上得到大宗的收入；你知道，他從一切入口的商品（包括寶石、珍珠等在內）上徵收百分之十的關稅。此外，賤價貨物的駁載，也要徵取百分之三十，檀木與其他種重貨，徵取百分之四十；胡椒徵取百分之四十四，商人要把自己費用的一半交還元朝的關稅……，還須要告訴你們，在這個省裡有一個 Tyunju 城市，在那裏製造各種各樣的磁器杯盤，杯盤之美麗是只可以意會而不可以言傳的。除却這個城市之外，沒有那裏能夠製造這樣的東西，它從這裡運輸到全世界上去。東西既多，價錢又非常便宜，你只要費一個威尼斯的Yrosso（註一），就可以買得三個再好沒有的漂亮的盤子。』（註二）

（註一）——一個 Grosso 約值2,8辨士。

（註二）—— Yule: "Marco Polo Tome" II, p. 235—236.

菲利浦士(Philipps)說，『同時漳州的絲，也比蘇州和杭州製造的好。』(註一)

(註一)——"Two Mediaeval Fu-Kien Trading Ports . Chüan-Chow and Chang-Chow", by Geo Philipps. "T'oung Pao." Vol. VI, 1895, p. 451.

除却漳州之外，泉州（也是在福建）也是這時代的另一個寵兒。

『在元朝時候，阿刺伯商人，利用那些在忽必烈朝做官的回教人的勢力，又大規模地開始與中國交通起來。他們大部分不是回到廣州去，而是向福建、浙江、江蘇(註一)等省進展。所以福建的泉州，便成了很大的貿易的中心地。』(註二)

(註一)——狄兒散(Thiersant)以十九世紀廣州很少回人來解釋這個。

(註二)——Thiersant: I, p. 85.

泉州其所以能成爲廣州的競爭者，它的生產前提到底是怎樣的呢？

『這個城市在過去百年間並且在現在還是製糖和手工業的大區域。』

『糖原是從泉州輸到中國北部去，就是現在也還是一種很大的輸出。許多船舶從印度載着商人到這個港口來，商人們運來很多珍珠寶貝，他們從這些東西貿易中得到大宗的利益」，(Ramuzio）。（註一）泉州在宋朝和元朝的時候，更有許多印度和別國的船舶往來。』（註二）

（註一）——"Marco Polo" 的出版人，十六世紀曾到過中國。

（註二）——"T'oung Pao". Volume VII, 1896, p. 227.

一一三二年，泉州曾有回教寺院之設立，一三五〇年還加以修葺過，這就是阿剌伯商人在這時候很幸福的鐵證！

菲利浦士得出一個結論，說龍川是泉州與漳州磁器品的主要供給者。『聽說，龍川有兩個工廠。一個距龍川六十哩。很精緻的玩具就是此地出產的。另一個在秦村（譯音）。』（註一）

（註一）——Brinkley. "Cuina". IX, p. 46.

這些著名的磁器從這裏由海道運送到各港口去，再由各港口轉運到日本、Aden（在阿剌伯半島）、安南、阿利栗及麻特拉司等處。

歐州中世的商業與手工業的中心，看見這樣大的銷售，必會眼紅起來。

我們特別研究過中國商品的道路——從銷售地方到生產地方，這無非是爲的要解釋國際市場對中國經濟發展的影響，以及於新的生產中心和新的產業中心之創造。

中國在元朝時代就已走上國際的歷史的軌道。自然，這個反映在宅內部的發展上。新的階級矛盾長成了，一般運動的速率增加了，城市也開始表現着自己的作用。

第二十一章　商業資本主義革命

河流在中國結構上是內部交通的一種主要的工具。河與通河流的運河也同樣是基本商業的動脈。牲畜的缺乏，——尤其是在運輸方面——在很早就已表現出了。

『在兩大河流——黃河與揚子江——之間的水的支流結構底意義，還在紀元前二世紀漢朝時候就已表現出來了，人工開鑿的運河，總爲後來一切朝代所修理所保持，一直到九世紀，當宋朝的皇帝建都於杭州的時候，他還開鑿了一條運河，從杭州，到浙江，入揚子，這樣便使它與漢帝所開鑿的通揚子江北岸，在浙江對面，而流入於揚子的運河聯合了。元世祖忽必烈，在十三世紀時，只不過是完成了這個工作之最後的一段，即是從北京到黃河的一段。』（註一）拉西屠丁（R.is·

shiduddin）講到這條運河時，有下面的一段話：『這條運河擴張到四十天的路程之遠，它一直從Khanbaliq（北京）到Khingsai（杭州），到Zaitun（漳州），而達於中外船舶匯集的港口。運河設有許多堤堰，以爲分配各段河水之用；當船舶到了堤堰時，即用機械之助把船舶提高，然後把它放到下一段的河流中去。運河有三百個洛霍笛（Locot）寬。（註二）忽必烈曾把河岸用石頭掩覆一次，以防河岸崩潰。沿運河的一旁，有一條大路通中國的京城，約需四十天的路程之遠。道路上用砂石舖設起來，如是行人與牲畜才能行走，並且在天雨的時候，也不致陷入泥濘。路的兩旁，栽種着楊柳和別種綠葉陰濃的樹木，並且任何人——除却兵士一類的人——也不准許攀折這些樹木的枝葉，或者拿這些樹葉來喂牲畜。道路的兩旁，開設着許多舖子、旅舍、和大堆的房子，這樣在四十天的長途上，中伙安宿的地方，是接連不斷的都有的。』（註三）

（註一）—— Brinkley: "China". 161, Volume X. p. 24—25.

（註二）——一洛霍笛等於十八吋。

（註三）—— "Yule: Cathay", Tome III, p. 115—116.

在忽必烈時代，還設立一種好像郵政的交通、和政府報告之按期的傳遞。市場交通的發達，逼得你趨向管理的集中。

中國，在元朝時代，不僅當衝於世界商路，而且還空前未有地擴展了自己內部的流通。

這個我們可以從馬可波羅的書中，從他那簡單的例舉當時大商業和大手工業的中心上看得出來。

『太原府（註一）是大商業和產業的中心，因為天子軍隊需用品之大部都在這裏製造。這裏有許多美麗的葡萄園，能供給大宗的葡萄酒；全中國只有這裏才產酒，商人們從這裏把酒分運到全國去。這裏也產絲，因為這裏人民有許多桑樹和絲繭。你從太原府再往西走六七天，你沿途也可以遇見許多城市與小市鎮那種夠繁華的地方；那裏所有的人們都從事於買賣和操作各種各色的手工業。這些地方有不少的商人到印度和別國去。買、賣、賺錢。』（註二）

（註一）——為山西省城。

（註二）——Yule: "Maco Polo", II, p. 13.

西安府——陝西省城——，『是大商業和產業的城市。此地絲甚豐富，居民由絲織成綢緞，也由絲和金製造軍用各種各樣的軍裝。這裏一切生活上的需用品是非常便宜的』。註一）

註一）—— Yule: 前書，p. 24.

馬可波羅在成都府——四川省城——看見河中商品的轉運「好像是海，而不是河」。（註一）

（註一）—— Yule. 前書，p. 37.

濟南府，是山東的一個重要城市，馬可波羅也同樣說及了。——『這裏有許多營業的商人和驚人之多的絲。此外，那裏還有鮮艷奪目的水果園。 Tadinfu 同樣也有十一個重要的城市在它管轄之下，所有的人民由於大宗的絲的生產，都是經營大有利益的商業。』（註一）

（註一）Yule: 前書，卷二 p. 136.

淮安州，地臨運河，有『大的航運。大宗的商品都運輸到彼處去，因爲它是政府所在地。由於它地臨運河，所以許多城市都把自己的生產品運輸到這兒來，然後從這兒分配到各處去。這裏也出產大宗的鹽，它可以供給四十個別省的城市，和提供元朝以大宗的收入。』（註一）

（註一）—— Yule: 前書，p. 151—152.

在揚州，『人民以貿易與產業爲生，因爲騎士的裝飾，以及兵士的用具，大部分都在這裏製造。』（註一）

(註一) Yule: 前書，p. 154.

安慶是安徽省一個主要的城市，『人民以商業與產業爲生。他們有大宗的絲，並且他們把絲與金織成最華麗的綢緞。各種穀子與鷄鴨之類是非常便宜的，因爲這是一個最生產的省分。』(註一)

(註一)—— Yule: 前書，卷二 p. 157

襄陽，居於漢水之濱，亦以產絲著名，並且甲於其他十二個城市。(註一)

(註一)—— Yule: 前書，p. 158.

在荊州，馬可波羅聽見那兒收稅的官吏們說，『那兒每年要經過二十萬上水的船舶。』(註一)

(註一)—— Yule: 前書，p. 170—171.

在金山府，『人民以手工業與商業爲生……這裏有許多大而且富的商人』。(註一)

(註一)—— Yule: 前書，p. 176.

關於蘇州，馬可波羅是這樣寫着：『蘇州的城市是很大的，它周圍有六十哩，裏面有很殷富的商人和無數的人民。如果這個城市與中國其餘各部的居民都帶有奮鬥的精神，那末，他們就

可以征服全世界；但是實際上，他們完全不是兵士，——他們都只是精明靈巧的商人和最熟練的手工業者。』(註一)

(註一)—— Yule: 前書， p. 181.

從這個商業、手工業城市之簡略的統計看來，便清楚了，中國在元朝時代即爲市場的密網所掩覆，而且這些市場又結合成爲一個總的國家的市場。

據馬可波羅的敘述，杭州無疑義的是這個商業手工業網子的中心。他這樣說：『在這個城市裏面，有十二個不同的手工業行會，並且每個行會的工人佔有一萬二千所房子。每一所房子至少可以容納十二人，有些還可容納二十至四十人之多，他們絕對不盡是工匠，這裏還有替工匠工作的日工。所有這些手工業者他們想要有幾多工作便有幾多工作，因爲別的許多城市都靠這個城市出產的一切必需品去供給。』(註一)

(註一) Yule: 前書 Tome II, p. 186.

在一五八五年出版的一個和尚孟朵查 (Mendoza) 所編輯的中國史上說，中國曾經有過像中世紀西歐一樣的各種行會和公會按照自己的房屋而佈房的制度。『手工業者與工匠(註一)都按照特別的街道而居住，那裏除却操作同業的人外，別人不管是誰都不許在那兒居住：所以，假如你佇立在某個街頭，試察那裏是什麼行會，那末你將知道整個的街道都是屬於這一項手工業的。法律和習慣都規定兒子應繼承父業，無特別的許可，不准轉換別種職業：如果有一個這樣的繼承者，他非常富庶，而他又不願意作這樣的工作，那末他可以拒絕工作，但是他應該僱用一些人到他的工場裏來代替他工作。』（註二）

（註一）—— "Artificers and Mechanicalofficers".

（註二）—— "The History of the Great and Mighty Kingdom of China", Compiled by the padre J. G. de Mendoza. Volume I, p. 34.

九世紀時在日本西京，『每條街道好像是某種組合的私有財產：在這裏出賣粗布和綢緞；在那裏出賣磁器和五金品；更遠些的就是織匠、木匠、鐵匠、鞋匠等等在工作。』（註一）

（註一）——M. de Mazeliére. Le Japon. Tome I, 1907, p. 483.

馬可波羅繼續他的敘述說，『商人的數量、商人的財富、和經過商人手的商品，多得這樣驚人，以致難於想像。現在必需把這些手工業團體的主人講給你們聽，這些主人是工場的領袖，不論是他，也不論是他的妻子，從來都沒有做過工作，但是他們像王后王妃一樣攸閑自在，快快活活地過日。他們的女人，實際上，是最漂亮和最天真的。王決定每個人必需繼承父業，不得中途調換別種職業，雖然他有九十萬的Bezant。』（註一）

（註一）—— p. 186. 一個 bezant 等於十仙令六辨士。

在十八世紀的里昂絲業中，我們可以遇到這種類似的制度。——『（一）在所謂工業活動的中心，有一種「工人廠主」（因爲他們自己叫自己爲： les ouvriers-fabricants d'étoffes de soye）。這卽是自己有機器而又在自己廠裏工作的小主人。（二）這些「工人廠主」也有僱傭工人和女工，僱傭工人和女工就叫作 les domestiques。（註一）「les domestiques」或者在自己僱主工廠中工作，或者在自己家裏工作，——但是要藉僱主給予的工具幫助。（三）「工人廠主」自身是替商人工作（leurs marchands）。這些商人向工人定貨，並且發給工人工作上所用的材料。他們按件付給「工人廠主」的代價。這樣的三個階層，是與現代人不同的。當我們一提到里昂工人的時候，我們總是記起兩個階層。（一）les ouvriers-fabricants 和（二）les domestiques。這兩個階層，都和那些與 les riches, les propriétaires, les capitalistes 混同爲一的商人對

立。』（註二）

（註一）——是一種家僕的意思。

（註二）——Tarle:「革命時代的法國工人階級」，第二部，一九一一年出版，p. 75.

馬可波羅所說的商人，很明顯的，恰恰是屬於這個範疇。市場的發展使手工業者的小主人直接依賴於指揮手工工廠中的勞働條件和經過他們的手而壟斷全部手工生產品的商人。這裏必須指出，除却手工業行會之外，還有一種由這個收入所造成的敎堂之存在。

馬可波羅說，『在潮州，有許多異敎敎堂，（註一）那兒的人民都操作商業與手工業，製造絲、緞、以及超等的琥珀等等。在這個包含兩萬居民的城市中，計算起來有五十八個敎堂。那裏有管理紗、緞生產和分配金線，染料等等的辦事處。』（註二）

（註一）——佛敎敎堂。

（註二）——J. H. Charignon. "Le livre de Marco Polo". Liure II, p. 159 -160.

佛敎中的商人的敎會，是不亞於卡特立敎和正敎中的！

不言而喻，工人奴役之極端，在中國手工業中和農業中都會經有過。並且在杭州有一種手工業奴隸。

『那裏城市的中心有一個衛城，衛城是很大的，並且在衛城的中央有政府的宮殿——伊朋•巴吐達說——衛城圍繞着宮殿，衛城自身又爲星羅棋佈的手工工廠所包圍，各種手工業者便在這些工廠中工作，他們製造許多漂亮的衣服和武器。庫爾泰王(Emir Kurtai)告訴我們，說那裏有一千六百個工匠—手工業者，（註一）每一個工匠手工業者，都有三四個學徒在自己的管理之下。這些學徒都是元朝的奴隸；他們在束縛中過生活，但是與農奴不同。他們可以到城裏的市場來，但不許他們越過城門一步。庫爾泰王每天都去檢查他們，如果缺少一個，就惟他們的工匠是問。有一種習慣，在十年服役之後，可以解放他們的束縛，並且那時他們可以自由在那裏服務，或者離開那裏而到他們願意去的地方去，但是不要離開元朝的疆域。他們到了五十歲便解除一切工作，由國家維持他們。』註二 中國中世紀的手工業組織有三派：行會手工業、敎會手工業和奴隸手工業，這些可以整個地確定馬克斯的那個論據，即是在城市組織中，社會是模倣積聚於農業中的關係。

（註一）—— master—workmen—ouvriers—fabricants!

(註二)—— Yule: Cathay. Vol. IV. p. 132.

——所以這些手工業者是處於國家奴隸的地位。

馬可波羅在描寫杭州商業時，他繪了一幅眞實的商業繁盛的畫圖。——『在這一部分，有十來個主要的市場，市場都是正方形的，每方面約半英哩長；有一條寬約四十步的很大的街道直達市場的旁邊；它並且從城市的一端通到城市的另一端，中間架上許多橋樑以便於交通。在這個城市裏經過每四英哩遠就有一個周圍兩哩寬的平方市場。與這條大街平行而又在市場旁邊，開鑿了一條大的運河，許許多多的大石頭的房子，就建築在通市場這方面的運河旁邊，從印度和其他遠方諸國來的商人便把自己的商品堆存在這些房子裏面，在每一塊坪裏都設有市場，一星期進行三次貿易，來貿易的人總有四五萬，他們把一切必需的食品都運到這兒來販賣，如是總有各種肉品與飛禽之類的現成的儲蓄，——鹿、兔、鷓鴣、雉、鶉、雞、鴨、鵝等等，因為在湖泊裏面(註一)繁殖了許多這一類的東西，所以你能用一個威尼斯的銀格羅梭(Grosso)就可以買到一對鴨或兩隻雞。那裏還有許多屠場，一切大的動物——牛羊等等，都在那兒宰殺，牛羊的肉，是供富貴之人消費的。

（註一）——在杭州。

『在這些市場上，每天都有各種各樣的蔬菜和菓品的陳設；菓品之中，特別以大梨著名，有重到十斤（？）一個的梨子，白香的梨肉正像糖品一般；此外，在夏季還有一種或黃或白的桃子，其味也異常甘美。』

這裏也不出葡萄，也不產葡萄酒，但是很好的葡萄和葡萄酒都從別處運到這裏來。地方的居民，不論怎樣，都不喜飲這種酒，而只酷好自己本地的米酒。每天也從海裏運到大宗的魚；同樣湖沼也供給大宗的魚，……十大市場都有高樓大廈圍繞着，而房子下面就是各種手工業部門的場所，一切商品，（包括香料、珍珠、寶貝等等）都在那兒販賣。有些舖子完全是拿來賣本地米酒的，米酒常備，而且賣得又極廉賤。』（註一）

（註一）—— Yule, "Cathay". Vol. IV, p. 201—202.

杭州的「五臟六腑」便是如此，——因爲我們想起了左拉所描寫的巴黎的五臟六腑。

馬可波羅那時又從鵝、梨、米酒轉到娼樓妓院之詳細的和半狂喜的描述！這個東西引起了九世紀的阿剌伯商人的驚異，——商人伊朋·巴吐達帶着很滿足的神氣說：『在中國，青年奴

隸是很廉賤的；實際上，所有的（？）中國人都把自己的兒女去鬻賣；並且誰也不見得這是羞辱。』（註一）

（註一）——Yule: "Cathay", IV, p. 116.

孔子學派的「宗法家庭」原則在實際中之應用，使中國得到這個悲慘的商業的光榮。

『杭州，在這時候，有人把它叫做金錢的浪費人。』（註一）

（註一）——Yule:「Book」of ser Marco Polo, II, p. 196.

據伊朋．巴吐達的說話，中國商人有一種習慣，『商人把他們所有的金銀鑄成金錠和銀錠，——每錠重至百斤，——並且把這些金錠和銀錠置於自己的房屋大門之下。積有五個金銀錠的人，手上便帶上一個鐲子。積有十個的人帶上兩個；積有十五個的人就叫做 Sati。』（註一）

（註一）——Yule:「Cathay」, IV, p. III.

Sati 是印度文，在印度也有一種把自己的金子放在屋壁之下的習慣。很顯然的，這個習慣是從印度搬運到中國來的。伊朋．荷茲郎（Ibn Fozlan）回憶到俄國也有這樣的一種習慣：有一萬第爾根(d rgen)的商人的老婆，帶上一條金鍊，有兩萬的人帶上兩條；餘此類推。

這時候，大宗的財富都集聚在商人手上。商人是城市生活主要的推動人，他決定城市生產、城市貿易、城市消費。供給社會生產的基本羣衆底農業生產是在封建上層——一部分由掠奪者，一部分由中國的官吏所組成——的支配之下。

因此，社會收入之分配，大部分也是在封建貴族和封建官僚手上。這個就造成意外發展的商業資本和外國掠奪者所代表的封建上層之間的必不可免的鬥爭。

商業和一般經濟的高漲，到了某個階段，就會暫時把商業資本從那與封建壓榨有聯繫的高利貸的束縛之下解放出來。不論怎樣，它是減弱了和放鬆了商人對專以放債生利的封建官吏的依賴。外國的封建主是高坐在極上一層。

另一方面，在元朝，商業資本感覺自己有一種獨立的生產基礎——行會手工業。

這個商業資本在此時以前還只養成一種近於封建的生產，和執行封建官僚的店員的作用。現在它已提高到較高的階段，它有它自己的固有的基礎。城市在此時以前還是封建收入的主要分配人，它現在獲得了獨立的意義。

據政府的統計，一三二八年至一三七三年，鐵的開採從五二七噸增加到四、四四二噸。(註一)

（註一）—— Tegengren. II, p. 313.

『中國的工程師曾在狄格兒沿岸工作，中國的天文學家、醫生、教士曾在塔佛利茲當過顧問。忽必烈自己的公使團也曾到過馬達加斯加(Madagascar)。』（註一）

（註一）—— Yule: "Cathay", I, p. 167.

那些與塔佛利茲，與 Aden，與日本，與意大利人貿易的商人的見識不斷地在發生分化。新的結構產生了新的需要與要求。

『高利貸者好像是在生產之窟活着，正如快樂之神在宇宙之際活着一樣，商品形態之成爲一般生產品形態愈少，則貨幣之獲得就愈難。所以高利貸者除却知道需要之人的抵抗能力之外，它是不知道別的界限的。』（註一）

（註一）—— 馬克斯：資本論，第三卷，第二部，第一三九頁。

因此，市場關係範圍之擴大，必不可免的要限制高利貸的權力，借貸利息隨着商品經濟的發展而跌落了。祇有在這個過程停止的地方，才可保存這種「最低限度的」、「神的」利息，像周年百分之三十到三十六的利息。在宋時曾經禁止取息高於百分之百。同時必須注意到另一樁事情。

『在何種規模上生產才包含於商業，和經過商人的手　這要看生產方法如何而定；這個規模在資本主義生產完全發展的時候，卽是當生產品之生產祇是一種商品，而不是直接消費的東西，它達才到自己的最大限度。』(註二)

(註二)——馬克斯：資本論，第二卷，第一部，p. 309.

在元朝時代，也像以前的階段一樣，還保持着商人與官吏的「合作」。

『官吏把自己的資本投入到商業中去，並且遣派商船到外國去貿易。海外的利潤，官吏與商人便互相分配了。商人得十分之三，官吏得十分之七。』(註一)

(註一)——Edkins: p. 264.

這種比例是難滿足商人的願望的。這是那些利用宮廷恩惠的阿剌伯的、波斯的、荷勒茲的、意大利的與夫其他外國的商人底競爭才使他們如此。他們想與這些外國商人得到平等的待遇，但是他們却得到很大的打擊，卽是政府機關幫助他們的競爭者比較幫助他們自己還多些。

可是這時期政府的機關所得到的利益並不壞。猶爾引用從杭州一地所得到的收入總額　。單是鹽稅就提供了二、六三三　、　三三三磅金鎊，別種收入總計提供六、九一二、五〇〇磅金鎊，

總之，『杭州及杭州管轄之地的總收入額爲九、五四五、八三三鎊金磅，卽九千五百萬奴布有奇。』（註一）

（註一）Yule: "Marco Polo", II, p. 217.

講到揚州，阿多利克(Odoric)說，「這個城市有四八——五八萬人家，城市裏一切敎徒生活上所需用的東西無不應有盡有（！）。城市的統治者單在鹽稅一項上就有五百萬 balis 的收入，balis 等於一個半弗洛倫 (Florin)，這樣，一萬人家便提供一萬五千弗洛倫。可是，統治者表示他對人民的慈愛而放棄兩百萬家，爲的是不想增加過剩的痛苦。』（註一）然而五百萬家一共提供三、四〇〇、〇〇〇鎊金磅，約計三千四百萬奴布。

（註一）——"The Travels of Friar Odoric", Yule Cathay Vol II. p. 210——211.

關於杭州，在阿多利克的描述中有些這樣的消息。『杭州的統治者命令杭州的居民每戶每年交納元朝一個 ba'is 賦稅，或五塊像絲的紙幣，其值爲一個半弗洛倫。於是便發生了這樣的一種組織，九家或十二家聯合在一塊，好像一家似的，而交納一家的賦稅。（註一）現在這樣的家數計算起來總共有八十五萬家之多，還有四萬家沙那青人，共計八十九

萬家。此外還有一些只是在那兒通過的教徒、商人等等。』(註二)

(註一)——「宗法家庭」關係的「團結」，就是挽救封建剝削的工具。

(註二)——Yule: "Cathay". Tome II, p. 195—199.

這樣看來，馬可波羅所引證的收入數目字是不與阿多利克和尙所引證的相違背的。

在杭州，元朝所徵收一家的賦稅約六金奴布有奇，這自然會引起人民的反抗。

全元朝的彊域是如何管理？

馬可波羅是這樣的囘答。——『元朝劃分中國的疆域爲九部，而組成九個王國。每個王國之中任命一個王，各王皆服從於元室，並且每年向元都的賦稅機關作報告。都市Kinsay，(註一)卽是這些王侯所在地之一，它管轄一百四十個以上的大而又富的城市。因爲在全中國一共有一千二百個大而富的城市，而無數的小城市，鄉村都未計算在內。誠然，在這一千二百個城市中，每個城市，元朝都有自己的衞隊，衞隊之最少者尙有一千人；有的甚至一萬、兩萬、三萬人；軍隊的總數是難於統計的。編成這些衞隊的軍隊，並不完全是韃靼人。』(註二)

(註一)——卽杭州。

(註二)—— Yule: Tome II, p. 190.

中國的疆域分劃爲許多部分，以供元室親族和軍官豢養之用。唐朝的世襲藩鎭和元朝的王，(像伊朋·巴吐達是這樣的叫他們)實際上是處於同一地位。

當成吉斯汗要奪取中國的時候，他把游牧制度的自然的德謨克拉西制度來反抗中國封建官僚的文明。——『天以中國之極度傲慢和奢侈而加罰於中國，——暴烈的成吉斯汗是這般的讚嘆，——我生長在北方的莽原，沒有放縱不羈的嗜好；我很愛純潔，我惡奢侈，而常有節制；我只有一衣一食；我穿的襤褸，吃的淡薄，就像牧人穿的吃的一樣；我待人民猶之乎待自己的兒女；我關心才能猶之乎關心自己的昆弟；在政策上我們同意我們古來的互愛；在教育上我也以萬家爲先務之急，在戰爭上我從來都是身先士卒。』(註一)——雖然我們相信這種文書是一個伶俐的中國和尙所寫的，可是它是時代的反映。忽必烈已不能重復這些語句。百萬之家的王侯任憑他怎樣都不能與簡單的牧人同流合汚。定居於一地的掠奪者已染上了封建的貪婪。

——『成吉斯汗的叔父每年可以領到三十錠紋銀、(註一)一百疋緞子。絲綢稅，卽所謂絲綢貢品，在一二三六年又增加了五千戶；甯海(Nin-hai之譯音)他可以收稅的戶口有一萬。一三三六年這位侯爵由四五三二家收到了四五三二千斤絲。這樣又增加了一八一二斤絲。自一二八五年後，他在漢汾州（Han-fin-chow之譯音）的一千戶之中可收到價值四百四十錠銀子的紙幣。成吉斯汗的四位兄弟也得到了同樣的報償。例如成吉斯汗的一位兄弟當元末的時代每年還領一百錠銀子、三百疋綢子。一二三六年他在山東班陽州（Ban-yang之譯音）的二四四九三戶之中可以徵收絲稅、和紙幣。每年都是如此。一三一九年在七九五四家之中收到了三六五六斤絲。至一二七六年又得到了新州(Sin-chow之譯音)各縣貨幣租的賞賜，其中有浙江西南部及江西東部的四縣，四個城市共有一三二、二九〇住戶，六六二、二五八人口。這個侯爵在三萬戶之中得到了價值一、二〇〇錠銀子（註一）的紙幣，另一個兄弟封為濟南侯，每年的收入共計紋銀百錠、棉花六二五斤、絲五〇〇〇斤、緞子三百疋、羊皮千張，濟南附近的五五三〇〇戶的絲稅在一二三六年也賜與他了。一三一九年又將二一七五家應納的賦稅給他。他每年所得的收入計值九六四八斤絲，一二八一年又將江西隣近江昌(Kian-Chang)的六萬五千戶所應繳的紙幣稅劃歸他了。每年的收入值二八〇〇錠銀子。』（註三）

這樣是得不到好結果的。當元朝末年時代，『所有牧馬的國有土地，都被有權威的人佔去

了。』(註四)

勝利的蒙古騎兵，被隣近「定居」的封建制度和平地蠶食了。」蒙古的統治者失去了自己武力的依靠！

烏衣古爾人、烏慈別克人及其他民族的人，曾經充當過蒙古人的助理和參謀。中國的官僚僅僅是逐漸地恢復了自己的地位。

這些顧問們非常敏銳。例如由錫爾·達利亞來到中國的亞赫米德。因爲他理財的手腕很機巧，所以他很有勢力。宮中有一個會計師，其責任就是教授忽必烈以中世紀的政治常識，當亞赫米德想指派他的兒子充當軍事部的主席的時候，——他說『强有力的統治者就是他能夠指揮軍隊、統治萬民和支配財政。亞赫米德是財富的主人，全帝國的寶庫，全國及各省的統治，都在他的手裏。如果還相信他的兒子古錫充當軍隊的總指揮，那末國家的元首還有什麽作用呢？那時候他們父子不成了全權的主人嗎？』忽必烈很幼稚的囘答道：『難道你還怕什麽叛亂麽？』(註五)

(註一)——一錠等於五十兩。

(註二)——實際上價值一千。

（註三）——Edkins, p. 270—271.

（註四）——李 p. 347.

（註五）——Charignon Liver, II, p. 66

這一種估計很顯然地說明了高利貸者在元朝宮廷中的權勢。

最後，人民和商人——主要的是他們——不滿意發行紙幣。

關於發行紙幣，馬可波羅說道：因爲『元朝秘藏有許多煉金的術士』（註六）事實上完全不是這樣。元朝的國庫所利用的準備金是用他的紙幣換來的眞實的價值。——由商人那裏得來的銀子不知有多少，中國的統治者同樣的是向他們徵取銀子，並藏之於自己的錢庫中。——畢哥洛雷是這樣的預言過：『商人們是這樣以自己的銀子交換紙幣，國家印刷所印行的這些紙幣非常粗糙。這種貨幣稱爲 Balisci，你們可以用這些貨幣購買絲帛及其他所需要的一切商品，而且全國的人民不得拒用。因此你們不用出很高的價格，因爲你們的錢是紙的』。（註七）

濫發紙幣對於那些由本國輸出商品的外國商人是很有利的。（註八）到了某種程度對於那些與出口貿易有關係的地方的商人也能獲利。

但是，結果，商業貿易應該起來反抗無限制的發行紙幣。

在蒙古人統治的整個時期之內，發行的紙幣共計一·二四八、二七〇、〇〇〇盧布。（註九）

「忽必烈的後人由各方面破壞了這種生產，當人民說，除了紙幣之外，眞實的價值是換不到什麼的時候，蒙古人的統治就要完結了，——這種情形是洪武暴動（一三五九年）的力量促成的，九年後蒙古人也被驅逐了。」（註十）

（註六）——Charignon Liver, II, p. 106.

（註七）——Yule, "Cathay" Vol. III, p. 154—155.

（註八）——在這一個國家作出了不誠實的事，自然是使商人（主要的是波斯商人）們樂於看見同人的。

（註九）——根據婆迪的統計。

（註十）——Williams, "The Middle Kingdom" Vol. II, 1883. New-York, p. 85.

明朝統治的初期，關於發行紙幣不敢有冒險的動作，他懂得前人的經驗。

西歐各城市之間的爭鬥是資產階級發展的第一個胚胎，當城市第一次企圖取得獨立地位的時候，在封建制度之內就燃起了火焰。在胚胎的形式之中，這種爭鬥是封建制度與資本主義的爭鬥的開始，大的土地所有者和寺院佔有了森林，這即是說他們有樹木、皮毛；他們有成羣的家畜，這即是說他們有皮子和羊毛；在他們的田園中有亞麻、大麻，在他們的地底下有五金，因此，他們有各種原料，如果缺乏這一切，城市的工業就不能發展。這些統治者，僧侶和官吏，在路上、橋梁上徵收關稅，他們能夠阻碍和停滯交通。土地所有者對於勞働力、原料及交通的監督形成了城市與鄉村的矛盾。

十三世紀至十四世紀時代，中國商業的興盛，使商業資本和商人資本首先就脫離了高利貸資本，因爲封建制度在農業中佔了統治的地位，所以牠統治了牠們。這種孤立的形式帮助了——在這一次——異族的壓迫者一躍而爲封建統治的主宰。

直到現在，城市祇是分配封建收入的中心，若與農民的家庭手工業比較，城市手工業僅僅有次要的作用。這種亞洲封建式的城市不能夠反對封建制度，甚致絲毫都沒有可能。

中國城市的發達與西歐是分道而馳的。

事實上，在這種關係之中，中國也是走着全亞洲所經過的同一條道路。『除了從農民那裏得來的收入之外，（亞洲，亦即是印度）由土地中所得到的附加收入是唯一的大宗收入，這些都被政府及其官吏分配了。在這種關係之中，主要的城市必然是主要的中心。由薩馬爾肯特向南行到比德薩普爾和雪林哥泊塔姆，我們可以尋出已經毀滅了的大城市的廢墟。當分配國家收入的新的中心發生了之後，即是由土地中得來的附加收入的分配中心發生了之後，很快的，人民就分散了。』（並不像其他的國家樣，由於逐漸衰落所使然。馬克斯。）引證了約翰氏的這種觀點之後，馬克斯補充了一句：『當然，這是亞洲的土地所有的形式所使然』。

土地使用的轉換制及全亞洲各種形式的統治，遊牧生活及定居生活的常期混合，因爲封建政府的組織不能維持生產的基本條件，主要的是人工灌漑，所以個別的發展趨向於原始的狀態，這一切形成了這種制度的統治。城市是隨着侵略者興起的、殁落的，或者說，是隨着交通發達而發展的，隨着交通停滯而衰落的，又常常是與侵略相符合的。

歐洲的封建權利和特權的複雜，封建營壘之間，教會與國王和諸侯之間的不斷的爭鬥成了城市的「自由」和權力擴大的來源。城市利用國家混亂的機會贖購了自由。在轉換制及產生此種制度的封建的「社會保險」之下，是不會發生破綻的。

官僚組織的封建制度有他自己的中心，這不是封建采邑，而是封建城市。同時在這種城市的中心，不是孤立的諸侯的城堡，其中積聚了農民的剩餘生產品。家庭工業和農業的聯合不是間接的，也不經過某種中間的鏈環，而是直接的決定了城市的經濟。

家庭手工業，壓到了城市手工業，不許牠自立。

歐洲家庭工業的發展是封建歷史的最後的一章，此處則是歷史的開端。

在蒙古人統治時代，最初手工業者的銷售市場是很小的，國外市場完全沒有。直到現在，手工業祇是爲了封建諸侯的消費而勞働，牠不過是農民的家庭工業的附屬物，後者的生產品是內，外商業流通的基礎。

蒙古人統治時代，中國的商人已經不是尋找絲的銷路的附屬店員，而是依賴城市手工業的獨立僱主。亞剌伯人和意大利人，烏茲別克人和印度人都需要製好的商品：很精細的城市手工業的生產品，而不是農民製造的粗糙的生產品或沒有製好的生貨。

因爲這些原因，十三世紀至十四世紀的中國商人發生了中世紀歐洲各城市的同樣的企圖。中國的商人對於生產和生產的可能性饒有興趣，而且對於封建的私有財產有染指的傾向，卒之他們得到了侵略者所佔據的土地的四分之三。

中國商業資本的組織很早就發生了。當王安石時代，時值西歷十一世紀，行會已經是存在的，因爲他們所納的稅賦我們有確實的證據。當宋朝時代許多地方的商會受政府的委托已發行了紙幣，不過這點還有些可疑。

中國的行會和歐洲是一樣，發生的時候較手工業者的行會爲早。

歐洲——中世紀的英國也是如此——的『每一個城市，無論是勝利或失敗，總是努力於造成一個獨立的國家，——能夠侵略他人，防禦自己，驅逐外國商人，增加關稅，採取制止的方法，限制「外來」的競爭，將各種經濟的武器儲藏在自治區的武庫中。英國城市的這種隔離和獨立是表現在三種關係之中：(一)不自由的城市不得享有他們的商業特權；(二)相當的限制經濟的監督；(三)各城市之間的關係。

『城市的商業特權通常是爲商業行會所信任的，在十二世紀和十三世紀的過程中商業的壟斷都在他們手上。』(註十一)

大家都知道，特殊的城市法律是由市場法律產生的，由於保護市場防禦一切外來的，强迫的干涉而發生的。

中國行會的發生是另一種形式——是由商人官僚合作的組織蛻化而來的。

在最老的行會章程中說道：『行會最初是發生在官僚的京城，在關係很密切的人和同鄉之中發生了這種組織，他的目的，在於互助和互相保護。結果形成了商人的行會，又類似官僚的結合，現在各省都也有了。』（註十二）

（註十一）——E. Lipson. "An Introduction to the Economic History of England", p. 239.

（註十二）——"China in Law and Commerce" by T. R. Ternigan, New-York, 1905, p. 206.

由封建官僚那裏得到資本以使商業週轉的商人行會，或者是商業保證的特殊組織。他們的責任在於保證官僚的資本，使其不致落空。

後來同鄉會或各省的俱樂部開始逐漸脫離了商人行會而符合它本來的意義，另一方面，許多地方的行會也得到了城市自治的實際權力和任務。

我們來看牛莊大行會的例子罷。

大行會的會員都是中國主要的錢莊（原文銀行）和牛莊一埠的商人。由城市的兩部分，東部和西部，每年選舉一個主席和一個副主席組織四人委員會，管理行會的一切事務。行會的任務可以分為兩類。以非正式的自治市區的地位執行政府所不重視的各種任務：維持街道、水溝及儲水池；監督公社的土地；幫助貧民、幫助慈善機關並出資維持。立於行會的地位，規定及執行錢業、市場和商業交通的章程。維持行會開支的收入是依下面的定章向商埠徵收的，——其中的特點如下：

(一)凡與牛莊無關係的商人(在中國商人之間)進行貿易，納十分之一的稅。

(二)過橋稅每一車木柴納八文錢，其他的貨物十六文錢。

(三)會員每年所納的會費，分為八等級，最多的每年二百五十盧布。

這種調劑銀價、兌換錢幣和麥子交易的條律，其中有一條很有趣的，『錢市祇能對行會的會員及其他每城市中能夠代行會介紹會員的商人公開，外人不一得在市場上提出自己的價格，所有他們的交易須經過行會會員。』(註十三)

牛莊行會的這種條律和規定是長時期分化和變動的結果。但是無疑義的，牠們反映出商業資本實際取得特權的過程，以及在封建專制的統治下他們是如何沒有享受權力。

關於這點吉尼干說的很正確。——各省的高級官吏都服從行會的權力，就是皇帝也很注意他

們的控告。就他們的影響來說，他們已超過了半官的地位！（註十四）

封建國家沒有很好的組織來調劑商業關係和金融關係。商人或是手工業者所組織的行會應該完全代替不能執行自己任務的國家機關。不僅是規定企業內部的組織，而且規定商業貿易的普通條件，確定商業上的慣例，以及貨幣的質量、價值和他們所用的度量衡。（註十五）

（註十三）—— "The Guilds of China," by H. B. Morse, 1909, Loudon, p. 49-50-51.

（註十四）——Ternigan, p. 265—206.

（註十五）——Maybon. "Essai sur las associations en Chine"

到元朝時代，商人行會的作用，必然的應該擴大，手工業者的行會或者比較商人的弱些，但是無論如何，此時期手工業主人的行會已經成立了，『他們的手雖然不從事任何勞動，但是他們的生活是和國王一樣的瀟洒，一樣的舒適。』

蒙古人的統治恰是這樣。被蒙古人撤消了的失業的儒教官僚，給商業資本以相當的民族意識，並且鬪爭成了不可避免的東西。蒙古人在中國的統治到了十四世紀的初期就完結了。經過了五十年之後，反抗蒙古統治的暴動在各省都爆發起來。但是祇有南方的暴動有充分的力量，能夠使事業達到最後的成功。（註十六）在第十世紀的過程中，中國北部飽嘗過韃靼人的統治，結果他們的本性變更了。南方中部各省則不然，僅在忽必烈的時代才知道異族的壓迫，關於宋代的回憶還是很新穎的事；中國的愛國主義在這些地方還保持着。非從中國出身的古代的土著居民，在中世紀時代，造成眞正的中國，造成對抗韃靼人的中國人的中國，造成對抗北方封建和軍人中國的商業和民主的中國，最後，造成智慧化的中國，偉大藝術家的、學者的、無數反抗北京專制制度的秘密結社的中國。北方與南方的對峙更是加深了兩者之間的衝突。十四世紀中葉，揚子江中部的大城市，浙江、福建和廣東的港口都是過着緊張的地方生活，蒙古人的集中權力也不能夠軟化這種生活。（註十七）

被阿刺伯人所放棄了的廣東很嫉妒他們的競爭及蒙古人對他們的保護。泉州和漳州的情緒更是非常緊張，幾乎成了反抗封建舊壓迫的新的中心。燃燒的材料從各方面集中於一地來了。

不可避免的土地私有的集中，將所謂「過剩的人口」拋到鄉村以外去了。一位約翰科拉修道士說過：大部分的居民都住在船上，從一地轉徙到另一地，他們以捕魚、養鵝鴨爲生。阿多利克很抱不平的說：『人民是這樣的多，連家畜都不夠，於是再由別的地方輸入肉類，

因此，這裏的肉價異常昂貴。』（註十八）

（註十六）——一三四九年在安徽曾發生過紅巾暴動。

（註十七）——René Grousset. "Histoire de L'Arie" IV, 1922, p. 259—260

（註十八）——Yule. Cathay III, p. 95.

蒙古人在國際範圍內發展造成了把中國商業資本領域的基礎，擴大了內部的範圍 他們在別的國家所搶刼的資本也投到商業流通中來了，但是他們不能解決那發生於新的歷史階級上的封建制度與商業資本之間的矛盾。

第二十二章　中國之新的封建化

如果一個遊牧的侵略者——以成吉斯汗和忽必烈爲首的蒙古人——使中國登了國際市場的廣大舞台，那末另有一個半遊牧、半商業文明的烏茲別克人——以帖木兒或塔米蘭爲首領——又重新使中國進入到孤立和閉塞的狀態，這並不是偶然的，這種原因是中國和中亞細亞的商業利益的衝突。

忽必烈的歷史作用是爲杭州、漳州和泉州的商人充當了一個店員，兇惡的帖木兒在囘敎的假面具之下實行了烏茲別克的商業資本的政策。平行的商業關係不及直線的商業關係之有利。『帖木兒破壞了巴格達和西拉斯，同時爲了保證自己的統治使薩馬爾肯特成爲東方最大的商業中心，——他消滅了北部各地，破壞了唐拉、薩拉、阿斯吐拉罕、古爾下得沙和亞爾馬里克，又用這種方法斷絕經過這些城市的商隊交通，他死之後，中亞細亞更陷於無政府的狀態，更使西方和東方斷絕了連繫。』（註一）

辯證法對於中國的商業資本所盡的作用是很滑稽的。中國的商業資本經過了保護國際商路的封建制度的屍骸取得了政權之後，卽時又走到封建的軌道上去了。中國的商人對於經濟發展所給與牠們的任務還不及蒙古人所執行的多。他們不能反抗帖木兒的進攻，雖然帖木兒破壞了中國商業發展的前途，但是他們的目的也沒有樹立起來。

明朝第一任的皇帝朱洪武（一三六八——九九）特別表示願與帖木兒保持和平的關係，他們的力量的增長，開始使亞洲的統治者感覺不安。據中國歷史所載，洪武曾數次遣使臣晉謁帖木兒，而帖木兒也遣派代表攜帶貢品答謝洪武。但是結果，帖木兒還是決定與中國作戰』。（註二）不過當一四〇五年他已死於阿泰爾，所以這種企圖未見實行。

（註一）——E. Power, "Travel" p. 153.

（註二）——Bretschneider. "Mediaeval Researches" II, p. 142. 一般的都以為明太祖具有戰鬥的勇氣，然而這是錯誤的，他之懼怕帖木兒，亦如唐之懼怕八世紀的阿剌伯人。

歐洲當這一個時期也發生了極大的變遷。土耳其的進攻並不是探求由歐洲到印度的海道的最後的原因。『在一四五三年佔領君士坦丁堡以前，土耳其的勝利，對於中亞細亞的封鎖和破壞引起了西歐的商業中心的困難。十五世紀土耳其的進攻，和像瘟疫和魔鬼的劍一樣。比爾格拉德的戰爭是一次偉大的解放，然而祇是暫時的。無論如何跟着這些尚武的野蠻人的後面跑，是達到印度的一個很重要的法門。從此葡萄牙的亨利當十五世紀的中葉努力的圍繞着非洲尋找海路。本世紀後半期，加馬．科倫布和加波的週遊也特別加緊。大家知道，圍繞加拔（Kapa）的航路和新大陸是同時發現的。這些發現當進行的時候並不是很順利的。雪里木第一是土耳其最積極和兇猛的一個蘇丹，他佔據了米索不達米亞，佔據了阿拉比亞的聖地，（註三）兼併了埃及。到東方最古的一條路也被封鎖了，不過數年後葡萄牙人又爲歐洲各國找到了出產香料的區域，（註四）此次的航行時間既久，又多危險。並且是不可靠的。東方生產品的價格增加到了最高的程度。對東方的貿易前後被葡萄牙、西班牙、荷蘭及英國所佔有；當我們的時代，在最好的條件下不過是重新發現埃及王和蒲托列米的舊路，埃及的邊境成了到印度所必經的海道。當他們未想到這樣的時代以前，意大利的商業已經衰落了，因此，供給或推銷東方生產品的各大城市也隨之衰落了。雖然有些人能夠看到衰落的原因；或者能夠探索他們的起源，而城市的富裕和諸侯的收入已經發生了動搖。因爲商業已經衰退，——後來完全消滅了，——貴族們也貧窮了，而且加緊的壓迫農民，所以後來又發生了農民戰爭。」（註五）

（註三）——Mecca.

（註四）——投機事業中最重要的對象。

（註五）——T. Rogers. "Six Centuries" p. 156—157.

經過地中海、黑海的商業，主要的是集中在熱內亞和威尼斯人的手中。意大利的城市運輸東方的生產品到西歐去的時候多經過多腦河和萊茵河的上游。此處有兩條商路匯合在一處——東北部和東南部。美洲和繞非洲的海道發現了之後，情形就根本變更了。黑海和地中海失去了以前的意義。海運的重心已移到大西洋沿岸去了；葡萄牙和西班牙的海上財富所以先後轉讓與荷蘭人及英國人也是這種原因。在這種競爭中，誰的足跡能夠達到最遠的地方，誰就可以得到海上貿易的霸權。在爭取印度和北美洲沿岸的爭鬥中英國得到了勝利。不要忘記這件事，以搶刼的功勳自豪的東印度公司是一五九九年成立的，因爲此時有塔米爾蘭的軍事侵略，及中國與印度之間和東土耳其斯坦的阻隔。

同時在遠東與西方各國之間的道路也發生了變更。元朝滅亡之後，『中國已進入到內亂的時期，對外貿易也因而停止。到中國的道路，無論是陸路、海路都已經阻隔了。北部經過亞洲的道路——由敘利亞到甘肅——及南部由布爾門到雲南的道路，都因爲明朝與元朝的戰爭而不能通行，是以欲恢復在中國的統治亦屬不可能。此外，明朝初年，中國南部沿海的人民的騷擾也不利於對西方的商業關係。一四〇五年在宦官鄭和統率之下，中國遣派了許多海船到各國去，每艘船都載滿了兵士、軍需和食糧。他們一直航行到阿拉比亞和非洲。在南洋各地，他們都掛起了中國的旗幟。爲時不久，中國皇室經常的由阿拉比亞、馬拉巴爾沿岸、錫蘭、蘇門答臘、暹邏、爪哇、婆羅洲等地收到貢品。

『中國利用這種優勢很順利的擴大了南洋沿岸各國的商業關係；差不多經過一百年，對於這些區域的商業又繁盛起來了。但是不幸的很，中國對西洋的商業關係在整個的十五世紀都陷於停滯的狀態，到十六世紀的初期還沒有恢復，此時西班牙、葡萄牙的冒險家已開始到可羨慕的遠東來了。』（註六）

但是這些外來的人主要的是從事海上搶刦，很少經營貿易，中國所以自願孤立，而不欲與外人通商，亦此之故。

如此，明朝在對外政策方面，竭力想以商業利益交換封建的特權。雖然是比較遲些，但是這樣的結果必然要破壞中國南部的商業。

葡萄牙人第一次到中國是在一五一六年，西班牙人則在一五四三年。他們到遠東之後，對印度的商業也有影響。猶爾承認十六世紀最大的變更即是許多港口的衰落，這些港口都是因爲對內、對外貿易以及居於印度沿海岸而繁榮起來的。亞洲南部各地及印度東西部也是如此。大概是葡萄牙人到這些地方來的時候，就開始衰落了。因爲在此以前，大多數的港口還是很好的。（註七）

（註六）—— "The Foreign of China" by Chang Su See. New-York, 1919, p. 36—37.

（註七）—— Yule. "Cathay" Vol. IV, p. 26.

中國所以陷於閉關自守的狀態，日本海盜的猖獗及海上貿易的發展也是很主要的因素。忽必烈想兼併日本爲自己的附庸，但是他的海船被日本人消滅了。當蒙古人統治的時期，這是軍事上最大的一次失敗。一五五二年日本人溯揚子江而上，陷落了南京，一五六二年又陷福州。『當一五九二年的時候，豐臣秀吉的海船還很弱，甚至不能抵抗高麗的海船。二十年之後，日本的海軍成了亞洲最强悍的艦隊。曾到過中國南部、呂宋和安南的艦隊名爲「最高紅勳艦隊」：所謂紅勳，即是日本的國徽。在一五四九年八家的船主維持這種關係。一六〇〇年，已有六十二家，一六二〇年，往來於這條航線的船共有一百七十九艘了，他們輸出的原料有穀物、樟腦、製造品、防火器具、各種扇子、紙傘、席子、草帽、布疋、洋刀、鐵器、鐵質鑄錢。輸入的貨物有麝香、水銀、亞鉛、朱砂、珊瑚、生絹、綿緞、綿布、竹布、瓦斯原料、鏡子和望遠鏡。很奇怪，這一個時候，日本的織布作坊，還向中國輸入生絹，這些島上的農業之衰落，亦可想見一般。』

十七世紀時代，日本人建築了很大的海船，他們航行到歐洲各港口，後來又到了美洲……因有無數的海盜，故日本商人使中國商人，甚至歐洲商人有所畏懼；一六〇五年船長約翰德維斯在馬來島拍塘尼港和他們作戰的時候死去了。但是在他們之間也有些很好的商人。一位英國商人當一六二〇年在寫給東印度公司的信上說道：『這些高利貸者（日本人）的新提加操縱了日本所有的商業。這些商人很不滿意於他們在西京、大阪和 Yeddo 所作的一切；他們都到吉拉多（Hirado之譯音）和長崎去了，聯合之後，就將船舶遣派到暹邏、安南、東京、東埔寨(Cambodia)祇要能夠找錢的地方，他們都去；凡是外國商人所能夠運輸到日本去的貨物，他們都輸入到日本去了。』（註八）

英國商業資產階級的代理人，因爲新的競爭者發現的這樣快，所以他們很憤怒。誠然，不多時，日本被歐洲的海盜驅逐了，陷入孤立的狀態。但是他完成了自己的事業，從中國將他所保障的一部分收回去了。

十六世紀至十七世紀的國際間的變遷，一方面是歐洲轉向大西洋去了。另一方面，自美洲遠東發現之後，已失去了自足的意義。日本走向「新世界」也達到了相當的階段。

以前經過了激流的地方，現在祇剩下乾涸了的河灘。意大利、黑海沿岸各地、東土耳其斯坦、中國以及後來的印度都是如此。

商業交通的範圍變更了，因此，性質也變更了。商業又穿上了封建的衣服，但是這種衣服是縛束他的，窒息了他的呼吸。

明代，哈密王曾遣使入貢中國，在他們的國書中說道：「臣自哈密（註九）王國遣派臣下俯伏於陛下皇殿之前，頓首百拜，謹以二百磅寶石及三百小刀敬獻於陛下之前。如蒙不以物少見棄，尚乞笑納。臣尚有求於陛下者，請賜綿緞數疋，高麗禦寒布數疋，茶葉若干。」（註十）

另有一封通商的信：『臣自薩馬爾肯特王國遙跪於陛下之前，頓首百拜，謹以致誠敬獻韃靼馬、西方馬、金剛石暨其他物品於陛下。敢望陛下賜金邊錦緞數疋，金紙及其他物品與下臣。』（註十一）

（註八）——Mazelière. "Le Japon des Tokugawa" 三卷，巴黎出版，一九〇七年第四四——四六。

（註九）——東土耳其斯坦（新疆）的一個小國。

（註十）——"Meoires Concernant des Chinois" Vol. 14, p. 242.

（註十一）——Memoires, Vol. 14, p. 243.

皇帝的寶座變成了交易的櫃枱，但是他不能很好的執行這種作用。他被封建的財富所溶化，所以不了解交換價值的利益。

『一四五六年薩馬爾肯特的使臣携帶許多禮物到中國的京城來。因此，禮部大臣請示皇上，並且說明，照例外使及其他外國人携帶禮物入貢中國應得相當報酬，但是減少這種混亂的情形祇有用很少的禮物和他們交換的時候才能奏效。同時，禮部大臣提出了下列的標準：每匹貢馬換四疋雜色的鵝絨、八件粗絲的衣服，三匹駱駝等於十件粗絲的衣服。』（註十二）

當十六世紀初期，『受命於政府的買辦接見外使的時候發生了舞弊的情形，因此，一切的商品來呈報政府的，必須先由政府的買辦估價，然後由中國政府以絲、紙幣交換。（註十三）一五三三年，由緬甸及其他地方派來了許多專使，所有的貢品，沒有經過登記，——如碧玉，珍珠及其他的商品——所以都被扣留了。但是後來還是依他們的請求，由中國政府以貢品的形式收歸己有，並給以相當的報酬。這些外來的使者，大部分是携帶貨品到中國市場出售的大商人。貪婪的中國官僚，在邊境上用各種不愉快的方法留難他們，以求得到他們的賄賂。有時竟將敬貢的商品據為己有。』（註十四）

（註十二）——Bretschneider, "Mediaeval Researches" Vol. II, p. 264.

（註十三）——重新爲人所使用。

（註十四）——Bretschneider II, p. 299.

商業衰落的現象大概如是。中國對外貿易的發展總結了以前經濟發展的過程，同時也決定了以後經濟進化的傾向。

領土是中世紀時代一切東西的權衡，商路也依領土的範圍而決定；後者之縮小必致使數量的退化變而爲質量的。商業的衰落，使牠變成了封建和高利貸者統治的附屬物。

明代的情形恰是如此。這是中國封建制度的復興——在土地關係方面，在商業和手工業方面，在對外的交通方面（在元朝時代是很佔勢力的），都是如此。在行政和政治思想方面，明代最顯著的，是趨向於「古典的形式」，封建制度的官僚組織以及儒教等。

當明代初年，土地分成了兩種：國有土地和私人的土地。國有土地佔全國耕地八分之一；而蘇州浙江及江南兩省交界的地方私人的土地佔十五分之一，其餘盡屬國有。這些地方國有土地所以多於私人的，是因爲依照一個大臣的計劃由國家收買了許多土地。明朝的開國者異常憤恨這些地方的人民擁護張士誠，因爲他想取得中國的皇位，屬於富戶的土地都歸入國家。明代這些國有土地大部分配給王侯、皇室的親族、僕役、宦官、國有的寺院及邊境的官吏和兵士去了。（註十五）

每更換一次朝代，必然需要一些國有土地的基礎，因爲這些土地可以賞賜一切的功臣。

察哈諾夫說：『新的朝代建立的初年或當其他政變騷擾的時候，往往很多土地沒有主人。他們或在政變的時候犧牲了，或是逃走了。新政府爲使這些土地能夠得到利益（！），就分配給他的功臣，所以准許他們佔據這些土地，並得據爲私產。這種恩惠及於一切的官吏和（！）沒有土地的窮人，但是無疑義的，後者不能夠在富有者和顯貴的人們之先享受這種便宜。王侯及皇家的親屬、貴族、宮廷中的官宦、和尚、道士（中國這三種階級，當元、明兩代時，起了重要的作用，關於地土問題，他們曾數上呈詞，和洋洋萬言的提議），根據他們所享有的權力；可以將空地劃爲己有，尤其是可耕的土地——有人佔領數千頃，（註十六）在這種場合之下，他們有時依賴自己的力量和財富佔據了他人所有的土地，或國家的土地。一般小官僚善於獲得這種土地，爲了求得上層的，或有權威的人們人的寵幸，他們能夠使這些土地變爲自己的私有財產。』註十七

（註十五）——察哈諾夫 II, p. 32.

（註十六）——一百畝等於一頃。

（註十七）——察哈諾夫 II, p. 29.

此地我們已經說過中國朝代政變的過程。土地是政治權力的來源，政治權力表現在封建土地私有的形式上。如果下層民衆是因爲土地甚少和官僚的壓迫起而推翻統治的朝代，那末對於上層份子，政變反成了重新分配統治階級內部的土地的手段。中國這種政變比較歐洲爲多，因爲這些地方的封建的混亂代替了政變。封建官僚的上層分子是互相關聯的；土地使用的轉換制，必然需要重新分配土地，並且還不是部分的，而是全國的，及於各個社會等級範圍之內的。

朝代的政變之能夠使土地平均，祇是在有條件的和有限制的意義之下，——因爲這種政變引起了生產力的低落，荒廢了可耕的土地。滿清統治的時代，土地所以分散，是由於封建剝削轉變爲高利貸剝削的結果。關於這點容後再述。此時必須說明，明朝時代是中國重新分裂的時代，而且也是貴族經營的農業感覺恐慌的時代。

在中國這種廣大的領土之內時常發生饑荒的條件下，貴族的農業，是不能夠穩固的。當其與小規模的僱農經濟或「國有」的農民經濟比較的時候，他沒有佔着優勢。因此，在大的土地私有者統治之下，愈是往前發展，則土地的佔有愈是分散。土地私有者以奴役地租的形式將土地出租與農民，比較藉助於農民的勞動耕種自己的土地是較為有利。

國有的農莊容易變為私有的農莊，這是中國封建制度的弱點和致命傷，——採用這種制度的範圍逐漸擴大了的時候，卽時就引起了暴動和土匪運動。屬於富戶的佃農，在中國的條件之下，其依賴主人的程度，較之普通的農奴為尤甚。

當宋朝時代，國家的組織沒有徵收任何的賦稅，牠不得不以國家的土地出租與私人，放棄——成見——賦稅。

「宋代，有利用政府的徭役以耕種荒廢土地的企圖。因為這種企圖沒有成功，故不得不採用奴役的租地制度。

『因為政府找不着農人耕種湖北省駐紮的兵士所領有的土地，(註十八)因此將這些土地交給遊蕩的人民。當遊民不足而不能夠達到他們所希望的目的時候，於是就強迫普通的農民來耕種。結果農民不得不放棄正在耕種的土地來耕種許多沒有耕種的國有土地。』(註十九)

(註十八)——本來是供給軍隊的，但是事實上是屬於官僚的。

（註十九）——Lee, p. 305.

這樣浪費勞働力，對於剝削者也沒有利益。明代在這方面亂用職權超過了一切的範圍。中央政府自身已作出了榜樣。

「明代第一次建設了皇室的農莊，基礎係建立於一四六四年，適值一個宦官的土地被沒收之後。官僚們因爲犯罪，其財產往往被沒收而變爲皇帝的私有財產。土地和一切的不動產都以皇帝的名義依所估定的價目出賣給民間，但是自此以後就決定：沒收的土地不出賣，而只建立皇莊，所有的稅收則供給宮廷的管理人及皇帝個人的支出。皇莊共有三十六所，土地共計三七、五九五頃。結果皇帝的土地增加了很多。每一座皇莊有一個監督和一個經理——爲個人作事——他們經常認爲人民的土地是空地，應該歸併到皇莊來；這種意見有時竟成爲事實，久而久之，皇莊的土地比較固有的增多了。在另一個皇莊之中，强佔人民的土地佔了十分之九。最後，地稅又加之於附近的居民。此外他們還有別的國稅。與這些農莊同時成立的還有商店，有些地方用現金或皇帝的名義取消了食鹽租借的契約。這些機關的新法門給了人民一些不愉快的印象，各種裁判迫着他們將自己的意見呈報給國君。但是他們的表示並沒有引起充分的影響。答覆他們的請求，祇

是將搶來的土地歸還以前的主人。皇莊現在已改稱爲國有農莊了」。(註二十)

自然，這種皇莊的經濟祇是附帶的增加了農民的担負。牠的發展到了駭人聽聞的程度。十五世紀末葉，在京畿一區除了五所皇莊之外(一、二八〇、〇〇〇畝)，還有三三二所官莊，這些都是皇帝賜給官僚或宮廷的幸臣的，佔地約爲三、三一〇、〇〇〇畝。自武宗卽位之後(一五〇六——一五二一年)情形更是惡劣。在京畿一區，皇室農莊計有三百所之多。此外各地還有王候所屬的土地。有些王侯領有的皇莊多至七十萬畝。許多幸臣的土地一部分是皇帝賜與的，另一部分是搶刦人民的。當肅宗在位的時代(一五七三——一六一九年)，在河南、山東和直隸强佔的土地有四百萬畝，後來都轉讓與他的愛子福王去了。以後所處的時代更是惡劣。宫廷的幸臣是很尊貴的，政府左右都是將土地賞賜給親王、他們的女兒和其他的人。另一種候爵是親王的夫人，她們每一個領有的土地有百萬畝之多。民衆則陷於痛苦和失望之中。(註二十一)　圈圍土地之後，很快的就表現出牠的結果了。

『自洪武卽位後，甚至湖沼，荒地也被有權威的人和富裕的宮廷官吏强佔了。他們之中有許多人利用這些湖沼和水池養魚，又有許多人將這些水池的水排乾闢爲自己的耕地。』(註二十二)

過去的歷史是封建制度破壞水源的歷史，但是對於水的需要是逐漸的增加。

當十四世紀末，有一個官場的報告是這樣說的：『這年的秋天，陝西、山西、河南和直隸各處都發生了旱災。因此不能播種。周圍千里以內的飢民都是人互相食，壯者散而之四方，死屍載於道路。』(註二十三)

直隸和山西古時素稱富庶之區，但是現在我們還要從西南各省（江西、安徽、江蘇、湖北，浙江等省）輸入食糧，在報告中的末段又說：『京城附近所有的土地長滿了許多野草，沿海一帶泥濘不堪，這證明了西北（直隸、山西、河南、山東、陝西以及其他等地）的富源或是用完了，或是消失了。另一方面，江蘇及其他各省是我們常稱為雨分多的地方，但是我們又嚴厲的在這些地方徵收賦稅。因此，所有的水池和堤壩都毀壞了，並且漫無秩序。這個證明東南的水源還沒有完全恢復。富者能夠耕種土地，但他們對於這一切有許多顧慮。貧者願意耕種土地，而又感覺耕牛和種子的缺乏。』(註二十四)

又重覆了已往的現象：『人民不終絕的逃往各處尋找食物，從南方流浪到北方（南方也很貧困），婦女和小兒以很低的價格鬻賣出去。嬰兒拋棄了，成人逃走了，搶刼遍於各地，很多地方

以人肉爲食。』(註二十五)

(註二十)——察哈諾夫 II p. 33.

(註二十一)——Lee p. 388—389.

(註二十二)——仝上 p. 353.

(註二十三)——仝上 p. 354.

(註二十四)——仝上 p. 389—390.

(註二十五)——仝上 p. 107.

隨着這一切而來的，就是奴隸制度。『代蒙古而起的明朝時代，私人家裏積纍大宗奴隸的習尚，又開始普遍起來，富人們都是以奴隸爲時髦，彼此互相誇耀，以自己的美麗的人畜做展覽。』(註二十六)納婢女爲妾，在宗法家庭的原則上與奴隸私有制度之間有不可分離的連繫，此種制度既沒有使家庭變爲後宮，也不像什麼妓院。

黃土對於中國的封建制度是一種特別「營養的植物」。這種土質，第一，——恢復漕濕比較其他一切爲快，第二，——需要肥料最少。在長期的過程中，處於家畜不充足和原始的耕種方法的條件之下，祇有牠才能夠支持。沒有充分的家畜，（牧場對於家畜是必需的，）土地差不多就沒有肥料。不僅是動的勞動力，而且是肥料的製造機——應該代替勞働的家畜。中國的農民應該由黃土過度到冲積的地質，在中國中部和南部殖民，關於肥料的問題日漸趨於悲慘的境地。因爲肥料的問題同時就是關於家畜的問題。

十八世紀下半期阿米窩在他的回憶錄中寫道：『猪和家禽差不多是中國唯一的肉品。法國有十四牛，而中國祇有一匹。』（註二十七）這，不僅是牧場消滅，而且不斷的旱災、水災和饑荒也都是家畜減少的原因。在中國各種動物的生存競爭中，祇有猪能夠維持第一等位置。在西歐牠也取得了同樣的聲名，依牠本身的價值，人皆稱爲『中世紀鄉村的垃圾堆。』（註二十八）牠能以廢物充食料，故牠能成爲中世紀鄉村預算的第一個重要的條文。

（註二十六）——Parker. China Past and Present, p. 400.

（註二十七）——Memoires, IV, p. 321-322.

（註二十八）——Rogers, p. 82.

十六世紀時代會到過中國的孟多查，他說：『中國人所耕種的土地都需灌溉，這樣土地才肥沃；因此，他們整年的能夠得到收獲。我們西班牙人所到過的地方，不是看見刈穀，就是看見穀發芽。有些時候是在長，有時候已經成熟了。他們用黃牛或水牛耙地。』

孟多查也注意到牧場的缺乏。中國人所養着的家畜『一般的都是在稻田中牧放，因爲他們沒有另外的牧場，當牧放家畜的時候，牧人們時刻都要注意牠們，使牠們不致踏害禾麥，而祗吃去害草和穀子附近的植物。』(註二十九)

修道士加斯披爾克盧茨當時也到過中國，他證明了這種情形，他說：『這一國的人口很稠密，沒有一塊不曾耕種的土地；沿路所遇到的家畜很少，我們祗看見農人利用水牛耕地……

『人糞在全中國都認爲是很好的貨物。收集人糞的農民在各處收買這種汚穢的貨物，並且以乾草和木柴與之交換。』(註三十一)

曾經做過海盜的費爾蘭德(註三十一)在他的記事中有一段最有趣味的記載：『貪圖利益一至於此，人的肥料竟是很大的商業，任何人不認爲這是可恥或不潔淨的商業。這種東西施入到土地之後，每年可得三次收穫。從事收買人糞的人每每沿街游蕩，並且叫出一種信號，使每個人知道他們所需要的是些什麼。當他們收到很充足的時候，他們就賣給大商人。於是他們將這些貯積的人

糞都載在大船上，常常收積到三百艘船之多。他們將這些船送到需要肥料很多的地方去，那裏所出的價錢很高。』（註三十二）

（註二十九）——Mendoza, Vol. II, second past, p. 56—57.

（註三十）——Mendoza, Vol. I, Introduction, p. LVIII.

（註三十一）——生於一五〇九年，死於一五八三年。

（註三十二）——Fernend Mendez Pintos Abenteuereiche Reise durch China die Tartarei Siam Pegu und Andere Landes des Ostlichen Asiens, Neu blarbeitat von ph. H. Kulb. Fena, 1886 p. 158.

明朝時代，黃土地帶的涸渴，以及隨之而起的其他各區的涸渴，發生得特別迅速，新的封建化也是加强地質涸渴的原因。在這種關係上，這一時代比較其他的歷史時代都要先進，那時候農民已無處可用原始的方法耕種土地。中國的深耕農業——資產階級的農業家稱為『不斷的農業的統治』，——是用野蠻方法剝削勞働力和土地涸渴的結果。這一種强度化，就是生產力表現停滯的形態。

在學術的著作中對於『過去九世紀的農民』都沒有包含讚美的意思，讚美他的誠實，他對肥料，特別對人糞的『純粹的宗教關係』。關於這一切，肯（King）和其他諸人似乎沒有想到，以爲類似的强度是不適合於美國的技術，不能用之於他們的『故地美國』，(註三十二)因爲在這種强度之後有不斷的飢荒，因爲這種强度仇視一切生產力的發展。

(註三十二)——"Farmeers of Forty Centuries," Py F. H. King.

勿怪乎蠢如鹿豕的不列顚的羅伯爾•達格拉斯(Roberty Duglas)大聲的嘆息着。中國封建制度之『不十分鞏固』，和必然承認中國技術的落後，而發現出民族生產歷史的秘密。『這裡工人所使用的工具是最粗笨的，好像他永遠沒有改良技術和完成技術的意思樣。過剩的人口與過剩的勞働，必然影響到人們不顧使用節省勞働的機器那種意識。』(註一)

(註一)——"Society in China," dy Robert K. Duglas, London. 1895. P. 137—138.

羅伯爾的腦子裏充滿了眞正的不列顚的『朴質』，這種『朴質』形成了不列顚帝國主義共同的思想。許多年代的社會狀況之穩固，自然產生了腦子裏那種平安的穩定!

欲知中國技術的特點，我們必須追索技術落後的根源。此處的記載也是一種解釋。這些粗笨的生產工具恰恰適合於奴隸私有制的生產方法。『這種祇有比較粗笨的勞働工具，才適合這種生產方法，這是經濟的原則，正是因爲勞動工具的粗笨、不精、所以它便不容易毀壞。』(註三十四)、

（註三十四）——資本論第一卷一六八頁

人不僅代替了勞働的家畜，而且排斥了牠們，因爲養活一個勞働的人比較豢養一頭家畜要廉賤些。恩格斯說人口壓迫生產方法，此處完全證實了。

我們來考察農業生產的主要工具——中國的犂吧。『耕犂的構造是兩根木棍和一塊木作的底盤套着的犂頭，後面還有一塊木頭支持着。牠類似小亞細亞和巴力斯坦今日所通用的犂。農人用這種犂耕地不能達到很深的程度；如果中國人採用深耕的犂，那末他的收獲或者比較豐富。但是這種改革，在任何情形之下不是一件簡單的事，因爲這種改革需要很多勞働的家畜。中國的犂很輕，農人們一日的工作完結之後，回家的時候可以背在肩上。』（註三十五）

（註三十五）——Mission Catholique, "Dix anneés. dans le Bassin de la Fleuve Faune"

耕種的家畜的標準是依靠勞働工具而定！

自過渡到黃土地質之後，深耕的需要應該增加，但是恐怕土中的漕濕很快的被蒸發了。

西方減輕封建農奴關係的壓迫有兩條道路，因此，技術的進步有隙可乘：到新發現的地方去殖民和發展中世紀的城市文明。新墾的土地吸收勞働力於自已的周圍，以及十三世紀時代農奴脫離主人都是減輕封建壓迫的原因，不過這祇是相對的。

城市與鄉村的發展有更重要的結果。『城市的空氣也是自由的。』歐洲任何一國的歷史都證明了這點。例如捷克或波格米亞。『波格米亞的經濟發展開始於十三世紀下半期庫敦別格的銀礦發現之後……優美的行政、財富、教育、(註三十六)活潑的工商業，當十四世紀時代，使波格米亞成爲歐洲比較興盛的國家。城市和商人、手工業者、官吏、建築工人、碼頭工人的幸福提高了農村經濟生產品的價值。擁有很多土地的農民變成了富翁，而且得到了自由；許多工人都遷移到城市裏去了；農奴的壓迫遂因此而減輕。』(註三十七)

(註三十六)——捷克大學與牛津大學有關係

(註三十七)——M. Bear "Social Strugles" p. 61—63.

中國的城市祇有一次起來反抗過封建制度，此次的發動人是他的侵略者——蒙古人。不過當時是處於特殊的環境之下。在長期的中國歷史過程中，城市沒有反抗過封建制度，祇是作牠的柱石。中國城市的空氣中了奴隸制度的毒。因爲家庭中所使用的僕人，婢女在城市中購買的多。致於到新的地方去殖民，因爲與半遊牧階段的強隣相處，以及渡過沙漠的困難，也是異常的不容易。農民羣衆祇在諸侯統治的範圍內遊蕩、移殖，在戰爭與飢餓的範圍內徘徊。中國的農民不能夠前進，不能夠毀壞現存的制度。低度的生產力，是找不到出路和輭弱的根源。

明代土地的枯渴也打擊了手工業生產。

迪干聯寫道：『東岸平原和揚子江下游的一切工業呈現非常衰敗的現象。以前掩覆這一區的蓊鬱的森林，當許多鑄造工業和日益發展的農民來到此地時，便逐漸被採伐了，後來繼續增加的中國農民，將山谷中和沿江一帶的森林都採伐完了。鑄造手工業開始低落，作坊繼續關閉。按着東部幾省工業不斷衰落的程度，西部中區，特別是山西，就開始佔了第一等地位。中國西部及南部多山的和人口比較稀少的地方，還可以找到必需的燃料的貯積。直到前一世紀的中葉，這種工業及其最原始的製造方法，還供給中國各種必需的鐵器。但是有了外國輸入的鐵器之後，它就低落了許多。』（註三十八）山西的銀行家及與官僚有關係的高利貸者的幸福更因此增加了。

我們由平托那裏得到了一些關於工業現狀的消息。在他的遊歷中，他曾注意到北京的監獄，（註三十九）『離開明多（Mindo）城差不多有兩英哩的地方，有十二間很長的房子，好像堆棧一樣，其中有八千工人工作，他們或是淘浣，或是溶化附近所採的鐵鑛。鐵匠在工作中所發出來的聲音，簡直使人發暈。鐵礦是屬於黃帝的。』(註四十)其次，平托又說到銀礦，在這裏作工的人有一千。礦裏面的工作是最困難的。犯人、兵士或是遊蕩的農民都送到此處作工。

(註三十八)——Tegengren, II. p. 307.

(註三十九)——有人疑他是海盜。

(註四十)——"Pintos Reise" p. 155.

『一四七三年皇帝在他頒佈的勅令中說道：在礦山中作工的兵士有時因礦藏開採完了得不到充分的礦物，以致不能繳納賦稅，因此，當他們富裕的時候就要他們補繳。於是有些人不得不出賣自己的兒子來繳納賦稅，另一些人變成了土匪。』(註四十一)開採的工業，就是用這種方法補償自己的不足，農業也是如此！

明末『礦山的收入完全落到宦官的荷包裏去了，礦山開採的愈多，則普遍的騷擾亦愈厲害。』(註四十二)

明代的磁業有長足的進步。不過是供給『特殊的一部人』使用吧了。

景德鎮『在八百年的過程中，都有皇室的工廠，世人所稱讚的中國磁的大部分都產在此地。

景德鎮位於江西省揚子江的支流。陶器作坊，當秦朝時代（五五七——五五八）就有了。元朝時代，工廠的監督由江西省的省長兼任，至一三六九年，明朝的皇帝又委派專任官吏充當監督。」（註四十三）

（註四十一）——Collins, p. 27.

（註四十二）——"The Manchus" by John Ross, London, 1880, p. 177

（註四十三）——Brinkley, IX p. 86.

一六二五年的時候，景德鎮的情形是怎樣呢？關於這點，一位駐中國的天主教徒德安特科里在一封「訓戒的信」上寫道：

「景德鎮祇是缺少一道城牆，不然可以稱為一個城市，並且可以與中國最大的城市，人口衆多的城市分庭抗禮。這種沒有城的市場稱為鎮的，實為數不多，但是這些地方的貿易很廣，一般的都是沒有城的，這或者是可以任意擴大範圍，如果沒有城牆，（註四十四）或者能便於運輸貨物。景德鎮共有十八族。有些是大商人，他們的房屋佔了很寬廣的地皮而且還維持很多的工人。一般的都是說，這個小市鎮有百萬的人口。此外，這塊地方至少有一英哩長，位於美麗的河畔。街道成直線。彼此都是互相交錯的，其間的距離也有一定。所有的空地都是互相接連，房屋也是緊密的毗連着。街道過於窄狹，隨處可以聽到小販沿街叫賣的聲音。生活程度比較幽州（Yu-chow之譯音）（註四十五）高的多了，因為一切的必需品，需要由外地輸入，就是燒窰的木柴也是由外地供給。景德鎮的生活程度雖然很高，但是牠還能容納附近鄉村的沒有生活手段的貧民。身體最壞的青年人和成年人都可以找到工作。甚致瞎子、跛子也可以作工，他們從事調和顏料。浮梁（Fu-Lian之譯音）縣誌中說道：「景德鎮共有三百座燒磁的窰。」現在已經有三千座了：夜間看這座城市，可以想到牠是完全沈浸在熊熊的火光中，然而這是龐大的窰和很多的烟囪。大概附近的山很利於這種磁器工業吧。說也奇怪，人口這樣多的地方，是這樣的富裕——每天有無數的小船來到此地——，而且沒有城墻，雖然是在一個官僚的管理之下，却沒有發生任何騷擾。每一條街道有一個管理人。每個管理人又有十來個助手，每個助手管理十家戶口。』（註四十六）

（註四十四）——因為在這種場合下不納市稅，這是中國的特點，此處——實際上是城市的——商業應該繞過城牆。

（註四十五）——城市。

（註四十六）——"Letters Edifiantes"

可是不應瞞住這種工業的眞正的性質。皇家磁器工廠有三百工人， 畫師尙不在內。 其中的組織是這樣的：『有的工人掘泥土以備燒窰時之用，有的工人於必要時調和泥沙。工頭提選千戶官充當，饒州七區應依次供給一定量的製造品。』(註四十七)這是皇室的工廠，除徭役之外，尙有僱傭勞働。這種大工業不過是封建官僚制度的附屬品。

中國農村的『過剩』人口之增加，遊民與飢荒之普遍，縮小了商業的範圍。虎克稱這爲『無止境的小商業』。『中國人雖有兩千銅錢 ， 並不想到投在各種商業投機之中。』(註四十八)

這是當時商業分散的泉源。平托說：『譬如，這個國家之中從事鴨子貿易的人很多，他們之中共分爲幾部分，有的養鴨子，有的選擇蛋，有的專賣羽毛。從事猪仔買賣的人也是一樣，有的祇能賣活猪，另一種人賣鮮肉，第三種人賣燻肉 。 這種限制在那些賣魚的人中也是一樣：鹹魚貿易——這又是一種獨立的部分，牠養活很多的人 ， 尤其是那些離海洋很遠而又沒有河流的地方。』(註四十九)

(註四十七)——"Discription of Chinese Pottery and Porcelain being a translation of the t' ao Shuo" by

Stephen W. Bucheel. Oxford, 1910, 69.

(註四十八)——"Ths Chinese Empire" Vol. II, Second Editdon. London. 1855, p. 15.

(註四十九)——"Pintos Reise, p. 156—157.

小規模的商業是商業發展最低的階段。當一般人沒有工作的時候，才去經營這種商業。

明朝也仿效他的前輩發行自己的紙幣，雖然如此，即使沒有這種補充的担負，用强制的力量也可以使牠滅亡。當一四五五年的時候，牠開始發行紙幣。不過此時因新銀礦之發現，銀價激增，明朝初年，每兩銀子值制錢六千，明末則僅值兩千。(註五十)

人類的慾望是很大的。但是不幸於一五九九年又發生了旱災。一個侯爵結婚的用費達到二千四百萬兩，這都是由各省徵收來的。(註五十一) 藉口保護而實行搶刼的行動，仍然是繼續進行。結果人民陷於萬刼不拔的地位。他們除了起來反抗搶匪式的宦官和他們的上層領袖之外，別無出路。

此次新起的農民暴動的領袖是以前充當兵士和郵差的李自成。

「一六〇〇年，禮部大臣很抱怨的說道，誰也沒有將全國因徵稅所引起的憤怒告訴皇帝，以前這些稅收完全為官吏所把持。雲南省的民衆其所以起來反抗收稅吏，是因為主要的管理人——官吏們很陰險、殘酷，……黃河與揚子江流域之間的民衆，江蘇和安徽的民衆，都起來焚燒和驅逐政府機關！西部驅逐了一部分官吏，官吏們的房屋也被毀了。』（註五十二）

（註五十）——J. Ross, p. 687.

（註五十一）——Faber, p. 218.

（註五十二）——Ross, p. 117.

一六三〇年，陝西發生了暴動和飢荒。李自成被舉為山西、陝西農民運動的領袖。一六三四年至一六三六年，在河南發生了吃人和宰小兒的事情。其時李自成遭了嚴重的失敗。但是失望的景況又驅逐農民羣衆趨向爭鬥。新的暴動的隊伍又發生了，表面上是拿着武器賑濟飢荒。其中有一隊的稱號名為『一斗穀』，它的本身的意義於此可想見了。

『神父』約翰洛斯（J. Ross）寫道：『暴動者開始是集合在李自成的旗幟之下，李自成是一個貧民，他很快的成了許多萬人的領袖。並且他很快的又把這些人組成了兵士。這種發展祇是（！）由於飢荒所引起，當時的飢荒蔓延於直隸、山東、山西、陝西、河南、浙江和江蘇等省。次年，

一六四〇年，這幾省的人民，大部分都藉吃人以維持生活。』(註五十三)

有一位傳教師的『著作家』引證了一段進攻北京時候的事實，叙述得很詳細。顯然的，他描寫事變的起源和傳聞都有幾分偏向。他寫道：『暴徒們爲引誘民衆順從自己，使各城市的人民幫助自己，所以採取欺詐的方法：他們遣派自己的同黨分佈各地，並且供給他們以充分的資本經營商業(！)。(註五十四)他們這些人就到處散佈謠言，說搶匪(！)並不殺人 他們既不希望發財，又不放蕩不羈，也不搶刼人民，買賣沒有欺詐，未償淸的錢可以放棄。佈施現金與貧民，對於讀書人特別敬重；如果遇見了他們，始則給以豐富的贈品，既而加以考試，依考試的結果分發各府各縣充當行政官員。』(註五十五)

(註五十三)——Ross, p. 147.

(註五十四)——顯然的，小販的宣傳有利於暴動者。

(註五十五)——應該知道，這是官僚們的幻想的結果。

到了山西省之後，這些暴動的人實際上就選擇低級的學者(秀才)担任這些職務，這種情形更是鞏固了他們的信仰，及一般人對他們的傾向；甚致那些毫無階級的儒者常常以取得官職安慰自己；（註五十六）窮人希望得到金錢，解除債務。這種誘惑竟到了這種地步，保定府和正定的人民都說：『如何闢一條大路迎接闖王（李自成），那麼他一定來，而且不需納貢。』因此暴動者的暗算完全成功了；他的決心和自信力隨着新的城市之佔領而增加，後來祇需要四個或五個人到城裏去宣佈成王的軍隊隨他們來了，那末地方官或是逃走了，或者是投降暴動者。（註五十七）——雖然這是因為官僚們受辱而是牧司所發出的怨語，可是也不能隱藏實際的情形。人民都是親身去破壞封建官僚的機關，以前這些機關剝削他的一切幸福和最低的生活之可能性。這種機關，是封建制度之下官僚組織的頭腦和骨格——循環式的飢荒、吃人、屠殺小兒、逃荒和奴隸，這都是牠的本質。

（註五十六）——明代大興考試制度，結果有許多無業的儒者，當這個時候他們都同情於暴動者。

（註五十七）——明末所發生的事件。

明朝是很羞辱的滅亡了，牠甚致沒有一點動作以保持自己。沈醉於後宮的上層分子覺得事情並不重要，頭腦冷靜，但是沒有思想。明朝最後的一個皇帝說：『國家大臣祇是重幻想，倘空談。』他們的可憐的指導者當暴動者進駐京城的時候駭死了。北京是不戰而下。明朝滅亡，但是明朝的官吏並沒有死。他們求助於昨日的仇敵，滿人。和九世紀是一樣，農民戰爭在異族的幫助之下又被征服了，結果以皇位報酬他們的功勞。

明朝的將軍『吳三桂看見李自成的力量太大，他不能夠與之作戰，於是開始求助於滿洲，在此以前，雙方已通款曲了。他的差使往返於滿洲者八次，後來滿人才敢於相信，排行第九的瑞王率領十四萬大兵援助吳三桂。吳三桂知道滿洲軍隊已經逼近山海關，於是他親到軍營晉謁瑞王，且自稱爲臣，按照滿洲的習慣將自己的頭髮剃了，此外還帶了一匹白馬祭天，黑牛祭地，折箭立誓，然後又折回關內，命令人民一致削髮，遵守滿洲習慣，大開城門，等待滿洲軍隊之到來。』（註五十八）

反革命的封建官僚戰勝了農民，依照滿洲的風俗，也剃了頭髮』！

後宮「文化」的領導者的嫡派，被新的半遊牧民的『祖國救主』及嗜好『尚未腐化的』原始口味的人民扶植起來了。中國的封建歷史的最後的一章開始了。

（註五十八）——Graporichisky『著作集』三卷五十五頁。

第二十三章　衰落時代——高利貸的勝利

尙保持封建氏族組織的滿人取得了政權之後，土地集中的過程更加緊了。他們祇是取得了中國之後，才轉變爲比較定居的種族。

實際上我們所考察的恰是如此。土地的私有者相當的減少了，土地上封建的私有權逐漸排擠到了次要的地位。土地上的縛束換了一種剝削的形式，而且一部分被這種形式掩蓋了。這是否表示農民羣衆的生活水平提高了呢？

一點也不是，舊的剝削形式與飢荒的重覆和普遍的貧困是有密切聯繫的，統治階級賴剝削民衆以維持生活。具有特性的官僚封建制度要尋找剝削的補充形式——首先就是高利貸。這種傾向在滿人統治以前就表現出來了。滿人統治的第一世紀，卽着手恢復因戰爭所破壞的土地。這種恢復的過程完結之後，大地主卽隨之而發展。但是結果，因明末大的封建地主之破產，土地之枯涸，滿人不能盡大地主經濟組織者的作用，中國官僚處於附屬的地位以及普遍的經濟停滯等等原因，形成了重覆過去所發生的障礙，雖然滿人最初希圖利用封建的方法保持自己的軍事——氏族的組織，然亦無濟於事。此種企圖既經失敗，滿人及其對中國官僚的同化就必然解體。

在分析這種企圖以前，首先應說明滿清時代的特點。

滿清的諸侯之能統治中國，因爲明朝末年中國發生了內亂。他們侵入到中國成爲中國反革命的同盟者，鎮壓暴亂的友人。俘虜變成了奴隸。一部分奴隸編成了軍隊送去鎮壓自己的兄弟。另一部分給私人使用。卒之『這些男女俘虜很多了，每一個軍官都有幾個僕人，甚致每個滿洲的兵士也有自己的僕人，這樣僕人爲他作工，聽他驅使。』（註一）

滿人是封建軍人，中國人是奴隸或耕地的農奴；此種『分工』之形成，因爲侵略者獲得了成千的俘虜。滿人自己的主奴關係並不顯明，它爲各種宗族關係所淹蓋了。

中國官僚的壓迫過厲，甚至許多人自願降爲奴隸，藉此求得『保障』，以抗本族的壓迫者。自動降爲奴隸，往往是形式上的，因爲這是中國人的事——如商人和高利貸者，他們希圖藉中國法律的保障維持自己的安全。『個人的奴隸依附是滿人軍事制度的一部分，後來逐漸發展，成了——與中國奴隸貿易是同時並行發展的——被保護人與主人之間的特殊關係……滿洲被保護的人並不重視中國地方政府，發生了事件的時候，就藏在自己主人的後面。身爲奴隸的中國人，甚至富商和自由人也利於得到私人的保護，樂於降爲奴隸，或立於附屬地位；有時被保護人、奴隸和農奴相互間的關係分不清楚。』（註二）

當奴隸關係成爲反抗歷來壓迫的某種氣孔的時候，它才可以支持。但是這種半奴隸和半農奴的關係不能夠成爲農業經濟的基礎。徭役經濟在中國的條件之下幾次都破壞了，因此，不知道農業，祇習於戰鬥和遊獵的滿洲人經營此種經濟也必然要遭失敗。侵略者應以發展的經濟條件征服戰敗國。他們不願意卽時採取調和的態度，並且發動戰爭反抗『縮小』自己的經濟權力。滿人統治的第一年就開始反抗奴隸與農奴之逃走，但是事與願違。

滿清入關後的第一任皇帝攝政王，以自己的名義在一六四〇年控於軍事會議，說『反抗隱藏逃奴的法律，過於嚴厲。依此法律的規定，凡逃奴的左右隣舍，逃奴所在區的十人長，百人長如不報告逃犯所在地於地方官，皆處死刑。』（註三） 依照新法律的規定，隱藏逃犯的人祇是驅逐出境，其餘的人杖以竹板。至一六五五年，又提出恢復窩藏逃奴者的死刑問題。中國的官僚反對這種提議，他們說奴隸逃走並不怕法律的嚴厲，和流放等事。

（註一）——John Ross. "The Manchus" 1880, p. 70.

（註二）——Parker. "China Past and Present" p. 400.

（註三）——Ross, p. 702.

一七三九年，又公佈一種新的法律，允許奴隸贖購自身，但是要得到主人的同意。凡皇帝所賞賜給各省官僚和兵士的奴隸不得贖購。『凡出賣逃犯充當奴隸者打九百板，流放二年半。』奴隸不得參與攷試。滿人的上層分子愈是失去了自己最初的面貌，愈難反抗經濟的要求。中國的封建官僚和高利貸者，商人和兌換商人逐漸動搖了滿人統治的經濟制度。

結局是這樣的：洛斯(Ross)說，『奉天附近有許多家族，有兩百年以前的奴隸後裔，他們知道自己也和知道隣人一樣，依法律他們是奴隸；然而事實上他們是自由的。很久以前他們的主人已經離開了本地，在幾代人的過程中，他們住在北京和中國其他各處，他們的主人已經找不着他們了。奉天大部分軍隊都是由這些人編成的；還有多數富裕的土地私有者和奴隸的先輩有關係。』（註四）

雖然十九世紀下半期，這種奴隸之存在祗是等級的限制，而太平天國關於消滅奴隸的要求是反抗滿人的。

在經濟意義上，滿人失敗了，解除了武裝。他的計劃是根據過去的經驗，宗法封建的幻想。後來都被經濟發展的過程征服了。

滿人企圖組織各種國家管理處作爲國有自然經濟。主要的賦稅用以維持各旗的兵士，爲數約三、三〇〇、〇〇〇石穀。（註五）收足之後卽運往北京，以便分配。附徵稅有二七二、六五〇石穀，這是供北京的親王和官僚的需用的。由江浙兩省徵收的米有一三五、二二五石，這是用以維持皇室的，大豆是由山東，河南兩省徵收的，共計二〇八、一九九石，這是用以維持北方的騎兵。滿洲和中國的官僚仍然用舊的方法『維持』自己。（註六）

取得了政權之後，滿人不得不效法以前各朝代，將空地和被人拋棄的土地，分給農民耕種。『當明清作戰的時候，四川省受害最深，故每家可得水田三十畝，普通的土地五十畝。每家之中有工作能力的成員可得一半附加田地。陝西山西是居民稀少的省分，由外省移殖來的人口都沒有獲利，故每家可得五十畝水田一百畝普通耕地。與領得耕地有關的另一種主要的條件，卽是土地所有者應該很快的耕種土地。水田屬於政府的期間爲三年，耕地屬於政府的爲六年，當土地的所

有權屬於政府的時候，可以不納賦稅。（註七）

土地共分四種：（一）旗兵的土地，爲軍隊收入的來源之一；（二）屬於兵士的土地，但由佃農耕種　後者供給軍隊以食糧；（三）公用土地；（四）國有土地。

（註四）——Ross p. 718.

（註五）——一石等於十斗。

（註六）——"The lend tax in China" By Hang Liang Huang p. 92.

（註七）——仝上書 p. 58—59—60.

滿人爲了維持自己的軍隊，不僅用土地、食糧、穀物和奴隸以資維持，（註八）而且還徵收補充的人口稅。從一七一二年起，可以用現金贖購軍役。

是否需要補充一句，說所有維持軍隊的這種制度有沒有包含着矛盾呢？一方面是承繼過去的，另一方面又產生了新的環境。

軍官和兵士的奴隸逐漸地離開了他們，土地的所有權也消失了。這一切都是十八世紀大地主發展的動力，不過後來又發生了相反的過程。

滿淸也步着先人的後塵，採取限制土地的方法。在這種關係上，到了某種程度，她還比較『誠實』——如果與其他比較。她反對土地的權力集中到中國人的手中，她的前輩祇是努力於隱藏土地集中的過程。他們帶着虛僞的慈善的性質。但是滿人不能使中國的歷史開倒車。他們祇是征服中國的土地所有者官僚，他們所以限制土地，祇是因爲地租被高利貸的利息和商業利潤剝削了。中國的歷史有這樣的記載：『康熙年間，（一六六二——一七二三）軍官和民間的官吏帮助人民耕種空地，盡了特殊的作用，因此他們的官階的上升可以到任期滿後爲止；至於下級官僚和讀書人可以得到的官爵的賞賜，由土地中重新徵收的稅也轉給他們。』（註九）如此，農民所耕種的空地自動地形成了維持封建官僚的新的泉源，耕地之擴大，自動地擴大了封建官僚的基礎。

（註八）——後者則依個人以資維持。

（註九）——"The land tax in China" by Hang Liang, Huang, p. 62

一七二三年，頒佈了一道特別的命令，其中有關於農民狀況之惡劣的叙述。『吾國存於世間已數千百年，人口亦有增無已。因此所生產的必需品恐不能滿足人民的需要，而且一次飢荒或不事生產就足以使人民難於尋找食料。因爲人口是時刻增加的，那末人民在將來從何處得到帮助呢？政府帮助人民祇有一種方法，——即是耕種空地。人民所以懼怕耕種空地的原因，係由於官吏——自治台以至縣官——剝取人民的現金，因此獲得空地的支出超過了購買土地的支出。職此之故，所以許多好的土地常常在空閑着。』（註十）

一七四三年的上諭，絕對正確的說明了土地集中的過程及滿清政府的讓步。在上諭中又說道：『不久以前運糧官諫議限制土地的佔有，每家不得過三十畝。他以爲這樣可以使民間的財富平均，貧民也可以得到幸福。（註十一）我知道這種方法很好，但實行的時候却有很大的困難。如果我們限定每家祇能領三十畝，那末剩餘的可以轉給自己的兄弟、兒子、孫子等人。這樣每人祇能夠領有幾畝土地。這種方法如何能夠爲害富人，又如何能加惠於貧民呢？不惟如此，如果我們不注意限制土地的法令之實行，爲着這個而去考察每一個戶口和個人，結果會在民間引起了無限的混亂。』（註十二）

（註十）——Lee, p. 416.

（註十一）——皇帝。

（註十二）——Lee, p. 420.

此處滿清已覺悟到自己無力應付新的土地集中，而且主要的是經過官僚機關。在宗法封建的關係上，在土地制度方面，在軍事組織方面，在生活必需品方面，滿人都是孤立的，而且是在中國官僚的包圍之中，他們慣於取得這種『功勞』。滿清的皇帝甚至不幻想限制仇敵的力量之增加。他成了他們的工具，而且是很卑賤地重覆了儒教的法帖，康熙皇帝反以此自豪。很小的不穩定，卽時就引起了舊方法的重覆，而囘復到以前的『吞滅農民』的道路。

如果在頭一百年，滿清相當地改良了農民的狀況，這個應該用特殊的『過程之恢復』來解釋。國內戰爭及隨之而起的朝代的更迭。使大半的省分都荒蕪了。明朝顯貴的大田莊消滅了，——土地私有之平均也達到了相當的程度。代明朝而起的滿清，當建國的初年，減縮了政府的支出。滿人初次擴充他的統治權於廣大的領土之中，差不多達到了以前中國最強盛時代的範圍。不過這應該減輕賦稅的負担。

可是過了這一個時代以後，人口大大地增加了，以前爲人所拋棄的土地現在也有了居民。『原始』（註十三）的不穩定又恢復了，大的土地私有之恢復較前要快十倍，不過爲時不久。

（註十三）——首先就是官僚，其次才是商人。

一七八六年七月二十六，滿清的黃帝頒佈了一道特別的命令：

『據河南總督畢沅報告，在本省各地發生有害本省人民的壟斷情形。正義驅使我將這種情形消滅。在最近三年來河南省不斷地發生大旱。土地私有者不得不把土地拋棄，置諸不耕，而整個時間都靠我的帮助生活。我是人民之父……十年來任何一省都沒有經過水旱的痛苦……河南總督向我上訴說大批的山西居民較之河南省居民要富足些，並且山西的居民利用河南居民的貧困而以小小的價格購買他們的土地；職此之故，在河南土地佔有，大部分都在山西人手上。（註一）在現時，天又轉了善意，時錫河南省以甘霖，舊土地的主人意欲復恢自己以前的權利，和收回以前因爲過度窮困而賣去的土地。我知道山西的居民是很勤勞、奮發、節儉的人，他們由於這些性情而見稱於全國，他們有致富的可能；所以我只有佩服他們；可是，如果他們利用自己的富庶來傷害我別省的人民，即是他們有些人假奸猾的壟斷用十分低微的代價而購得我別省許多人民用以維持數口之家的土地，那時我便要嚴格的反對他們，懲戒他們的行動……所以我命令總督把我的願望佈衆週知，讓他們歸入善途，把自己掠奪別人的土地、房屋歸還舊主……請你把這些話和我的命令公佈於北京的通衢大巷，以敎育人民，希望你把這個佈告於北京，並希望你命令在北京的一切山西大小官吏、商人、手工業者等等。要他們通知他們在河南的那些貪買人家土地房屋的親戚朋友，說我的意思是要他們把土地歸還給舊主人。』(註十五)

(註十四)——不要忘記，山西是高利貸的根據地。

(註十五 ——Memoires XIII p. 454—455—456—457.

在這一篇含有道德教訓的洋洋大文之中，如像太陽映在一滴水中一樣；滿人所有的力量，在山西的高利貸者的前面都表示出來了，高利貸與大地主和官僚之間的不可分離的聯繫以及封建行政機關之可憐的狀況都顯示無餘。這些機關又迫着皇帝到市場上去說服那些不順從的人們，使他們不要越出許可的範圍。

在滿人統治之下，因農村經濟的生產條件之惡化，高利貸得以發展。

這種惡化之形成，由於農民在長期的過程中受了封建官僚的剝削。在滿人的統治之下，土地的枯渴達到了極端。毀壞森林，減少牧畜，不停止的用強度去耕種各種土地，——這一切都是農民飢荒的原因。土地由於封建形式的財富一變而爲封建官僚及高利貸統治的附屬物。因爲中國的農業具有特殊的條件；這種趨向很久已經發現了，但是這種趨向之恢復，祇有當農村經濟長期的低落，以致高利貸和大的土地所有者之分離，成爲不可避免的時候才有可能。

我們試引證里赫特哥芬的話：『事實上，中國人每人祗能夠耕種幾平方英尺的土地，越出了這個範圍是要受懲罰的。無疑義的，最主要的原因，第一，是全中國所耕種的土地太枯渴，缺乏最必需的肥料成分，土地沒有很好的下肥料以前是不能生產的；第二，是因爲取得肥料的特殊制度，其方法與西方各國完全不同，可以說，這是顯而易見的眞理，土地枯渴的地方，人糞也特別惡劣，這個又表現在穀物的質量上面，一般的，是甲的數量可以決定乙的數量。例如穀子當發芽的時候，施以三倍的肥料，則收穫也能得到同樣的結果。而且經驗告訴了中國人，每畝土地應施以固定的肥料，如此穀子才可以茂盛的生長。如果施之過多，他又限於他所能耕種的土地；如果施之過少，則收穫又低落。

『其次就是關於氣候的影響和不測的事件，可以說，中國各區所產的穀子的數量首先就是決定於所耕種的土地及所需要的肥料；這一塊土地與肥料成比例，而後者（肥料）又與該區中的人口成比例。再沒有什麼比這種簡單的思想還明顯些，沒有說明中國施肥制度之不完善，（而西歐的熱心者則承認在農業藝術方面施肥的制度表面上是完善的。）則不能希望中國人自動的有所改良。

『江河沿岸的居民也很少用家畜耕地。雖然他們每天都在奔走，如果他們豢養家畜，那末對於他們是很有利益的，而且有無限的肥料的泉源，穀物的來源也是取之不盡，或者還可變成一個豐富的牧場。這般人在另一些事情上是很實際的唯物主義者，他們不了解以家畜補充人之不足。祇在汾水沿岸一帶，若費很少力量，就可維持數萬頭家畜。』（註十六）

里赫特哥芬最大的功勞在於他是很科學的、正確的、可靠的估計到中國的農業。肯哥夫和他比較的時候，其貧困是顯而易見的。不過里氏脫不了自己的外殼，而且忘記了他是普魯士的男爵。處於男爵的地位來觀察歷史的條件，不能不表現一些淺薄。因此，他不了解各方面以人代畜，以至代替肥料的生產，而這正是中國歷史的主要線索。

然而里氏很勇敢的斷定中國農民的生活是依肥料的數量而決定，他要算是第一個人，而且是唯一的一個人。他所以這樣直接用事的，由於普魯士的貴族的實踐主義對他有所帮助。普法戰爭之後，已感覺到農村中僱傭工人的缺乏了。

人口壓迫生產方法！因此，中國是人排擠了家畜的勞動，甚至在肥料生產方面也是如此。耕種的土地之多寡亦依人類的肥料的數量而決定。家庭的原則需要所有的成員緊密的合作，這種原則還是以生產肥料的條件爲出發點！

（註十六）——Baron Richthofens Letters.— 1870—72.—2d Edition p. 76—67.

由是觀之，在這種狀況之下，大的農業經濟簡直沒有利益，因爲肥料不充分。祇有建立合理的畜牧事業才能有所挽救。但是獲得家畜和開闢牧場，需要耗費很多資本。這個成了投資到土地中去的一種障礙。因爲這種原因，富有的上層分子祇在各省選擇一些好的土地，播種最貴重的植物的土地他們才去購買，如種鴉片及其他貴重植物的土地，在這些地方可以得到高度的利潤。因此，各區的土地關係很複雜，各省大的農業經濟之發展也不平衡。如果就全國而論，大的土地是低落了。因此又造成了這樣的一些條件，這些條件使高利貸對生產者的剝削佔了優勢。

『高利貸並不變更生產形式，但是牠像寄生蟲樣吸取生產，致使生產完全低落爲止。』（註十七）

在中國佔着統治地位的封建官僚的上層分子的『社會保險』，足以防範破壞他的幸福的貧困，這是歷史發展的出發點。結果，這種『社會保險』成了高利貸的形式，而且穿上了封建官僚特權的外衣。

因為經濟停滯及可怕的農民羣衆之被奴役，便破壞了土地財產，減低了土地的價格。

中國也和歐洲、日本一樣，土地是自然的工資，不過形式比較原始些。牠所給與農民的祇是使農民不致受餓，以便生產剩餘生產品以供給官僚高利貸者，間或亦供給大的土地私有者，這種現象一直保持到現在，惟其如此，中國完全被縛束住，不能反抗帝國主義以維持自己的生存。

根據這一切事實都證明了，大多數篤實的中國人差不多沒有一個不依借債以維自己的家庭和所耕種的一小塊土地。（註十八）差不多在每一個鄉村和每一座市鎮都有這類的當舖，——當春季和夏季的時候，中國的人民將冬季的衣服拿到當舖裏去典質現金，以備家庭必需之用，或播種之用。當收成完結之後，家庭所不需要的一部分，就出賣給別人，所得的現金即用以贖回冬季的衣服，如果收成不好，那末就典當春夏的衣服和其他不十分需要的物件。年復一年的是這樣過去了。典當在中國勞動者的經濟生活中所佔的地位是如是重要，甚致中央政府還加以保護，給他們以許可證，凡未經政府許可的一切私設的當舖，都認為非法的當舖。（註十九）

這樣直到一九一一年革命爆發後（辛亥革命）為止。

在法飛異的北京遊記中是這樣說的，『差不多所有的當舖在經濟上都受官僚和大富人的接

濟。」(註二十)

(註十七)——資本論三卷二篇，一三七頁。

(註十八)——The Pawn-Shops.

(註十九)——"China's Business Methods and Policy" by T. R. Jernigan P.115.

(註二十)——Alph. Favier. Peking. Histoire et descrition P. 414.

滿清時代政權的中心人物就是高利貸者。在一九一一年以前，山西的錢莊所以佔着統治地位的就是因爲這個原因。用奴役式的高利貸的複雜制度以剝削農民，他們實立於主使的地位。農民羣衆在百萬，千萬，萬萬富翁之前陷於奴隸的地位。依照他們的態度，到了某一天，所有無數的農民或將使他們一無所存。

『很有趣味的，是山西的錢莊不以抵押的形式借款給別人，而且很少以財產或貨物作抵押借款給別人。他們利於以高度的利息借錢給官僚買官職，和商人們使用，在特殊的情形之下，還借錢給私人，所要求的祇是個人的担保。如果中國人想以自己的房屋或土地抵押現金，他應該到地方錢莊或借貸所去。地位比較低下的這些機關是和兌換所有關係，大的典當也向他們借錢支付借款；但是他們的作用僅限於借款和兌換。山西的錢莊主人還發行信用券，到期持券可以兌現。他們拒絕生人的存款，以免妨害自己的信用，不過他們的被保護人的存款是不拒絕的。』(註二十一)

鄉村的借貸所或當舖，市鎮或城市中的兌換所或店舖(都經營匯兌並且指揮鄉村的分號)，省會中直接用現金帮助行政機關的大錢莊——這是三種有連帶關係的高利貸的組織。這種組織的一端繫在農民羣衆之中，而另一端則與封建官僚機關間接地連繫着。

(註二十一)——Harold E. Gorst "China" p.117.

官僚憑藉於高利貸，同時官僚本身又是高利貸主要的源泉。

事實上，高利貸者借錢給現任的或賦閒的官吏，爲的是以後不僅從他那裏取得利息，并且可得到一官半職坐領國家的薪俸。

另一方面，政府的職務是高利貸最大的熔爐。封建官僚很容易從他的部屬那裏榨取全部的剩餘和全部的積蓄——在繳納賦稅的形式上。中國的官吏以賄賂公行聞名於世。在清朝，賣官鬻爵的事都是公開的進行。借貸的貨幣資本在整個社會關係上都打上了牠的烙印，并且政府的每種職位、每種機能以及她的每種個別的行爲都變成了高利貸蓄積的源泉。『政權的進程』——我們用美國社會學名詞來說——首先便是高利貸資本自己增大的進程。

有一種動人聽聞的傳說。一六八九年時曾揭穿了一個刑部尚書的罪惡。『他以月利三分借出十萬兩銀子，後來他取得了十六萬兩銀子。他在本省城市內開設了當舖，他購買、建造并轉賣房屋，他得到了各種珍貴的東西。以後不久又逮捕了另一個居於高位的强盜——兩廣總督。他拿了五十萬兩銀子用在文考方面。他的母親抱怨他藐視她的利益。責備他毫無兒子的孝道。』(註一)

(註一)——J. Ross. 528, 583及以下各頁。

在清朝的時候，高利貸者之統治商人表面上表現得特別厲害。高利貸者以金錢供給商業，他以這個或那個商會股東的資格秘密地參加商業。另一方面在商業資本只表現為賦稅的目的物時，高利貸資本就表現出一種權力。中國的官僚高利貸者發揮出完整的理論，主張高利貸的統治。

『不言而喻的，金錢不及土地，——因為佔有貨幣及從貨幣中得來的收入都是和偶然性相連的，——每個人寧願要和貨幣總數相當的土地。同樣很顯然的，在避免與貨幣的機能相連繫的危險上說，每個人寧願要從土地方面得來的較少的收入，因為這比較要更可靠些。此種一定部分收入之減少是與貨幣的危險及從貨幣中得出的收入成比例的。』

因此，高利貸的熱心的擁護者曹英（Tchao-Ing之譯音。）在高利貸利息的利益上所提出來的第一個理由就是危險。

第二個理由就是：『貨幣的利息愈高，則在彌補危險的時候所需的土地亦愈多，這爲的是要拿土地和金錢作比，——這就像要交換好的和肥沃的土地就需要大量的不好的土地一樣。但如果需要很多的土地以之和金錢作比的話，那末這就是說，貧農很容易保持他們的所有地，甚至增加自己的所有地，因爲對於這件事無需什麽財富。土地的廉價要用金錢的『高價』來解釋，要是沒有這種廉價，則貧者很難得到土地。』

第三個理由就是：祇有小的『勞動』以私有財產才得到級差地租，這樣看來，小的私有財產便有較大的利益。富者『不得不』從農業轉到高利貸。『因爲土地總是給那些親自耕種土地的人以較多的利益，至於富人所有的土地比他所能耕種的還多，這從國家的觀點說，他們濫費了土地——拋棄土地或將土地轉讓給其他以自己勞動來耕種土地的人；因爲這種情形和不可免的損失相連，在收獲及支付租金的時候隨着還有一種危險：因爲危險使損失增多——所以購買土地對於富者比對於貧者利益較少，而這種情形愈加容易使後者推倒前者。』(註一)

(註一)——Memoires. IV. p. 338—339.

高利貸利息的辯護者曹英(Tchao-Ing)，在十八世紀時曾敘述他之全部擁護高利貸是建立在大多數人民『利益』的考慮上。

高利貸多少是從土地關係中發展出來的，這些關係極緊密地聯合着，即特別是和高利貸混合。這種特點在中國農村的整個向前發展上，都有他的印跡，而且一直延續到現代。

這種組合，在中國的法律上找到了反映。『當中國人願借用一筆款，——但不願支付利息，他有不動產、房屋及種植穀物的東西，他并不願意將穀米出賣以獲得他所希求的那筆款的時候，他常常求助於其次一個抵押自己財產的方法。他找到準備以現金借給他的人，而以房屋或財產為擔保。規定出一定的年限，在這一定年限的期間不得贖回財產，——一方面可以不付租金使用這種抵押品，另一方面可以不付利息使用這筆款項。規定的期間終了之後，抵押品只要把過去所借的那筆款償還就可以贖回，——如果真正的所有主有積蓄的錢，而他又願意贖回的話。如果他不願意歸還借款以贖回抵押品，債主不能强迫他取贖；債務者可以繼續使用那筆錢而不付利息，而債權者也無需支付租金即可把抵押品當作他的私有財產，一般的講來，後者(債權者)滿意於金錢之不歸還，因爲借款通常比抵押的財產的價值爲小。財產在債務者不願贖回的時候在一切關係上便成爲債權者的私有財產。債務者可以借一筆款來贖回財產或者將財產出賣，如果他願意的話，——買主就得要自己來償付借款。誰從所有主那裏購買土地，誰就得要贖回牠。』

杜里特（Doolitte）在增補他關於十九世紀六十年代的紀事上有一段說，在南方最大商埠的福州，『大部分的私有財產都用上述的方法抵押』。（註一）

（註一）——"Social Lite of the Chinese" by Rev. Justus Doolitte. Vol. 2. 1865. New York. p.162. 杜里特所增補的是：『父母可以出賣自己的兒女去做奴僕或把他們變爲買主的義子；丈夫可以出賣自己的妻子。使她們去做別人的妻子，但不是去做別人的奴婢（！）。從小孩父母那裏買來的小孩可以把他們賣給別人。小孩常常從他們父母那裏拐來，從這一省帶到別一省，幷且使他們做奴隸。如果丈夫出賣自己的妻子和她成爲別人的妻子，那她就得要同意這種賣身契約（！），爲這種目的而規定的賣身事實的文契要交給買主。（p. 209）。這就是前一世紀六十年代的生活和習慣法。』

這種『准許取贖的活賣』——像中國立法上所叫的——，即是古代『歸附於富足之家』的高利貸的轉語，也就是中世紀的徭役。

宋史上論到在一二〇五年的法律上曾說過：『誰要把自己的一塊土地拿去抵押或是出賣，那他就要和自己的私有財產分離，但是不許他以後脫離這個土地，并且使他成爲農奴。誰要出借金錢，那他祇可以要求契約上關於償付的義務，即不許把債務者變爲他的土地上的農奴』(註一)

在當時存在的『准許取贖的活賣』，就是從債務者變爲他的私有土地上的農奴中，從小的獨立的私有財產爲『權富』人家所『蠶食』或『吞沒』相續的過程中，取得牠的基礎。

在此種進化中來觀察『土地高利貸之不道德的那種觀念，即是說土地的買賣是一種變態』那種觀念，這對於只重感情不重理智的德國庸人是很必要的。(註二)

高利貸使停滯永遠相續，這種停滯加深了高利貸，并且損害了經濟提高之一切可能性。保守的『數千年的』官吏生活和在清代領受新經濟扶持的封建官僚的行政系統就是高利貸此種統治作用和領導作用的產物。有一個有才幹的美國人尼科斯在一九〇二年作了一本官吏生活的寫眞。

(註一)——佛耶克博士：『中國土地的法律關係』。柯哈諾夫的德譯本。海參威出版。一九〇八年的六七頁。

(註二)——佛耶克博士。67頁。

他在他的書上曾寫道：『每一省的撫台實際上就是一個王。他可以無須審訊而被處死刑，他可以從皇帝那裏突然得到一根絲帶，要他自縊，因此他和官吏及有體面的人一樣一定要服從。但是在他做了撫台的時候，這一省的幾百萬居民任誰都不能有絲毫懷疑他的威權。每個居於高位的統治者，都以為他的屬員一定能克服他管理範圍之內所發生的一切困難。如果外邦的敵人侵入省內——撫台的責任就在集合軍隊并驅逐侵略者，當戰爭只限於這一省的時候，誰都不會去注意戰爭的範圍和戰爭的進行，——這些就可說明，為什麼戰爭可以破壞帝國三分之一的地方，而其他三分之二的地方將會若無其事的過去。如果撫台無力壓制省內所爆發的暴動，不管他有罪無罪，他就會終身被貶謫，或者像中國人所說的一樣，就會喪失自己的體面，并且可以因失敗而處他以死刑。』(註一)

(註一)——"Through hidden Shensi" by Francis H. Nichols. New-York. 1902. p. 143—144.

特殊的自然經濟，在行政方面反映出封建的組織。

撫台的『自治』差不多只有痘斑大的一點！

但是全部組織就從上而下地為這些貫穿起來。

『每個人在他未成為官吏之先，一定要獲得學位，(註二) 這種學位要經過大考；可是，在所

（註二）——中國官僚手中的學考是當作滿州的同化和服從的很重要的手段。

有機關內賄賂公行的時候，學位常常從賄賂而獲得。全帝國內官吏之委任大都是在北京，通常都照制台或重要人物的介紹。在每一種職務上必不可免的有三四個强有力的競爭者，這種情形，就容易使政府常常更換那不能表現出自己是宜於(?)治理他那一區域的官吏。另一方面，下級的官吏，如果他表現出有能力而且很熟練，他就可以被委任以較高的職務。其結果官吏們就拚命地來維持他的同邦人所謂的『和平』。山西人關於和平的概念和美國有些不同。停滯不進步就決定了可汗的兒子們的地位。進步和改善則完全和他們不相容。不管官吏在任何現時狀況上找出怎樣的缺點，他確實知道，一切企圖改變和改善任何一種東西都只帶給他一種騷亂。如果他修路，爲的使路可以通行馬車，那末趕騾馬的人，——他們就要忍受損失，——就要和車夫發生吵鬧，官吏就負責排解他那一區域內的紛爭。如果他嗜好西方的學術，排外的分子就可以騷動起來，并且在混亂無秩序的情形之下，任誰都可以把石頭拋進牧師的禮拜堂去。居於高位的人物（就官場的階級而言）若知道了這種詳情，官吏就要受到譴責。這樣看來，官吏據有時代精神及其民族精神，并且永遠照着那個原則實行：息事寧人。』（註一）

（註１）——Nichols. p. 144—145.

『追着許多人去企求做官的動機，完全不是和職位有關的什麼尊榮，而是在這種爵位之下表現出來的那種自肥的可能性。所有的官吏——位置雖小，却極適當，以致戀棧戀到十至十二年，——差不多一生都是很富足的人。在陝西的每個中等城市內，官吏都是最有錢的人，無論是他：無論是其他任何人，并不以爲他是强奪國庫而蓄積了自己的財富。從政府領來的官吏的俸給很快地成了無用的贈品，有時甚至不能補償官吏用以維持他的家庭和他的僕役的十分之一。他要免掉困難，他就扣留他所經手的全部進款的一部分。但是他并不限於祇夠用來支付職務上所費用的那一筆數目；他還佔有一些剩餘，即中國人所謂的「官業的利潤」(profits of the mandarin business)。因爲每個官吏在他自己的區域內是會計官、監察官、并且是一個收稅吏，因此牟利的可能祇限於從那一區域內可以强求的那筆款……當着從北京來命令徵集一年的省稅的時候，制台就替自己附加上一筆很大的稅，并且把牠分配在下級的官吏之間。每個官吏通常很自由地自己去增加，并且准許他自己的屬員去同樣的剝削。其結果落在貧農身上的苛稅便比牠應當(！)負担的還更加繁重，雖說并不比過去幾年多。他毫無怨言地繳納自己的那一份，希望藉此獲得『和平』。勸

索(squeeze)是中國官制的組織部分。』(註一)

『除去那些時間以外，在暴動或騷亂發生而任命官吏有非常全權的時候，官吏就是那一區域內唯一的人物，直然就是政府。所有下屬的官吏，如法庭的差人、收稅吏、獄吏及警察等簡直是官吏的僕役。他們之被官吏僱用和官吏給付他們的薪俸都是從官吏的私庫取出。他們都住在官吏的衙門附近，并且成為他的官眷(！)。他們之處於他的這種僕役的地位，就像他的廚役或轎夫一樣。不管下屬官吏的地位有若何高，都只是用「官吏的僕役」這一名詞來稱呼他。這些「僕役」的為首的人就是這樣的人，他的任務就是總務長和祕書長兩種任務的併合。付給他以多的薪俸，他自以為是家竈的唯一的人員，而官吏也以平等待遇他。他有特權接近自己的長官而無須用先前的儀式，并且他可以主張採用他以為對於這一區有利的方法。主要的「家臣」通常都是年高的人。他常常嘴上講孔子并且加以註釋。在解決一切困難問題的時候要和他商議，他掌理官憲的一切文件。』(註二)

(註一)——同書。146—147頁。

(註二)——同書。148頁。

這樣看來，官吏是封建的行政制度之直接的掌握者，雖然他的政權，并沒有直接依據於土地之私有。他被安置在一縣或一省去食祿，他的整個『機關』祇是他的家僕，除了這種家僕之外，他——在行政過程中及在特殊的規則上——還佔有大量的農民勞動之剩餘生產品。實際上，他佔有了像中世紀歐洲的封主一樣的權利。

然而還有非正式的家僕，紳士或『高貴的』官僚階層之閑居無事的代表們也緊緊團住在他的周圍，得了學位的候補者當中，祇有最少的一部分有事做，因爲他們的數目永遠超過位置的分配所能安插的數量而有餘。其結果就形成了失業的『士大夫』(literati) 階級……唯一的職業，而在他們看來又是公開的：這便是醫生(!)或商人的職業。但是這些職業對於學者們是不適宜的；商人在社會階級上，在理論上(!)所處的地位比在體力勞動的勞動者低……因爲就他們的資格講他們以爲和官憲是平列的，所以他們都歸到『衙門』一邊并且成爲訴訟的仲介人。這就是說——他們苛求訟訴者的金錢，藉口於他們的影響一定能幫助裁判者提出有利的判決。(註二)

(註二)——Harold E. Gorst "China" p. 124, 127.

官僚、失意政客以及他們的親戚，——這個寄生的階級，甚至在一九一一年革命以後，仍舊是中國農村的禍患。

過剩的官僚『人口』，擴大了封建官僚機關的活動範圍，并且使牠的統治成爲更加難以忍受。

但是，另一方面，牠使人民羣衆屈服於這種官僚機關達到這樣的程度，卽是老老實實使他們達到血管閉塞的地步。

農家和農村公社——在南方，很少感到軍事襲擊的痛苦，這和民族關係的分支制有關連的——盡着此種官僚的上層建築之順從的附屬品的作用。因爲過剩的農業人口無處可以隱身，所以土地底細分便成爲唯一的出路，農民羣衆把持着自己的家族關係，把持着家庭及公社。就像溺斃的人抓住一根葦艸一樣。這幷不是傳統的聯繫，也不是民族的關係，而首先是在經濟衰落的情況之下爲生存而鬥爭的初步的利益所趨使的經濟關係。這種情形幷沒有把那種親屬關係常常轉變爲高利貸契約以及一切別種剝削等等排除出去，甚至祖先崇拜還可以使家族的私有財產和屬於家祠的土地，達到鞏固的地步。

但是在農民當中，這種家族的和鄰居的公社關係之特徵，容許封建官僚把農民羣衆『搓成繩索』。一切都是這樣相互保證地彼此聯繫着。任誰也不能超過公社利益所規定的範圍，公社無論如何是在渴望着上層來干涉公社生活和為寄生的上層而全副精神從事於剩餘生產品之生產的這種『和平』。所以公社强迫她的全部職員服從上層的一切要求而且無怨言地以自己的用費招待官吏階層中的『賦閒的』寄生蟲，他們在這一村或那一村都有他們的親戚。所以田契一定要由村長或『地保』登記過。沒有這樣牠們便作為無效。村長和長老是主要的權威者。紳士在農村生活中是何等的根深蒂固，我們只要從下述的話中就可以看出。『人們可以想到，在中國，耕地約二分之一是為農民所耕種，其他一半則屬於退職的官吏及其家屬，屬於所謂士大夫（literati）或紳士階級。這一半耕地大部分也是小農租佃得來的，年年都要以年租的形式繳納收成的一半。』（註一）

中國農村在清朝時候一大半不僅是間接的而且是直接的為官吏而勞作，把自己收成的一半納給他們。

（註一）——Jernigan. p. 39.

遊手好閑的紳士大多數并不是佔有大量的土地，而是佔有比較不大的土地，可是這些土地由於農民私有土地過分的細分，由於較好的地質及較好的地位，他們也和高利貸一樣，成了農民畸形束縛的源泉，盡了主要的發條的作用。

卽就法國來說，馬克斯曾指示過，『行政權有其極大的官僚的和軍事的組織，有其笨重的和精細的國家機體，有五十萬官吏及五十萬士兵，這種奇怪的寄生的有機體，——嚴密地包圍着法國社會就像皮包裹着身體一樣，而且充塞他的全部毛孔，——發生在專制政體的時代，在封建制度崩潰的時候，因之更有力地促進了這個最後過程之加速。土地私有者及城市的一切封建特權變成了國家政權的屬性，封建官吏變爲俸給的官吏，并且在中世紀的政權彼此敵視的百色鏡上表示出國家政權的整頓計劃，牠的工作分配和集中在工廠的形式上。』(註一)

在中國，過渡時期比起法國還要更大，封建官吏企圖將社會獨立活動之各部門『從社會分離出來』而把牠變爲『政府活動的對象』。在這種情形之下，在中國，這一類的變更便成了加增政府掠奪及賄賂的泉源。在封建政府機關的手不能深入的地方，就常常養成一些賦閒的紳士代表。

(註一)——馬克斯，『路易波郞的二月十八日』，一九二三年莫斯科版，105—106頁。

像這一類的集中的政府機關，最先創立於元朝時代。可是直到清朝，一部分甚至到十八世紀，這種機關多少總還直接依據在大的土地私有上面。隨着這些之後就是從封建的大的土地佔有轉到高利貸的勝利時期。照着封建的模型在以前所組織的政府組織并不是從此成爲工廠分工的形式之一。原先成爲地租的同等物的賄賂，在這種變動之下就成爲高利貸利息的同等物。但是隨後封建的土地佔有形式之沒落就引起了官僚隊伍直到現在還是無限的在增加。

在漢朝的時候——就在紀元初葉，計算起來有『學』位的官吏有十三萬人。在淸朝的時候，『如果此處包括地方官的助手以上的全部官吏，一萬六千居民就有一個官吏，如果此處包括全部奉職的衙門，那末官吏的數目至少還要增加十倍。』(註一)

(註一)——Werner. "China of the Chinese" p. 136.

威勒的這些數字也沒有給我們關於政府組織的發達之正確的概念：他完全沒有把兵士及『失業的』士大夫幹部包括在這些數字之內。

無論如何，這也就是足以使中國農村成爲自發貧困的全部軍隊。

淸代是沒落之標本的時代，在這個時代中，高利貸長成了決定的、全能的力量。高利貸準備了把中國奉送給帝國主義來征服。

第二十四章　資本主義之侵入中國

列强的資本主義要是不從主要的人民羣衆取去生存之最後的小鉤便不能佔領中國。家庭工業及小手工業就是幾千萬農民和幾十萬城市居民的最後生活的小鉤。應當把家庭工業及小手工業盡量破壞，否則英國大砲的聲音似乎還不足以鎮壓中國。

考察十八世紀前半期中國情形的一個法國天主教師阿米窩極其了解極度貧困，及人口過剩的國內這種助力的意義。他說：『大多數的勞動者都沒有成爲富人的機會。因爲，在別的地方所希望的人口過多，在此地却是一切變革的鞭策和最初的因素。移民是否像大多數一樣耕種自己的私有土地，抑或在別人土地上勞作，兩者對於他們都是一樣，都是不能維持他們的生活。就是在土地肯惠顧他們的勞動的時候也亦復如是。大多數的人在整年間都沒有這些職業，尤其是在南方各省。這種情形就引起農村中有用的手工業及工業之擴大。』(註一)

(註一)——"Memoires" 1779. Tome IV, p. 318.

在一七二八年時，照一個陸軍大尉法蘭達人的話看來，這種情形就是國內貿易之極關重要的復興的泉源，國內貿易在其極小的分枝內也一樣給『過剩的』農業人口以一避難所。法蘭達人敘述中國商業如何掠奪全體人民，『每個人都操作商業，并且差不多全體官吏爲了自己利益之獲得，把自己的金錢交給商人；特別是借給那些出發到暹羅、巴達維亞、馬尼拉島、台灣及其他附近地方的人。

『磁器、油漆製造品、各種藥材、糖、米之類都運到那些地方去。而祇從那裏帶回銀子來，如果不算巴達維亞的話，因爲那裏要把銀子存着送到歐洲去，並且那裏祇是拿商品交換商品。中國人的最重要的商業就是他們的國內貿易，所有的河流，所有的運河，常常爲不斷地將商品從這一省轉運到別一省的船舶所充塞。廣東出糖，浙江出絲，南京出最漂亮的絲、磁器及其他物，件山西和陝西出馬、騾和羊皮；這兩省都富於鐵；遼東及雲南出金子，各地方有很多銀礦，可以從那裏開採出一些東西，雖然是禁止採掘。福建產茶，Wu-chuang 產米等等。』(註一)

不言而喻的，這種商業，就其範圍來講，它還遠不能使中國成爲世界市場柱石之一。可是她——商業，表示出農民家庭工業及小手工業與國內市場之廣大的聯繫。

第一次歐洲商人的掠奪事業和中國南部官吏的貪慾，就發生了廣州、香港等地商人的特權會社之組織，牠是國外貿易方面唯一的壟斷者。牠的組合員就是著名的東印度公司。但是這祇是一個過渡的階段。英國人很憤恨地認爲中國人寧願以自己的商品去獲得金錢，而不去採用滿切斯特及拉加西爾的出品。

（註一）——從Wagel的"Finance in China"引用來的，一九一四年，上海出版，107—108頁。

『城市內的服務員和商店老板，是我們的主要消費者，而完全不是廣大的農業人口；農業人口只是我們的競爭者，因爲家庭的紡織工業成了中國農村經濟之主要部分。』（註二）

甚至在十九世紀下半期還有這種情形。鴉片在櫃台上出現了，在破毀農民家庭工業上，鴉片盡了主動的作用。

『正因爲中國人吸食鴉片增加——開始對於印度人，隨後對於英國人，以及對於西方一般人民——就利用把鴉片輸入中國藉以獲得他們所需要的中國商品。』（註二）

在資產階級歷史家的描寫中，很有詩意地把資本主義毒害中國和束縛中國的東西視爲國外貿易。事實上鴉片輸入中國，根本改變了國外貿易的原有性質。從此以後，中國人就處於無法清償的債務者的地位。他們已不是站在平等的地位。他們和外界的貿易變爲特殊的繳納賦稅。鴉片代替了銀子，毒害代替了價額！中國人成了自己的毒害者的債務者！

顯而易見的，到現在，調劑國外貿易的那種封建官僚的壟斷，不能遏止這種改變。

英國人注意迅速的破壞他們道路上的一切障碍。强硬的買賣帮助着大砲來進行他的事業。一八三四年，完成了東印度公司的特殊地位。一八四二年，著名的鴉片戰爭爆發了。英國人强暴地兼併了香港，并且鞏固了他的權利，自由的毫無阻碍的毒害中國人民。

（註一）——"Anglo-Chinese Commerce and Diplomacy", by A. F. Sargent. 1907, Oxford, p. 133—134.

（註二）——C. F. Remer. "The Foreign Trade of China". Shanghai, 1936. p. 26.

在一八四二年，締結南京條約時期內，中國國外貿易的總額計算起來有五千萬金元，或爲一一二又四分之一百萬金磅。『合法的入口的貨物，如棉紗、棉織物、絲線、毛織物及五金合計起來有一一、二〇〇、〇〇〇金元，而那時偷賣的鴉片却得了一三、八〇〇、〇〇〇金元。出口貨的價值將近等於非法的鴉片的價值，而且差不多完全是絲茶之類。這樣看來，中國不得不用銀幣來彌補爲數在一千一百萬以上的重債。』（註二）

英國生產的商品和鴉片一起闖入中國。美國、俄國及其他原始積累的武士們也隨着英國接踵而至。

需要强暴，爲的是强迫中國人成爲外國工業的進貢者。要使中國人裸着身體，爲的是……給他們『衣服穿』，要使中國人破產，爲的是使他們成爲……英國商品店『有支付力的』購買者；用鴉片戕害他們，爲的是……贊揚世界市場上的中國茶。沙爾金特充分地表現出在消滅中國人生存之眞實條件上和中國人民鬥爭的一幅妙畫。

『我們當然任他們將適合於大多數人的需要及比本地紡織作坊的製造品更廉價的棉織物代替他們的家庭工業。中國的勞動階級，差不多經常地穿着家庭紡織的布料；家庭工業到處都普遍起來，拉加西爾的生產品既不十分便宜，又不經穿。我們的商品幷不通行幷且祇有狹小的階層才有利益；運去這些商品是因爲我們取用中國的茶。但是從我國交換去的最主要的商品幷不是我們的棉織物和絲織物，而是鴉片和印度的生產品。』(註二)

(註一)——"The Foreign Trade of China" by Chong Su See. 1919, New-york. p.279.

(註二)——同書 p. 107.

外國資本主義來到中國幷不是破壞自然經濟，而是破壞和市場有緊密聯繫及適合他的需要的家庭工業和手工業。農業與家庭工業結合，在這裏幷不是自然經濟之簡單的形式，而是農民貧困之特別的保險和『過剩的』農村人口之生存的源泉。

這種情形造成了必不可免的最銳利的和最嚴重的鬥爭來反對『西方的魔鬼』，反對他們產生出殖民地的奴隸。在中國殖民地的奴隸定然產生出比其他任何地方更加可怕的條件。上述的整個歷史過程在這裡完全走到以人來代替家畜的勞動，走到經濟停滯在寄生的剝削形式之無限的統治的地步。『文明的』資本主義在這裡找到了豐富的競技場以恢復和復興一切封建官僚的及高利貸的壓榨的各種形式。

一八五〇——六〇，一八六二——六四年（註一）太平天國的暴動是農民羣衆反對外國侵略的資本主義侵入之最標本的自發的反動。暴動的主要打擊就在破壞滿清的統治權，但是經過一番思索之後，滿清就想挫敗那種使滿清統治成爲難以支持的，使滿清統治更加惡劣幾百倍的新力量。

（註一）——運動的第一期及第二期。

與西歐資本主義衝突給了民族自覺的興憤以第一次激動。鴉片戰爭及一八五六——六〇年和英國第二次戰爭就是這種衝突的敎訓。和鴉片一起輸入的基督敎使運動帶有民族的宗敎色彩。就外表看來，起初人民的騷動是趨向於反對『偶像』，多神的佛敎，道敎以及孔子學派的崇拜祖先的這些寄生的贅疣。（註一）運動的首領宣言他自己是神意的直接執行者。太平天國的一切組織，他們的儀式及檄文都是在模倣基督教。然而，這只是在『做出違反』滿淸的那種影響之下所形成的外殼而已。

（註一）——中國農民的一切宗教，祇拿儀式方面來說，就可幫助他去領悟崇拜祖先這回事。佛教的推廣特別與這種情形有關係。風水之說——祖墳的影響於活人的幸福如何的學說——把一切其餘的都排除在後面。祖先是農業的主要保護者，許多神是他們的援助者，這許多神是從各方面借用的並且司專『善』或『惡』的。

在暴動前期中情形是怎樣呢？一方面——從英國的來源中——我們知道，『在一八五〇年前後，世界上無論那一部分都沒有像在中國一樣得到了這樣大的利益——而且沒有像中國一樣有這樣容易和這樣可靠！有一個英國的大商人在這個時期做的營業有一千五百萬金鎊之多。』（註二）

（註二）——"The Ever-Victorious Army" by Andrew Wilson. London. 1868, p. 371.

另一方面，在暴動之前，『國家既沒有拯救像最近二十年來的饑荒和水患，復沒有預防到暴動。』（註一）

（註一）——"The Taeping Rebellion in China" by Commander L. Brine. London. 1862, p. 343.

在一八四八和一八五二年之間，『廣東和廣西是小的騷擾和地方暴動的舞台。特別是在廣西武裝的隊伍從這一村到那一村，打家刼舍，幷且打刼了公共倉庫，藐視一切權力。』（註一）

（註一）——Brine. p. 97.

商業的南方，（揚子江一帶包括在內，）最先感到了地方家庭工業的破壞之威嚇。這裏更加積累了過剩的人口。這裏更加反映出近年來戰爭及饑荒的剝奪。

從廣東到南京——這就是太平天國暴動唯一的路線。

暴動者在其檄文中，毫無二義地指示出運動的根源。

他們的檄文中說：『嗟爾有衆，明聽予言：予惟天下者上帝之天下，非胡虜之天下，衣服爲上帝之衣服，非胡虜之衣服，子女人民爲上帝之子女人民，非胡虜之子女人民。慨自滿洲肆虐，混亂中國，以六合之大，九州之衆，一任其胡爲，恬不爲怪，而中國反低首下心爲其婢僕，甚矣中國之無人也！……夫中國人民有中國人民之形像，今滿洲悉削髮爲禽獸，中國人有中國人之衣冠，今滿洲別頂戴胡衣猴冠，而壞我先代之服冕，是使中國人忘其本也！……凡有水旱，毫不憐恤，坐視餓莩，流離暴露，有如草芥，是欲中國人之稀少也。滿洲又縱貪官污吏，布滿天下，剝民脂膏，士女皆哭泣於道路，是欲我中國人之貧窮也。官以賄得，刑以錢免，富兒當權，豪傑絕望，是使我中國之英俊抑鬱而死也！……』（註一）

(註1)——"The History of the Ti-ping Revolution", by Lin-Le (F. Jindley). London. 1886, I p. 89—91—91.

民衆特別爲前輩人所『赦免了』的三十年來的舊的不能清償的苛稅所激動。她首先破壞政府的機關，努力從官吏的背後抓出自己的直接的壓迫者或者，爲官吏的職位所掩護的直接壓迫者，或者隱匿在官場中親戚的關係的直接壓迫者。

『太平天國蹂躪了南方的省份(江蘇)，并且消毀了田契。一八六五年以後，新的外來者照着自己的選擇佔有了不大的土地并且成爲土地的私有者。』(註二)

(註二)——柯哈洛夫斯基著『中國之土地佔有及農業』p. 84.

有一件事實表示出太平天國企圖從中世紀的障壁中『洗刷』土地。太平天國的運動實質上整個的是農民刷清那些制度之自發的企圖，即刷清那些由於外來的資本主義更加破壞羣衆生活而成爲難以忍受的制度。

在那個時候，覺悟性的微弱，就是這個農民運動的弱點。農民的騷動之爆發，不是反對機關和經濟的條件，而是反對把他們不當做人的人。農民羣衆沒有明顯的革命的政綱。農民羣衆抓住了反對滿清的鬥爭口號，這個口號爲中國官吏的反對階層所放棄，因爲這個口號是與『不良』官吏鬥爭的一種手段。反對官吏的這個鬥爭，是和反對那些以自己致富爲目的而剝奪政府組織的人的鬥爭一齊進行的。

這種自發的農民戰爭，是『自發的』農民政策之繼續，祗是別一種手段。這種戰爭之階級政綱的不定性，是爲在一切過去『和平的』階段上農民的反抗之消極性所形成的。

幾世紀來，實行家所實行的這種反抗的形式就是：選擇那些『爲和平而茹苦』的人，間接的援助强盜之徒，罷捐罷稅。後一種消極反抗的形式特別爲人所好。『有時候，如果地方當局或省政府對於他統治下的人表現出苛刻的要求，中國人就以下述的方法表示消極的反抗：他們拒絕服從和不抵抗地忍受在進程中强迫他們服從的一切壓迫。暴虐的官吏，或者在一定的限度之後停止其壓迫，或者就是這些壓迫自身最後使所願望的結果之達到成爲不可能。這種消極的反抗，常常引起一種更積極的反抗，然而這還是一些和平的，而且缺乏一切正確的內容的積極反抗：各商人關閉自己的商店(註一)，工人不做工，渡船停止轉運，就是說進行生產者階級的總罷工。』(註二)

小農主的這種同盟罷工，即俄國的『小暴動』。無論是這一種或那一種都是農民騷動的產物。

列寧把托爾斯泰的創造力斷定爲農民落後性的一面鏡子，列寧舉出這種不反抗的心理之最特異的幾點：『一方面，無情的批評資本主義的剝削，(註三)暴露政府的暴力，暴露法庭及國家機關的醜劇，宣示財富的增長及文明的征服以及貧困的增加之間一切深刻的矛盾，暴露工人羣衆的憤激和苦痛；另一方面，——不反對暴力的罪惡之愚蠢的說教。一方面是最清醒的寫實主義，宣示一切的假面具；另一方面，是世上絕無僅有的最卑劣的一種說教，卽如說：宗教是按照道德的勸說在僧侶的政府職務上設置僧侶的位置的一種傾向，卽是說宗教是最精練而又特別令人憎惡的希臘教派的一種教育。』(註四)

(註一)——商人罷市是整個東方公認的反抗形式。

(註二)——"The Chinese and Their Rebellion," by T. T. Meadows. London. 1856, P. 114.

(註三)——這種情形在中國十九世紀七十五年以前當然是不可能的。

(註四)——『托爾斯泰是俄國革命的一面鏡子』，11—24九月，一九〇八年。

這種情形我們在太平天國方面遇到很多。

一方面，燒毀田契，另一方面，建立上層十分複雜的爵位制度，模倣封建官僚的組織，這種組織有王，有各級的臣僚，有賦有『天的』全權的『皇帝』。

一方面，爆發眞實的農民對於自己的壓迫者和暴虐者的憤恨；另一方面，在不通行的基督教名義之下取消偶像，創造新的祈禱和儀式。

農民羣衆不能夠提出自己的階級意識、自己的領袖，她不得不——在這一次也和以前一樣求助於賦閒的和失意的官僚，以及從商業中來的農民羣衆的親戚。

歐洲人林德連，過去是太平天國軍隊中的軍官，他努力從好的方面介紹太平天國，他描寫整個情形是反對滿清——『負責的人都是以前的農夫、僕人和商人；在他們之中有許多社會地位很高的人，一般說來是這樣——廣東和廣西出來的人都是很有能力的人，官吏大部分都是從他們之中選拔出來的。』（註二）

『文明的』資本主義會試驗了一個時期，不懂得從鬥爭方面把自己的設備正確的佈置。對於現存制度的『同情』佔了優勢。滿清的反革命得到了『文明的』歐美列强之幫助。如果力量之實際的互相關係先就迫使他們動搖，那末動搖的結果就會使中國的農民企圖經過滿清來阻碍外國人。

（註一）——Lin-Le Vol. I, p. 250—251.

太平天國的暴動，在統治的封建官僚的上層和從外來的壓迫的侵略的資本主義相接觸的道路上前進了一大步。

在一八六四年才被壓服的太平暴動之後，隨着西北及雲南就有回民暴動，在一八七七——一八七八年，有九百五十萬人死於饑荒。改變中國原始積累時期的一切方法的侵略的資本主義不斷地繼續侵襲。

一八四二年前，中國的活動幷沒有和國外貿易有正式聯繫。從一八四三年起，就締結了特殊的條約，牠沒有權利從入口的商品中徵收商品的名義價值五%以上的稅。其他列强跟着英國之後也拿這種條約來束縛中國。

在一八五八年時，列强根據價格的跌落，要求(而且達到了)新的關稅的協定。後來，在價格重新提高的時候，仍舊請求照原先的規定執行，而原先的規定顯然不適於入口商品價格之新的水平線。

在拳匪暴動之後，到一九〇二年，就建立了新的關稅的掠奪，稅率的規定照一八九七——一八九九年的價格來計算。

破壞中國家庭工業的資本家替自己規定了這樣的入口稅，這種入口稅只夠支付坐在中國海關內和檢查全部國外貿易的外國官吏的薪俸。

隨後全部出口的貨物，『在平等的權利上』課稅；卽徵收名義價值五％的稅。這樣看來，中國的出口稅却有利於外國的資本主義。

不僅如此。在太平暴動壓服之後就實行厘金制，卽從一切商品中在牠們從這一省運到別一省的時候徵收來的地方稅。在厘金未實行以前，中國所有的商品就感受到地方行政機關方面徵收生產稅的痛苦。從厘金制實行起國內商品流通就更加停滯了。因之外國的商人得到了一種權利，在支付了百分之二·五以後他就可隨便將自己全部商品從這一省毫無阻碍地運送到別個地方去。一八四二年，南京條約宣告開放五個通商口岸：廣州、廈門、福州、寧波及上海。在第二次中英戰爭之後，還『開放了』下述幾處：牛莊、芝罘、台灣、汕頭及海南島上的膠州。中國爲現時各種特許的和優先權的治外法權之鐵絲網的牆壁所包圍。規定了有利於外國侵略者的國外貿易之實際的壟斷。規定了用國外資本來調劑國內貿易。

當中國陷於英國資本主義及其跟隨而來的戰友們底鉄蹄之下的時候，牠本身對於各地方——

省和區——市場的聯合，表現出很微弱的聯繫。表現爲兩種獨立的貨幣本位的銅與銀的平行流通之財政紊亂而使事情弄得更複雜，『地方的』貨幣繁多，而且差不多完全缺乏一種貨幣流通的節制。農民的生產物用銅幣支付，而工錢勞動也是用銅幣支付，一般的講來，銅幣是作爲農民的專門的流通工具和支付工具。銀幣是使用於省與省之間的流通以內。每一省，有時各個地方，都有其獨立的貿易的比差。威格爾的說明，已經適用於最近時期的情形，他說：『如果江蘇省儲有很多銀幣，而在四川則不足，那末在四川銀價就提高到西歐國家所完全不明瞭的限度，在四川商品的價值就更加減低。如果有時將金子從歐洲這一國運到別一國是有利的話，那末將銀子從這一省(註一)運到別一省就會有百倍的利益。銀價的低落和提高，常常和一切其他商品一樣，但是銀子受經濟的影響比其他商品大。這樣看來，中國的貿易是一個很複雜的過程，商人不僅購買或出賣商品，他同樣要出賣或購買他要支付或獲得的銀子。』(註二)

鴉片是第一種實行於中國的『西方的』貨幣本位。印度總督袁略特將軍在一八四〇年直接報告他的政府，說廢止鴉片貿易使英國人在中國市場上失去一切「支付的手段」。』

(註一)——中國的。

(註二)——Wagel: "Finance". p. 222

後來，隨着鴉片的投機之後，就發生銀子的投機事業。英國的貿易愈是深入中國，則巨大的人口亦愈認識倫敦交易所所操縱的銀價的搖動。英國工廠主在中國國內市場上爲地方政府的厘金和賦稅所『保護』不受地方生產的製造品的競爭，牠們很殘酷地强奪中國商人，爲了虛僞的百分之二・五的通行稅卽去保證英國人的『自由貿易』。另一方面，英國的交易所決定銀子的價格上海的銀行就把牠的命令傳達到全中國。把銀子價値減低，把銅幣價値減低，把中國商品的價値減低，但是在其輸入中國的商品上，歐美的商會却强求金幣，强求世界的貨幣本位。

中國商人在中國商品上得到兌換劵，預先就知道以銀本位付債。在英國的或美國的商品上他就得要用金磅或金元來支付，以賤價的中國貨幣來彌補牠們的價値。

一般的講來，在先進國家和落後國家間商品交換對於後者總是不利的。因爲每一個這樣的國家付出具體的勞動 in natura比獲得的多。』(註一)

最完善的技術便構成最高的勞動的生產力。

可是這樣的利益，完全沒有滿足『文明的』資本家，他企圖把本地生產的一切弱點抓在自己手裏；家庭工業養活過剩的人口，——必須要破壞她，爲的是使國家失去一切反抗的可能性；國內市場忍受中世紀的割裂和分散，——必須要用侵略的計劃的武器造成這種割裂和分散；國家處於中世紀財政紊亂的條件之下，——必須要把本地的貨幣本位變爲特殊的『財政的窘迫』；國家的經濟爲封建官吏的掠奪所損害，——必須讓這種掠奪成爲保護關稅的制度，以幫助外國商品排擠地方生產的全部製造品……這種殖民地掠奪之專門的方法的敘述可以無止境地繼續下去！

一海關兩在一八七一年時值六先令六辨士，到一八八四年時值五先令七辨士，到一八九六年値三先令四辨士(註二)，負的比差緊縛住中國，爲的是容易奴役中國，有系統的使銀價低落，就是這個的一種手段。這就是入口超過出口如何的在增長：(註三)

1871年……………70,103,000海關兩

1885年……………88,200,000海關兩

1890年……………127,093,000海關兩

1896年……………202,590,000海關兩

(註一)——馬克思，『資本論』，第三卷，第1節，218頁。

(註二)——Remer. p. 250.

(註三)——Remer. p. 947.

在未開鑿蘇彝士運河及敷設電報線以前，茶是最重要的輸出品之一。他們就立刻來做投機生意。猛烈的競逐開演了，就看誰能很迅速地將茶供給英國。堆放着的大宗的貨物異常充斥。狂猛的交易所的投機發生了。『但是從商品裝在汽船上經過蘇彝士運河的那時候起，這種取得虛償資本的方法失去了商品運輸之繼續的基礎。』(註一)電報使任意的和欺騙的判斷殖民地市場的行情成爲不可能。這種情形很有力地打擊了中國的出口。

在茶的市場上，中國茶遇到競爭者。

此種競爭之最後的總結足以使中國悲痛。(註二)

出口	一八八二年	一九一〇年
	以百萬基羅格蘭爲單位	
從中國……………………	120,6	93
從印度……………………	23	113,2
從日本……………………	14,1	——

資本主義不僅奴役殖民地國家，並且牠把這個殖民地國家變為破壞和奴役別個殖民地國家的工具。

印度到一八六八年才開始從落後的半殖民地的國家發展起來，然而他竟打擊了中國的茶業，後來日本又打擊了中國的絲業。

(註一)——恩格斯。參看馬克思：『資本論』三卷，一節，396頁。

(註二)——參看"De Industrialisatie van China" door Han. 1922年。

在一八七七——七八年的一季，中國中部出產的生絲佔東方出口生絲總數之五二%；在一八八五——八六年時中國中部只佔出口總數的二六%。(註一)

十九世紀上半期，北方的災荒和貧乏是很厲害的。於是成為善價的鴉片種植之普遍就要損害農業了。『在北方好的土地，主要的是灌漑過的土地都拿去種植鴉片；鴉片的種植需要像照料花木一樣地去照料。』(註二)

土地都不拿去種植[illegible]穀，但是情形依然沒有改善。反而變得更壞。

(註一)——Remer. p. 50.

（註二）——Richthofen's Letter. 1870-72. p. 56.

因此指出這種事實的呂赫佐芬就敘述說：『和外國的貿易競爭，是西北各省幸福衰落的另一原因。卽使拿這種無足輕重的如針一類的東西來說——在山西針的製造幾乎消滅了，這是由於價廉物美的外國製造品的輸入的結果。同樣很早就有了槍砲及鋼製品的製造；毫無疑義的，外國競爭之有害的結果，在山西的鐵的買賣方面，一般地都可以深刻的感覺到。同一類的競爭在南方也已經存在了，而且還存在着，例如對於紡織品的關係；但是地方的貿易無論怎樣受到縮減的痛苦，這種情形完全和外國商人方面絲茶的需要相等。南方的此種貿易的興旺，就對外的關係來說，同樣不僅是北方衰落的相對的原因，而且是絕對的原因，因此中部和南方的省份就不依靠北方，而且從她的所有生產品中只需要一些藥料和少數棉花吧了。』（註二）

外國的競爭破壞國家經濟的統一，損壞了地方的分工，在國內市場範圍內，地方分工是根據於農業和家庭工業之一定的聯合的。

當其普魯士男爵說到南方經濟的『興旺』時，我們不可以相信他的話。這種『興旺』是極其相對的。何況在八十年代絲茶的銷路的條件已經開始大大地變壞。

如果拿一八七一——八四年這個時期的入口貿易來說，那末，就這個時期的初期紡織品及鴉片個別的講，每一項還佔總入口的三分之一弱。在一八七八年，鴉片佔入口總價值的六五%，紡織品佔二三%。(註二)

到上述時期之末，鴉片入口的降落很使中國底『文明的』保護者坐臥不安。鴉片成爲各國內生產的目的物，并且同時喪失其在對外貿易上原有的支付工具的意義。於是就有人想用別的手段來代替這個『槓杆』。

(註一)——Letter, p. 56—57.

(註二)——Remer, p. 52.

在中國家庭工業及手工業的破壞，并沒有達到以資本主義的工業來替代牠們的地步。中國仍舊是銷售『先進』國家工業生產之全部廢料的主要地方，并且是他們的原料的根據地。在一八七一——八四年，五金的入口從二百萬增加到五百萬海關兩，增加到入口總額的六%。但是這種金屬豫定來幹甚麼用呢？——『錫和鉛仍然是入口金屬中之主要的東西，在中國錫用之於各種目的。家常日用的器皿及寺院的器具就是用錫做成的，錫片大多數用來包蓋僞造的紙錢，這種紙錢在中

國用來焚燒在墳墓上（註一）。鉛是用在茶箱的裝置上。』（註二）

在一八八五——一八九八年的期間，入口的五金當中，舊鐵片佔重要的位置。『鐵片』在小手工業者手中，用以製造農業用具，捕魚用的釣鉤以及小的製造品。上海海關監督指出這種貿易的原由：『工廠，造船廠以及鍊鋼廠的一切竹頭木屑，格蘭斯齊、利勿浦及倫敦等地荷馬車的馬及運貨馬的一切用過的馬蹄鐵，一切舊的鐵軌都能夠在這裏找到銷路。』（註三）

先進的工業的英國就這樣的『工業化了』中國，把中國的小手工業及家庭工業變爲自己的附屬物。

資產階級的侵略者在每一次調停殺害他的小官吏或僧侶上得到無比大的賠償：『開放』新的港口，如像在一八七五年時的英國，馬上就『得到了』四個新港，又如在一八八五年法國得到整個的東京（卽安南的東京——譯者註）。

一八九四——九五年的中日戰爭，在帝國主義爭奪中國的道路上，是一個很大的轉換點。

（註一）——以爲『在冥界』的死人也需要金錢！

（註二）——Remer, p. 55.

（註三）——Remer, p. 35.

按一八九五年四月十七日在西摩洛賽克(Simonosec)締結的破壞中國的條約：(一)承認高麗的『獨立』，(二)割讓遼東半島、台灣島和澎湖羣島給日本，(三)在湖北、四川、江蘇、浙江等省要為外國貿易開放新的『條約規定的』商埠。俄法德等國跟着日本之後擴張自己的證劵。俄國得到一種權利繼續西比利亞鐵道經過滿洲里到海參崴，還有兩條附加的支線，一條到奉天一條到旅順；法國得到一個條約，就是東京的鐵道沿着中國領土繼續延長到廣西的南甯府。一八九四——八九五年，中日戰爭的意義除了直接進行瓜分中國領土之外，還表現在別的方面。在大砲威脅之下所締結的對外借款替代了鴉片。從這個時候起，借款成為『調節』中國對外貿易的一個主要的手段。藉助牠們來保證對外貿易方面的不絕的負的比差。

就在西摩洛賽克和約之後，中國就借用五千萬金磅，即合五萬萬盧布。一八九七年一月發生的多少有計劃傷害兩個德國教士的事——德國就佔領膠州，幷且成為山東的經營者，法國得到開採礦山和建築鐵路的權利。俄國把足掌伸到旅順。英國得到威海衛。滿清的統治有了很大的裂痕。封建官僚當中反對派的運動，指出用『西方的方法』的好處。宣傳孔學和西方文明接近的康有爲着手這種運動。他以皇帝顧問的資格想進行一些從上而下的切迫的改良以幫助工商業的發展。但是這種『自由的時代』——『百日時代』——很快地就失敗了。保守黨以『皇太后』爲首，進行宮廷政變。

實際的羣衆的拳匪運動很快地爆發出來。牠起源於山東省的祕密會社，原先企圖推翻滿清代之以漢朝。可是，牠和太平天國不同，拳匪很快地與自己的主要敵人接觸，於是用原始的槍劍武裝起來，進行參差不齊的戰鬥。

這次運動的動機顯然是爲了幾個英國的宣敎士。有一個宣敎士阿爾居斯密，在其所著『痙攣中之中國』一書中描寫出經濟的停滯和破產之一幅活的圖畫，經濟的停滯和破產引起了大多數羣衆反對外國資本主義。他的著作着重在指出，在歐洲機器排擠勞動力的時候，勞動者可以轉到別個部門。『在中國事情便完全不同。工匠祇會做一種東西，而且是他的祖傳的手工業，這是常有的情形。他在一切別的手工業中，就覺得自己好像從水裏鑽出的魚一樣。從外國來的火柴、機器油，各種各色的燈，有力地打擊了中國的地方工業，幷且引起了壞到無以復加的社會結果，在輪這條司經理的報告中，他以爲用紡織品可以改善同中國的貿易，而對於從廣州到天津及牛莊沿着船公商業路線的沿岸一帶有『光明的將來』的希望，——然而沒有一個人從這種貿易的擴大中計算到好幾百萬中國人在極大的山谷中從事於棉花種植的嚴重的結果！然而他們直到現在祇能過着半飽的生活。紡織十五吋寬的布，要耗費兩天的强烈勞動；他們把牠拿到市場去出賣，只得到以之養活家庭及購買棉花爲往下工作之用所必需的東西，這種工作常常整天和夜間大部分時間都在繼續着，現在，由於外國紡織商品的『輝煌的狀况』，地方生產的生產品就沒有銷路，這種情形似乎在此時以前就有了。商品的占買人不見得比批發商人多，以勞動而得工錢的事幷沒有比家庭紡織工業多，沒有地方工業活動的餘地，這從遠古時期起就是一種經常的現象。有些農村內每家中有一架紡織機，然而這祇有少數是如此；大部分工作是在暗室內製造，從那裏月復一月地聽到機聲軋軋，——從第一月起一直到十二月的最末一天。（註一）但是現時紡織機停止了，而工匠的暗室也破壞了，自己沒有紡織機的民衆，在先能夠紡織棉織絲織，而且這樣地做來糊口，——這就是在迫切的時候的主要手段。但是後來孟買、日本甚至上海的工廠積極發達起來，就以其比家庭紡織品結實而又價廉的紡織品，使中國紡織區域沉沒下去，——使其沉沒到這樣地步，即是一切紡績車完全停止了。』（註二）

(註一)——陰歷計算的時間。

(註二)——"China in Convulsior" by Arthur Smith. 1901. Vol. I. p. 89—99—91.

拳匪之亂，是反抗滿切斯特、利物浦、大阪、孟買及上海的機器之一種絕望的企圖。自然，『大的拳頭』不僅打到外國貿易上，而且打到投機的基督敎上。太平天國還不能了解敎會的祭壇和敎會的福音緊緊地依靠着商業的打算。拳匪在這方面表現出極其實際的意義。另一方面，太平天國是最積極的南方的化身，拳匪是衰落的絕望的北方之代表。

拳匪之亂讓帝國主義者開始以自己的軍隊公開而毫無掩飾的正式的佔領中國。北京被攻下了幷且被搶奪了。各國聯軍在汪兒德爾慈統率之下向中國提出他們的條件。著名的拳亂的賠款都加在中國身上。賠款規定爲四五〇百萬海關兩，即六千七百五十萬英磅。支付期定爲三十九年——到一九四〇年爲止。連列强的利息到這個期間就要得到一萬四千七百五十萬金磅，即五萬萬金盧布之多。沙俄得到了二八·九七%，德國——二〇·〇二%法國——一五·七五%，英國——一一·二五%，日本——二·七三%，美國——七·三二%，意大利——五·九二%等等。(註一)

這種空前未有的掠奪，是根據於帝國主義對付中國的一切的政策。『爲優先權而爭鬪』，就把中國瓜分爲幾個勢力範圍：俄國侵佔北滿及外蒙，日本侵佔南滿及內蒙，德國侵佔山東半島，」英國就把揚子江、西藏及四川作爲自己的勢力範圍，法國伸手到中國的西南、廣東、廣西、雲南及貴州等省。

新的地方被開闢了，——這些地方『都爲鐵路及銀行所征服』(conquest by railway and bank)。

中國到一九〇九年，鐵道線有八、五二二基羅米突，而印度在當時有五〇、六五七基羅米突。(註二)

中國更加成爲資本供給的地方，同時又保存着原有的銷售市場及原料根據地的地位。中國債務的增加推動着負的比差往前發展。中國直然受到入口超過出口的壓迫，因爲這種過剩的增加，便是無數百萬小經營破產的速度之加速。(註三)

(註一)——Han. p. 55-56.　(註二)——Han. p. 201.

(註三)——Remer. p. 209.

在一八七一——一八八四年，入口超過出口爲二〇百萬兩

在一八八六——一八八九年，入口超過出口爲二九〇百萬兩
在一八八九——一九一〇年，入口超過出口爲一六五〇百萬兩
在一九一四——一九二一年　入口超過出口爲九八〇百萬兩

從二九〇百萬到一六五〇百萬，這種跳躍是很大的，雖然一面降爲三先令。

日俄戰爭，以日本併吞高麗及日本侵入滿洲而完結。在遠東失敗的沙俄，遂移其注意力於近東。

在中國出口貿易上實際的變化都和這些相聯而完成。絲茶繼續照着下降的路線而降落。後來滿洲即以獨立原素的資格而出現於國外市場上。

滿洲輸出到外國去的有豆、豆油及豆餅之類。在一八九九年，豆製品的出口等於九·四百萬兩。在二十世紀二十年代的初期，牠已超過了五〇百萬，這是由於投資於這種事業的日本資本之增多。(註一)

雖然滿洲的出口迅速的增加，而茶和絲仍舊是主要的出口物。但是他們的這一部分也急劇地往下降落。在一九〇六年爲總數的四一·六%，在一九一三年爲總數的三四·四%。(註二)

茶和絲出口的降落，是爲那種情形所引起的，卽是與日本甚至與印度處於相反地位的中國不能把他的『生產』放在資本主義的足上的情形所引起的。『中國養蠶的方法，在未採用科學方法以前是較好的方法。』(註三)日本以全付精力來解决這個任務，中國的絲感到一切普通分割的生產之缺點，就不得不退後。

(註一)——Remer. p 146, 147.

(註二)——同書 p. 135.

(註三)——同書 p. 138.

就是茶也有同樣的情形。在印度茶是以種樹的方法培植的，要嚴格的選擇茶種，并且有系統的用科學的技術管理來培養和採集牠。在中國茶是爲着極小的分量而栽種的，卽是爲很難度日的極小的農民經營所種植的。比如，在福建省農業從七十年代起就衰落下去了。日本的競爭起了影響，盡了牠的作用和社會的條件：『很少能忍受危機的痛苦之福建農民對於自己的種植也就疏忽了，把牠們棄置不去復興這種茶林，也不加施肥料，而完全去照料其他被種植的植物，并且年內過多的採集葉子；同樣在製成的茶葉內有很多的灰塵及別的東西參雜在內。由於這種情形，地方的茶價就低落了，而茶的種植比起甘美的馬鈴薯利益更少。其結果種茶的地面便大大地縮小。由於茶業的衰落，廈門及福州的商業意義就受累不淺。』(註一)

在一八九九年時，約有總數一六%的茶，在英國消費的是從中國運去的。在一九〇五年，祇有百分之二•五(註二)。在美國和奧大利的市場上，也重複了同樣的情形。

這就是一年出口的平均數：(註三)

時代	從中國	從印度
	以一千磅爲單位	
1898——1902年…………………	192,247	172,689
1903——1907年…………………	200,329	210,611
1908——1912年…………………	202,130	255,394

(註一)——柯哈洛夫斯基：p. 75.

(註二)——Remer p. 143.

(註三)——同書。p. 144.

資本主義在中國用鎗和炮開闢了自己的道路。用鴉片、關稅以及償額的投機事業絞死了家庭工業。把中國變成了實際的殖民地。但是同時他在中國內部樹立了新的歷史力量，在這種力量的影響之下，新的和舊的、前進的運動和停滯之間的矛盾染上了階級鬬爭的形式。

第二十五章　二十世紀貧困的統治

在中國，十九世紀最後二十五年的事變，在尖銳的經濟的及國際的變化上開展了。推動新的階級、新的鬬爭形式以及新的歷史的可能性之階級的激烈的和突躍的進程，祇是那種用以推翻舊中國的破壞之深遠的和堅固性的表現。這種破壞現時還十分激烈。

從十九世紀到二十世紀，經過了破壞了的家庭工業，瓦解了的和損害了的小農經營，腐壞了的封建官僚的機關，又經過了縛着手和足而依靠外國資本的地方的『民族的』資本主義之最初的發端，以及超過所有這些的帝國主義奴役中國的系統等等的事變。外部壓迫的增長加速了和加劇了內部矛盾的成熟。在農業人口過剩及從上而下的和外來的强有力的阻礙生產力發展之間的矛盾到了不可忍受的地步。於是就產生了一九一一——一二年的革命。革命的羣衆的基礎，隨着革命道路上新的障碍之積累而擴大。世界大戰，——暫時停止了使中國沒落的外國的競爭，——就使中國資產階級抬起頭來了，資產階級之『民族的』自覺，表現對日本帝國主義底侵略的企圖相鬬爭。日本帝國主義利用歐洲帝國主義的戰爭，向中國提出『二十一條』。他把他的侵略計劃和中國君主專制的反革命底命運相結合。在俄國十月革命之後，國際狀況就改變了，國際革命向着整個資本主義的壁壘進攻，一方面是在凡爾賽和約之後列强在中國的『恢復』，另一方面，不僅打倒了日本帝國主義一九一五年時的地位，并且引起了中國人民在最高的歷史階段上的鬥爭。在這個階段上民衆運動的力量和過去所謂『軍閥』的殘餘相衝突，這些殘餘的『軍閥』企圖保證紳士、地主及高利貸者『沒有病痛的』過渡到資產階級的軌道上，并且依靠着帝國主義的援助。帝國主義找到了他們的殖民地的瓜分和殖民地的奴役中國的政策之可靠的嚮導者。

民族革命運動之羣衆的基礎的擴大，於是在民族革命運動的戰線中引起了階級的分化：工人階級出來到公開的政治舞台上，他有他的特殊的級階鬥爭的方法，有他的組織形式；吸引農村羣衆到一般的鬬爭，遂加劇了農村中階級的相互關係，并且——經過幾個過渡的階段——準備了無產階級與資產階級之間為領導已經跨過了純粹商人打算的狹隘範圍的革命而鬬爭的立場。

不了解牠的經濟的根源，不了解帝國主義的壓迫加强和國家工業發展之强有力的障礙所創造出來的新條件中一切中世紀殘餘的特別『變化的作用』，便不能了解這種複雜而激烈的社會發展的過程。

帝國主義統治分裂的和衰弱的中國之『股份的』(註一)制度，在二十世紀頭二十五年內就形成了并鞏固了，這種統治把中國注定在可憐的半殖民地生存的地位上。

(註一)——所有『大强國』的參加都有一定的比例。

中國國民經濟的一切關鍵，對中國天然財富之一切處理，中國經濟之一切癥結，中國國內外交通道路之一切中心，都在帝國主義者的手裏。帝國主義調劑人民間的進步和停滯的分配。他企圖決定和限制着『有一定比例消耗資本』的每個人民之生活的預算。中國就是這種關係中的一個顯明的例證。在中國——可以說祇是『中國的』落後性——有以人代替工作獸，農民和工人羣衆的生活水平線降低到生理的最低限度的生活資料以下，有和直接的奴隸相連接的高利貸的利息，有越過一切可以思議的範圍的政府和戰爭的掠奪。工業進步的道路上的每一步，銀行業的聯合，交通工具之改善，教育之普及，這都是有系統地爲帝國主義者所壟斷，在這種事業上，不僅從住在那個地方的中國人徵取貢稅，并且從那些逃免這種無出路的貧困的人中去徵取貢稅。

這就是這種情形怎樣具體地發生出來。『投入對外貿易中的資本，可以得到更高的利潤率，(註一)因爲在這裏進行着和其他國家也很少有利的生產條件之下製造出來的商品的競爭，即各先進國家在商品的價值以上出賣他的商品，然而比競爭的國家還便宜。』(註二)這種貢稅，(落後的國家由於他們的落後所付出的)加强了先進國的出口。即如中國所受的負的比差，我們可以從下述的表中看得出來：

中國在一八九九——一九一三年(註三)期間國際支付的比差

(以百萬海關兩爲單位)

	借方(一)	貸方(十)
商品入口的過剩	—1650	—
純銀的入口	— 61	—
利息的支付及借款與賠款之清償	— 660	—
純金的入口	—	+ 11
僑民的貨幣	—	+1050
日俄戰爭時期從俄國及日本方面的匯兌	—	+ 150

新的借款	——	＋570
外國鐵路的用費	——	＋300
外國人及外國商號的存款	——	＋200
	－2370	＋2281

在一九一四——二一年期間的比差（以百萬兩爲單位）

	貸方（－）	借方（＋）
商品入口的過剩	－980	——
純銀的入口	－120	——
利息的支付與借款及賠款之清償	－250	——
純金的入口	——	＋11
新的借款	——	＋350
僑民的貨幣的匯兌	——	＋640
外國人及外國商號之存款	——	＋100
	－1350	＋1101

（註一）——利潤對於所投資本總額的關係。

（註二）——馬克思：「資本論」，第三卷，第一節，p. 218.

（註三）——Remer p. 223.

這兩個表給我們描畫出一幅什麼樣的圖畫呢？

第一，可以說，牠們以數學的正確性規定中國應該以新借款的條約，即以財政的束縛和逐漸喪失國家的自主權來清付這些外國商品輸入的過剩，並且如果沒有受苦受難的農業入口的過剩，則外國商品輸入的過剩還是有加無已的。

其次，我們從這兩個表中知道中國從爪哇的中國商人方面及舊金山和紐約的洗衣業的主人方面得到相當的補助金。如果這些同情的親屬關係被切斷，那末中國就再也不會有點希望可以克服他的國際支付的比差。

中國人在外國的，計算起來有百萬之多。（註一）

他們當中把金錢匯回本國的，在一八七一——一八八四年的期間為八千四百萬兩，在一八八五——一八九八年為二萬八千萬兩，在一八九九——一九一三年為十萬五千萬兩，在一九一四——

一九二一年爲六萬四千萬兩。(註二) 中國的『民族』資本主義有一部分是在海外流浪者中發展起來的，在海外有了更好的條件把資本投到某些生產和交換的部門內。主要的是投在那些手工勞動及小的流通佔優勢的部門內。華僑在中國的政治覺悟上盡了相當的作用，——在國外中國資產階級之無權力的代表很快地表現出『民族的』自覺，他們很快地而且很容易地去和殖民地範圍以外的歐美的文化接觸，他們更加感覺到外國人方面的一切壓迫。中國的僑民不僅是成千成萬的在前一世紀下半期有力地從中國遷移出去的『離鄉背井的手工業者』去做苦力，而且是『流浪的資本』，在國外不能任意地去『勞作』的資本，這是外國帝國主義侵佔國家領土的結果。

(註一)——Remer, p. 219.

(註二)——同書。p. 221.

中國國際支付的比差是由於"dumping"式的出口：『中國仍舊是爲全世界整個工業過剩生產品盡量輸出的地方(註一)。由於外國資本的帮助而完成的中國可憐的工業化，特別在這些視線之下在這個方向內進行。爲外國貿易而開放的『條約規定的』港口，沒有促進國家工業的發達，恰恰相反，而是阻碍工業的發達，把外國的競爭帶進國家的內地，并且一開始就破壞了一切培植本國獨立工業的企圖。外國商品，賣的比地方的商品賤，雖然有許多是在牠的價值以上出賣，有把握地使市場沒落，不斷地增加過剩的工人及過剩的人口的數量。在這種情形之下，在完全保險牠們無阻礙的銷售的目的上，帝國主義『保護』牠們不受地方的競爭，而使他們的商品暢銷無阻！

厘金是這種"dumping"，這種有系統地破壞中國國民經濟的重要手段之一。『法律上規定，在這一省或那一省所徵收的厘金數量不能超過百分之十（註二），但是如果商品運輸經過幾省，那末厘金可以得到價值的百分之十二以上。舉例說，出賣的絲從杭州運到北京就要繳納一八%原料稅。外國的商人就可不支付這些通過稅而完全自由地支付二‧五百分數的極輕的稅。這就是說在中國紡織工廠可以得到他的從美國或印度來的原料，而支付比運送棉花從中國這一省到別一省所支付的還少。還有一個更具體的對於外國人有利的例子：建築用的木料，從奉天和安東運到北京，在各個地方都要課稅，這種課稅達到牠的市場價值的百分之二十：那時候從美洲運來的建築的木料所納的稅還不到百分之十，這百分之十中包括到北京的通過稅和入口稅。』（註三）

（註二）——"Studies tin he Chinese Diplomatic History", by Ching-Lin Hsia.Shanghai, 1924 p. 210—221

（註二）——商品的價值。

（註三）——Wagel. p. 356—356.

這樣看來，美洲到北京比滿洲到北京似乎還要更近些！

不僅如此，在中國海港及內河的港灣航行的外國船隻也利用治外法權，這好像就是特許的航行權，中國的法律不能擴張到這個上面。（註一）由於這種情況，大部分海船及內河船的交通都在外國手上。『中國對外貿易的總額在一九二四年，是一、八三二、七七八、一〇三兩，而沿海岸貿易的總額是一、一二〇、八四九、七二三兩。外國人支付的頂多是七·五%，而常常祇是支付五·%，——就一般的和整個的講，還少於百分之五，如果就實際的百分數說。中國人所付的頂少在七·五%的稅并且在徵收厘金的地方還超過此數（註二）。

（註一）——如果從外國輸入的商品納過了稅，牠在三年之內可以免稅而運輸到別的港口去。如果商品運同外國去，已納的稅就要退還。

（註二）——"The Chinese Economic Monthly" Vol. III, No. 6，六月，一九二六年。

外國貿易的這種特權地位及外國航行的這種特權地位，阻止了中國航業的發達。

一九二四年(註一)	噸和兩	中國汽船參加的部分	百分數
海岸(沿岸航行的)貿易的噸數(以噸爲單位)	95,839,968	48,307,598	29•5
對外貿易的噸數 以噸爲單位)	45,592,859	4,980,765	10•9
海岸貿易的總額 以兩爲單位)	(註二)2,135,744,621	739,075,295	34•6
對外貿易的總額(以兩爲單位)	1,831,778,103	175,685,384	9•6

下面就是對比的數字••(註三)

參加航行的部分	百分數			
	1900年	1910年	1915年	1920年
英國……………………………	56•49	38•58	41•55	38•67
日本……………………………	9•49	21•29	26•33	27•04
中國……………………………	19•27	22•08	26•65	26•52

日本排擠英國以及中國航業的狀態一眼可以看到(註四)。

在工業國家內，對於從中國輸入的商品又加以很高的稅。爲的要替『自己的』錫蘭的茶開闢一條道路，英國在中國茶上所課的稅竟達百分之二〇〇——三五〇！

(註一)——"The Chinese Economic Monthty", Vol, III, No. 6, 6, 1926。

(註二)——包括重覆的幾次的運輸，主要的還是外國商品。

(註三)——Han. p. 175.

(註四)——日本出入口的中心大連，在一九一六年，居上海、漢口、天津、廣州之後，居於第五位，到一九二四年就居於第二位，有五、五六二、九四一噸。"The Chinese Economic Monthly" Vol VIII, No 271, 1 V 1926.

中國煤的儲藏很富。美國煤的儲量爲三、八三八、六五七百萬噸，中國的儲量爲九六五、五八七百萬噸。煤的開採沒有任何可以和這些巨大的財富比較的：在一九一四年獲得九、二七二、〇〇〇噸，在一九一五年獲得一五、四六二、八一四噸。『在一九一六年煤礦開採的總數中，屬於中國人的有六、〇一八、〇〇〇噸，卽爲百分之三十九』(註一)。這還是原始的礦井，以老祖宗的方法開掘的中國礦井。照近代的方法開掘的礦井，在一九一六年有十七個，得到了二、七三八、一四四噸；在一九二〇年礦井數一樣，得到了三、七二〇、〇〇〇噸。到一九二〇年，在經濟最高漲的時期，煤的獲得達到了一九、九九二、六〇〇噸，英國在這一年得到了二二九又四分之一百萬噸。

鐵的開採，其情形也一樣令人悲痛，鐵層以滿洲積聚最多，——從六七七、八九九、〇〇〇噸中開採出三八七、五八〇、〇〇〇噸。在一九一六年，以原始的方法從地層中取出四四%，當時所獲得的總數為一、三三八、五二〇噸。(註二)

在一九二一年，美國開採出全世界生鐵的四五•八%，而中國祇一•九%！這是彼此相反的兩極端！在中國銅的生產是世界生產的千分之一。

鉛在一九二二年得到四、九五九噸，亞鉛為六〇、七五六噸。

一九一八年，從中國輸出的水銀是三四八噸，在一九二二年只有五〇噸。

中國佔有世界鎢礦的生產十分之一：在一九一八年得出一〇、二八〇噸，一九二二年為三、四一七噸。

(註二)——Han. p. 227.

(註一)——Han. p. 235.

中國所富有的銻，每年生產率為二萬噸。(註一)

中國工業在一九一三年其情形如下：二一、七一三個工廠企業，有六三〇、九八二個工人，——四一八千個男工，二一二千個女工。三四七個企業用機器製造，二九五個企業用蒸汽發動機，一四一個電力機是用在二一二個其他的企業內。所有這些企業都是爲五一五個股分所有，牠們有五九、八五七、〇〇〇墨西哥金元的資本，及一、八五七、〇〇〇金元的準備金。

在四六五二紡織工廠中有……………………二四九三二四工人

在六一七五鑵頭工廠中有……………………一八一七三二工人

在六〇三〇製造農業生產品的工廠中有……………………九四七四五工人

在二一八四製紙工廠及印刷所中有……………………六四三五二工人

在一五八製鐵工廠中……………………四〇四〇工人

在一九一九九工業企業中總共有……………………五九四一九三工人

在國有鐵路工人中到一九四年計算起來有……………………四九八七六人

在工業發展的需要及其可憐的實際的水平線之間的不相稱，使中國產生出空前未有的農業人口的過剩。甚麼都沒有而企圖得到補助勞動的人們，努力去爲自己得到一塊麵包而去做苦力、乞丐、小販和僕役。

一九二二年，山西省人口的統計，在這方面有一個最好的統計數字。(註三)

(註一)——George Dubarbier. "La Chine Contemporaine, politique et economique". Paris.1926.p. 260—271.

(註二)——"Der Neue Orient". Band II, P. 485—486.

(註三)——"The Chinese Economic Bulletin" Vol. IX, No. 300, 20／XI 1926.

農民	五九七四、九二四人
苦力	六九三、三三五人
礦工	九八、一四八人
牧畜者	三一、六四七人
機關服務員	一五、八二一人
醫生	七、一八二人
漁人	六一四人
法官	九一人
商人	八五五、二〇八人

工業中做工的人……六一二、三三五人
教員……三四、五七五人
兵士……二九、四六八人
警察……八、〇九七人
官吏……四、八一九人
其他的職業……五八二、五四一人

這不難了解，農業人口過剩不僅引起副業，小商業及家僕過大的增加，并且降低這種手工業勞動的人的生活程度。

我們且舉個關於北京的數字的例子來說。工人家庭的平均豫算中有七〇%消費在飲食方面，一二%在衣服方面，八%在房租方面，五%在燈及燃料方面，五%在別種東西方面。粗工的收入，最大限度爲九五元，熟練工人收入最大限度爲一四〇元(註一)。

(註一)——"Prices, Wages and the Standard of Living in Peking 1900—1224" by T'ienp'ei Weng and Sidney D. Gamble, 1926. p. 61—62.以墨西哥金元計算等於一個盧布。在一九二四年的數字。

如果把一九一三年的統計數字作爲一〇〇，那末就可得到下面的圖表(註一)。

年代	食品之販賣的價格	北京生活的價格	熟練工人所得的工資（實在的）	粗工所得的工資（實在的）
1900	69	81	114	130
1911	92	100	103	103
1912	98	104	97	95
1915	101	88	112	111
1916	114	96	106	105
1917	146	102	105	105
1918	168	97	103	103
1919	186	88	111	111
1920	203	114	100	111
1921	153	117	91	100
1922	142	113	89	100
1923	146	118	88	95
1924	146	126	91——106	96——95
1925	——	——	112	108

（註一）——"Prices, Wages and the Standard of Living in Peking 1900—1924", by T'ien-P'ei Meng and Sidney D. Gamble, 1926, p. 72, 106.

這就是這些數字所反映出來的手工業勞動羣衆的狀況之停滯及確實的變壞。如果我們看一看帝國主義調劑農民的貨幣——銅幣的時價，那末牠們的經濟的意義是極其顯著而明白的。

一塊墨西哥金元可兌銅幣（大的銅幣）：

在1900年	76.4
在1911年	130
在1912年	135.2
在1915年	135.4
在1916年	133.9
在1917年	123.5
在1918年	134.2
在1919年	138
在1920年	141

在1921年……………………152.8

在1922年……………………170.7

在1923年……………………193.2

在1924年……………………232.9

在1925年……………………285.5(註一)

在一九二五年，市價很厲害的下降是了解一九二五年上海事變及這時期大革命進攻的鎖鑰。

沒有休息和期限的勞作，加在工人身上之肉體上的強迫，執行契約的奴隸勞動——這是一種規定，不僅一晝夜要做一七至一八點鐘工作，而且差不多整年都不休息(就中國的年歷計算)——這都是無產階級及半無產階級的手工業者底這些赤貧的生存條件的產品。

(註一)——"Prices, Wages and the Standard of Living in Peking" p. 89.

農業工人的條件更其無限地壞：四〇〇〇銅元一年，在僱主家裏吃飯的時候一天祇三〇—四〇個銅元！(註一)

為帝國主義的壓迫所形成的農業人口過剩就壓迫着農民羣衆。

這就是在中國和美國（衣阿華——美之中央省）農民的家庭以墨西哥金元爲單位的比較的豫算。（註二）

	中國	美國
食料	123.38	1,119.11
衣服	20.80	436.55
租金	15	461
家具置備	0.55	63
燈火，燃料	25	424
醫藥費	1.32	153
娛樂	24	194
服役費	13	48
儲蓄	——	104
其他的	1.5	0.61
總計	224.55	3 003.27 註三）

（註一）——"Chinese Ec. Bulletin" No. 218, 25/IV 1925.

（註二）——這是從八九九個中國人的家庭和四七二個美國人的家庭探索來的。

（註三）——"New China" by Malone, Part II, "Labour Condition" 1926. p. 2.

根據泰勒搜集所得的報告看來，在浙江省的農村中，全戶口的六四•三%，在江蘇——五二•四%，在安徽——五二•一%，在直隸省——全戶口的八二•五%，一年的收入都在一五○元以下。然而在江蘇農村居民所得的全收入的九•四%，在安徽——一三•六%，在直隸全農村收入的二○•三%，都為獲得在五○○○元以上的收入的戶口所專有。（註一）

在江蘇所有地到十一畝的，佔全部的九一%，他們佔有四一•七%的地面。與他們對立的○•一五%的參加者其佔有的地面都在千畝以上，佔總地面四分之一還多。在直隸在十一畝以下的八七•六%的土地所有者佔二七•五%的地面。（註二）

在南方，即以廣西省為例，在社會的上層——地主，農村資產階級及高利貸者——和赤貧的下層之間的對立表現得還要明顯。表現出的就是平均二一•四%的耕地是農民的私有，五二•一%是地主的私有，二○•七%是家族及祠堂的私有，（註三）五•八%是官地。（註四）在思恩（譯

音）府的一個農村內，集中在經濟上佔統治的農村集團手中的耕種地有七四%，即農民祇有百分之二十六。（註五）

（註一）——"The study of Chinese Rural Economy" by C. B. Malone and F. B. Tayler. Peking Mai 1924. p. 39.

（註二）——同書 p. 21.

（註三）——大的私有財產的假名。

（註四）——『廣州』雜誌。No 9. 塔爾哈洛夫『廣西省社會經濟結構概要』。

（註五）——同書。

塔爾哈洛夫說：『在北流縣——（譯音）的鄉村中，我曾去訪問過一個姓羅的地主的住宅，他的住宅本身就是一個城寨，四面環之以池以代替城牆，池中充滿了水，就像中世紀的城廓一樣。除此以外，整個的住宅都被像砲台高大的石牆圍住，不很大的鼓樓聳立在牠上面。在住宅中有一個大而寬闊的天井，在收獲時期，農民就把穀子搬到這裏來。在這個地主的家內大約有一〇〇個僕人。他從他的父親手中得到一〇〇〇石遺產，并且他自己還獲得了二五〇〇石。』（註一）

這裏我們順便說到高利貸者的形態。在廣西每月高利貸利息的平均高度等於六·一%；拿一九•五%的動產，七七%的土地和收成來抵押以作担保，七四•二%是高利貸者——地主的二〇•七是商人的%。(註二)在沒有世襲的地主地方，官吏的階層——紳士，就從事高利貸的經營。

不言而喻的，在中國土地關係方面是各種各色的形態在統治着。我們已經分析過大的土地私有的這種不穩定性的原因，牠的不穩定性可以說都有時間性和空間性。中國的土地比其他國家的便宜，因爲賤價勞動的關係。——『在滿洲上等的土地一英畝約賣一五〇元。(註三)在山東地價一畝是從一五〇到一〇兩。在直隸有些地方地價是從二〇兩到三兩。在廣東好的穀田值一〇〇元一畝。土地私有財產細分了。在滿洲佔有五〇〇英畝之多的私有者，就是佔一〇〇英畝地的人也算是很富的人。在山東有三十畝地的人也算是富人，而在直隸十八畝地就能給牠的所有者以很高的社會地位。在山西最大的私有者很少有五〇〇畝以上的。在甘肅二〇〇畝就算是很大的土地。在鎭江祇有少數人有五十畝地。在湖北十畝以上的地就算是好的。在浙江——大多數有三畝到四畝，全省平均一家有十二畝。在廣東十二畝好的土地的私有者可以不勞動而養活五口之家；在汕頭周圍距離五十里地的地方只有一個私有者，他才有一〇〇〇畝地』(註四)。

（註一）——『廣州』雜誌，No. 9，塔爾哈洛夫『廣西省社會經濟結構概要』

（註二）——同書。

（註三）——1914年的材料。

（註四）——Wagel, p. 368.

中國的農民緊縛在貧困方面，貧困決定他的一切生存。中國的農村不是口頭上而是實際上被帝國主義破壞了，帝國主義在每一個稍爲重要的商業的場所，在每一個縣城，都有牠的領域和堅固的地位，至於一省的中心更是不用說了。像中世紀的封建主一樣的外國資本家，在大路上安下他的連營，并且充分地將農民的生產品出現在市場上，外國資本調劑銅幣和銀幣的價值，農民生產品的價值，及其他利益的分配。他便這樣地阻止着商業的農業之發展，而使農業方面資本主義的趨勢成爲最寄生的和中世紀的形式。他不會有別的形式：在提高農業人口的購買力的基礎上的國內市場的發達似乎違反了他的利益，國內市場的發展會解脫農民羣衆的貧困，會發展獨立的地方的工業，會解放農民於外國資本的權力之外。所以帝國主義和本地寄生制度的傳統的代表們，『相互團結起來』，利用他們做自己的重要的支柱；把這些半資本主義前期的，半封建的及高利貸的剝削形式，屈服在他自己的利益之下是很有利的，而無須把完全形式的本地資本主義屈服在自己之下。帝國主義——是地球上的各端中經濟發展不平衡的產物——維持着并且加强着這種不平衡，在自己的利益上去剝削殖民地和半殖民地的國家。

帝國主義利用官吏的稅徵及政府的强奪當做『沒有危險的擔保』來反對地方生產的製成品和外國商品的競爭。使每一省都屈服於『他的』純封建主的督軍和督辦，他好利用來確實的進行『瓜分和支配』的原則。實際上，在他的手上，他握着集中的領導經濟生活及國家一切機關的壟斷權。農村中的地主、紳士及高利貸者，城市中的買辦、占買人及高利貸者保證維持現狀，農民的貧困，就是建立在這種現狀的基礎上。中國的商業，在早先時期，要不是政府非法的强奪，從農民經濟中壓盡商品的餘額，就差不多成爲不可能。在二十世紀，外國帝國主義及政府的和私人的掠奪之間的相互關係大概是如此。祇有保持中國民衆在半死的狀態，帝國主義才能不斷地重新『再生產』殖民地剝削的條件。從資本主義前期的條件過渡到資本主義的條件之各種各色的形式，其領導權屬於帝國主義，帝國主義是牠們的『領導者』，并且帝國主義依靠牠們，使中國整個社會的發展跛足不前。中國若不取消農村中地主和高利貸的契約，不摧毀而廓淸舊的腐敗透的官僚機關，不消滅像特權階級一樣的紳士，他便不能推翻帝國主義者。

如果現在我們回轉來講城市，那末我們就能夠在那裏感覺到外國資本及本地的地主和高利貸者之更直接的打成一片。

買辦是在外國資本侵入中國的最初階段上出世的。懂得地方言語和地方市場情形并且推銷外國商品的商業仲介人就是買辦。他對於外國商號擔保其商品的購買者方面的正確的計算：因爲外國商號不能判斷他的購買者的中國人底支付能力和商業的『誠實』如何，——買辦就替他負責保證每種協定，保證選擇購買者及購買者的支付力。後來對買辦的需要漸漸減少，因爲資本主義侵入中國一日千里地往前進，因爲造就了中國化的外國人的幹部，他們懂得中國的言語和中國的習慣。由於將中國分爲『勢力範圍』以及由於無須局外人的帮助而能容易取得一種地位的日本人之侵入，就特別使買辦衰落下去。（註一） 將買辦劃成爲一個不變的範疇，和在本地資產階級的發展及買辦之間造出一個中國的城壁，那是錯誤的。中國商人在國內和外國資本衝突，就和在沿海岸一帶一樣。而買辦在各處，無論在這種或那種程度上，都和他們有聯繫。買辦是殖民地條件所形成的一種特殊現象，他只是進攻的帝國主義底第一個擂車。他很快地改變了他原有的形態，并且實質上，他聚積在各種地方的交易所及銀行內，而從事貨幣、支票的交換，以及購買銀子等等的作用。這些企業，其本身就是中世紀的高利貸及資本主義之奇怪的混合體。他們像外國資本一樣，親切地注意於降低銀價，銅價，以及中國商品價值的那種投機的把戲。他們能夠暫時地提高那些價值，他們的總路線是剝削經濟的分割及農民羣衆的貧困。經濟條件的落後，同樣表現爲高利貸資本統治商業資本和工業資本、英、日、美，法等國的銀行，藉中國高利貸之助來管理中國的國民經濟，這種高利貸直到現在還起着極卓越的作用。

（註一）——在一九二五年，中國有七七四三個外國商號，有三三六、七四一個外國人。

『在一八九六年，開設了第一個純粹中國的銀行。（註一）這就是中國商業銀行、他到現在還存在着。最近十年來，又開設了幾個政府的銀行，如工商銀行、四川省銀行、交通銀行、及直隸省銀行。一九一二年民國誕生，就創設了一個半官的中國銀行、牠是從大清銀行改組過來的。從那時起，銀行不斷地增加，一直到一九二二年時，才開始倒退的運動。在允許短期借給政府以取得很高利息的銀行的投機，就是這一類非常態的發達的原因。』其情形如下：

（註一）——照近代的規模組織成的。

年代	主要銀行的數目	年代	主要銀行的數目
1896	1	1916	2
1906	1	1917	5
1907	1	1918	10
1908	3	1919	11
1909	—	1920	13
1910	2	1921	23
1911	—	1922	18
1912	5	1923	15
1913	3	1924	8
1914	1	1925	5
1915	3	不著名的	11
總計	—	—	141

中國的銀行其在各省分佈者如此：

京兆區（北京的）	二三
直隸省	一四
山東省	九
山西省	四
河南省	一
湖北省	七
浙江省	一〇
江蘇省	四四
四川省	一
福建省	二
廣東省	九
江西省	六
奉天省	四
吉林省	一

甘肅省	一
陝西省	一
察哈爾特區	一
熱河	一
綏遠	二
總計	一四一

這一四一個中國銀行的名義資本有三七五、一五〇、〇〇〇元，這個數目中，兌現的有一五八、一六〇、〇〇〇元。準備資本有一六、八七四、九五七元。各個銀行的資本總額約從五萬到六千萬元。執行政府出納作用的銀行有二千萬資本，普通的商業銀行則有百萬元的資本，有中國人和外國人參加的混合銀行，也和中國的銀行一致行動。這種銀行有二十個。名義資本：二四百萬元加四五〇萬兩加五〇百萬佛郎加五五百萬盧布加六〇、二七五、〇〇〇銀。支付的總數：一二、〇四五、二三〇元加四、五〇〇、〇〇〇兩加一〇、〇〇〇、〇〇〇佛蘭加五五〇〇〇、〇〇〇盧布加二八、三五九、〇〇〇銀。這二十個銀行中有兩個中美銀行，三個中法銀行，一個中斯（即斯堪的納維亞）銀行，一個中俄銀行，十三個中日銀行。

最後，就要算到帝國主義指揮的最有力的外國銀行。外國銀行有四十三個。他們的名義資本：五〇、〇〇〇、〇〇〇元加一一、〇〇〇、〇〇〇金鎊加一三百萬墨西哥金元加一〇、〇〇〇、〇〇〇兩加一八二、〇〇〇、〇〇〇佛郎加一四、〇〇〇、〇〇〇猗羅林加五四三、〇〇〇、〇〇〇銀。支付的資本之總額：二〇、〇〇〇、〇〇〇元加六、六四四、一六〇磅加八、〇〇〇、〇〇〇墨元加七、五〇〇、〇〇〇兩加一五五、四〇〇、〇〇〇佛郎加一四五、〇〇〇、〇〇〇猗羅林加四一一、三七〇、九〇〇銀。

『英國和日本的銀行佔統治地位。前者實際上管理着長江和南中國的對外貿易，後者調理滿洲里經濟的發展。』

就國籍而言他們的分佈如下：

英國銀行……四
美國銀行……二
法國銀行……一
比利時銀行……二
荷蘭銀行……二
德國銀行……一

意大利銀行……………………………一
日本銀行……………………………三〇
俄國銀行……………………………一
總計……………………………四三(註一)

如果在一九一九年中國有三、二三九個外國商號而有一四一、八六八個外國人，那末在一九二二年就已經有了八、〇一五個商號和三五〇、九九一個外國人。(註二)到一九二五年初，中國債款的總額爲一、六三四、四一六、九〇二墨元。這個總數中有一、一五三、一七一、四一〇墨元爲長期的外債，三八、五六一、六三二墨元爲短期的外債和內債(註三)。這些數字祗是奴役中國殖民地的數學上的表現。此外，更有不平等條約、中國關稅的掠奪、落後性之剝削、高利貸的利息、地主的地租、官吏的稅收、以及貧困和其他許許多多的東西。中國經濟內極不同的歷史形態之奇怪的連合，反映在二十世紀頭二十五年的中國一切社會發展上。經濟推進政治，暴露了一切新的矛盾。舊的官僚機關的破壞，(開始於一九一一年清朝的推翻，)拖延了整個歷史時期。袁世凱是半封建官僚的第一個代表，他允許革命，爲的是照舊的試驗過的方法來駕馭革命。武昌守備隊的暴動，給滿清統治一個打擊。很快地南方各省就響應武昌，十一月三十日南京就爲革命者所襲取。雖然，一九一二年二月十五日南方所推舉的大總統孫中山也就不得不讓位於袁世凱。代表官僚階層的北方，企圖從屈服中抓出來而施以一種報復。

(註)——"Chinese Economic Monthly" Vol. III, No. I Jan. 1926.年。

(註二)——"China's Year Book" 1912, 1921—22.

(註三)——Georges S. de Morant. "Exterritorialite et Interets etrangers en Chine", 1925. p. 329—380.

資產階級的智識份子以及團結在國民黨周圍的商人之各階級，是這個階段上革命民衆的『代表』，國民黨在當時還只是開始黨的統一。在一九一二年十二月——一九一三年一月的選舉，是固守資產階級德謨克拉西的改革政綱的國民黨得了勝利。不識字的以及納稅不到二元以上的人，都不許選舉。袁世凱仍舊不滿於所造成的地位而在帝國主義者中去找尋外面的援助。於是俄、英、法、德、日、美六大强國的銀行團就形成了。隨後，美國退出銀行團。銀行團贊成照百分之五的利息允許政府二千五百萬磅的借款。有幾百萬作爲手續費。廣州、上海和南京都起來反對。在幾個月期間袁世凱『恢復了秩序』，隨後又進行他的計劃，收買參衆兩院大多數的人選舉他爲『合法的』大總統。布朗巴爾的政變發生了。袁世凱在最後幾年輩固紳士們、地主們高利貸者以及在新『復活的招牌』之下及在外國帝國主義袒護之下最反動的那部分商人的統治。

最後，世界大戰到來了，牠是日本直接進攻中國的一個信號，一九一五年五月七日——『國恥日』到來了，當時袁世凱政府接受日本的『二十一條件』，使中國處於差不多和高麗一樣的地位。爲日本帝國主義所慫恿的袁世凱將其最後通牒布告中國人民幷在一九一五年秋要做到『全體人民贊成』帝制的恢復。這事件的反響爆發了廣大的民衆運動。雲南首先宣布獨立。南方全部和長江一帶都起來反對復辟的企圖。雲南、四川和南京的軍隊包圍袁世凱的軍隊，於是他們投降了。舊的國家組織之解體的第一個局面已完成了，於是袁世凱也就完結了。但是要完結舊機關解體的過程還差得很遠。牠的新局面在開始了：這就是在段琪瑞領導之下的『安福』俱樂部中親日派的登台。

還在十九世紀及二十世紀的過渡上，約翰霍布生豫言式地豫言過這種軍閥的和官僚的混亂，他說：『正因爲西歐在經濟上更加依賴中國，則鞏固政治上聯合的統治中國的任務，整個地講來在西歐的政策中就佔着很大的地位；其目的在使每種有利於內部改良的運動都要做服從保護帝國主義的利益。以巧妙的動員强有力的集中的官僚和軍隊（註二）來打敗民主派的勢力。』

（註一）——保護帝國主義統治中國！

中國捲入世界大戰的旋渦，就更容易使中國屈服於他的聯盟的帝國主義。祇有蠢笨的中國資產階級民主黨人，打算在這種聯合的『同盟者』中去找一些保護國家主權的保證。

世界大戰產生出中國特殊的局面。她暫時放棄了在國內市場上的外國的競爭，提高了中國銀兩的時價，表面上引起了一些刺戟去發展『民族的』資本主義。

一兩銀，在一九一六年其價為三先令又三辨士，在一九一七年，就已經值四先令三辨士，在一九一八年，值五先令三辨士，在一九一九年，牠又『跌到很小的地步』，并且跌到三先令十一辨士。（註二）

下列的表（註三）指示出中國紡織工業的發展。

年代	紡織工廠的數目	紡錘的數目	紡織機的數目
1919	29	659,752	2,650
1920	37	856,894	4,540

1921…………………………	51	1,238,902	6,650
1922…………………………	64	1,593 034	9,817
1923…………………………	54	1,493,672	8,580
1924…………………………	58	1,650,004	10,461
1925…………………………	73	1,881,822	16,381

（註1）——Remer. p, 250.

（註二）——"Chinese Economic Monthly", III, No 2, 一九二六年二月。

在中國和外國紡織工廠中做工的有二〇九、七五九工人。就國籍說，他們的分佈情形如下：

	中國的	日本的	英國的
工廠數…………………………	73	45	4
紡錘數…………………………	1,881,822	1,326,920	205,320
紡機數…………………………	16,381	7,205	2,348

到一九二五年，在工廠的生產中，工人的總數為二、七二〇、〇〇〇人。（註二）

世界大戰使中國資產階級在增進國內市場方面，在從帝國主義的及軍閥官僚的鎖練中將他解放出來的方面，引起了某一種興趣。她激發了廣大階層的資產階級智識分子，首先便是學生們。爭取關稅自主已放在發展民族工業的議事日程上，雖然這裏應指出中國資本主義不能從那種對於幾百萬勞苦羣衆的貧困的統治所限定的範圍中跳出來。另一方面，喚醒東方和西方成千百萬的勞苦羣衆的十月革命，從世界大戰的胚中發生出來了。在她的直接影響之下，中國工人運動的第一批幹部已形成了。職工組織的人數，到一九二五年，已達到三二二、〇〇〇。一九二〇年抵制日貨，是新基礎上羣衆革命鬥爭之推廣的第一個信號。在一九二〇年安福派的統治就完結了，但是政治舞台的前部又為軍閥所封閉，這種軍閥是原始積累的騎士和舊的官僚地主及高利貸的統治民衆的繼續者。祇有在南方，孫中山進行堅決的鬥爭，努力號召羣衆運動反抗帮助帝國主義的中國的軍閥。在華盛頓會議上，日本帝國主義當然要取消他的軍事的『地位』——在那裏英美日法等國叵復他們在一定比例基礎上協調的掠奪中國的條約。每個督軍，每個軍事冒險者或政客，都僭望在自己的領導之下來統一中國，張作霖、曹琨、吳佩孚等等的事變便是這樣地在百色鏡中發生出來的。爲領土權和特權的割據的這些空洞的鬥爭，漸漸地，雖然是隱蔽的形態，振動着羣衆。一九二三年是工人運動高漲的一年，是從國家這一端轉到另一端的廣大的罷工鬥爭的一年。也正是工人運動把開始爭取農民的全民運動的全部力量集中到自己的周圍。吳佩孚『將軍』槍殺鐵路工人，祇是暫時地停止革命的發展，最後祇有工人運動——聯合全民運動反對軍閥和帝國主義的壓迫——打通中國革命的道路，保證從督軍的內亂轉變到廣大的革命鬥爭。一九二五年，上海罷工運動，在街上提出中國工人及學生的權利問題來，一九二五年五月三十日，槍殺赤手空拳的羣衆的英國帝國主義的走狗踏遍全國。分化達到了將軍們的最上層，過去的『基督將軍』馮玉祥就是從他們當中分化出來的，直到那時完全沒有和民衆運動相聯繫。孫中山所領導的國民黨的政治影響之增長，是直接爲羣衆鬥爭的這些革命的開展所造成。在鬥爭中工人階級創造出共產黨來。在工人運動中，無產階級和半無產階級的羣衆，克服了那種爲震動羣衆之最大障碍的『需要的缺乏』。在工農運動中反對帝國主義的鬥爭和反對地主、官僚、高利貸者的鬥爭以及和開始反對從資產階級經過一些小橋到買辦的、寄生的土地佔有、高利貸的、資產階級的鬥爭相結合。『祇有在鬥爭的進程中，祇有在革命的發展中，才能說明一個「德謨克拉西的」階級或階層在實現「一般的」

（就即或是一般的）任務上，爲他們生存的方法，例如，爲這種或那種階段的自由，民權等等的秩序，爲將土地這樣或那樣的轉移到農民手裏以及諸如此類而展開殘酷無情的衝突，他是不願意也不能走得像別的階級一樣的遠。』（註一）

這段話完全適用於中國革命，適用於中國的『一九〇五年』。要提高中國革命到現在歷史的高度，要使他成爲幾百萬無產者和農民的强有力的運動，要使其變爲反帝國主義的國際革命鬥爭的一部分，就得要好幾年的光陰。

一九二六——一九二七年，劇烈革命發展的兩年，在利用國民黨當做自己的武器并且替自己開闢一條和帝國主義訂約的道路的資產階級地主的營壘，和經過熱烈而又英勇的鬥爭的敎訓的幾百萬羣衆之間，劃開了一條嚴格的分水綫。

中國革命要打算勝利，祇有依據世界上第一個社會主義共和國存在的事實，只有和無產階級革命及殖民地人民鬥爭之國際的發展聯繫起來。

在國際舞台上及中國內部階級矛盾之發展，正掘壞着好幾世紀來爲暗無天日的壓迫所造成的貧困的統治。這種貧困統治之最終的消滅，祇有在資產階級德謨克拉西革命生長到社會主義革命

的時候才可能。列寧主義不僅在先進的工業國家前面并且在落後的殖民地國家前面，指出一條光明之路。（註二）

（註一）——列甯，『論全民族革命的問題』，2/V，一九〇七年。

（註二）——這本書準備在一九二七年春天出版，但是有許多原因不能出以問世。所以在這本書內敘述歷史的事變祗到一九二五年爲止。